地理信息系统实验系列教材

安徽师范大学教材建设基金资助
国家级地理特色专业建设点项目（TS2254）基金资助
安徽省自然地理学重点学科建设基金资助
安徽师范大学地理信息系统扶持专业建设基金资助

GIS软件应用实习教程

GIS RUANJIAN YINGYONG SHIXI JIAOCHENG

程先富◎主编

安徽人民出版社

内容简介

地理信息系统（GIS）技术被广泛地应用于资源管理、国土监测、区域规划和辅助决策，已成为地理学发展的强大技术支撑。本书分为GIS软件简介、空间数据采集、空间分析、地图输出、综合应用等五章。全书以GIS技术方法、应用实例、实习操作为主线，以空间数据、空间分析、综合应用为重点，突出操作过程与方法。通过一系列循序渐进的练习，培养学习者上机操作的能力，巩固和拓展课堂讲授的内容。

本书可以作为地理科学、地理信息系统、资源环境与城乡规划管理、环境科学、土地管理等专业本科生、研究生的实习教材，也可以供企业和管理部门的相关技术人员阅读参考。

图书在版编目(CIP)数据

GIS软件应用实习教程 / 程先富主编．— 合肥：安徽人民出版社，2010.2
(2020.1重印)
ISBN 978-7-212-03756-7
Ⅰ.G… Ⅱ.程… Ⅲ.地理信息系统—实习—教材 Ⅳ.P208-45

中国版本图书馆CIP数据核字（2010）第027697号

GIS 软件应用实习教程

程先富 主编

出版发行：安徽人民出版社
地　　址：合肥市政务文化新区圣泉路1118号出版传媒大厦8楼
发 行 部：0551－3533258　3533292（传真）　　邮编：230071
组　　编：安徽师范大学编辑部　电话：0553-3937079　3883579
经　　销：新华书店
印　　制：江苏凤凰数码印务有限公司
开　　本：787×1092　1/16　印张：16.5　字数：342千字
版　　次：2010年2月第1版　　2020年1月第3次印刷
标准书号：ISBN 978-7-212-03756-7
定　　价：28.00元

前　言

地理信息系统(GIS)技术被广泛地应用于资源管理、国土监测、区域规划和辅助决策,已成为地理学发展的强大技术支撑。但是,我国 GIS 人才不足,制约了该项技术的发展和应用,目前迫切需要培养掌握 GIS 基本原理、技术方法和应用技能的人才。

地理信息系统是覆盖领域十分广泛的高新技术，它包括空间数据采集与输入、空间数据存储和检索、数据处理和空间分析、数据和图形输出等,具有实践性、操作性强的特点。要掌握该技术,培养学生的创新精神和实践能力,推进素质教育,进一步加强 GIS 的实习十分必要。

本教程旨在向地理信息系统的学习者提供一系列循序渐进的练习,使学习者通过练习掌握 GIS 的基本功能,了解 GIS 软件操作的方法,掌握地理数据的输入、编辑和输出方法,掌握主要的空间分析方法,并能够分析一些简单的数据,培养学习者上机操作的能力,通过实习课巩固和拓展课堂讲授的内容。

本教程的练习使用 ArcGIS、ArcView、MapGIS、MapInfo 4 个 GIS 软件，各教学单位可以根据本单位实验条件和教学大纲,具体安排实验。

本教程内容共分五个部分，第一部分主要是 GIS 软件简介（ArcGIS、ArcView、MapGIS 和 MapInfo),第二部分是 GIS 空间数据采集(地图数字化、空间数据的编辑、属性数据的输入与连接),第三部分是 GIS 空间分析(缓冲区分析、叠加分析、DEM 的建立与应用、网络分析、3D 可视分析、空间查询与统计),第四部分是 GIS 地图输出(地图的布局与输出、专题地图制作),第五部分是综合应用(土地质量评价、土壤侵蚀危险性分析、复杂条件下的选址、结合 VB 的二次开发)。全书以 GIS 技术方法、应用实例、实习操作为主线,以空间数据、空间分析、综合应用为重点,突出操作过程与方法。

本教程由程先富、雷能忠、姚志强、沈非、刘荣琼、金宝石、赵萍编写,初稿完成后由程先富进行统稿。

在本教程编写过程中,广泛参阅并引用了国内外有关文献资料,得到了许多教师的帮助和基金的支持,安徽师范大学教材建设基金、国家级地理特色专业建设点项目(TS2254)、安徽省自然地理学重点学科建设基金和地表过程与环境响应优秀创新团队建设基金予以资助。在此一并致谢!

由于编者水平有限和时间仓促,对教程中存在的错误和不当之处,恳请广大读者批评指正。

作　者

2009 年 12 月于安徽师范大学

目　　录

第一章 GIS 软件简介

计算机软、硬件的飞速发展以及大容量存储设备的使用，促使 GIS 朝着实用化方向迅速发展，商业化的 GIS 不断推出，已达 100 多种，代表性的国内外 GIS 软件有 ArcGIS、ArcView、MapGIS、MapInfo 等。

第一节 ArcGIS 简介

ArcGIS 是 ESRI 公司推出的、为企业构建完整地理信息系统的综合 GIS 软件，是世界上应用广泛的 GIS 软件之一，是一个全面、完善、可伸缩的 GIS 软件，无论是单用户还是多用户，无论是在桌面端、服务器端、互联网还是野外操作，都可以通过 ArcGIS 构建地理信息系统。

一、ArcGIS 9 的结构体系

ArcGIS 是建立在工业标准上的完整的 GIS 软件产品体系，不仅易学易用，而且功能强大。ArcGIS 体系的建立，是 ESRI 软件发展史上重要的里程碑。它除了具有地图生产、高级特征建构工具、动态投影、将矢量和栅格数据存储在数据库管理系统(DBMS)中等基本特征外，互联网技术的应用还使 ArcGIS 拥有了许多绝无仅有的特性。

ArcGIS 9 主要在地理处理、三维可视化和开发工具等方面扩展现有的平台。

ArcGIS 9 是基于一套由共享 GIS 组件组成的通用组件库实现的，这些组件被称为 ArcObjects。ArcObjects 包含了大量的可编程组件，从细粒度的对象到粗粒度的对象，涉及面很广，这些对象为开发者集成了全面的 GIS 功能。

ArcGIS 为用户提供一个可伸缩的、全面的 GIS 平台，能够满足 GIS 用户所有的需求。作为一个可伸缩的平台，ArcGIS 为个人用户或群体用户提供了强大的 GIS 功能，它包含以下五个主要框架。

① 桌面 GIS——专业 GIS 应用软件包，包括 ArcReader、ArcView、ArcEditor、Arc/Info 和 ArcGIS 扩展模块。

② 服务器 GIS——ArcIMS、ArcGIS Server 和 ArcGIS Image Server。

③ 移动 GIS——ArcPad 以及 ArcGIS Mobile。

④ 嵌入式 GIS——ArcGIS Engine 为开发者提供的用于扩展 GIS 桌面，定制基于桌面和基于 Web 的应用，创建移动解决方案的组件。

⑤ Geodatabase——是一种在专题图层和空间表达中组织 GIS 数据的核心地理信息模型，是一套获取和管理 GIS 数据的工具。

(一)桌面 GIS

桌面软件 ArcGIS Desktop 是一个集成了众多高级 GIS 应用的软件套件，包含了一套带有用户界面组件的 Windows 桌面应用，如 ArcMap、ArcCatalog、ArcToolbox 以及 ArcGlobe 等在内的用户界面组件。其功能可分为三个级别：ArcView、ArcEditor 和 Arc/Info。其中，ArcView、ArcEdior、Arc/Info 是三级不同的桌面软件系统，共用通用的结构、通用的编码、通用的扩展模块和统一的开发环境，功能由简单到复杂。其相互关系如图 1-1 所示。

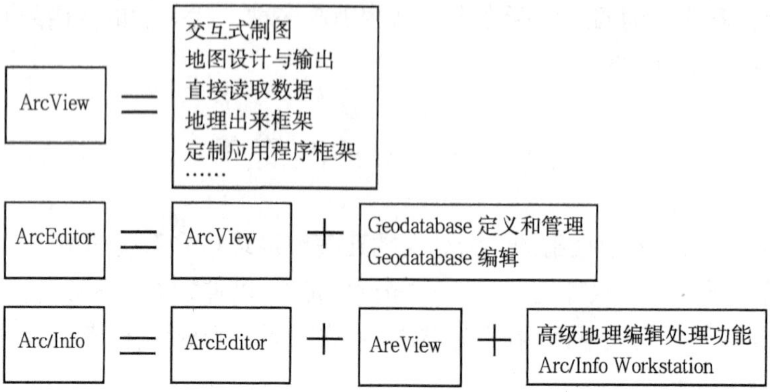

图 1-1　ArcView、ArcEditor 和 Arc/Info

ArcGIS Desktop 是 ArcGIS 的桌面端软件产品，为 GIS 专业人员提供数据获取、处理、分析和使用的工具。利用 ArcGIS Desktop，可以实现从简单到复杂的 GIS 任务，包括数据编辑、数据管理、可视化、地图制作和空间分析等。它可以作为三个独立的软件产品购买，每个产品提供不同层次的功能水平。

①ArcView 提供简单的数据编辑和空间处理，以及复杂的制图和数据使用、分析工具。

②ArcEditor 除了包括 ArcView 中的所有功能之外，还包括了对 Shapefile 和 Geodatabase 的高级编辑功能。ArcEditor 9 是 ArcGIS 9 Desktop 的中级产品，除了具有 ArcView 9 的所有功能外，还能编辑 Arc/Info Shapefile 数据以及 Personal 和 SDE Geodatabase，具有创建和管理关系、子类、几何网络及尺寸要素等功能，支持多用户编辑、数据版本管理、定制数据类型、与要素连接的注记和量测数据等。ArcEditor 9 还可以通过内嵌的 VBA 或其他流行的标准开发环境（Visual Basic、Visual C++、Delphi 等）实现客户化定制或二次开发。

③ Arc/Info 是一个全功能的 GIS 桌面产品。它扩展了 ArcView 和 ArcEditor 的高级空间处理功能，还包括传统的 Arc/Info Workstation 应用程序（Arc，ArcPlot，ArcEdit，AML 等）。Arc/Info 9 是 ArcGIS 9 Desktop 的高端产品，除了包括 ArcView 9 和 ArcEditor 9 的所有功能外，还增加了空间处理能力，是一个完整的 GIS 数据建立、更新、编辑、查询、管理、分析和制图等的集成系统。Arc/Info 9 由两部分组成：Arc/Info Workstation 和 Arc/Info Desktop，其中 Workstation 可以在 UNIX 和 Windows 上运行，Desktop 只能在 Windows 上运行。

ArcView、ArcEditor 和 Arc/Info 仅在功能水平上有所区别，其结构都是统一的。因此，地图、数据、符号、地图图层、报表和元数据等都可以在这三个产品中共享和交换使用。

除了 ArcView 9、ArcEditor 9 和 Arc/Info 9 三级桌面 GIS 软件之外，桌面软件 Desktop 还有若干可选的扩展模块，如 Spatial Analyst、3D Analyst、Geostatistical Analyst、ArcPress、Publisher、StreetMap USA、StreetMap Europe、MrSID Encoder 等。

三级桌面 GIS 软件都由一组相同的应用环境构成——ArcMap、ArcCatalog、ArcToolbox 及 ArcGlobe 等，通过这 3 种应用环境的协调工作，可以完成任何从简单到复杂的 GIS 分析与处理操作，包括数据编辑、地理编码、数据管理、投影变换、数据转换、元数据管理、地理分析、空间处理和制图输出等，也都可以使用各自软件包中包含的 ArcGIS Desktop 开发包进行客户化和扩展。

① ArcMap。ArcMap 是 ArcGIS Desktop 中一个主要的应用程序，具有地图制图、数据分析和编辑等功能，图 1-2 为 ArcMap 运行主界面。

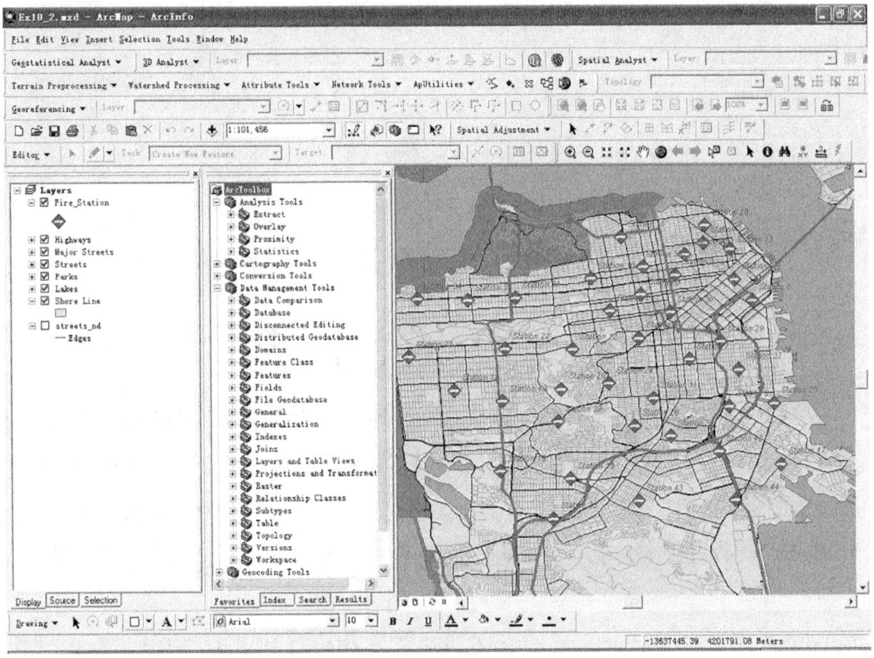

图 1-2 ArcMap 运行主界面

ArcMap 提供两种类型的地图视图：数据视图和版面视图。在数据视图中，可以对图层进行符号化、分析和编辑 GIS 数据集。在版面视图中，可以进行地图出图排版，添加地图元素，比如指北针、比例尺、图例等。

② ArcCatalog。ArcCatalog 是地理数据的资源管理器，帮助用户组织和管理所有的 GIS 信息，比如地图、数据集、模型、元数据和服务等。

ArcCatalog 是以数据为核心，用于定位、浏览和管理空间数据的模块，是用户规划数据库表，用于定制和利用元数据的环境。利用 ArcCatalog 可以组织、发现和使用 GIS 数据，使用标准化的元数据来对数据进行说明，创建和管理用户所有的 GIS 信息，比如地图、数据集、模型、元数据、服务等。图 1-3 为 ArcCatalog 运行界面，它包括以下工具:浏览和查找地理信息;记录、查看和管理元数据;定义、输入和输出 Geodatabase 结构和设计;在局域网和广域网上搜索和查找 GIS 数据;管理 ArcGIS Server。

GIS 用户使用 ArcCatalog 来管理和使用 GIS 数据,同时也使用标准化的元数据来描述数据;GIS 数据库管理员使用 ArcCatalog 来定义和建立 Geodatabase;GIS 服务器管理员使用 ArcCatalog 来管理 GIS 服务器框架。

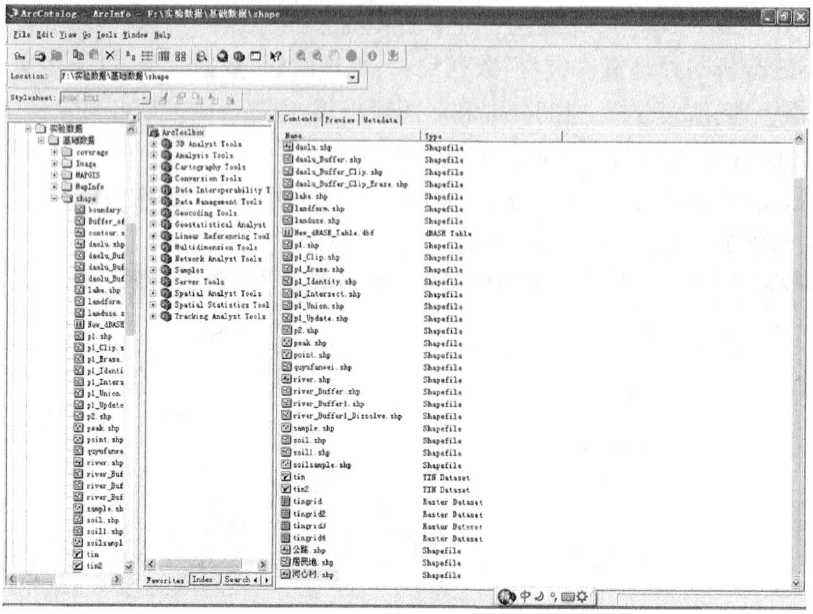

图 1-3　ArcCatalog 运行界面

③ ArcToolbox。用户可以通过 ArcToolbox 来进行空间处理,空间处理是通过对已有数据的分析得到新信息的过程,是 GIS 一个关键的功能。ArcGIS Desktop 提供了一个空间处理框架,框架中的工具可以通过多种方式运行,如 ArcToolbox 中的对话框,ModelBuilder 中的模型、命令行以及脚本等。这个框架方便了对空间处理模型的创建、使用、说明和共享。

ArcToolbox 内嵌在 ArcCatalog 和 ArcMap 等应用程序中, 在 ArcView、ArcEditor 和 Arc/Info 中都可以使用。ArcView 具有简单数据的加载、转换以及基础的分析工具。ArcEditor 增加了少量的 Geodatabase 的创建和加载的工具,Arc/Info 提供了进行矢量分析、数据转换、数据加载和对 Coverages 的最完整的空间处理工具集合。ArcView 中的 ArcToolbox 包含的工具超过 80 种,ArcEditor 包含的工具超过 90 种,Arc/Info 则提供了大约 250 种工具。

④ ArcGlobe。ArcGlobe 是 ArcGIS 桌面系统中三维分析扩展模块中的一个部分,可以作为一个单独的应用程序来使用,是一个新的全球可视环境,提供了全球地理信息的连续、多分辨率的交互式浏览功能,允许全球数据、本地数据和街道级数据间的无缝过渡。ArcGlobe 能使用户无缝地浏览和分析大量 GIS 数据,较大幅度地增强了多比例尺全球数据的三维显示能力。

（二）服务器 GIS

GIS 用户通过部署一个集中式的 GIS 服务器在大型组织之内以及 Internet 用户之间发布和共享地理信息。服务器 GIS 软件适用于执行 GIS 计算，并支持 GIS 数据管理和空间处理。除了为客户端提供地图和数据服务，服务器 GIS 还在一个共享的中心服务器上支持 GIS 工作站的所有功能，包括制图、空间分析、复杂空间查询、高级数据编辑、分布式数据管理、批量空间处理、空间几何完整性规则的实施等。

ArcGIS 9 包含三种服务端产品：ArcSDE、ArcIMS 和 ArcGIS Server。

① ArcSDE（Spatial Data Engine）——是管理地理信息的高级空间数据服务器。ArcSDE 是在关系数据库管理系统（RDBMS）中存储和管理地理信息的高级空间数据服务器，是一个位于 ArcGIS 其他软件产品和关系数据库之间的数据服务器。从空间数据管理的角度看，ArcSDE 是一个连续的空间数据模型，借助这一空间数据模型，可以实现用 RDBMS 来管理空间数据库。在 RDBMS 中融入空间数据后，ArcSDE 可以提供对空间和非空间数据进行高效率操作的数据库服务。ArcSDE 采用的是客户端/服务器（Client/Server，C/S）体系结构，大量用户可同时并发地对同一数据进行操作。ArcSDE 还提供了应用程序接口（Application Programming Interface，API），开发人员可将空间数据检索和分析功能集成到自己的应用程序中去。

② ArcIMS——是一个可伸缩的，通过开放的 Internet 协议进行 GIS 地图、数据和元数据发布的地图服务器。ArcIMS 通过中心网络门户来发布 GIS 地图、数据和元数据，是一个基于 Internet 的 GIS，借助 ArcIMS 可以建立大范围的 GIS 地图、数据和应用，并将这些结果提供给组织内部或 Internet 上的广大用户。ArcIMS 运行在一个分布式的环境中，由客户端和服务器端两方面的技术组成，并扩展了普通站点，使其能够提供 GIS 数据和应用服务。ArcIMS 还包括免费的 HTML 和 Java 浏览器，可以通过在 Internet 上发布 GIS 数据和服务，同时满足多个用户的 GIS 请求。此外，ArcIMS 也支持其他客户端，如 ArcGIS Desktop、ArcPad 和其他无线设备。

③ ArcGIS Server——是一个应用服务器，包含了一套在企业和 Web 框架上建设服务端 GIS 应用的共享 GIS 软件对象库。ArcGIS Server 是一个新产品，用于构建集中式的企业 GIS 应用，基于 SOAP 的 Web Services 和 Web 应用。ArcGIS Server 包含两个主要部件：GIS 服务器和.NET 与 Java 的 Web 应用开发框架（ADF）。GIS 服务器是 ArcObjects 对象的宿主，供 Web 应用和企业应用。它包含核心的 ArcObjects 库，并为 ArcObjects 能在一个集中的、共享的服务器中运行提供一个灵活的环境。ADF 允许用户使用运行在 GIS 服务器上的 ArcObjects 来构建和部署.NET 或 Java 的桌面和 Web 应用。

（三）移动 GIS

依靠移动计算设备上的专业应用系统，GIS 越来越多地从办公室中转移到野外。目前拥有 GPS 功能的无线移动设备常常被用于野外专题数据获取和野外信息获取。消防员、工程检修员、测量员、公用设施施工人员、士兵、统计调查员、警察以及野外生物学家等都是移动 GIS 的使用者。

一些野外工作任务需要相对简单的 GIS 工具，但也有些工作涉及到高级 GIS 工具的复杂操作。ArcGIS 9 提供了实现简单 GIS 操作的 ArcPad 和实现高级 GIS 复杂操作的 Mobile ArcGIS Desktop System。ArcPad 是 ArcGIS 实现简单的移动 GIS 和野外计算的解决方案，ArcGIS Desktop 和 ArcGIS Engine 集中组建的 Mobile ArcGIS Desktop Systems 一般在高端电脑上运行，以执行 GIS 分析和决策分析的野外工作任务。

（四）嵌入式 GIS

用户可以使用嵌入式 GIS，在所关注的应用中增加所选择的 GIS 组件，从而为任何部门提供 GIS 的功能，这使得许多需要在日常工作中应用 GIS 作为一种工具的用户，可以通过简单的、集中于某些方面的界面来获取 GIS 的功能。例如，嵌入式的 GIS 应用帮助用户支持远程数据采集的工作，管理者的桌面上实现 GIS，为系统操作人员实现定制界面以及面向数据编辑的应用等。在嵌入式 GIS 支持方面，ArcGIS 9 提供的 ArcGIS Engine，是应用于 ArcGIS Desktop 应用框架之外的嵌入式 ArcGIS 组件。使用 ArcGIS Engine，开发者可在 C++，COM，.NET 和 Java 环境中使用简单的接口获取任意 GIS 功能的组合来构建专门的 GIS 应用解决方案。ArcGIS Engine 提供了嵌入式的 GIS 组件，能用来在一个组织内建立应用，为用户提供有针对性的 GIS 功能。

（五）地理数据库（Geodatabase）

Geodatabase（地理数据库）是 geographic database 的简写，是一套获取和管理 GIS 数据的全面的应用逻辑和工具，是一种采用标准关系数据库技术来表现地理信息的数据模型。Geodatabase 是 ArcGIS 软件中最主要的数据库模型，其结构如图 1-4 所示。

无论是客户端的应用（如 ArcGIS Desktop）、服务器配置（如 ArcGIS Server），还是嵌入式的定制开发（ArcGIS Engine）都可以获取 Geodatabase 的应用逻辑。Geodatabase 是一个基于 GIS 和 DBMS 标准的物理数据存储库，可以应用于多用户访问、个人 DBMS 以及 XML。Geodatabase 对众多的存储机制开放，包括 DBMS 存储、文件型存储或者 XML 方法存储，并不局限于某个 DBMS 的供应商。

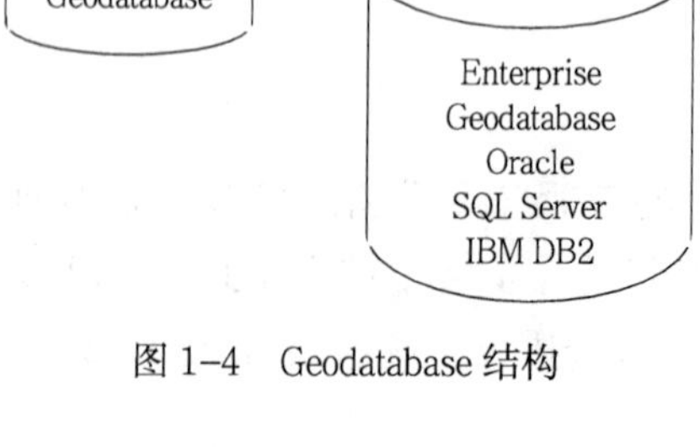

图 1-4　Geodatabase 结构

Geodatabase 支持在标准的数据库管理系统(DBMS)中存储和管理地理信息,是为了更好地管理和使用地理要素数据,而按照模型和规则组合起来的地理要素数据集,允许用户建立自己的、面向对象的和在基本模型基础上扩展的数据模型。它支持多种 DBMS 结构和多用户访问,且大小可伸缩。

Geodatabase 把地理数据组织成层次型的数据对象,包括对象类(Object Classes)、要素类(Feature Classes)、要素数据集(Feature Dataset)。一个对象类(Object Class)在地理数据库中是一个表(Table),存储非空间数据;一个要素类(Feature Class)是具有相同几何类型和相同属性的要素的集合;一个要素数据集(Feature Dataset)是共享空间参考系统的要素类的集合。Geodatabase 使空间要素的定义更接近于现实世界,这种面向对象的数据模型,使用户可以根据具体的需要进行扩展,具有用户可定义的特征。

ArcGIS 9 的面向对象数据模型利于以下重要工作:

① 编辑不同的地图要素集合,例如点和线;

② 模型化复杂的网络要素,例如网络上具有内部离散要素线路的设备;

③ 表示空间要素的参数曲线几何特性,如圆弧和贝塞尔曲线(Bezier)等;

④ 增加运行时的诸如制图系统或者报告书写器之类的扩展。

Geodatabase 支持多种 DBMS 结构和多用户访问,且大小可伸缩。从基于 Microsoft Jet Engine 的小型单用户数据库,到工作组、部门和企业的多用户数据库,Geodatabase 都支持。目前有两种 Geodatabase 结构:Personal Geodatabase (个人地理数据库)和 Multiuser Geodatabase (多用户地理数据库)。Geodatabase 有两种实现形式:Personal Geodatabase 构建在 Microsoft Jet Engine 上, 以 Access 文件的形式存储;Multiuser Geodatabase 通过 ArcSDE 空间数据库引擎,在 Oracle、SQL Server 等 RDBS 中实现可支持分布式处理的形式。

1. 个人地理数据库

Personal Geodatabase 对于 ArcGIS 用户是免费的,它使用 Microsoft Jet Engine 数据文件结构,将 GIS 数据存储在小型数据库中。个人 Geodatabase 更像基于文件的工作空间,数据库存储量最大为 2GB。个人 Geodatabase 使用微软的 Access 数据库来存储属性表。对于小型的 GIS 项目和工作组来说,个人 Geodatabase 是非常理想的工具。通常,GIS 用户采用多用户 Geodatabase 来存储和并发访问数据。个人 Geodatabase 支持单用户编辑,不支持版本管理。

2. 多用户地理数据库

Multiuser Geodatabase 通过 ArcSDE 支持多种数据库平台,包括 IBM DB2、Informix、Oracle(有或没有 Oracle Spatial 都可以)和 SQL Server。多用户地理数据库使用范围很广,主要用于工作组、部门和企业,利用底层 DBMS 结构的优点实现以下功能:

① 支持海量的,连续的 GIS 数据库;

② 多用户的并发访问;

③ 长事务和版本管理的工作流。

基于数据库的 Geodatabases 可以支持海量数据以及多用户并发。在众多的 Geodatabase 实现中，空间地理数据一般存放在大型的 Binary Object 中，插入和取出这样的大对象，关系数据库是非常高效的。而且，GIS 数据库的容量和支持的用户数远大于文件的存储形式，个人和多用户 Geodatabase 的特性总结见表 1-1。

表 1-1　个人和多用户 Geodatabase

Geodatabase	DBMS	注释
个人 Geodatabase	Microsoft Jet Engine (Access)	单用户编辑 2GB 大小限制 不支持版本管理
多用户、版本管理 Geodatabase	Oracle Oracle with Spatial 或者 Locator IBM DB2 IBM Informix Microsoft SQL Server	需要 ArcSDE 多用户编辑 基于版本管理的工作流 数据库大小和用户数限制依赖于数据库

二、ArcGIS 9 的特点

ArcGIS 9 是 ESRI 发布的功能比较强大而又完善的版本。ArcGIS 9 的一个主要目标是与现有的 ArcGIS 8.3 平台的功能和数据模型完全兼容，使得最终用户和开发商可以很方便地对系统进行升级，同时在软件稳定性、测试、空间数据库伸缩性和栅格处理的性能方面作了改进，可提供强大的跨平台支持能力，包括 Windows、UNIX 和 Linux 平台，这为用户提供了更加灵活的配置选择。

（一）制图编辑的高度一体化

在 ArcGIS 中，ArcMap 提供了一体化的完整地图绘制、显示、编辑和输出的集成环境。相对于以往所有的 GIS 软件，ArcMap 不仅可以按照要素属性编辑和表现图形，也可直接绘制和生成要素数据。可以在数据视图按照特定的符号浏览地理要素，也可同时在版面视图生成打印输出地图。有全面的地图符号、线形、填充和字体库，支持多种输出格式。可自动生成坐标格网或经纬网，能够进行多种方式的地图标注，具有强大的制图编辑功能。

ArcGIS 在前期 Arc/Info 版本的基础上，增强了提供给制图人员的工具，并且支持以前版本的所有功能。ArcMap 在提供给制图人员生产高质量印刷地图所需表达和布局工具的同时，还提供了一个艺术化的地图编辑环境，具有功能强大和人性化的特点，可以完成任意地图要素的绘制和编辑。

（二）可伸缩的体系结构

ArcGIS 软件采用的是全面的、可伸缩集成的体系结构，可提供具备相同核心技术的高、中、低多层次的产品及配置方案，为系统资源的共享、系统规模的无缝升级、数据和应用功能的平滑移植提供了有力的保障。这样，用户可以综合考虑需求、资金、技术等因素，根据不同应用阶段和层次的需求、分步进行系统建设，从而充分地保护用户的前期投资，保证系统的分步实施不会因为平台的提升和系统规模及功能需求的扩展而陷入两难的境地，使构建的系统从整体上具有极大的延展性和灵活性。

(三)系统功能强大

ArcGIS 软件系统功能强大，是一个全面的、完善的 GIS 软件平台。从数据采集到数据处理再到数据存储和空间数据分析，以至最终的结果专题图显示和网上发布，以及现实三维景观的模拟和分析等高级功能，都可以通过 ArcGIS 软件来完成。

ArcGIS 9 在空间处理方面的功能较以前版本更为强大，在三维分析方面尤为突出，增加 ArcGlobe 应用程序，实现全球地理信息的连续、多分辨率的交互式浏览功能，允许全球数据、本地数据和街道级数据间的无缝过渡。ArcGIS 9 除保留了原有产品的强大功能，还融合了先进的 IT 主流技术，尤其是它灵活的 C/S、B/S 体系结构为用户今后的系统拓展留有很好的自由空间。

(四)系统的海量空间数据管理功能

1. 支持海量多元数据的统一存储和管理

ArcGIS 支持矢量数据、属性数据、栅格数据(遥感影像、航摄影像、图片、DEM)、三维地形数据等，其对海量数据的存储与管理及多用户的并发访问性能在国内外都得到了很好的验证和考验。

2. 支持拓扑关系的表达和管理

拓扑关系规则的建立与应用在数据管理中有着重要的意义，ArcGIS Desktop 提供了一组(编辑)工具，可以通过选择若干规则的组合，构成对空间数据必须满足的拓扑关系的灵活指定。同时还可以进行拓扑关系校验，帮助用户及时发现可能存在的拓扑关系错误，保证地图数据的数据质量，数据的完整性、一致性和空间数据的有效利用。

3. 便捷的元数据管理

Arc/Info 9 可以管理其所支持的所有数据类型的元数据。元数据(Metadata)，就是对数据进行描述和定义的数据，包括与空间数据相关的很多有用的信息。在 ArcGIS 中，元数据可以和数据集一起存储，也可以单独存储，通过外部链接和数据集相连。元数据通过创建和共享，可以提供给其他人查询，有助于数据挖掘，并能减少数据冗余，提高效率。

4. 支持长事务处理和版本管理

ArcSDE 对长事务处理提供了底层的支持，每个用户都可以直接对数据库进行操作(编辑、修改)，但是 ArcSDE 为其建立了版本，只有完成了长事务工作后，系统才将其版本进行存储，并在此时进行版本冲突管理。

ArcGIS 9 引入了版本管理的概念，用户在对数据库进行编辑时，不用对数据进行锁定，而是由 ArcSDE 为其建立“增量记录”，即版本。任何人对数据的操作都可以在各自生成的“版本”上进行，版本之下还可以生成新的版本，如此逐级繁衍，形成一棵“版本树”。用户在这个数据版本进行编辑修改时，不用关心其他用户是不是也在对同一数据进行操作。事务处理结束提交数据时，由系统自动对数据的一致性进行检查即可。如果没有冲突就直接更新数据。如果遇到冲突，再交互解决冲突，从而大大提高了并发操作的效率。

（五）支持通用标准，技术先进

ArcGIS 支持通用的计算机技术标准，如基于工业标准的组件对象模型（COM），支持计算机辅助工程（CASE）工具，支持 Windows NT 的用户界面标准（GUI），使用标准的可视化建模语言 UML 来定制数据模型，支持工业标准的大型数据库（如 Oracle、SQL Server、DB2 等），并支持空间数据库的分布式存储和管理。通过 TCP/IP、HTTP 协议，运用标准的 XML、SQL，ArcGIS 可实现基于网络的通信，支持分布式数据库、面向对象的技术、组件式 GIS 技术、Web 技术、Java 技术等。

（六）灵活的定制与开发

ArcGIS Desktop 通过一系列可视的 GIS 应用操作界面，满足了大多数终端用户的需求。同时，也为高级用户和开发人员提供了全面的客户化定制功能。使用户能利用拖放和菜单驱动工具来方便地定制 ArcGIS 9。ArcGIS Desktop 支持标准和开发环境，易于系统定制，方便开发。

ArcGIS 引入了基于工业标准的组件对象模型（COM）技术，它允许将组件插入其他支持 COM 的应用中。ArcGIS Desktop 全面采用 COM（组件对象模型）技术，它提供了超过 1100 个独立的 COM 组件，集合成了 ArcObjects，支持任何与 COM 兼容的编程语言，如 Visual Basic、Visual C++、.NET、Delphi 的定制与扩展，提供了工业标准的 Microsoft Visual Basic for Application（VBA）环境，可以让用户编写定制脚本，并作为宏来运行和保存、添加到界面上的命令按钮里。

（七）ArcGIS 9 的新功能

与 ArcGIS 8 相比，ArcGIS 9 最大的变化是增加了两个基于 ArcObjects 的产品：面向开发的嵌入式 ArcGIS Engine 和面向企业用户的基于服务器的 ArcGIS Server。这两个产品都支持包括 Windows、UNIX 和 Linux 在内的跨平台技术。3D Analyst 是 ArcGIS 8 的扩展模块，主要提供空间数据的三维显示功能。在 ArcGIS 9 中，该模块在 3D Analyst 的基础上第一次推出全球 3D 可视化功能，该模块具有与 ArcScene 相似的地图交互工具，可以与任何在三维地球表面有地理坐标的空间数据进行叠加显示。ArcGIS 9 特别增强了栅格数据的存储、管理、查询和可视化能力，可以管理上百个 GB 到 TB 数量级的栅格数据，允许其有属性，并可与矢量数据一起存储并成为空间数据库的一个重要组成部分。ArcGIS 9 还推出了一种标准、开放的空间数据库格式，它直接利用 XML schema 形式，提供了对包括矢量、栅格、测量度量值和拓扑在内的所有空间数据类型的访问。在以前版本中，象数据集合并等高级空间处理功能一般由 Arc/Info Workstation 或 XML 完成，现在这些功能都可在 ArcGIS 9 桌面端实现。

第二节　ArcView 简介

ArcView 是美国 ERSI（环境系统研究所，Environmental Systems Research Institute Inc）的 GIS 产品，ERSI 是地理信息系统业界著名企业，其发展基本上代表了国际地理信息系统技术的前沿水平。ERSI另一个与ArcView相媲美的GIS产品即著名的Arc/Info软件，它们都以技术可靠、算法先进、实用性强而著称。相对于Arc/Info，ArcView更方便、灵活，且操作简单、通用性强，特别适用于地理信息系统应用的普及和相对传统的GIS化。

一、ArcView的桌面制图

ArcView是一款功能全面的桌面GIS软件，它通过工程(Project)文件组织管理用户的工作。工程文件包括用来完成各类任务的所有"文档"(Doc)，即视图(Views)、表格(Tables)、图表(Charts)、图版(Layouts)和脚本(Scripts)等，各类文档都有自己的文档图形用户界面(Doc GUI)。为完成复杂的任务，ArcView实现了数据在不同文档中的动态连接，对一个文档的数据进行操作，可能会影响其他类相关文档的状态和内容。此外ArcView还具有丰富的扩展模块。

(一)功能强大

由于构筑在面向对象的数据结构之上，ArcView的数据管理和分析功能相当灵活。ArcView能够从Arc/Info的Coverage和Grid(Arc/Info的空间数据结构)中读取数据，也能够读取AutoCAD和MicroStation的绘图文件、VPF数据、卫星影像、扫描航空照片、dbase与Info文件、外部数据库(如Oracle与Access以及格式化文本数据)等。面向对象的数据结构也提供了空间数据建模的极大灵活性。例如，可以将一个单独的Arc/Info Coverage建模为几个主题(地图图层)，每个主题都具有与该图层相关联的不同的属性。

(二)灵活性与用户化

ArcView提供了符号表现与地图图版的巨大灵活性。通过按需导入定制符号集的能力，系统提供了较宽范围的符号与颜色选择。在生成硬拷贝的过程中，也可以使用可用于屏幕显示的完整范围的符号和面板。由于有了Avenue编程语言(随ArcView GIS 3.x以上版本提供)，用户能够完全控制ArcView环境中的每个元素。通过使用Avenue脚本，能够访问ArcView内置的对象和类，并且能够定制界面和地图，还能够在应用程序中嵌入宏。

(三)轻便性

在PC与UNIX平台上，ArcView的界面都保持相同。ArcView工程文件是以ASCⅡ文本文件格式存储的，不用任何翻译与重新编译即在不同平台之间移动。数据是二进制的，在PC与工作站之间兼容：从工作站或PC上，Arc/Info工作空间能够以其自身的二进制格式进行复制，而且不经过任何转换即可使用。

(四)网络化

ArcView能够跨越不同种类的PC与工作站网络，从而无缝地访问数据。ArcView的数据集与工程文件都可以跨网络分发。根据个别用户的需求，可以向网络中添加其他ArcView的结点，确保用户能够访问图形数据和基于Windows或UNIX的其他应用程序。

(五)整合性

ArcView 无缝地链接 Arc/Info，它们能够通过彼此配合来扩展各自的功能。ArcView 能够读取 Arc/Info coverage 和 library，而不用进行翻译，并且能够链接到业界标准数据库的相关文件，包括 Oracle、Informix 及 dbase 等。

二、ArcView 的特点

ArcView 地理信息系统除了具有 GIS 的主要功能外，还有以下几个特点。

(一)Avenue 允许用户直接访问

ArcView 是由对象与请求组成的，而 Avenue 是一种面向对象的编程语言，允许用户直接访问这些对象。允许对用户环境的外观进行更高级别的控制，包括数据、应用程序、界面和输出等。即使没有立刻定制 ArcView 的意向，也可以考虑把 Avenue 作为一种保险策略；如果需要进行定制的话，就可以使用 Avenue 的强大功能。

(二)ArcView 可以直接访问 Arc/Info

通过把基于 UNIX 的 ArcView 添加到网络中，使得 ArcView 具有平衡已有 Arc/Info 安装的能力。在不转换已有 Arc/Info 工作空间的情况下，就可以将其从 UNIX 主机复制到单机版的 Windows ArcView 中，并且能够访问 Arc/Info 格式的空间数据，它的这项功能扩展了用户的使用，使他们不必再直接与一个 Arc/Info 的站点联系。Arc/Info 在政府机构中应用得很普遍，与 Arc/Info 支持的交换格式配合得也很好，使得第三方数据供应者能够非常方便地运行 Arc/Info。同样，它直接支持 Arc/Info Coverage 或 ArcView Shapefile 格式的数据。不管在工程中使用何种格式的空间数据，都可以通过 Arc/Info 将其转换为 ArcView 格式。

(三)ArcView 可以与 CAD 数据连接

ArcView 可以直接从 CAD Drawing 和交换文件中创建主题，尤其是可以从 AutoCAD.dwg 与.dxf 文件或者 MicroStation.dgn 文件中创建主题。这使得技术人员能够以所用软件的自身格式存储和访问数据，而不用对其进行翻译，从而在继续创建并维持数据的同时，能够扩展 ArcView 显示并查询该数据的能力。

(四)ArcView 具有强大的扩展功能

在 ArcView 中，可选的分析扩展功能(Network Analyst、Spatial Analyst 及许多其他扩展模块)是 Arc/Info 软件中提供的强大功能。Network Analyst(网络分析)扩展了功能强大的工具套件，能够执行最优、最短距离和服务区分析；Spatial Analyst(空间分析)扩展了向 ArcView 的核心数据模型中添加功能强大的栅格建模功能，允许对密度、邻近度和表面建模等进行全面细致的分析。

(五) ArcView 具有空间数据库引擎

ArcView 能够控制 ArcView 数据模型，从而支持到存储空间数据的大型数据库的连接。该连接是由空间数据库引擎(SDE)完成的。SDE 使用关系型数据库管理系统(RDBMS) 的功能，对由多个要素所组成的空间数据库进行显示和查询。通过使用

SDE,可以把 ArcView 作为显示和查询所有数据(空间和表格)的前端,并允许把数据存储到单独的数据库中。

三、ArcView 的基本功能模块及其扩充

ArcView 采用了可扩充的结构设计，整个系统由基本模块和扩充功能模块构成。其基本模块包括对视图(Views)、表格(Tables)、图表(Charts)、图版(Layouts)和脚本(Scripts)的管理。这些基本功能模块可以完成以下任务。

(一)创建基于 GIS 的电子地图

ArcView 的矢量数据模型,支持创建基于 GIS 的电子地图。电子地图中的任何图元对象,都具有系统赋予的唯一内部标识,可以对其进行各种访问。

(二)为电子地图中的地理对象连接属性信息

ArcView 对电子地图中具有内部标识的任一图元对象,都可以组织和建立与其相关的属性信息,从而形成完整地图对象的信息结构。

(三)空间数据与属性数据的交叉查询

在 ArcView 所建立的电子地图中，可以通过地图对象查询得到其相应的属性信息,也可以根据属性值或属性值的范围,通过 SQL(结构化查询语言)查询操作,构造符合查询条件的逻辑表达式,在地图中查找到相应的空间数据对象,从而实现地图空间数据与属性数据的交叉查询。

(四)建立基于空间数据与属性数据的分析图表

ArcView 支持六种类型的图表,即面图(area)、水平直方图(bar)、柱状图(column)、线图(line),饼图(pie)和坐标散点图(x y scatter),每种类型的图表均有几种变形可供选择。ArcView 图表实现了对表格数据的动态与直观显示,图表将信息快捷直观地传递给用户,而这些信息如果用其他方法获取,则需要花费很长时间。

使用图表可以显示、比较、查询属性信息,如点击饼图中某一扇片,则可以自动查询出其表达的记录数据或其他信息,另外,图表也是动态的,因为图表表达的是表格数据的当前状态,对表格数据的改动,会自动反映到图表中。

(五)制作地图图版

图版是一个文档,ArcView 通过图版设计,可以创建和输出高质量的地图。图版可以由各种文档、图形和文本组成,项目中的视图、表格、图表也可以在图版之中。图版的设计是在 ArcView 的图形用户接口(GUI)中完成的。在图版的 GUI 中,有按钮和其他工具可供绘制、拖放和编辑图版选用。图版设计完成后,可以将之保存为图版模块供日后使用,也可以将图版打印或绘制成硬拷贝。

除了这些基本模块之外,ArcView 还包括大量可扩充模块，正是借助于这些可扩充的功能模块,ArcView 才可以完成大量的空间分析任务。

这些可扩充的功能模块包括以下几部分。

①空间分析(Spatial Analyst)模块:使桌面用户可以创建、查询、分析基于栅格的

光栅地图，可以通过多数据层查询信息。基于栅格数据的空间分析和可视化工具与ArcView的基于矢量的操作的结合，提高了ArcView在分析、建模、可视化、制图方面的功能。

②网络分析(Network Analyst)模块：用于解决各类地理网络问题(街道、高速公路、河流、管线等)。如寻找效率最高的行车路线，生成行车方向，寻找最近的应急或服务设施，根据时间确定服务或销售区域等。

③三维分析(3D Analyst)模块：为桌面用户提供了三维表面模型以及交互式的三维透视观察功能。为了支持复杂的三维表面分析，三维分析模块支持在ArcView中建立和使用不规则三角网(TIN)。三维分析模块还支持光栅数据分析，并提供由表面数据内插Z值生成三维Shape文件的工具，可以在ArcView中建立、显示以及分析三维数据。

④绘图输出（ArcPress for ArcView）模块：主要用于绘制文件光栅化。它帮助ArcView用户将不同型号的标准绘图设备转化为其他格式，这为ArcView用户提供了很好的输出工具。

⑤影像分析(Image Analyst for ArcView)模块：为已有的基于栅格的空间分析工具作了补充，提供一种简单、直观的方法来访问大量的影像数据，完成影像可视化、影像增强、地图注册、特征提取、影像分类及简单的变化监测功能；同时提供一种直接的途径可以对Erdas Image进行复杂的地学成像和处理。

⑥追踪分析（Tracking Analyst for ArcView）模块：允许在ArcView环境中直接接收、回放GPS(全球定位系统)等实时数据，并允许实时地利用这些数据进行空间分析，它还可以应用于车辆跟踪、飞行跟踪、野生动物追踪及其他一些领域。

⑦ArcView因特网地图发布（ArcView Internet Map Server）模块：为用户提供Internet功能，如为用户提供现成的HTML网页，也可按需要生成网页片断，嵌入用户的网页中。用户可用ArcView的开发工具来实现制图和查询功能。

四、ArcView 系统的安装

ArcView系统的安装和一般的计算机软件安装基本相同，运行系统盘上的“SETUP.EXE”安装程序，按照安装程序的有关提问做出回答，即可正确安装ArcView系统，但需要注意以下几点：①ArcView系统下的安装程序，只对系统主模块进行安装，对于其它外挂模块，还必须运行该外挂模块相应的安装程序；②3.1版以前的ArcView外挂模块并不完全都是独立的，如“三维分析”模块和“空间分析”模块，就存在某种依赖关系。“三维分析”模块必需在“空间分析”模块存在时才能正确运行，一般安装时也必须先安装空间分析模块，再安装三维分析模块，否则三维分析模块不能正确运行；③有多个外挂模块的系统中，其相应功能的调用需要在“File”菜单下的“Extensions”子菜单中设定。设定时，系统打开一个“Extensions”对话框，用户只需选定“Available Extensions”列表框中相应的选项，按“OK(确认)”按钮即可。

五、ArcView 的基本操作界面

(一)系统进入运行的初始界面

打开 ArcView 系统,首先呈现在用户面前的是如图 1-5 所示的一个项目管理器和对话框。

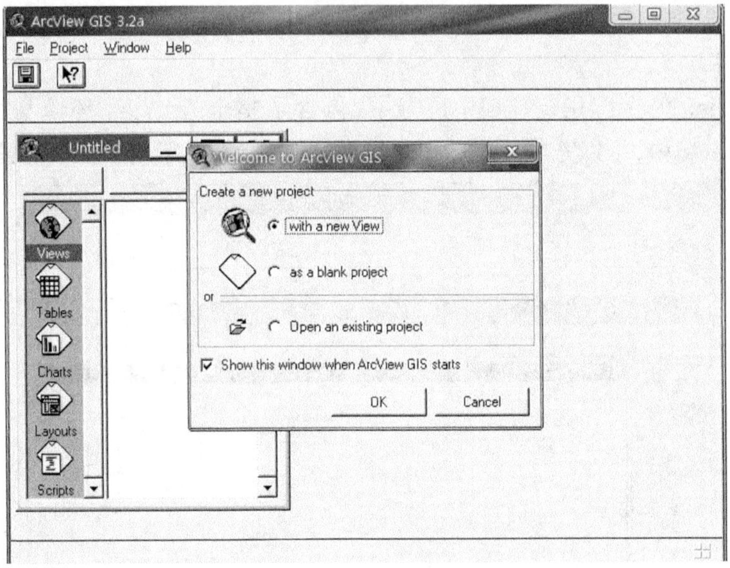

图 1-5 ArcView 项目管理器对话框

这时用户面临三种选择:建立一个新的视图;建立一个新的项目;打开一个已有的项目。

这是一个模式对话框,用户必须有所应答或关闭该对话框方可进行下一步,但用户可去掉该对话框最后一行检查框中的选定标记,在以后的启动中就不再出现该对话框,而直接到菜单栏中选取相应的菜单功能。

ArcView 以项目作为基本的应用单元,所以启动 ArcView 的同时也打开一个项目管理器,此时无论用户作何回答,该项目管理器都会进入管理状态。

(二)建立一个新视图

当用户选中该对话框,即建立一个新的视图,ArcView 则以缺省名称打开一个项目管理器,并打开一个视图窗口(ArcView 1)和一个问询对话框,询问用户是否马上进行空间数据的输入操作,并为输入操作准备好相应的菜单和图标资源。一般情况下,这时用户应进行空间数据的输入操作,如打开已有的文件或遥感影像文件等等,也可以直接创建这些 ArcView 文件,有关更详细的操作说明将在以后相应的章节中讨论。

(三)打开一个空项目

当用户选中该对话框即打开一个空项目时,ArcView 则打开一个尚没有任何 ArcView 文档加入的项目窗口,以等待用户为其加入文档,或在该项目下建立新文档。

(四)打开一个已有的项目

当用户选中该对话框即打开一个已有的项目时,ArcView 则打开一个打开项目对话框,打开项目对话框实际上就是一般的文件名输入对话框,用户可用其在整个磁盘空间寻找要打开的 ArcView 项目文件(扩展名)。

(五)关于项目管理器

通过窗口、菜单栏、按钮栏和工具栏等,ArcView 能够有效地组织制图工程和工具。

1. 窗　口

在 ArcView 的主应用窗口(图 1-6)中,包含了整个 ArcView 环境与图形用户界面。在这个区域中,可以完成所有的用户交互,并且能够显示 ArcView 的输出。

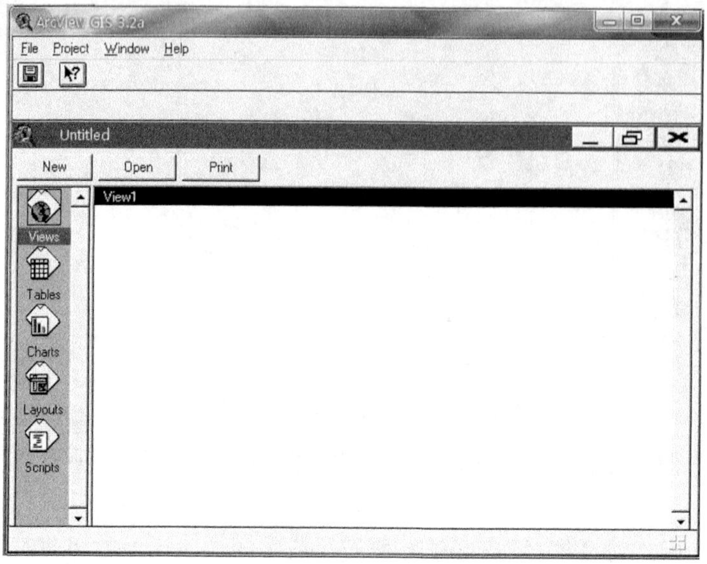

图 1-6　ArcView 主窗口

在各种各样的窗口中,ArcView 提供了它的全部功能。最顶部级别或主窗口是工程窗口,组织了用户使用 ArcView 时生成、访问及输入的全部文件和文档,包括空间数据、表格数据、扫描影像、图表、图形和脚本等。ArcView 工程把这些文档组织在多个相关的窗口中,这些窗口都可以从工程窗口中进行访问。当保存并重新打开一个 ArcView 工程的时候,该工程将会返回到上一次保存的确认状态,包括以前所显示的全部窗口、相关图形及表格。

2. 文　档

ArcView 中共有 5 种文档类别:视图(Views)、表格(Tables)、图表(Charts)、图版(Layouts)和脚本(Scripts)。每种文档类别都包含作为当前工程一部分而创建的一个文档列表。在文档列表中,可以通过双击文档的名称或者选择文档名称,然后点击"Open"按钮打开每个文档(假如指定的视图或表)。其他文档及每个文档相关的文件将被显示在一个独立的窗口中。例如,当在一个视图窗口中显示一个主题时,与该主题相关的表或图表也可能会显示在其他窗口中。

当激活不同类型的文档时，菜单栏、按钮栏和工具栏将会改变到相应的有效工具。视图的有效工具与表的有效工具不同,图表、图版和脚本的有效工具也是同样的道理。

ArcView 中的项目管理器逻辑上是管理着服务于同一目的一组 ArcView 文档,所以,项目管理器可以对视图(Views)、表格(Tables)、图表(Charts)、图版(Layouts)和脚本(Scripts)等信息形式进行管理,它们都是同一项目下为某种应用而组织起来的。信息形式还可能增加,如三维视图等。

项目管理器上部三个按钮分别用来记录、打开或添加视图、表格、图表、图版、脚本等,具体要看左侧代表各种信息形式的那些图标的选择状态。管理器中列表框则显示该项目下已有的内容,它们一般都与一个磁盘文件相对应。选择该内容并执行“打开”命令,就会打开该信息项的工作窗口。

3. 视　图

视图 Views(图 1-7)是最重要的信息类型,它一般是矢量或栅格地图的电子展示,它可以组合同一地域的若干个地图主题,如高程、水系、居民点、道路、土地利用、行政区界等信息,这些信息既可以单独显示,也可以组合显示。

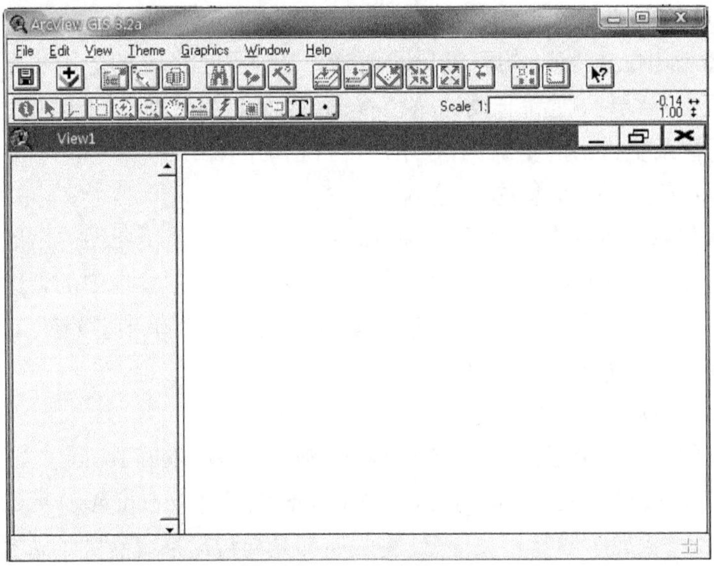

图 1-7　ArcView 视图窗口

4. 表　格

表格对应着主题中地理对象的属性信息,对于绝大多数的地理信息系统来说,都使用关系数据库管理属性数据,所以,这里的表格实际上也是属性数据库中相应数据表格的映射。所不同的是,在浏览状态下,这里的数据表格还不能随意操作,如更改、添加和删除等。

5. 图　表

图表是 ArcView 直观显示表格数据的工具，图表可以利用已有的 ArcView 表格数据，图表的类型决定显示的方式。使用图表可以显示、比较、查询属性信息，如点击饼图中的某一扇片，则可以自动查询出其表达的记录数据或其他信息。图表是动态的，因为图表表达的是表格数据的当前状态，对表格数据的改动，都会自动反映到图表中。

ArcView 的图表有面积图、柱状图、线图、饼图和 X、Y 散点图六种类型。

6. 图　版

图版是一种文档，它综合多种 ArcView 文档以及制图要素（如指北针、比例尺等）和特性（如边框、徽标等）生成高质量地图。

7. 脚　本

脚本文档类似于文本编辑器，利用它可编写程序。程序可以以自动化方式完成各种任务，为 ArcView 添加新功能，当然也可创建应用。

六、使用 ArcView 的帮助系统

ArcView 提供了内容完善、功能强大和形式广泛的联机帮助系统，既有主题解释，又有举例说明。不管是在 ArcView 窗口还是在各个文档窗口的菜单栏中，其最后都有“帮助”(Help)菜单，并且在按钮栏中都有帮助按钮。

在 Windows 中，ArcView 的联机帮助系统与其他 Windows 的应用程序的帮助系统一样，采用超文本结构，提高非线性路径查询，因而能够帮助用户迅速找到问题的类别归属，然后按系统指出的步骤，引导用户进行正确的操作。

（一）ArcView 帮助系统的进入

进入 ArcView 帮助系统有以下几种方式：①通过菜单使用帮助。用鼠标单击菜单栏上的“帮助”，或按 Alt+H 组合键，都能打开菜单。②使用工具栏中的帮助按钮获得帮助。单击工具栏上的“帮助”图标，然后用鼠标单击某个菜单项、按钮、工具或某个窗口，或按 F1 键，系统将显示关于该控件或当前窗口的帮助信息。

（二）ArcView 帮助系统的使用

ArcView 的帮助菜单提供了三个选择项：帮助主题(Help Topics)、如何获得帮助(How to get Help)和关于 ArcView (About ArcView)，其中 About ArcView 是提供有关 ArcView 的版本、权属声明等相关信息，前两项都是与帮助系统有关的选择。

（三）使用 Glossary 快速获得有关专业词汇的解释

选择如何获得帮助或用 F1 键打开 ArcView 的帮助系统，再选择“Glossary”，ArcView 系统将打开一个“ArcView Glossary”对话框。

使用该对话框，根据要查找专业词汇的第一个字母，在该窗口上部输入与该词汇第一个字母相同的字母，帮助系统将在词汇列表中列出与专业词汇第一个字母相同的所有词汇，您可以从中查找到您需要了解的词汇而获得帮助，也可以直接在词汇列表中滚动，查找您需要了解的词汇的解释信息。

第三节　MapGIS 简介

MapGIS 是武汉中地数码集团(中国地质大学(武汉)信息工程学院),在其彩色地图出版编辑系统 MapCAD 的基础上,发展起来的一套实用地理信息系统,在国土资源行业应用广泛。7.0 版本包括两个产品:MapCAD 彩色地图编辑出版系统和 MapGIS 地理信息系统(图 1-8)。

MapGIS 是中国具有自主版权的大型基础地理信息系统平台。它是集数字制图、数据库管理及空间分析为一体的空间信息系统,是进行现代化管理和决策的先进工具。

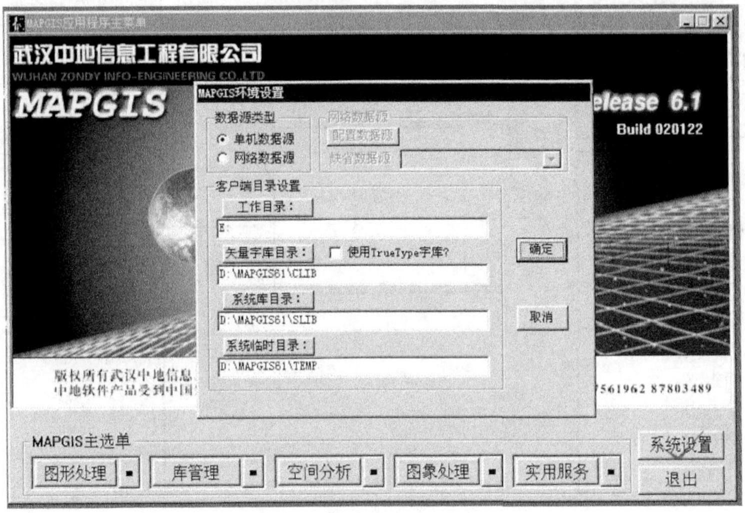

图 1-8　MapGIS 软件主界面

一、MapGIS 介绍

中国地质大学(武汉)信息工程学院,从 20 世纪 80 年代末开始从事 GIS 的研发和应用,相继解决了海量地图库快速检索技术、不规则图幅的建库和数据无缝连接技术、多源数据综合管理、分析、套合、制图技术、快速矢量数据叠加分析、空间数据和属性数据网络化技术(SDE 技术)、快速收敛的定位分配算法、三角网快速建模技术、影像数据的有效组织和提取等关键技术,在此基础上,研制出具有完全自主知识版权的地理信息系统——MapGIS。

目前 MapGIS 已成功应用在数字国土、数字市政、数字通信、数字地矿等市场。近年推出的数字城管交通系统、政府空间地理信息共享服务平台、房产 GIS 平台、税务管理系统、电子政务平台、数据中心、市政一体化集成系统、大众化应用产品等正在成为数字城市建设的主流软件。

(一)MapGIS 的结构体系

MapGIS 是具有国际先进水平的完整的地理信息系统,它分为输入、图形编辑、库管理、空间分析、输出以及实用服务六大部分(图 1-9)。根据地学信息来源多种多样、数据类型多、信息量庞大的特点,该系统采用矢量和栅格数据混合结构,力求矢量数据和栅格数据形成一个整体,同时,又考虑了栅格数据既可以和矢量数据相对独立存在,又可以作为矢量数据的属性,以满足不同问题对矢量、栅格数据的不同需求。

MapGIS 还具有二次开发能力,提供了丰富的 API 函数、C++ 类、组件供二次开发用户选择。方便的二次开发平台有:①开放性 VC++、VB、Delphi 等集成开发环境;②多层次 API 函数,C++ 类层、ActiveX 组件层。

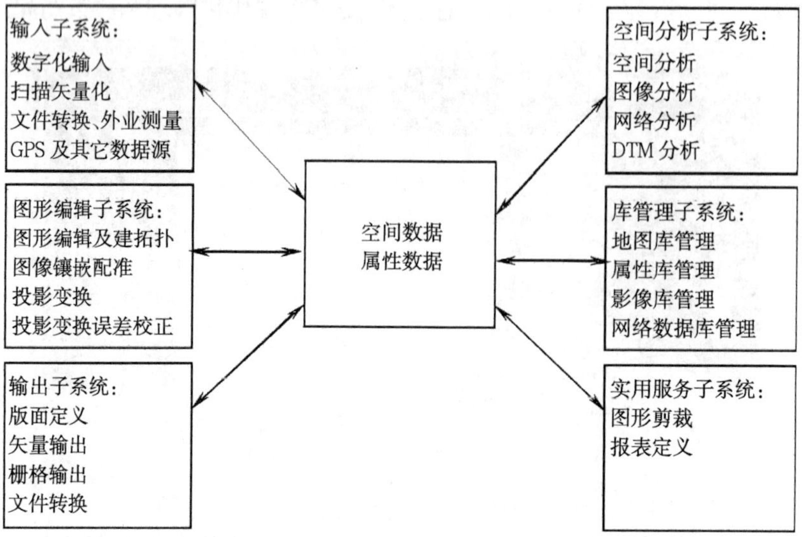

图 1-9　MapGIS 总体结构图

(二)MapGIS 的运行环境及应用范围

MapGIS 硬件环境:奔腾Ⅲ以上微机,内存 512M 以上,硬盘 80G 以上,1024×768×256 色的彩显设备。

MapGIS 软件环境:中文 Windows 2000、NT 及 XP。

MapGIS 地理信息系统适用于地质、矿产、地理、测绘、水利、石油、煤炭、铁道、交通、城建、规划及土地管理等领域。

二、MapGIS 中的基本术语和常用文件类型

(一)MapGIS 中的基本术语

1. 图　层

用户按照一定的需要或标准把某些相关的物体组合在一起,称之为图层。如地图中水系构成一个图层,铁路构成一个图层等。可以把一个图层理解为一张透明薄膜,每一层上的物体在同一张薄膜上。一张图就是由若干层薄膜叠置而成的,图形分层有利于提高检索和显示速度。

2. 点　元

点元是点图元的简称，有时也简称点，所谓点元是指由一个控制点决定其位置的有确定形状的图形单元。它包括字、字符串、圆、弧、直线段等几种类型。

3. 弧　段

弧段是一系列有规则的、顺序的点的集合，用它们可以构成区域的轮廓线。它与曲线是两个不同的概念，前者属于面元，后者属于线元。

4. 结　点

结点是某弧段的端点，或者是数条弧段间的交叉点。

5. 结点平差（顶点匹配）

本来是同一个结点，由于数字化误差，几条弧段在交叉处即结点处没有闭合或吻合，留有空隙，为此将它们在交叉处的端点按照一定的匹配半径捏合起来，成为一个真正结点的过程，称为结点平差。

6. 点

点是地图数据中点状物的统称，是由一个控制点决定其位置的符号或注释。它不是一个简单的点，而是包括各种注释（英文，汉字、数字等）和专用符号（包括圆、弧、直线、五角星等各类符号）。所有的点图元数据都保存在点文件(*.WT)中。

7. 线

线是地图中线状物的统称。MapGIS将各种线型（如点划线、省界、国界、等高线、道路、河堤等）以线为单位作为线图元来编辑。所有的线图元数据都保存在线文件(*.WL)中。

8. 区

区通常也称面，它是由首尾相连的弧段组成封闭图形，并以颜色和花纹图案填充封闭图形所形成的一个区域。如湖泊、居民地等。所有的区图元数据都保存在区文件(*.WP)中。

9. 工　程

对MapGIS要素层的管理和描述的文件，它提供了对GIS基本类型文件和图像文件的有机结合的描述。它可由一个以上的点文件、线文件、区文件和图像文件(*.MSI)组成。在工程管理中还提供了对工程所使用的不同的线型、符号等图例以及图例参数、符号的管理和描述。

（二）矢量化系统的文件操作

1. 装入光栅

栅格数据可通过扫描仪扫描原图获得，并以图像文件形式存储。MapGIS系统可以直接处理TIFF格式的图像文件，也可接受经过MapGIS图像处理系统处理得到的内部格式(RBM)文件。该功能可以将扫描原图的光栅文件或将前次采集并保存的光栅数据文件装入工作区，以便接着矢量化，此时将清除工作区中原有光栅数据。

2. 保存光栅

将工作区中的光栅数据存成 MapGIS 系统的内部格式(RBM)文件。在矢量化的过程中，若设置“自动清除处理过光栅”选项，则工作区中的光栅图像会发生变化。另外，当进行“光栅求反”操作后，工作区中的光栅图像也会发生变化。为了保存修改后的图像，就得选择该功能来保存光栅图像文件。

3. 清除光栅

清除工作区中的光栅文件。

4. 光栅求反

将工作区中的二值或灰度图像进行反转，如使二值图像的白色变为黑色，黑色变为白色。在矢量化的过程中，是以灰度级高的象素为准，即只对灰度级高的象素进行矢量化，灰度级低的象素作为背景。若扫描进来的图像与此刚好相反，则需利用该功能进行反转后才能开始正确的矢量化操作。

5. 设置矢量化范围

全图范围:矢量化操作在全图范围内有效;窗口范围:矢量化操作在定义窗口范围内有效。

6. 设置矢量化参数

矢量化参数包括矢量化时几个必须的控制参数，设置矢量化参数包括抽稀因子、同步步数、最小线长、自动清除处理过光栅、细线、中线、粗线。一般用系统默认值即可。

7. 设置矢量化高程参数—高程自动赋值

当前高程:当前矢量化线的高程值，每矢量化一条线自动赋予当前高程。

高程增量:高程递增量。矢量化过程中，每按一次 F4 键，当前高程就递增一次，并弹出一个小窗口，显示当前高程值。

高程域名:存储高程值的属性域名，可选择属性库中任意一个浮点型域或双精度型域来存储高程值。在矢量化高程线时，最好先在“线编辑”菜单下利用“编辑线属性结构”功能建立高程字段，这样才可以在这里指定高程域名，其中线缺省属性字段不允许赋高程值。

8. 交互式矢量化

对于那些干扰因素比较大，需要人工干预的图，要想追踪出比较理想的图，全自动矢量化就显得力不从心了，此时人工导向自动识别跟踪矢量化正好解决这个问题。矢量化追踪的基本思想就是沿着栅格数据线的中央跟踪，将其转化为矢量数据线。当进入到矢量化追踪状态后，即可以开始矢量跟踪，移动光标，选择需要追踪矢量化的线，屏幕上即显示出追踪的踪迹。每跟踪一段遇到交叉地方就会停下来，让你选择下一步跟踪的方向和路径。当一条线跟踪完毕后，按鼠标的右键，即可以终止一条线，此时可以开始下一条线的跟踪。

9. 封闭单元矢量化

对于地图上的居民地等一些图元，它的本身是封闭的，然而，由于内部填充的阴影线等内容，无论全自动或人工导向自动识别跟踪矢量化都无法将其一次完整地矢量化出来，这时选用封闭单元矢量化功能就能将其完整地矢量化出来。封闭单元矢量化功能有两项选择，一种是以这个光栅单元的外边界为准进行矢量化，另一种是以边界的中心线为准进行矢量化。

（三）图形编辑

MapGIS 图形编辑器分别提供对点、线、面三种图元的空间数据和图形属性进行编辑的功能，是一个功能强大的图形编辑系统。图形编辑是机助制图中最重要的不可缺少的阶段。通过编辑，能够改善绘图精度、更新图形内容、丰富图形表现力，实现图形综合。MapGIS 的图形编辑器，以“所见即所得”的工作方式面向用户，提供多级的 Undo（后悔）以避免误操作，使用方便简单。

1. 文　件

在 GIS 应用中，一般把同一类地理要素存放在同一文件中，称该文件为“要素层”或“地理层”。对文件的操作包括：装入（点、线、区）文件、添加文件、保存文件、换名存文件、存部分文件、清除工作区、清除全部工作区、退出系统。装入新的图元（点、线、区）文件或退出系统前，如果原有数据经过编辑而没有存盘，图形编辑器会提示用户存盘。

2. 工　程

一幅地图或工程项目输入到计算机后可能被分成多个文件（要素层）来进行编辑、处理和分析，当文件太多时，不易查找和记忆，因此需要建立一个工程文件，来描述这些信息，管理这些内容，而且在编辑处理同一工程时，不必装入每一个文件，只需装入工程文件即可。这样，既方便装入，也方便编辑处理。

3. 窗　口

窗口操作是交互式图形编辑系统的重要工具，利用窗口既可以观察图形的全景，又可移动窗口观察图形的不同部分，还可以将图形局部放大，观察其细部，使图形的编辑、修改、设计更加方便、精确。

4. 设　置

设置菜单为图形编辑提供了辅助手段。选择或设置该选择项时就在前边打“√”。

①坐标点可见。将图元的坐标点或线、弧段上坐标数据点用红色小“+”显示在屏幕上，便于用户编辑。该项初始状态为 OFF，每次选择该功能就将该选项状态取反。在 ON 状态下，系统将对屏幕上的数据点标上红色“+”。

②弧段可见。该项初始状态为 OFF，每次选择该功能就将该选项状态取反。在 ON 状态下，编辑器显示区显示弧段。在 OFF 状态下，编辑器显示区不显示弧段。注意：当你打开弧段文件时，在图形窗口中没有发现弧段，主要是系统没有显示它。

③还原显示。该项初始状态为 OFF，每次选择该功能就将该选项状态取反。在 ON 状态下，对线图元，编辑器将按线型来显示线，如某条线的线型为铁路，编辑器依此线为基线来生成铁路。对区图元，编辑器将显示区的内部填充图案。

④数据压缩存盘。该项初始状态为 OFF。图形数据经过编辑操作(如删除、加点等)后,有的数据在逻辑上被删除,但物理上并没有被删除,造成数据冗余。该项状态为 ON 时,存盘时系统自动将冗余的数据去掉。

⑤拓扑重建时搜子区。若该项状态为 ON,则在建拓扑过程中,自动搜索子区,解决子区嵌套问题。

⑥符号编辑框可见。若该项状态为 ON,在库编辑时,自动出现在视窗中。

⑦使用十字大光标。若该项状态为 ON,则光标为大"十"字。

⑧透明显示。针对面图元显示而设置,一般情况下面图元显示为覆盖方式,显示时会将先显示的图元覆盖;设置透明显示后,面元显示时不再覆盖先显示的图元。

⑨用户定制菜单。为用户提供重组菜单、修改菜单名、修改菜单位置、增加快捷键、增加调用外部执行程序等功能。

⑩目录设置与设置系统参数。设置汉字库、系统库、当前工作目录路径名。选中本菜单项后弹出一个对话框,可以修改平行双线的距离(供造平行线时使用)、结点搜索半径(供自动结点平差使用)、裁剪搜索半径、插密光滑半径、坐标点间最小距离值等选项。

5. 图　层

这里的图层与工程中的"要素层"(文件)概念不同,这里的图层是指每"要素层"内分的层,"图层"菜单提供了图形分层的编辑功能。它能打开、关闭任一层,更换当前图层,显示工作区现有图层,还能从多个文件中分离出指定的图层。

(四)MapGIS 常用文件类型

WT:点文件

WL:线文件

WP:区文件

MPJ:工程文件

MPB:拼版文件

CLN: 工程图例文件

DET:高程数据明码文件(ASCII 码)

TIN:三角剖分文件(二进制)

GRD:规则网数据文件(二进制)

WAT:明码格式点文件

WAL:明码格式线文件

WAP:明码格式区文件

CLP:裁剪工程文件

PNT:误差校正控制点文件

RBM:内部栅格数据文件

TIF:扫描光栅文件

DIC:层名字典文件
DXF:AutoCAD 文件
VCT:矢量字库文件
LIB:系统库文件

三、MapGIS 的主要功能

(一)数据采集与输入

在建立数据库时,需要将各种类型的空间数据转换为数字数据,数据输入是 GIS 的关键之一。MapGIS 提供的数据输入有数字化输入、扫描矢量化输入、GPS 输入和其他数据源输入。

1. 数字化输入

数字化输入也就是实现数字化过程,即实现空间信息从模拟式到数字式的转换,一般数字化输入常用的仪器为数字化仪。

2. 扫描矢量化输入

扫描矢量化子系统,通过扫描仪输入扫描图象,然后通过矢量追踪,确定实体的空间位置。对于高质量的原资料,扫描是一种省时、高效的数据输入方式。

3. GPS 输入

GPS 是确定地球表面精确位置的工具,它根据一系列卫星的接收信号,快速地计算地球表面特征的位置。由于 GPS 测定的三维空间位置以数字坐标表示,因此不需作任何转换,可直接输入数据库。

4. 其他数据源输入

MapGIS 升级子系统可接收低版本数据,实现 6.X 与 5.X 版本数据的相互转换,即数据可升可降,供 MapGIS 使用。MapGIS 还可以接收 AutoCAD、Arc/Info、MapInfo 等软件的公开格式文件。同时提供了外业测量数据直接成图功能,从而实现了数据采集、录入、成图一体化,大大提高了数据精度和作业流程。

(二)数据处理

输入计算机后的数据及分析、统计等生成的数据在入库、输出的过程中常常要进行数据校正、编辑、图形整饰、误差消除、坐标变换等工作。MapGIS 通过图形编辑子系统及投影变换、误差校正等系统来完成,下面分别介绍之。

1. 图形编辑

该系统用来编辑修改矢量结构的点、线、区域的空间位置及其图形属性,增加或删除点、线、区域边界,并适时自动校正拓扑关系。图形编辑子系统是对图形数据库中的图形进行编辑、修改、检索、造区等,从而使输入的图形更准确、更丰富、更漂亮。

2. 投影变换

地图投影的基本问题是如何将地球表面(椭球面或圆球面)表示在地图平面上。这种表示方法有多种,而不同图件需要不同的投影,因此在进行图形数据处理中很可能要从一个地图投影坐标系统转换到另一个投影坐标系统，该系统就是为实现这一功能服务的，共提供了 20 种不同投影间的相互转换及经纬网生成功能。通过图框生成功能可自动生成不同比例尺的标准图框。

3. 误差校正

在图件数字化输入过程中，常用的输入法有：扫描矢量化、数字化仪跟踪数字化、标准数据输入法等。通常由于图纸变形等因素，使输入后的图形与实际图形在位置上出现偏差，个别图元经编辑、修改后可满足精度要求，但有些图元由于发生偏移，经编辑很难达到实际要求的精度，说明图形经扫描输入或数字化输入后，存在着变形或畸变。出现变形的图形，必须经过数据校正，消除输入图形的变形，才能使之满足实际要求，该系统就是为这一目的服务的。通过该系统即可实现图形的校正，达到实际需求。

4. 镶嵌配准

图像镶嵌配准系统是一个 32 位专业图像处理软件，以 MSI 图像为处理对象。该系统提供了强大的控制点编辑环境，以完成 MSI 图像的几何控制点的编辑处理。当图像具有足够的控制点时，MSI 图像的显示引擎就能实时完成 MSI 图像的几何变换、重采样和灰度变换，从而实时完成图像之间的配准、图像与图形的配准、图像的镶嵌、图像几何校正、几何变换、灰度变换等功能。

5. 符号库编辑

系统库编辑子系统是为图形编辑服务的，它将图形中的文字、图形符号、注记、填充花纹及各种线型等抽取出来，单独处理，经过编辑、修改，生成子图库、线型库、填充图案库和矢量字库，自动存放到系统数据库中，供用户编辑图形时使用。

（三）数据库管理

MapGIS 数据库管理分为网络数据库管理、地图库管理、属性库管理和影像库管理四个子系统。

1. 地图库管理

图形数据库管理子系统是地理信息系统的重要组成部分。在数据获取过程中，它用于存储和管理地图信息；在数据处理过程中，它既是资料的提供者，也是处理结果的归宿处；在检索和输出过程中，它是形成绘图文件或各类地理数据的数据源。图形数据库中的数据经拓扑处理，可形成拓扑数据库，用于各种空间分析。MapGIS 的图形数据库管理系统可同时管理数千幅地理底图，数据容量可达数十千兆，主要用于创建、维护地图库，在图幅进库前建立拓扑结构，对输入的地图数据进行正确性检查，根据用户的要求及图幅的质量，实现图幅配准、图幅校正和图幅接边。

2. 属性库管理

GIS 应用领域非常广，而各领域的专业属性差异甚大，以至不能用一已知属性集描述概括所有的应用专业属性，因此建立动态属性库是非常必要的。动态就是根据用户的要求能随时扩充和精简属性库的字段(属性项)，修改字段的名称及类型。具备动态库及动态检索的 GIS 软件，就可以利用同一软件管理不同的专业属性，也就可以生成不同应用领域的 GIS 软件。如管网系统，可定义成“自来水管网系统”、“通讯管网系统”、“煤气管网系统”等。

该系统能根据用户的需要，方便地建立动态属性库，从而成为一个有力的数据库管理工具。

3. 影像库管理

该系统支持海量影像数据库的管理、显示、浏览及打印，支持栅格数据与矢量数据的叠加显示，支持影像库的有损压缩和无损压缩。

（四）空间分析

地理信息系统与机助制图的重要区别就是它具备对中间数据和非空间数据进行分析和查询的功能，它包括矢量空间分析、数字高程模型(DEM)、网络分析、图像分析、电子沙盘五个子系统。

1. 矢量空间分析

空间分析系统是 MapGIS 的一个重要的部分，它通过空间叠加分析方法、属性分析方法、数据查询检索来实现 GIS 对地理数据的分析和查询。

2. 数字高程模型

该系统主要有离散数据网格化、数据插密、绘制等值线图、绘制彩色立体图、剖面分析、面积体积量算、专业分析等功能。

3. 网络分析

MapGIS 网络分析子系统提供方便地管理各类网络(如自来水管网、煤气管网、交通网、电讯网等)的手段，用户可以利用此系统迅速直观地构造整个网络，建立与网络元素相关的属性数据库，可以随时对网络元素及其属性进行编辑和更新；系统提供了丰富有力的网络查询检索及分析功能，用户可用鼠标指点查询，也可输入任意条件进行检索，还可以查看和输出横断面图、纵断面图和三维立体图；系统还提供网络应用中具有普遍意义的关阀搜索、最短路径、最佳路径，资源分配、最佳围堵方案等功能，从而可以有效支持紧急情况处理和辅助决策。

4. 图像分析

多源图像处理分析系统是一个 32 位专业图像(栅格数据)处理分析软件。多源图像处理分析系统能处理栅格化的二维空间分布数据，包括各种遥感数据、航测数据，航空雷达数据、各种摄影的图像数据以及通过数据化和网格化的地质图、地形图、各种地球物理数据、地球化学数据和其它专业图像数据。

5. 电子沙盘地形分析

电子沙盘系统是一个 32 位专业软件。该系统提供了强大的三维交互地形可视化环境，利用 DEM 数据与专业图像数据，可生成近实时的二维和三维透视景观，通过交互地调整飞行方向、观察方向、飞行观察位置、飞行高度等参数，就可生成近实时的飞行鸟瞰景观。系统提供了强大的交互工具，可实时调节各三维透视参数和三维飞行参数。此外，系统也允许预先精确地编辑飞行路径，然后沿飞行路径进行三维场景飞行浏览。

电子沙盘系统主要用途包括：地形踏勘、野外作业设计、野外作业彩排、环境监测、可视化环境评估、地质构造识别、工程设计、野外选址（电力线路设计及选址、公路铁路设计及选址等）、DEM 数据质量评估等。

（五）数据显示与输出

如何将 GIS 的各种成果变成产品供各种用途的需要，或与其它系统进行交换，是 GIS 中不可缺少的一部分。GIS 的输出产品是指经系统处理分析，可以直接提供给用户使用的各种地图、图表、图像、数据报表或文字报告。MapGIS 的数据输出可通过输出子系统、电子表定义输出系统来实现文本、图形、图像、报表等的输出。

1. 输　出

MapGIS 输出子系统可将编排好的图形显示到屏幕上或在指定的设备上输出。具有版面编排、矢量或栅格数据处理、不同设备的输出、光栅数据生成、光栅输出驱动、印前出版处理功能。

2. 报表定义输出

电子表定义输出系统是一个强有力的多用途报表应用程序。应用该系统可以方便地构造各种类型的表格与报表，在表格内随意地编排各种文字信息，并根据需要打印出来。它可以实现动态数据连接，接收由其它应用程序输出的属性数据，并将这些数据以规定的报表格式打印出来。

3. 数据转换

数据文件交换子系统功能为 MapGIS 系统与其它 CAD、CAM 软件系统间架设了一道桥梁，实现了不同系统间所用数据文件的交换，从而达到数据共享的目的。输入输出交换接口提供 AutoCAD 的 DXF 文件、Arc/Info 文件的公开格式、标准格式、E00 格式、DLG 文件与本系统内部矢量文件结构相互转换的能力。

第四节　MapInfo 简介

MapInfo 是美国 MapInfo 公司的桌面地理信息系统软件，是一种数据可视化、信息地图化的桌面解决方案。它依据地图及其应用的概念，采用办公自动化的操作，集成多种数据库数据，融合计算机地图方法，使用地理数据库技术，加入了地理信息系统分析功能，形成了极具实用价值的、可以为各行各业所用的大众化小型软件系统。

一、MapInfo 概述

1986 年 MapInfo 公司成立并推出了第一个版本——MapInfo for DOS V1.0 及其开发工具 MapBasic，此后又推出了 DOS 平台的 2.0 和 3.0 版。1995 年底 MapInfo 发布了 MapInfo Professional，是一个以 Windows 95 和 Windows NT 为平台的桌面地理信息系统。

MapInfo Professional 是一套强大的基于 Windows 平台的地图化解决方案,可以方便地将数据和地理信息的关系直观地展现,其复杂而详细的数据分析能力可帮助用户从地理的角度更好地理解各种信息。可以增强报表和数据表现能力,找出以前无法看到的模式和趋势,创建高质量的地图以便做出高效的决策。凭借其新特性和增强功能,MapInfo Professional 使得桌面地图化和分析功能更快、更容易地延伸至整个企业。

MapInfo Professional 提供一整套功能强大的工具来进行复杂的商业地图化、数据可视化和 GIS 功能。通过 MapInfo Professional 可连接本地及服务器端的数据库,创建地图和图表以揭示数据行列背后的真正含义。也可以定制 MapInfo Professional 以满足用户的特定需要。 支持 Oracle8i 完全读/写,通过 OCI 对 Oracle8i 及通过 ODBC 对其它数据源的实时访问。

MapInfo 公司已成为全球最大的 100 家软件公司之一。产品行销 58 个国家和地区,有 22 种语言的版本。该产品在 1990 后进入我国,经过 20 年的发展,在各行各业得到了普遍的关注,在统计、信息中心、测绘、邮电、水利、油田、林业、军队、公安、工商等部门得到了广泛的应用。

二、MapInfo 的基本概念

MapInfo 如何使地图信息化,这一定是每个初学者十分关心的问题。因此地图化的概念应当是用户进入 MapInfo 时,首先要建立起来的概念。有了地图化概念就能了解 MapInfo 组织数据和地图的方法。

MapInfo 是以表(Table)的形式来组织信息的,每一个表都是一组 MapInfo 文件,这些文件组成了地图文件和数据库文件。为使用 MapInfo,就需要有组成表的用户数据和地图文件。这些文件可以来自 MapInfo 或者由用户创建。用户要想在 MapInfo 中工作,就必须打开一个或多个表。

MapInfo 通过表的形式将数据与地图有机地结合在一起。当用户在 MapInfo 中打开数据文件时,MapInfo 将创建一个表。这个表至少由两个独立的文件组成,一个是包含数据结构的文件,另一个是包含原始数据的文件。一个典型的 MapInfo 表主要由 *.tab、*.dat、*.wks、*.dbf、*.xls、*.map、*.id、*.ind 文件格式组成。

(一)地图图层

MapInfo 是按图层组织地图的,这个图层也叫矢量图。从配准过的栅格图形提取地图的某一方面特征,形成一个图层,每个图层对应一个可地图化的表,多个图层重叠形成一幅完整的地图。在创建每个图层时都要建立一张表,MapInfo 就是通过这种方式使表与地图之间建立了联系。

(二)地图对象

MapInfo 地图对象有点对象、线对象、面对象和注记对象。其中点对象有点位符号; 线对象有直线、折线、封闭线、点虚线、双线公路、铁路线符号等。

(三)地图对象的生成

建立地图对象的概念十分重要！从计算机地图制图的依样画葫芦到面向对象的地理数据管理的过程。计算机地图没有地图对象的概念，只有被拆散图形。把零碎的图形组合成地图对象是一个复杂的、需要良好设计的重要过程，也是学习的重点内容之一。

(四)工作空间

一个图层上只能放置一种类型的地图要素(因为属性数据结构有差异)，几种要素(几个图层)的有序组合形成专题意义的地图，即工作空间的概念。某一区域可以有几十个图层，如地貌、居民地、水系、道路网、分区界线、各种专题要素等，经不同的组合连同产生的专题图层、特殊意义的地图注记，可以保存成无数个工作空间。工作空间可以说是工作状态、临时数据、附加数据以及工作结果的磁盘文件备份。

(五)MapInfo 的窗口

包括地图窗口、浏览窗口、统计窗口、布局窗口、统计图窗口、图例窗口、信息窗口、长度量算窗口等。

(六)自动标注

与传统地图注记有很大的差异，MapInfo 的地图注记可以是任意属性数据的内容(例：某栋房屋可以标注名称、楼层、权属单位、建筑面积、年代等)。

(七)图层控制对话框控制项

增删已在内存中的图层，调整图层顺序(解决要素覆盖问题)，设置图层的可显示、可编辑、可选择、可标注特性，设置图层的视野范围等显示特性，设置图层自动标注内容及标注的显示特性，更新专题地图。

三、MapInfo 的软件开发思想

MapInfo 公司凭借 MapInfo 系列产品取得了长足的发展，其先进的软件开发技术和软件开发思想，引起了 IT 业界的注意，已经为一些专业的 CAD、地理信息系统公司所仿效，例如 Autodesk 公司推出的 Autodesk World、Autodesk Map Guide 及 AutoCAD Map 等。这些先进的软件开发思想包括以下几个方面。

① 尽可能向微软公司产品(Windows/Office)的操作特性靠拢。如使用鼠标右键快捷菜单、一致的工具按钮、可码放的工具条、安装与卸装流程、拖放技术、剪贴板技术、Ctrl+、Shift+、Alt+ 鼠标的使用、支持对象连接与嵌入(OLE)技术、邮件发送等。

② 全方位支持单用户环境、客户机/服务器环境和网络环境（包括 Internet 和 Intranet)等各种体系结构。

③ 支持 ODBC(开放的数据库连接)技术，使不同的数据库系统之间可以进行数据共享和链接，如 MapInfo 可以直接使用微软 Access 数据库中的数据。

④ 具有类 Basic（即 VBA，Visual Basic for Applications）的二次开发语言(MapBasic)。这一点非常重要，除了 Basic 语言易学好用的优点以外，更重要的是使得

各种不同系统有了一种统一的二次开发语言,有利于系统集成。微软的 Word 有 Word Basic 、Excel 有 Excel Basic 、Access 有 Access Basic;Autodesk 公司的 Autodesk World 有 World Basic 等等。

四、MapInfo 的功能特色

MapInfo 具有计算机地图制图功能(可输入、编辑、输出计算机地图,接受和输出其它图形系统的数据(DXF 格式))、专题地图编制功能(基于自身管理的或来自其它数据库的属性数据制作专题地图)、数据可视化功能(基于自身管理的或来自其它数据库的属性数据的图表化、地图化)、空间查询和分析功能(属性到图形、图形到属性、地理空间查询)等功能,具体主要有以下各项。

(一)属性数据

可点选图层中的对象,查阅其相关数据,如名称、地址、电话。

(二)因特网

由于 MapInfo Professional 6.0 以上版本皆提供 HotLink 功能,因此可从图层上的任一对象,连接至因特网或是其它类型的档案,如.doc, .xls, .ppt, .mdb 等。

(三)统计图表

可制作 3D、Area、长条、泡泡、折线、圆饼等统计图表。

(四)图层套迭

在 MapInfo 中可以开启数个图表文件于一个图层窗口中。将每一图表文件分别视为一个图层,而每个图层像透明胶片迭加在一起。

(五)拖曳功能

可直接拖曳地图至其它应用程序,如.doc, .xls, .ppt 等。

(六)影像功能

能使用的影像图文件诸如:扫描后的纸张地图、卫星图片、照片以及标志符号,为用户的图层添加新的内容。

(七)连接 GPS

用 RS232 传输线,可将由 GPS 所接收的数据传输至计算机,并于 MapInfo 中实时输出位置、方向、速度、时间等数据。

(八)主题图及其样板

根据图档的数值为图层着色,方便用户了解数据模式以及发展趋势。用户可以从上百种的颜色、符号和线型中进行选择,从而进一步区分数据。还可以将经常使用的主题图以样板方式保存,方便日后进行修改或直接套用。

(九)数据格式转换

对于欲拥有强大的数据可视化及分析功能的个人或机构而言,MapInfo Professional 是最理想的选择。透过数据转换格式功能可以双向转换 MapInfo Professional 和其它系统的数据。包括:AutoCAD、ESRI 和 Intergraph,可转换的档案格式有 DWG、DXF、DGN、Shape 和 ArcGen。

(十)数据库连接

Live Access 方式的 ODBC 连接,可直接存取(读/写)储存在本地的数据。数据类型可以为:dBASE、Microsoft Excel、Lotus 1-2-3 以及 ASCII。亦可读取远程数据库,如 Oracle、Informix、Sybase、Ingres、SQL Server、DB2 以及其它支持 ODBC 驱动方式的数据库类型。可将复杂的空间数据储存到 Server 端的大型资料库如 Sybase 和 Oracle 中,并对其进行管理。当使用者在向 Server 端写入资料时,MapInfo professional 内置的冲突管理器可以帮助协调数据之间的冲突。

(十一)SQL 查询语言

结构化查询语言(Structure Query Language,SQL),是一套强大的查询系统,其利用简易的语法, 被广泛地运用在关联式数据库中。相较于其它的程序语言,SQL 的操作简单、指令简洁,却足以应付十分庞杂的数据查询需求。佐以 MapBasic 程序语言,进而结合 MapBasic 中的地理信息系统空间分析函数,使 SQL 不但能做一些基本的数据查询外,还可进行数据的整合、以条件式作为数据分组或排序的依据。另外 SQL 所提供的函数,更加强了 SQL 的功能,方便字段的计算整理。

五、MapInfo Professional v10.0 的新增功能

MapInfo Professional v10.0 是 Pitney Bowes Business Insight 领先的桌面制图应用的新版本。MapInfo Professional v10.0 提供了各种各样的新功能,包括功能强大的用户界面,增强的数据访问和强大的地图输出功能。

(一)功能强大的新用户界面

MapInfo Professional v10.0 灵活的新用户界面,不仅大大提高效率和系统性,而且还提高了生产率。新的用户界面允许用户能够将工具栏停靠到软件界面的四个方位,有助于提高效率,降低屏幕中软件界面的杂乱无序,并节省用户时间。

(二)重新设计的图层控制

MapInfo Professional v10.0 包括一个强大的新图层控制控件。这一重新设计的图层控制显示,无论是浮动或停靠状态,在整个制图过程中均保持可见,任何时候都能快速便捷地访问。

风格样式、标注样式和文字样式的设置都易于访问,让用户快速便捷地更改和预览每一个图层的设置。通过简单的单击所需样式,新的样式加载可在同一个步骤下设定一个或多个图层。新的图层属性操作过程,再加上瞬间预览功能,使得点击次数减少并提高了效率。

重新设计的图层控制不仅允许访问所有已打开地图中的图层, 而且还可以无缝的编辑在多个工作空间中的地图图层,允许用户查看、处理和预览当前所有图层。

(三)增强的数据访问

数据访问对所有的分析工作是必不可少的。通过提供对最新的行业标准和数据

库的支持,MapInfo Professional v10.0 允许用户将位置智能的价值扩展到更多的数据类型中。最新支持的数据格式包括以下各项:

PostGIS——提供完整的对开源 PostgreSQL 数据库的读写能力。有了对开源数据库的使用权限,用户可以通过 MapInfo Professional 访问、编辑和保存 PostGIS 文件到数据库。MapInfo Professional v10.0 满足各级政府部门对 PostGIS 格式的支持。

Microsoft® SQL Server 2008 的空间数据库——通过提供对 Microsoft® SQL Server 2008 的空间数据库的读写功能,优化 IT 投资。

Microsoft® Office 2007——支持 Microsoft® Excel 和 Microsoft® Access 的最新文件格式。

(四)动态地图输出

MapInfo Professional V10.0 包括新的动态比例尺组件和地图输出功能，如动态比例尺和导出地图为分层 PDF 格式的功能。在缩放、平移并调整地图窗口的同时,动态比例尺可自动调整和更新。

一旦想要的地图创建完毕,MapInfo Professional v10.0 支持导出地图为分层 PDF 格式。分层 PDF 格式允许用户在 PDF 环境中访问各个图层的数据。这使得用户可以根据需要,调整特定图层的状态。

六、MapInfo 系列产品介绍

除 MapInfo Professional 外,MapInfo 还有以下系列产品。

(一)MapBasic

MapBasic 是 MapInfo 的二次开发语言，是 MapInfo 应用开发环境。用于扩展 MapInfo 功能、实现自动化操作和进行软件系统的集成等。它和 MapInfo Professional 组成了 MapInfo 的技术核心。

(二)MapInfo MapX

MapInfo MapX 是低价高效、强大的 ActiveX 组件,可以很方便地集成到使用标准可视化编程工具开发的商业应用中。MapInfo MapX 支持将地图功能添加到任何应用中,提供了一种高度可视化的方法,来显示和分析基于位置的数据,从而更好地为客户服务,更好地进行商业决策,更有效地管理资产和运营。

MapInfo MapX 支持开发商方便快捷地将地图功能集成到新的或已有的应用中。可以使用标准的编程语言——Visual Basic 、Visual C++、Delphi、PowerBuilder 和 Oracle Express Objects 。不需要学习新的或高难度的编程语言,开发者可以快速展开工作,方便地设计和实现地图功能和特性。

MapInfo MapX 提供了一个流线化的对象模型、大量的方法和事件、高效的属性页和默认值以及其他向导,来帮助简化应用开发。

(三)MapInfo MapX Mobile

MapInfo MapX Mobile 是一个可以用在 Pocket PC 的 MapX 平台，譬如 Compaq 的

IPAQ 和 HP 的 Jornada。它是一个开发工具,可以让客户开发新的移动软件,进而扩展现有的软件。用 MapX Mobile 建立的软件可以单独在设备上运行,并能够和 Pocket PC 的 Windows CE 操作系统兼容,不需要有线连接。

(四)MapInfo MapXtreme Java

MapXtreme 是用于 Internet 或企业 Intranet/Extranet 的 100%纯 Java 的地图服务器。需要广泛发布地图和基于位置分析的企业可以用它来更好地向顾客提供服务,更好地做出商业决策,更有效地管理资产和运营。MapXtreme 向应用开发商提供了一个高度可视化的、直观的组件,方便他们将地图功能集成到任何 Web 应用中。

MapXtreme 支持使用者在一个集中管理的服务器上运行地图,降低了硬件和管理成本,同时极大地提高了应用性能、可靠性和安全性。

MapXtreme 帮助各类机构通过空间数据分析更好地为用户服务,做出更完美的商业决策以及更有效地管理资产和运作。

MapXtreme 的 Java 版本满足了对跨平台的、高品质、高性能地图产品的需要。MapXtreme Java 版本是 100%的纯 Java 地图服务器,符合 SUN J2EE 规范。这意味着 MapXtreme Java 版本是按照标准建立的,并且支持最新的产业技术。

(五)MapXtreme NT

MapXtreme 是基于 Internet/Intranet 的地图应用服务器。它采用标准的 TCP/IP 协议,通过 HTTP 进行文档和文件传输,在浏览器端为标准的 HTML 语言,从而保证了与客户端浏览器的无关性。MapXtreme 在客户端提供了两种工作模式,一种是标准的 HTML 网页的模式,只要任何支持 HTML 的浏览器都可正常工作,例如 IE、Netscape 或 UNIX 平台的浏览器。推荐在 Internet 上采用这种工作模式。另一种是 Java Applet 插件,这种方式能够增强在浏览器端的交互性,但对网络速率要求较高,建议在 Intranet 上采用。MapXtreme 向用户提供 Java Applet 的源码,便于用户添加和维护自己的应用。在 ASP(Active Server Page)环境下,MapXtreme 在 Server 端的开发语言为 VB Script 或者 Java Script,开发环境为 Visual InterDev,在客户端可方便的扩展 HTML 和 Java。

(六)Spatial Ware

Spatial Ware 是 MapInfo 公司的空间数据库服务器,目前已发布了基于 Oracle、DB2、MS SQL Server 和 Informix 的版本。它能够把复杂的 MapInfo 地图对象存于大型数据库中,并能为其建立空间数据索引,从而实现在数据库服务器上对属性数据和空间图形对象数据进行统一的管理。用户可以开发出完整的 C/S、B/S 模式下的 MapInfo 应用程序,象访问普通数据库字段一样访问这些图形对象字段。如果用户采用 SpatialWare 技术,那么完全可以替代以往的基于文件的应用。

(七)MapInfo Routing J Server

MapInfo 基于 Java 开发的,路由选择引擎为 Routing J Server,可以帮助客户在 Internet 或公司的 Intranet 上建立起功能强大的路由选择应用系统。在 Web 应用中加入详细的路线和方向指引功能,它可以快速精确地计算出两点之间的最短距离或最快速的路由。同时,Routing J Server 可以用文本的形式向用户反馈路线信息。

(八)MapInfo Preserver

MapInfo Preserver 是计算机网络环境下的地图应用服务器。可用于三种类型的网络:Internet、Intranet 和 Network。主要解决地图数据的统一管理、分布式访问、使用和更新,以及地图数据的网上传输等问题。

(九)MapMaker

MapMaker 用于数据的精确、快速定位,地址匹配或地理编码。

(十)MapGen

MapGen 是集成工具,可为其它编程语言(如 VB 等)提供地图显示功能模块、线型生成模块、区域填充类型生成模块等。

第二章　GIS 空间数据采集

数据采集是地理信息系统的基本内容之一，也是 GIS 应具备的基本功能。地理数据分为空间数据和属性数据两部分，数据采集也分为空间数据采集和属性数据采集。空间数据的采集方法很多，根据所采集数据的来源分为地图数字化、遥感数据获取和以 GPS 为数据源的数据采集。其中，地图数字化是最基本的数据采集方法。

实验一　地图数字化

一、实验目的

1. 利用影像配准工具进行影像数据的地理配准。

2. 掌握地图数字化的方法，学会使用编辑器进行点要素、线要素、多边形要素的数字化。

二、实验准备

（一）实验设备

① 扫描仪、打印机、若干台微机。

② ArcGIS 9.x、ArcView 3.3、MapGIS、MapInfo 软件。

（二）所需资料

扫描的土壤图(soilmap)、地形图。

三、实验内容及步骤

（一）使用 ArcGIS 软件进行地图数字化

1. 地形图的配准——添加影像配准工具及加载数据

打开 ArcMap，单击主菜单“视图(View)”命令，打开其下拉菜单，鼠标指向“工具条(Toolbars)”命令，单击“影像配准(Georeferencing)”命令，则地理参考工具栏出现在 ArcMap 中。单击主菜单“文件(File)”命令，在其下拉菜单中选择“添加数据”命令，把需要进行配准的栅格影像 70011-1.tif 增加到 ArcMap 中，会发现“影像配准”工具栏中的各种工具被启动，其中的图层工具显示的就是刚添加的地形图，调整其大小使其显示在工作窗口中，如图 2-1 所示。

图 2-1 中右下角显示的是经纬度坐标。在 ArcGIS 中，ArcMap 对坐标系统自动的处理方法是：首先判断数据层的 X 坐标是否在 -180 ~ 180 之间、Y 坐标是否在 -90 ~ 90 之间，如果判断为真，则按照经纬度大地坐标来处理，否则，就认为是简单的平面坐标系统。

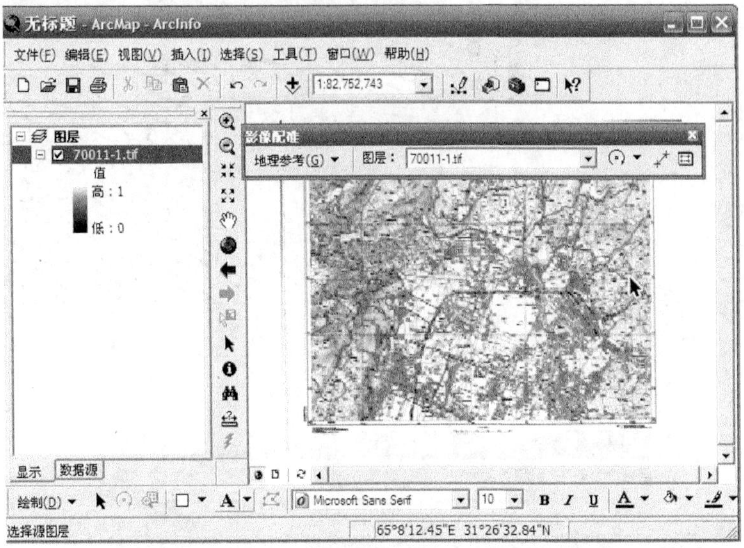

图 2-1　加载地图数据的 ArcMap 界面

2. 输入控制点

配准时需要确定一些特殊点的坐标，以扫描地形图为例，如果预先知道该图的公里网格交点(即控制点)的实际坐标(坐标系统为西安 80 投影坐标系，3 度分带，东经 102 度中央经线)，就可以从图中均匀地取几个点，然后匹配到实际的坐标上。

① 在"影像配准"工具栏上，点击"添加控制点"按钮，如图 2-2 所示。

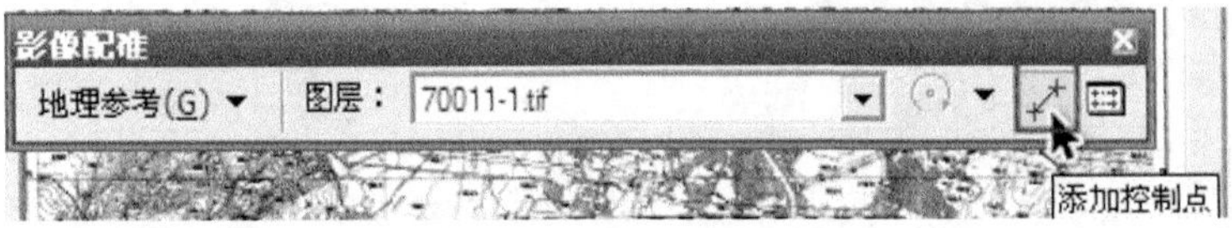

图 2-2　影像配准工具栏

② 使用该工具在扫描图上精确找到一个控制点并点击，然后右击鼠标输入该点的实际坐标，如图 2-3 所示。

③ 用相同的方法，在栅格地形图上增加多个控制点(大于 7 个)并输入它们的实际坐标。点击"影像配准"工具栏上的"查看链接表"按钮，打开"链接表"对话框，如图 2-4 所示。

④ 在"链接表"对话框中点击"保存"按钮，可以将当前的控制点保存为磁盘上的文件，以备使用。

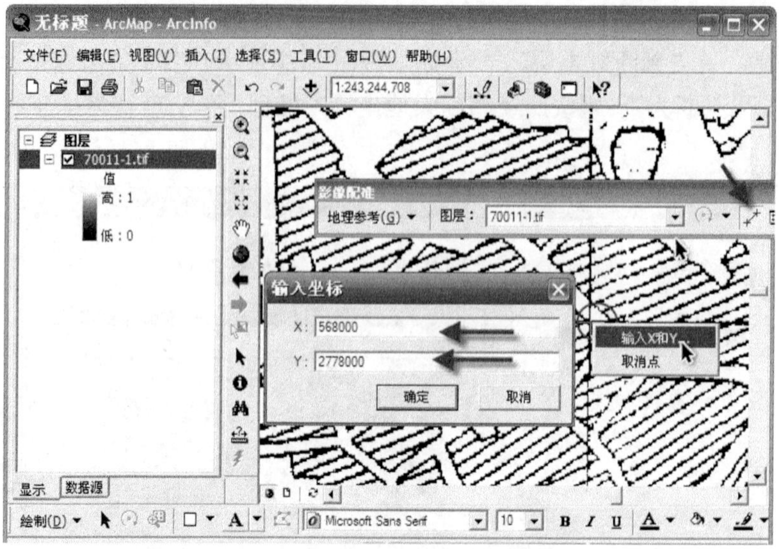

图 2-3　输入控制点坐标对话框

链接	影像源X	源影像Y	地图X	地图Y	残差
1	15.138113	11.304936	564000.000000	2776000.000000	0.71068
2	25.135478	11.301147	565000.000000	2776000.000000	0.38561
3	65.173806	51.332651	569000.000000	2780000.000000	0.99261
4	55.160858	51.331763	568000.000000	2780000.000000	0.77382
5	55.157005	41.306330	568000.000000	2779000.000000	1.32653
6	15.127391	51.319324	564000.000000	2780000.000000	0.57543
7	15.143302	41.320377	564000.000000	2779000.000000	1.15511
8	45.147592	31.307425	567000.000000	2778000.000000	0.82598
9	65.159930	11.308004	569000.000000	2776000.000000	0.73332
10	55.165205	11.306153	568000.000000	2776000.000000	0.55028
11	25.131549	41.310733	565000.000000	2779000.000000	0.99226
12	55.166284	31.310926	568000.000000	2778000.000000	0.68754

图 2-4　控制点的链接表

⑤ 检查控制点的残差和 RMS，删除残差特别大的控制点并重新选取控制点。转换方式设定为“二次多项式”。

3. 设定数据框的属性

① 增加所有控制点，并检查均方差(RMS)后，在“影像配准”下拉菜单下，点击“更新显示”。

② 执行菜单命令“视图”→“数据框属性”，设定数据框属性。

在“常规”选项页中，将地图显示单位设置为“米”，如图 2-5 所示。

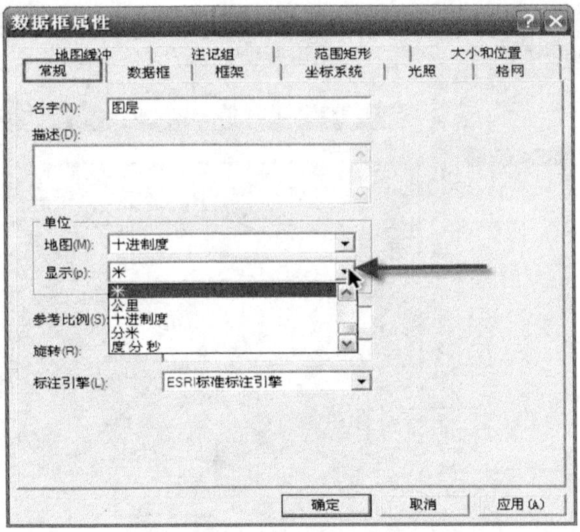

图 2-5 设置地图的显示单位

在“坐标系统”选项页中，设定数据框的坐标系统为“Xian_1980_3_Degree_GK_CM_102E”(西安 80 投影坐标系,3 度分带,东经 102 度中央经线),与扫描地图的坐标系一致,如图 2-6 所示。更新后,界面右下角的坐标就变成所设坐标系统的坐标,如图 2-7 所示。

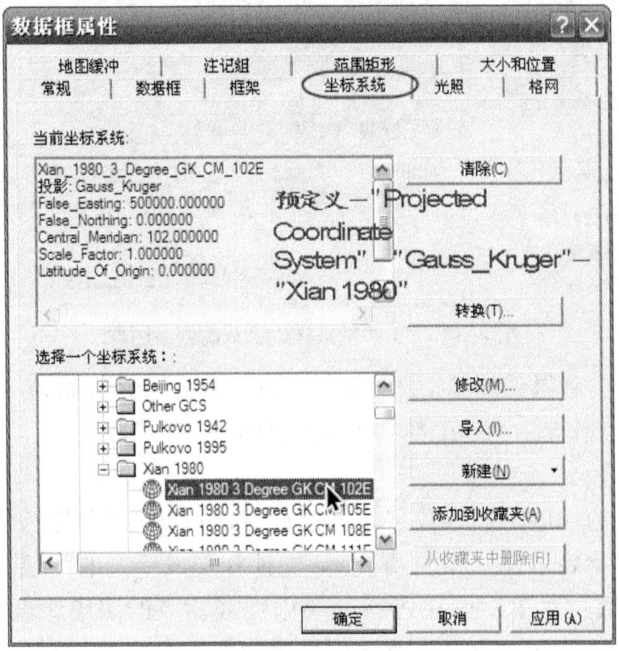

图 2-6 设置地图的坐标系统

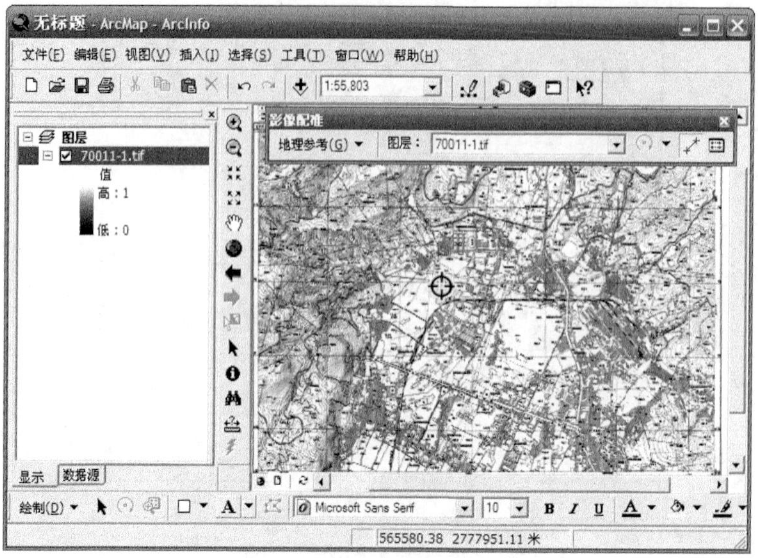

图 2-7　更新后地图显示的坐标

4. 矫正并重采样生成新的栅格图像

① 在“影像配准”的下拉菜单下，点击“矫正”，对配准的影像根据设定的变换公式重采样，另存为一个新的影像文件，命名为“rectify70011-11.tif”，如图 2-8 所示。

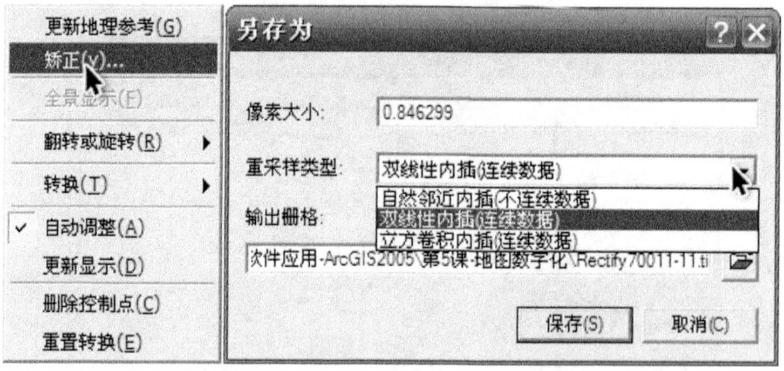

图 2-8　矫正并重采样生成新的栅格图像

②加载重采样后得到的栅格图“rectify70011-11.tif”，并将原始的栅格文件删除。接下来的矢量化工作是对这个配准和重采样后的影像进行操作。

5. 分层数字化

是对配准后的地形图进行数字化的过程，可将地物分为若干个点、线、多边形要素，分别对各类要素建立相应的 shape 文件即形成不同的图层并对图层添加相应的属性数据，通过菜单对图层进行分层添加或相应的图层组合，这样的过程就叫做分层矢量化。下面以建立公路线图层来说明矢量化的过程，相当于把“公路”作为地物要素之一，利用软件的工具(草图工具)对地形图中的公路进行屏幕跟踪数字化。

① 打开 ArcCatalog，在指定目录下，鼠标右击，在“新建”中，选择“shape 文件”。点

击后，出现“新建 shape 文件”对话框，如图 2-9 所示，可以输入新建 shape 文件名及其要素类型。

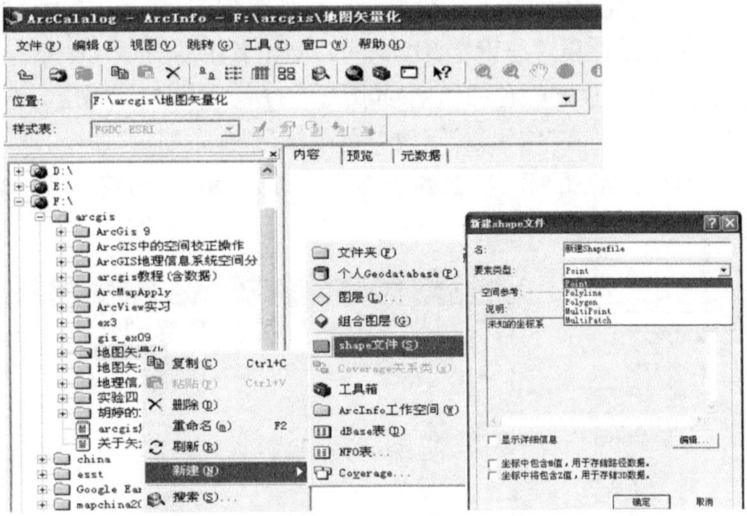

图 2-9　在 ArcCatalog 中创建 shape 文件

② 操作“新建 shape 文件”对话框，在“名”中输入所要建立的图层的名字，如公路 1，在“要素类型”中下拉选择“Polyline”，再点击“编辑”命令，出现“空间参考属性”对话框，此对话框用来确定线图层所使用的坐标系，此时可以点击“选择”命令找到所使用的“西安 80 投影坐标系”，也可以点击“导入”命令，选择定义过并成为“西安 80 投影坐标系”的栅格数据“rectify70011-11.tif”，则“新建 shape 文件”对话框的“空间参考”这一栏的说明框中出现了“投影坐标系”和“地理坐标系”，如图 2-10 所示。也就是说，“公路 1”这个图层具有了投影和坐标系统，点击“确定”。

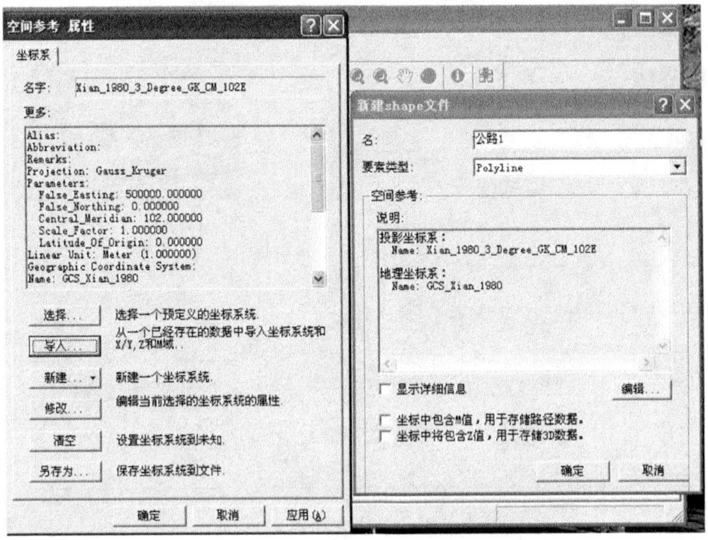

图 2-10　为新创建的 shape 文件添加属性

③ 回到 ArcMap，右击“图层”选项，将刚才创建的“公路 1.shp”文件作为图层添加到 ArcMap 中，该文件是用来矢量化栅格地图中的公路，是线图层，此时并未做任何操作，可以右击选择“属性”打开“图层属性”对话框，如图 2-11 所示。该对话框含有一系列菜单，可以对图层的性质进行设定，比如，可以点击其中的“符号”菜单打开“符号选择器”，赋予公路一定宽度和颜色的线型，如图 2-12 所示。保持该图层为选中状态，点击打开“编辑器”工具栏，在“编辑器”下拉菜单中执行“开始编辑”命令，确认编辑器状态为：任务——新建要素，目标——公路 1，如图 2-13 所示，下面就可以开始进行屏幕跟踪矢量化了。

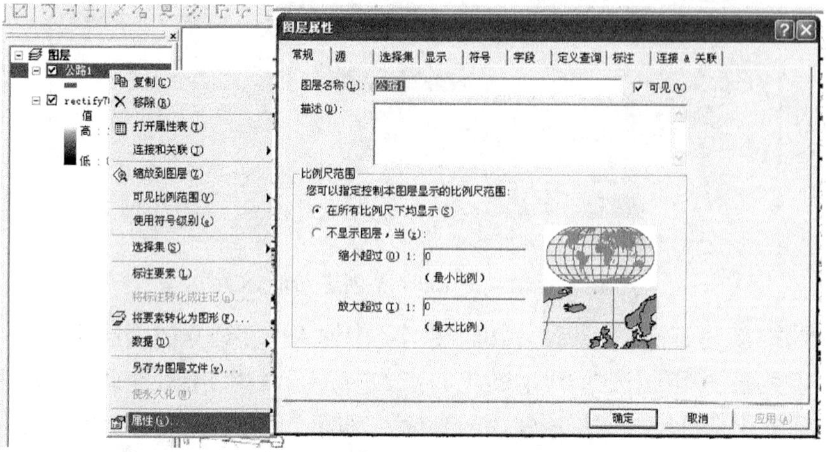

图 2-11　图层属性对话框

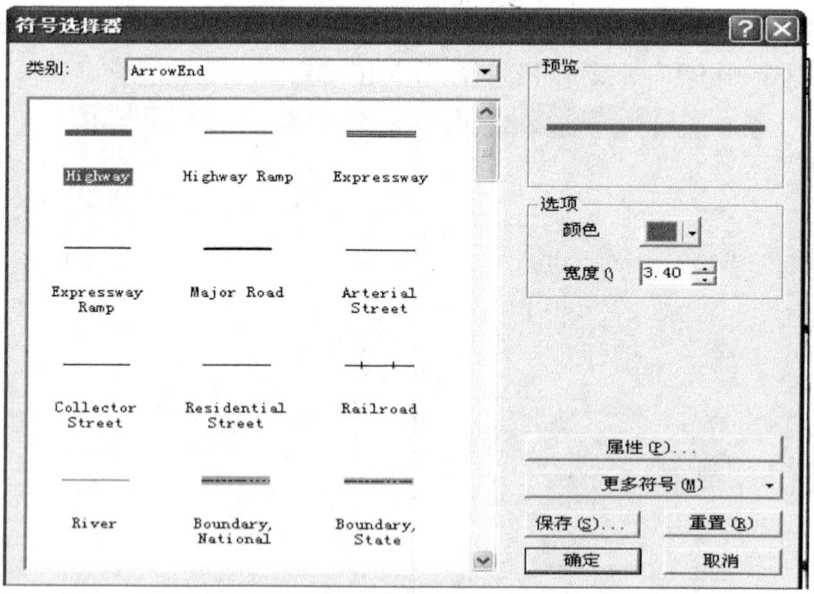

图 2-12　符号选择器对话框

图 2-13　编辑器的设置状态

④ 将地图放大到合适的比例下，在屏幕上找到一条公路线用(草图工具)工具跟踪并逐点描出一条公路线(地图显示是昆禄公路)，如图 2-14 所示。过程中可以将地图移动和缩放，若某个点描绘不准确，可以用“Ctrl+Z”进行重新描绘，这样，当描到最后一个点的时候双击，则一条公路的矢量化过程就完成，公路的颜色和宽度与设置的一致，如图 2-15 所示。再用同样方法矢量化其他公路线。地图上所有公路都描绘以后，在“编辑器”下拉菜单中执行“停止编辑”命令，保存编辑结果。

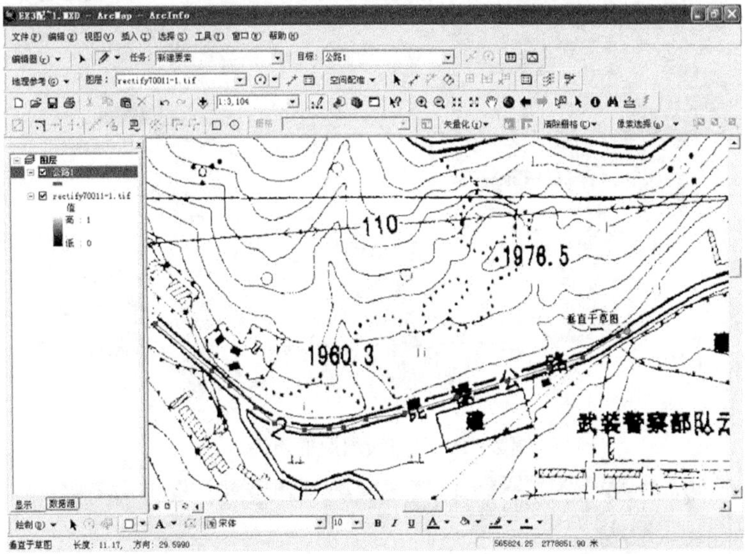

图 2-14　一条公路的屏幕跟踪矢量化过程图

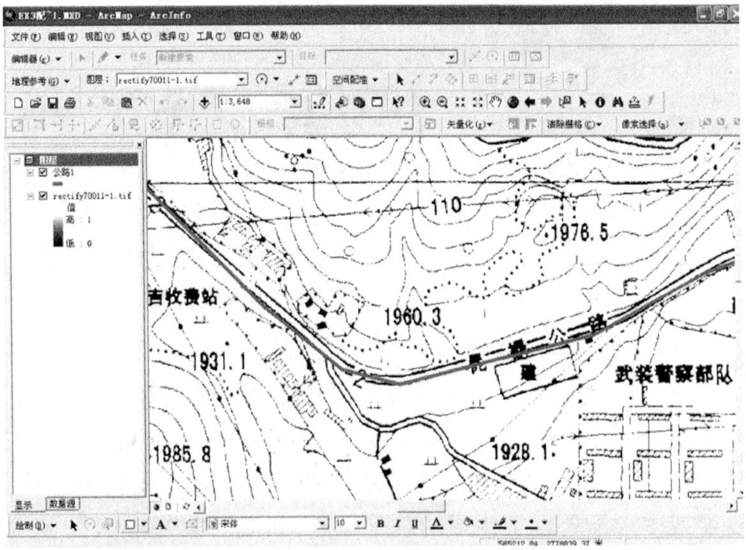

2-15　一条公路的屏幕跟踪矢量化结果

如果需要增加“公路名称”等属性，先在“编辑器”下拉菜单中执行“停止编辑”命令，然后，如图 2-16 所示，选中图层“公路 1”右击，选择“打开属性表”，出现了“属性 公路 1”对话框，点击该对话框右下角的“选项”命令，其下拉菜单有“添加字段…”命令，点击后，出现“添加字段”对话框，如图 2-17 所示，可以设置：名称——公路名称，类型——Text，则字段属性长度自动变为 50，确定后，“属性 公路 1”对话框添加了一个“公路名称”字段，这时，再在“编辑器”下拉菜单中执行“开始编辑”命令，在字段“公路名称”下输入“昆禄公路”，另一个字段“ID 号”也可以编辑，输入不同的 ID 号用来区分不同的地物。

图 2-16　公路线图层的属性表

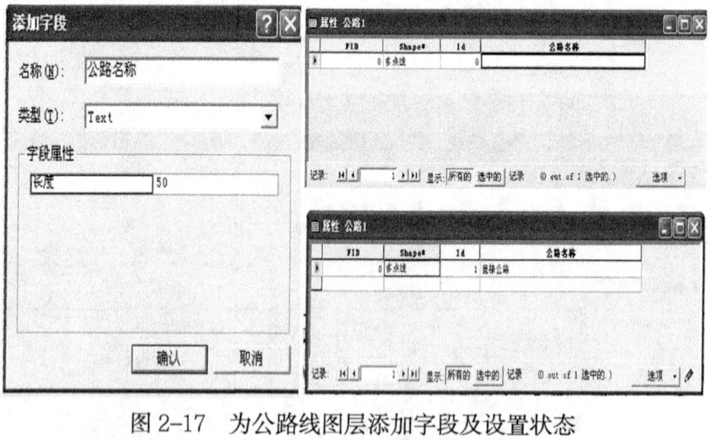

图 2-17　为公路线图层添加字段及设置状态

以上一系列过程是以建立线要素为例说明的，可以在一个图层建立多个要素，同样在 ArcCatalog 中可以创建点要素及多边形要素的 shape 文件，用“草图工具”可以完成点要素和多边形要素的数字化，如多边形要素“居民地”。独立的点状要素与线、多边形要素中的结点具有相同的生成过程，不同的是，点要素用草图工具生成的是单点，而在线要素或多边形要素中生成的则是结点，如线要素“公路 1”、多边形要素“居民地”。

将扫描图按照上述步骤进行屏幕跟踪分层数字化，依照一定顺序或组合在ArcMap 中打开，一幅扫描栅格图就数字化成了矢量地图。

(二)使用 ArcView 软件进行地图数字化

1. 启动 ArcView

点击 ArcView 快捷方式，打开 ArcView，进入 ArcView 视图。

2. 加载图像支持格式

在 ArcView 视图项目中，点击“File”菜单，在下拉菜单项中，点击“Extensions”，加载要求的图像支持格式，如.tif 、.jpg 等(图 2-18)。

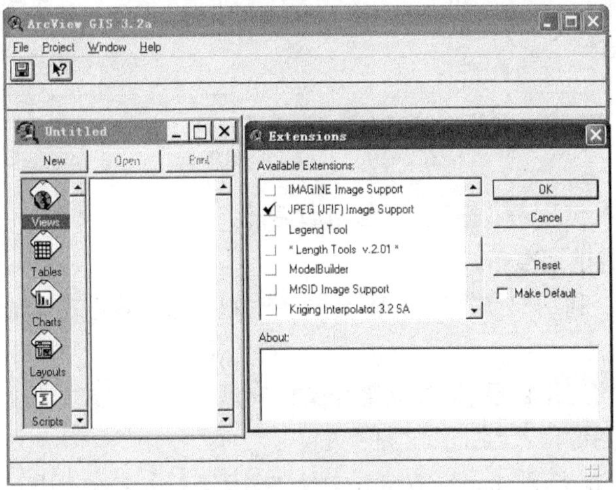

图 2-18 添加扩展模块

3. 调入将要数字化的原图

点击“View”菜单，在其下拉菜单项中，选择“Add theme(添加专题)”按钮。在出现的对话框中，从“Date Source Types (数据源类型)”栏列表中选取“Image data source”影像数据源。转到想添加的影像所在的目录。双击要加载的影像文件，将影像(原图)加入到专题中。

4. 在视图中创建新主题，进行数字化

① 在视图界面中，选定 “视图(View)”下拉菜单中的“New theme”项。

② 在弹出的对话框内选择想要创建的新主题的图形要素类型(注意：每一个新主题所包含的图形要素只能选择点、线、面三种基本类型中的一种)，单击“OK”按钮确认。

③ 在随后出现的新的对话框内，指定 ArcView 将要创建的、你想要添加的新主题的 Shape 文件的名称与保存位置，单击“OK”。这样，一个新主题就出现在当前视图的主题目录表中。

④ 屏幕数字化(给新主题添加图形要素)。单击常用工具条中的“绘图工具”项(注意：点击过程应当稍为长一些)，调出下拉式绘图工具(添加线要素的图形示例)(图 2-19)，然后即可在视图图形显示框内进行数字化。

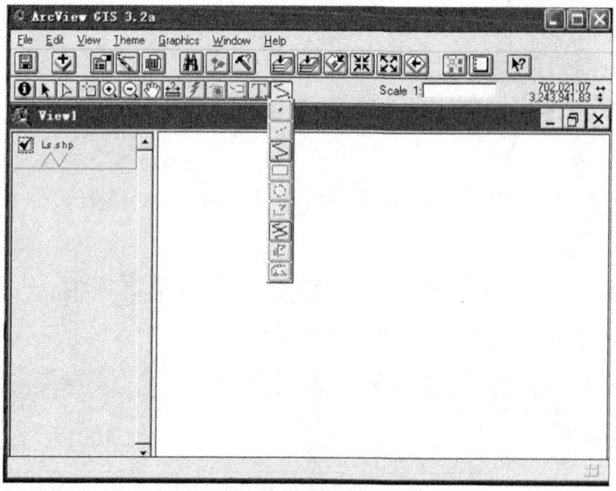

图 2-19　下拉式绘图工具

(三)使用 MapGIS 软件进行地图数字化

1. 图形输入的前期准备

① 图纸扫描。利用扫描软件将图件进行扫描(灰度、彩色或二值),以 *.tif 等文件格式存档。

② 建立相应的工作目录,即建立工作文件夹。

③ 将扫描的图像拷入到工作文件夹中。

④ 将系统库(相当于 \mapgis67\slib 文件夹)拷到工作文件夹中。

⑤ 进行系统设置。单击主菜单左侧的"系统设置"按扭,弹出"MapGIS 环境设置"对话框(图 2-20)。

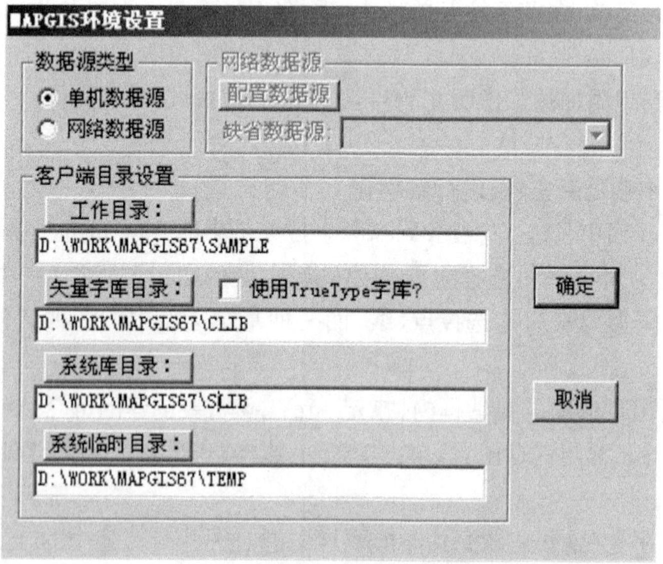

图 2-20　MapGIS 环境设置对话框

单击工作目录,将新建的工作文件夹设为工作目录。单击系统库目录,将新建的工作文件夹中的 slib 目录设为系统库目录。系统临时目录可以不变化。

将使用“TrueType 字库？”前的复选框打勾(单击),弹出“配置字体”的对话框(图 2-21)。

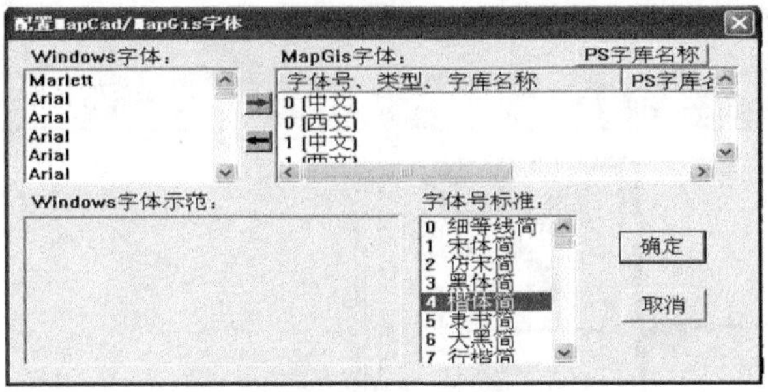

图 2-21　MapGIS 配置字体对话框

先选中右上角的“1 中文”,此时右下角“字体号标准”会自动将“1 宋体简”变蓝,提示中文 1 号字体应为简体宋体,在左上角的“Windows 字体”中选中“宋体”,单击中间的红色右向箭头,此时,右上角的 1 中文会有宋体出现。这样即完成了字体设定设置,按“确定”退出字体设定。退出环境设置,完成系统的环境设置。

2. 影像校正与绘制图框

① 图像文件格式转换。MapGIS 系统中影像文件的格式是以 *.msi 保存的,所以要把其他格式的栅格图像文件转为 *.msi 格式。打开“图像处理”模块中的“图像分析”子系统,点击文件菜单下的数据输入,在弹出的对话框中先选择转换文件类型为 TIF 格式,点击添加文件,点击转换,保存结果,系统提示数据转换完毕,关闭该对话框(图 2-22)。

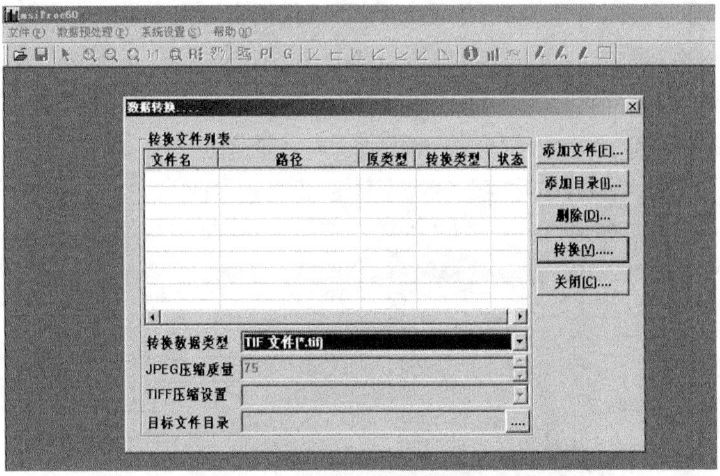

图 2-22　MapGIS 图像文件格式转换

② 图形误差校正。扫描的图像有一定的误差存在,需要在矢量化之前对图像进行影像校正。将栅格图像文件转换为 *.msi 格式影像文件后,把影像文件装入“图像分析”子系统中。在镶嵌融合菜单下有两种校正图像的方法,分为有图幅号和无图幅号。以无图幅号的栅格图的误差校正为例(图 2-23),先装入参照线文件(参照线文件是这

幅影像对应的底图图框)；在“镶嵌配准”功能菜单下删除所有控制点；依次在图框的左上角、右上角、右下角、左下角上通过“添加控件点”功能，添加四个控制点。在校正控制点时，可以借助 F5(放大)，F6(缩小)，F7(移动)，进行精确定位，在添加一对点后要先后按二次空格键予以确认，校正残差一般不超过 0.2。

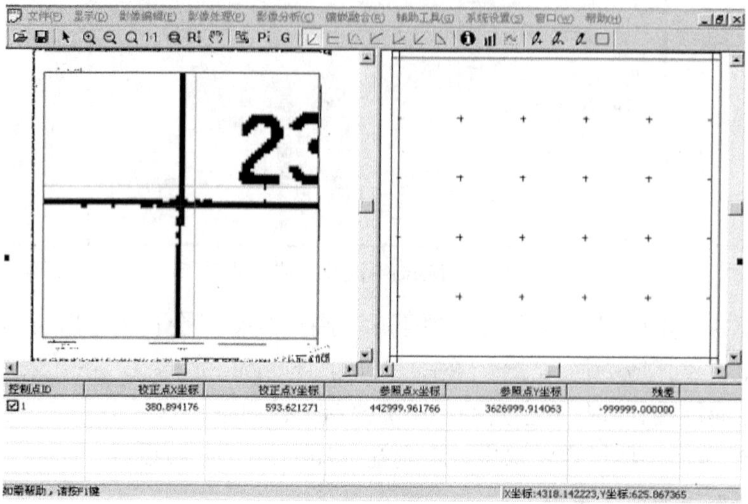

图 2-23　MapGIS 图像误差校正

通过校正预览，要校正的栅格图和图框就套合在一起了。

③ 图框生成。图像校正所需要的图框可以在“实用服务”模块的“投影变换”子系统下根据地图的图幅号或经纬度生成相应的图框。通常，图框的坐标可以统一为“用户自定义坐标系”，投影类型按要求选择，单位为米，可以根据实际需要生成各种比例的图框。

以 1：10000 图框为例，在菜单中选择系列标准图框，在下拉菜单中选择生成 1：10000 标准图框，在弹出的对话框中进行参数设置，包括横纵向起始公里值、输入图幅名称、资料来源、设置分幅方式、坐标系等，完成图框的生成(图 2-24)。

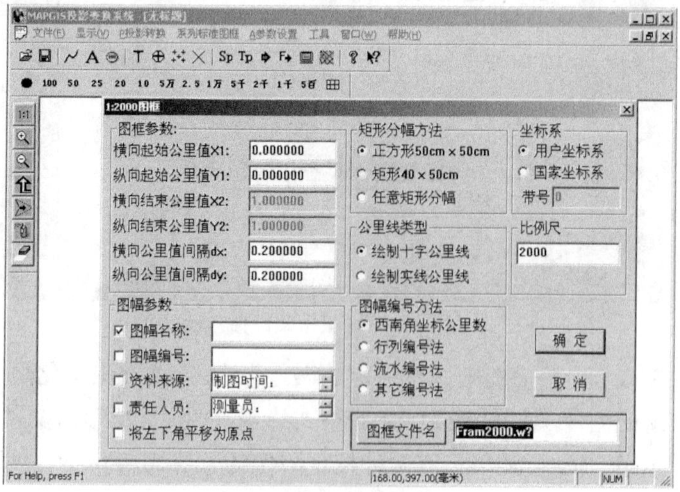

图 2-24　MapGIS 图框生成

④ 投影变换。所生成的图框要转换成大地坐标系需要进行投影变换。在“实用服务”模块的“投影变换”子系统下，点击投影变换菜单下的投影变换，选择文件，设置当前投影参数和目的投影参数，开始转换，确定，最后要保存投影变换后的文件，即前面图像校正所需要的参照文件(图 2-25)。

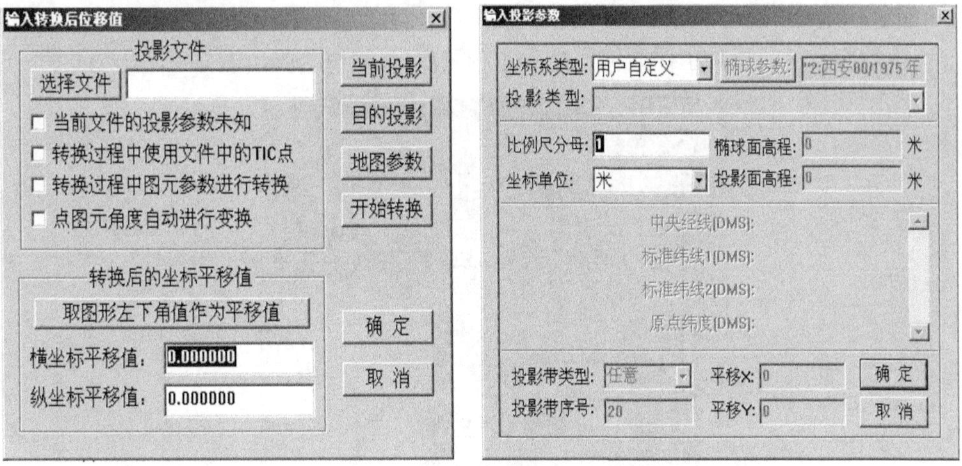

图 2-25　MapGIS 投影变换

3. 地图数字化

① 新建工程。“新建工程”即创建一个新的工程，在“图形处理模块”的“输入编辑”子系统中新建工程，系统会弹出图 2-26 的对话框。

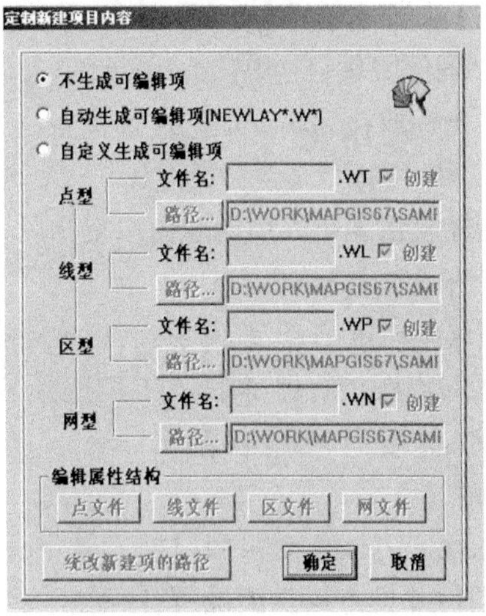

图 2-26　MapGIS 新建工程

可以根据实际需要选择相应的复选框。如果选择自定义生成可编辑项，即可自己输入路径名和文件名，又可通过创建复选框来进一步选择是否创建某一类型的文件。

② 装入光栅图像及光栅图像文件所对应的图框。将光标放在编辑界面的右窗口空白处，单击鼠标左键，激活编辑界面的相应工具按钮。在“矢量化”下拉菜单中选择

"装入光栅文件",装入前期扫描并配准好的地图。将光标放在编辑界面的左窗口空白处,点击鼠标右键,在弹出的快捷菜单中,选择添加项目,将前期配准好的图框文件(*.wl,*.wt)装入。

③ 新建工程图例。数据录入时,在输入另一类图元之前,图例板可以直接提供该类图元的固定参数,这样就可以避免每次输入另一类图元之前都要进入菜单修改设置此类图元的相应参数,从而提高工作效率。建立工程图例时,系统会弹出图 2-27 的对话框。

图 2-27 MapGIS 新建工程图例

先选择图例类型,然后输入图例的名称和描述信息,设置图例参数,编辑属性结构和属性内容。用鼠标左键单击"添加"按钮,将所选的图例图元添加到右边的列表框中。单击"确定"按钮,保存图例文件。

④ 关联工程图例。将光标放在编辑界面的左窗口空白处,点击鼠标右键,在弹出的快捷菜单中,选择关联工程图例。

⑤ 打开图例板。将光标放在编辑界面的左窗口空白处,点击鼠标右键,在弹出的快捷菜单中,选择打开图例板。

⑥ 地图数字化。分别选中相应的点、线图层文件,通过拾取图例板中的输入工具图例,利用点图元和线图元对底图进行屏幕跟踪数字化。

(四)使用 MapInfo 软件进行地图数字化

1. 图像配准与图层构建

MapInfo 中矢量数据的输入方法主要采用扫描矢量化法。录入数据的基本流程:准备原始图件、扫描原始图件并检查纠正图像、图像配准、建立新图层、矢量化地图数据、录入属性数据、地图符号化。

分析地图资料,制定地图目标的分类、分级标准,建立符号系统,再确定地图的分层方案,确定各层将存储的地图要素类型以及表结构。

(1)扫描原始图件

在 MapInfo 中栅格图像不能进行修改, 支持 BMP、GIF、JPEG、PCX、SPOT、

TARGA 和 TIFF 等多种栅格图像文件格式。为了保证数据精度,扫描分辨率一般在300dpi 以上。

(2)图像配准

在 MapInfo 中按照统一坐标系配准栅格图像,是录入地图数据的基础,这样分区存储的矢量数据可实现在大地理区域环境中进行地图目标的显示和分析。

① 导入栅格图像。

A. 打开 MapInfo 后,如图 2-28 用“文件”→“打开”命令弹出 MapInfo 对话框。

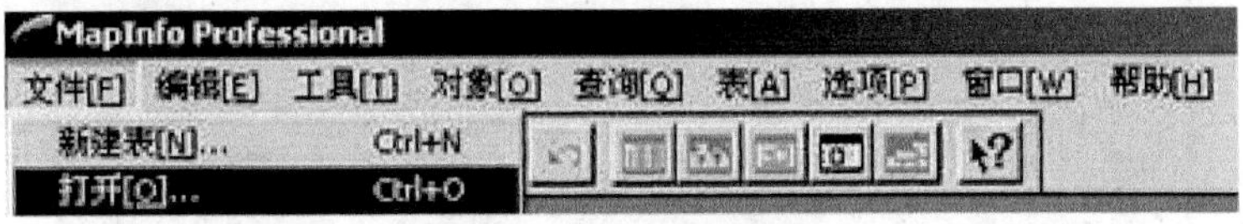

图 2-28 MapInfo 对话框(1)

B. 文件类型栏中选择栅格图像,输入文件名“CHINA”后打开文件,弹出 MapInfo 对话框(图 2-29)。

图 2-29 打开“CHINA”文件的对话框

C. 如果选择简单显示(图 2-30),则 MapInfo 自动生成一个与该栅格文件同名的.TAB 文件,并在地图窗口中显示,此时的图层称为栅格图层。也可以选择配准,使后期采集的矢量图形数据与栅格图像同时使用。

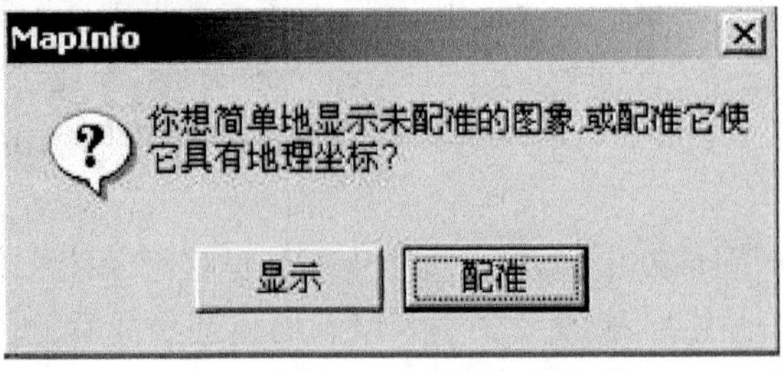

图 2-30 MapInfo 显示、配准对话框

②图像配准。

A. 选择配准后，弹出“图像配准”对话框(图 2-31)，点击“投影”，打开“选择投影”对话框(图 2-32)后选择正确的投影。

图 2-31　图像配准对话框(1)

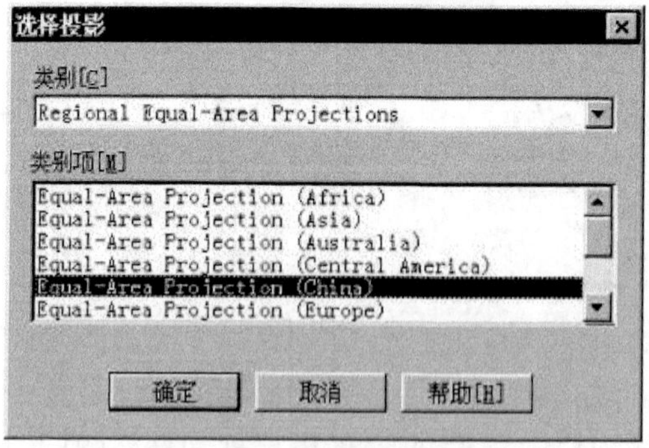

图 2-32　选择投影对话框

B. 在“选择投影”对话框中选择正确投影，本实习数据中使用等积圆锥投影，因此可在“类别”栏中选择“Regional Equal-Area Projections”，在“类别项”栏中选择“Equal-Area Projection(China)”，在“单位”对话框中选择“度”，点击“确定”返回图像配准对话框。

C. 在“图像配准”对话框中，移动鼠标把十字光标移到经纬线交点上，单击打开增加控制点对话框，在地图 X、地图 Y 中输入该点的地理坐标后，点击“确定”就可添加一个控制点。如此重复加入至少三个控制点(不能在同一直线上)(图 2-33)。

图 2-33　图像配准对话框(2)

D. 配准后再打开该图像就是已经配准过的图像了。

③ 图像处理

A. 在主菜单“表”中点击“栅格图像”→“调整图像样式”命令则可以打开调整图像效果对话框(图 2-34)。调整对比度、亮度、透明度,标识图像是否透明,在图像转换栏中可将图像设置为原图像或灰阶图像。以上操作可对图像显示效果进行调整。

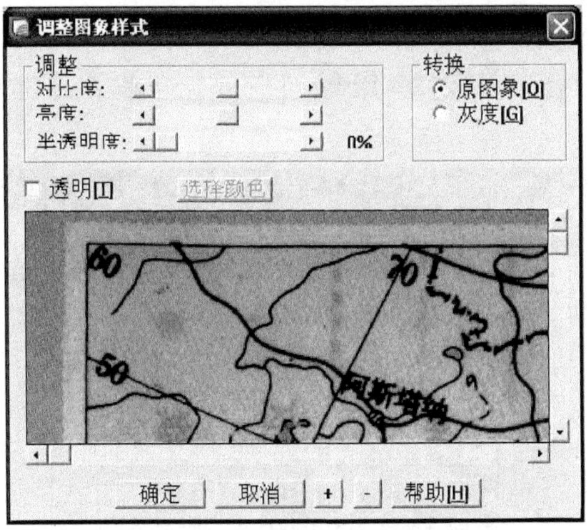

图 2-34　调整图像样式对话框

B. 如果发现图像配准存在问题,可在主菜单“表”中点击“栅格图像”→“修改图像配准”命令则可以打开修改图像配准对话框(图 2-35)。然后可进行配准点的修改、删除、增加等操作。

(3) 新建图层

MapInfo 是按照图层组织地图的。即将一幅地图目标分别存储到多个图层中,然后叠加形成地图。每个图层可包含一类或几类地图要素。在 MapInfo 软件中，每个图层都是以表的形式存在的。

图 2-35　修改图像配准对话框

① 创建表。

A. 打开配准后的图像，使装饰层可编辑。

B. 打开 MapInfo 后，如图 2-36，用“文件”→“新建表”命令打开新建表对话框（图 2-37）。

图 2-36　MapInfo 对话框(2)

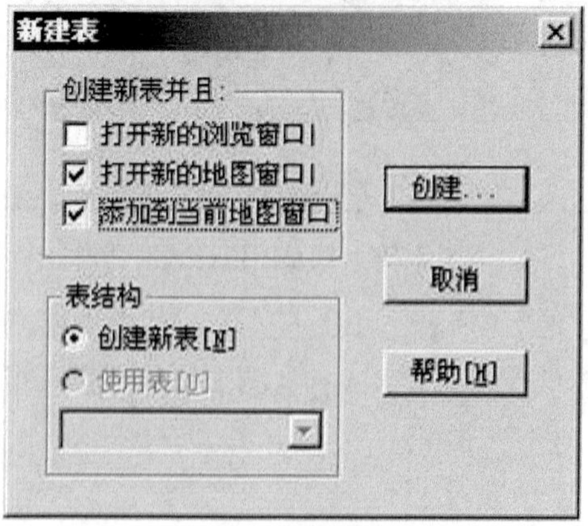

图 2-37　新建表对话框

C. 在新建表对话框中，选中"添加到当前地图窗口"，点"创建"弹出新表结构对话框(图 2-38)。

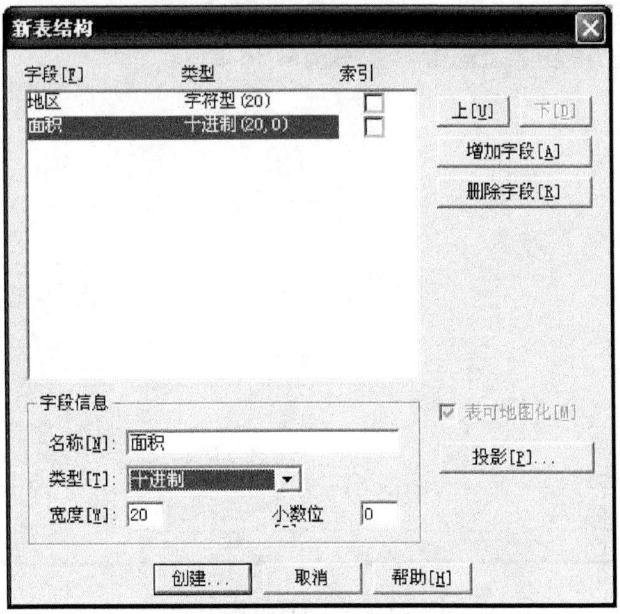

图 2-38 新表结构对话框

D. 在新表结构下方的对话框"字段信息"中，输入名称、类型、宽度后，点击"增加字段"，则添加一个字段，选中后面的"索引"复选框表示为该字段建立索引，反之不建立索引。用"删除字段"可修改输入错的属性项。最后点击创建返回"创建新表"对话框。

E. 在创建新表对话框中输入新图层的名称——区域，再保存即可(图 2-39)。

图 2-39　创建新表对话框

F. 打开图层控制，可以看到已经存在着新图层——区域(图 2-40)。

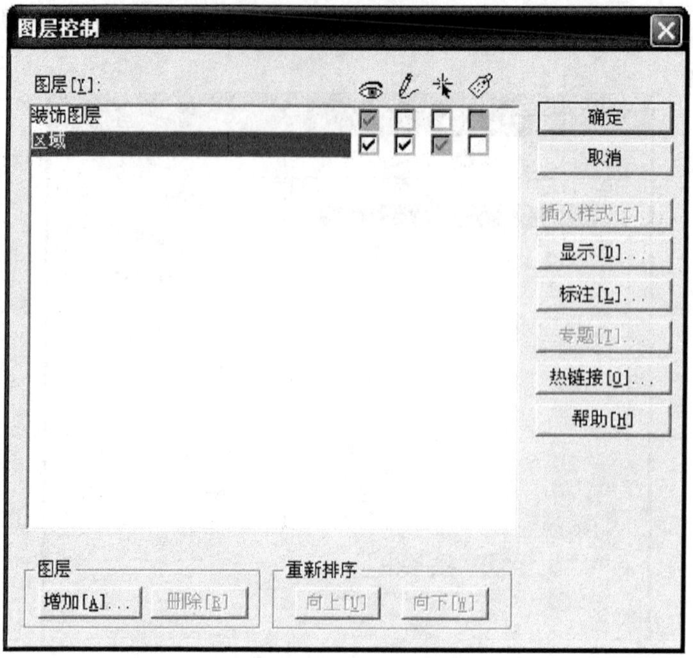

图 2-40　图层控制对话框

② 表维护。已建立的数据表也可以修改表结构。利用主菜单“表”→“维护”程序组可完成数据表的删除、更名以及修改表结构(图 2-41)。

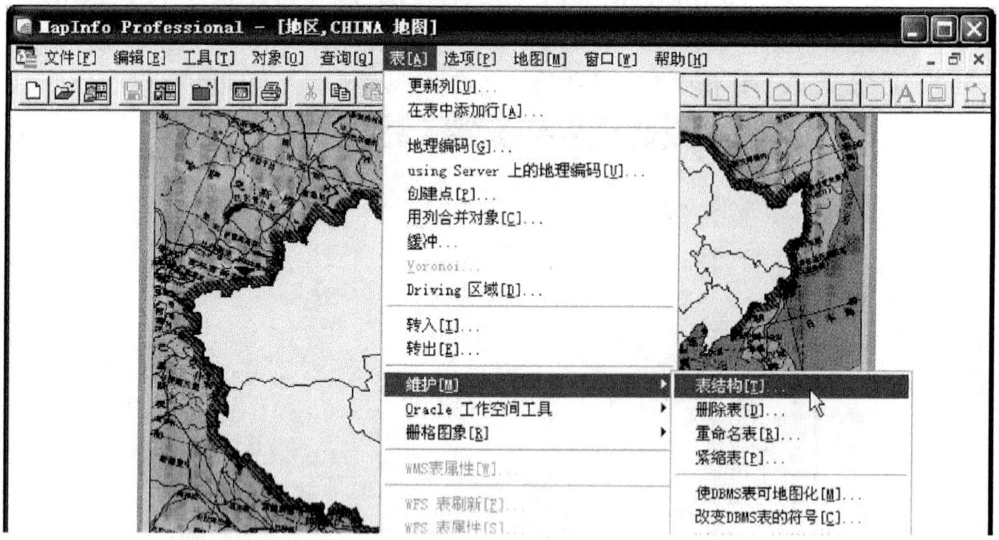

图 2-41　表维护对话框

运行“表”→“维护”→“表结构”命令打开修改表结构对话框(图 2-42)。

在修改表结构中对话框中,可以调整数据项在表中的位置、添加数据项、删除数据项,以及修改数据项名称、类型和宽度。

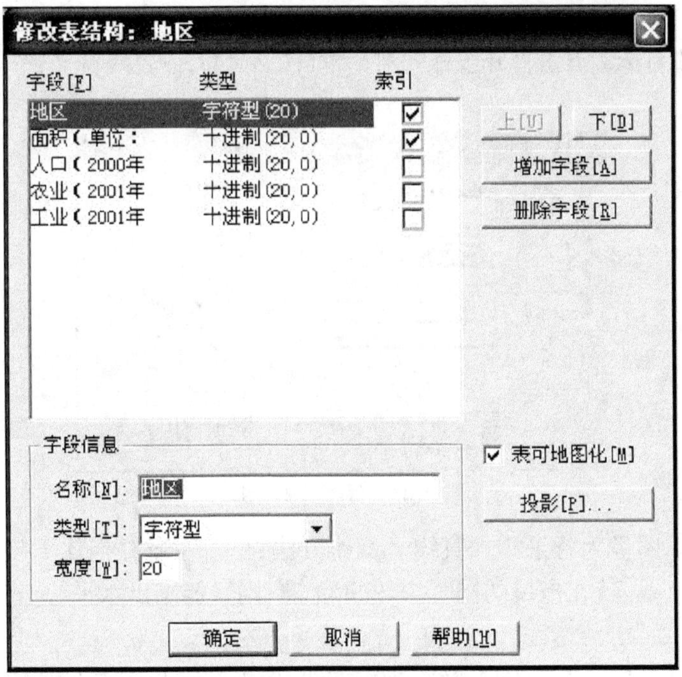

图 2-42　修改表结构对话框

2. 录入数据

地图数据的采集流程：打开表并使需要录入数据的图层处于可编辑状态，然后录入图形目标。

(1)录入点、线、面、注记

① 输入点目标。点击打开符号样式对话框(图 2-43)，设置点符号、符号大小和符号颜色。

图 2-43　符号样式对话框

点击后,以图像为背景,单击鼠标加点状目标。

② 输入线目标。点击打开线样式对话框(图 2-44),设置线符号、符号宽度和符号颜色。

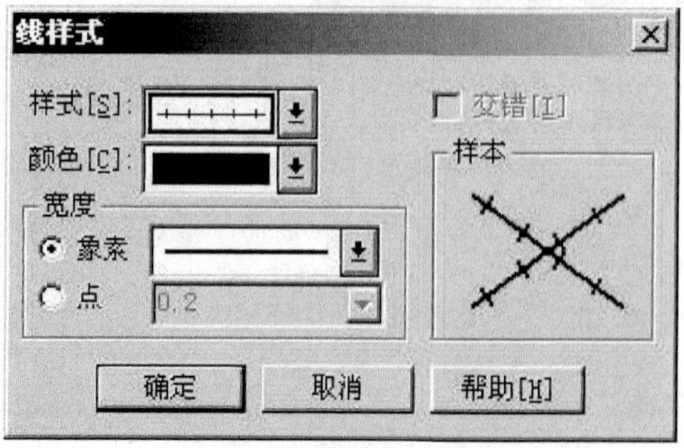

图 2-44　线样式对话框

点击后,以图像为背景添加直线。操作方法:单击左键并拖住不放,在另一处释放,即可绘制直线。若在拖拽的同时按住 Shift 键,则只能画出水平、垂直或 45 度倾斜的直线。

点击后,以图像为背景添加曲线。操作方法:单击左键并拖住不放,在另一处释放,即可绘制曲线。若在拖拽的同时按住 Shift 键,则能画出恰好 1/4 圆的曲线。

点击后,以图像为背景添加折线。操作方法:在起点处单击,拐点处单击,终点处双击。

③ 输入面目标。点击打开区域样式对话框(图 2-45),设置面符号的前景符号和颜色,以及背景符号和颜色后,可分别添加多边形、圆形和矩形。

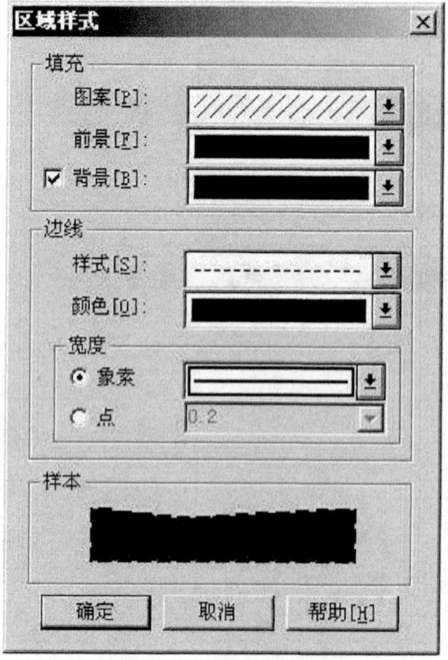

图 2-45　区域样式对话框

点击后,以图像为背景添加多边形。操作方法:在起点处单击左键,依次在多边形边界的拐点处单击左键,在边界终点处双击即可。

此外还可添加圆、矩形、圆角矩形等。操作方法:在单击相应工具后,单击左键并拖住不放,在另一处释放,即可绘制想要的面状目标。

④ 输入注记。点击打开文本样式对话框(图 2-46),设置注记字体、大小和颜色。

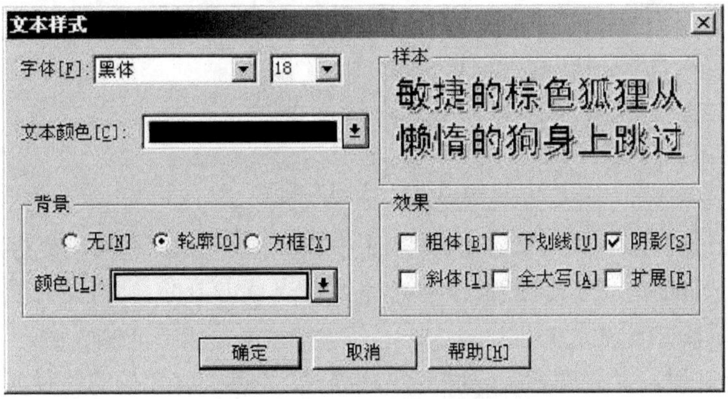

图 2-46 文本样式对话框

点击后,以图像为背景就可添加注记。

(2)录入技巧

① 线目标连接。在数字化线目标时,如果一条线对象未输入完而中断时,不但可从起始点重新输入该弧段。而且也可先分段输入剩余的弧段,然后选中断开的弧段再连接(图 2-47)。方法如下:

选中断开的弧段,点击"对象"→"节点抓取 / 抽稀"命令,在对话框"节点抓取 / 抽稀"设置中标示允许节点抓取,再设置容忍值和单位。注意:设置的容忍值适中才会得到预期的结果。

继续点击"对象"→"合并"命令,将两条相邻的无间隙弧段连接成一条弧段。

图 2-47 线目标连接图

② 公共边输入。公共边界要重复数字化,为了使数据更加精确,尽量使用 MapInfo 的 snap 功能:S 键为 snap 双向选择键,当 snap 功能键起作用时,可自动捕捉光标一定范围内已数字化的点。对于公共边界要局部放大并且激活节点匹配方式,即在英文状态按下"S"键,使节点相互匹配,节点是否匹配的判断标志是鼠标光标是否变成了很大的空心十字丝(图 2-48)。这样数字化得到的相邻区域的公共边是完全重合的。

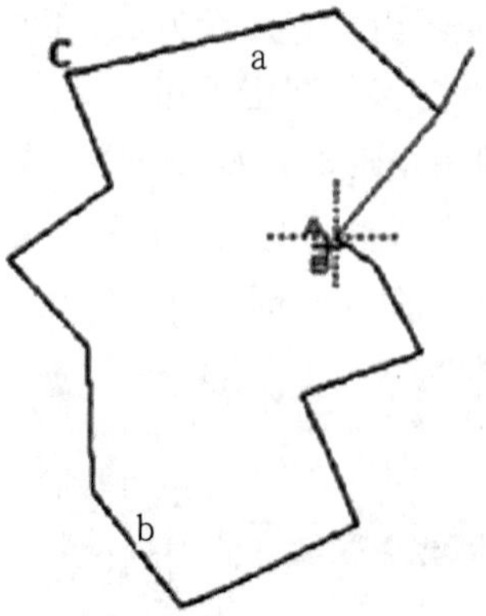

图 2-48　节点匹配图

在激活节点匹配方式的状态下，使用折线或多边形工具后，移动光标到 A 点点击鼠标后，按下 Shift 键或 Ctrl 键后，移动光标到 C 点点击鼠标，则自动完成与原线完全重叠的短边线 a，或长边线 b。

注意：Shift 键自动跟踪两节点间较短的路径（节点个数较少的路径），而 Ctrl 键自动跟踪较长的路径（节点个数较多的路径）。自动跟踪与在整形方式中选择多个节点的工作方式相同。

四、实验报告及要求

1.总结屏幕跟踪数字化的基本步骤。
2.分析数字化过程中误差的来源及减小误差的方法。
3.为什么要对配准后的数据进行重采样？
4.认真填写实验报告。

实验二　空间数据的编辑

一、实验目的

1. 了解 GIS 空间数据的特点，掌握空间数据编辑的基本命令。
2. 掌握空间数据编辑（融合、拼接、剪切、交叉、合并）的基本原理和方法。

二、实验准备

（一）实验设备

① 若干台微机。
② ArcGIS 9.x、ArcView 3.3、MapGIS、MapInfo 软件。

（二）所需资料

数字化的土壤类型图、土地利用图、行政区划图。

三、实验内容及步骤

(一)使用 ArcGIS 软件进行空间数据编辑

在 ArcGIS 中,进行空间数据图形编辑一般需要经过“添加数据(Add data)”、“打开编辑器(Editor)”、“编辑数据”、“结束数据编辑并保存编辑结果”等四个步骤。

“添加数据”的方法是:单击“文件”菜单下的“添加数据”命令,选择需要加载的数据层。

“打开编辑器”的方法是:单击“视图”菜单下的“工具条”子菜单,勾选“编辑器”命令。

以下各种操作主要针对“编辑数据”步骤进行讲解,采用的图层数据均为“*.shp”文件,一个图层包含多个同类要素,如“公路”图层可包括“省级公路”线要素和“市区道路”线要素,“居民地”图层可包括“小区”多边形要素和“学校”多边形要素。

操作方法是:点击“编辑器”工具下的“开始编辑”命令,则图层进入可编辑状态,编辑不同的图层确认编辑器状态栏中的“目标”是相应的图层,否则就不能对目标图层进行编辑。其基本编辑操作如下。

1. 简单图形编辑

(1)改变图形颜色

对于线要素,可在地图上显示颜色并进行更改,如本实验的线图层数据“公路 1”,操作方法是:直接点击目标线图层“公路 1”的颜色符号,出现“符号选择器”对话框(图 2-49)。在“类别”选项卡中可以选择线型,在“颜色”下拉菜单中选择所需要的颜色,在“宽度”菜单中还可通过输入不同的数值改变线的宽度,预览窗口检查无误后,点击“确定”后线要素显示的颜色就改变了。

对于多边形要素,其改变颜色的方法和线要素一致,只是包括了对填充颜色的改变和对轮廓线颜色的改变,前者指改变多边形要素内部的填充色,后者指改变多边形要素轮廓线的颜色,轮廓线也可以选择不同的线宽度。

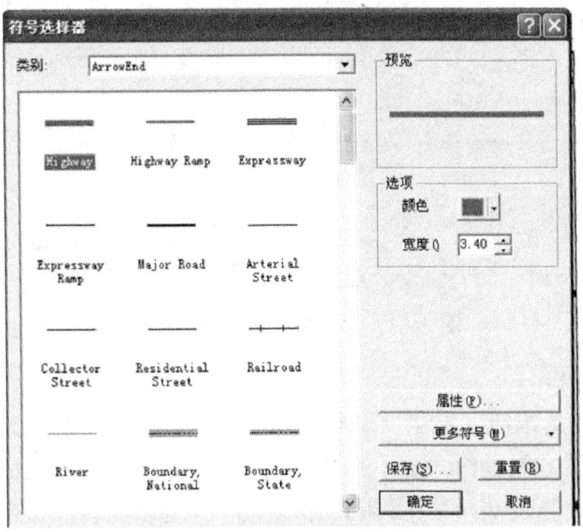

图 2-49 符号选择器对话框

(2)调整图形大小

图形大小的调整主要有变形和缩放两种操作,前一种操作可以改变要素的形状,后一种对要素的形状不发生改变,只是放大或缩小要素的比例,下面分别介绍变形和缩放的操作方法。

①要素变形操作。线要素和多边形要素的变形操作都是通过绘制草图完成的。在对线要素进行变形操作时,草图线要与线要素相交,且草图线的两个端点应该位于线要素的一侧,而在对多边形要素进行变形操作时,如果草图的两个端点位于多边形内,多边形将增加一块草图面积,如果草图的两个端点位于多边形外,多边形将被裁剪掉一块草图面积。具体过程如下:

添加线图层“公路 1”,单击“任务”下拉箭头,选择“修整要素”命令,单击 按钮,在图形窗口选择需要裁剪的要素(线或多边形),点击 按钮,在图形窗口绘制一条草图线,双击鼠标左键结束操作,这时被选要素就会发生变形。线要素的变形如图 2-50 所示,多边形要素“居民地”的变形如图 2-51 所示。

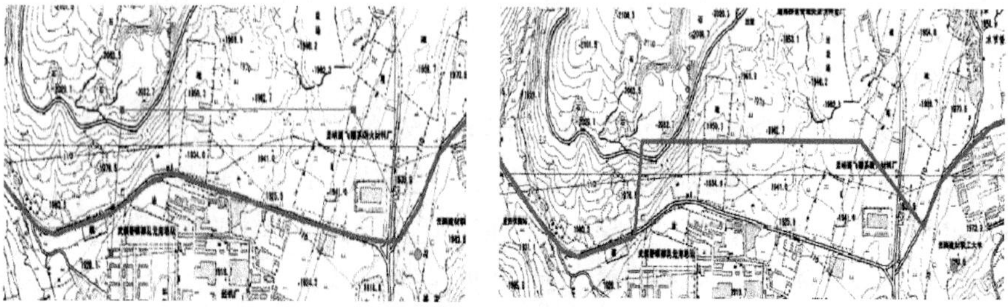

图 2-50　线要素的变形操作

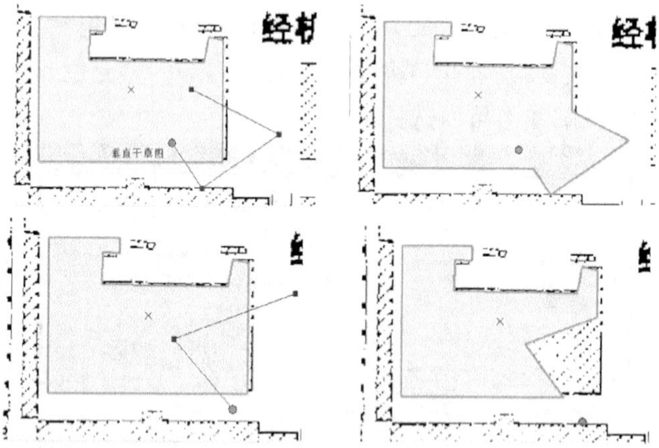

图 2-51　多边形要素的变形操作

② 要素缩放操作。

A. 添加缩放工具按钮。单击“工具”主菜单,在下拉菜单中选择“定制”,出现“定制”对话框,进入其中的“命令”选项卡,则下方列出了“目录”,不同的目录选项对应不同的命令集,选择“目录”菜单下的“编辑器”,则对应出现了各种命令,选择其中的“按比例缩放”命令,如图 2-52 所示。将 拖放到编辑器工具条中即可。

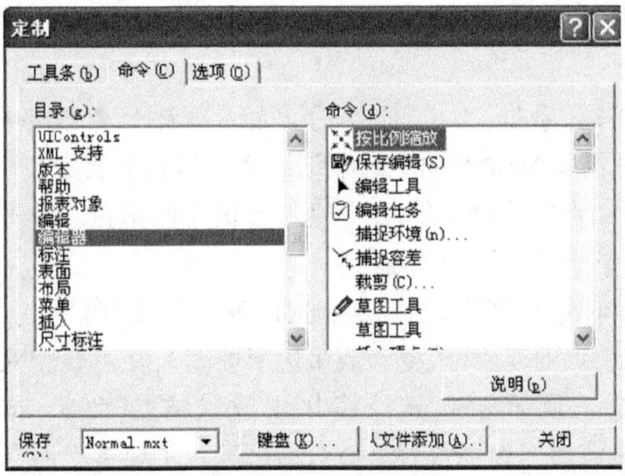

图 2-52　定制对话框

B. 执行要素缩放操作。单击按钮,在图形窗口中选择需要缩放的要素(可以多选),例如选择线要素“公路 1”,单击按钮,在操作窗口任意位置根据需要,通过拖动鼠标左键将该要素放大或缩小到合适的尺寸,如操作错误可按“Ctrl+Z”还原,确定无误后,释放左键,完成要素缩放操作,如图 2-53 所示。从图中明显可以看出, 线要素“公路 1”缩小了(将多边形要素“居民地”作为参照物),但形状未发生变化。

对于多边形要素,缩放操作方法和线要素一致,操作结果如图 2-54 所示,从图中明显可以看出,多边形要素“居民地”原先包含两个图形,经过缩放操作以后,下面的多边形明显变大了,但形状也未发生变化。

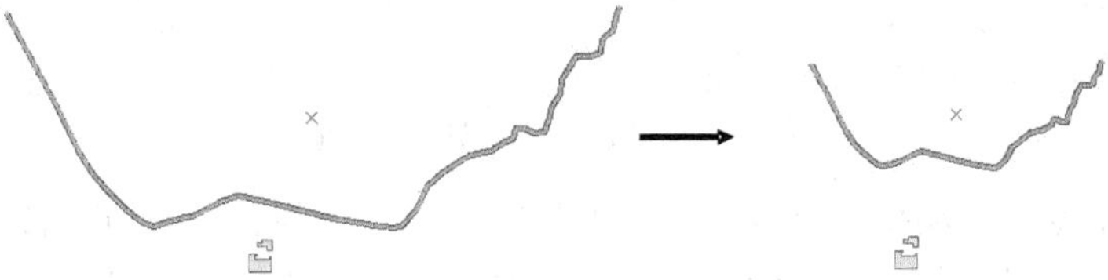

图 2-53　线要素的缩放操作

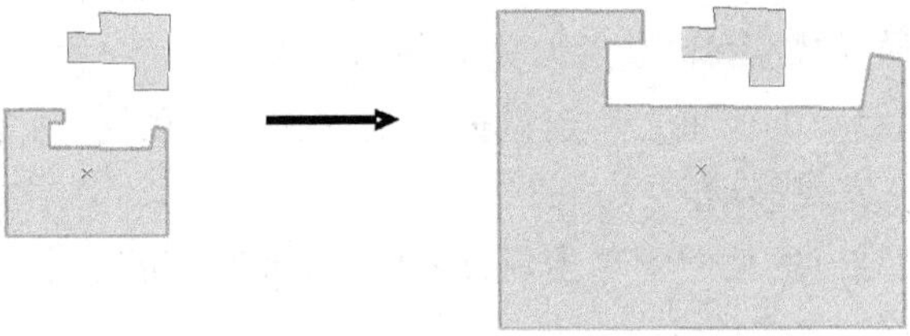

图 2-54　多边形要素的缩放操作

(3)编辑图形结点

无论线要素还是多边形要素,都是由若干结点组成,在数据编辑操作中,可以根据需要添加结点、删除结点、移动结点,实现要素局部状态的改变。

① 添加结点。线要素与多边形要素都可以添加结点,对于线要素,既可以在中间

添加结点，也可以从终结点添加结点，也就是继续绘制线要素，还可以在两个结点中间插入结点。

A. 添加需要的图形数据，单击“任务”下拉箭头，选择“修改要素”命令，单击按钮，在图形窗口选择需要添加结点的要素(线要素或多边形要素)。

B. 在需要添加结点的位置上(一般是两结点的中间部位)，单击鼠标右键，选择其中的“插入顶点”命令，添加了一个结点。

② 删除结点。单击“任务”下拉箭头，选择“修改要素”命令，单击按钮，在图形窗口选择需要删除结点的要素(线要素或多边形要素)，在需要删除结点的位置上(就是要素上的结点)单击鼠标右键，选择其中的“删除结点”命令，或者选择其中的“属性”命令，打开“编辑草图属性”对话框，该对话框显示了要素上所有结点的坐标，如图 2-55 所示，按住 Shift 键或 Ctrl 键选中多个结点，点击鼠标右键选择删除或直接按 Delete 键就可删除多个结点，由于结点被删除，要素形状会发生变化。

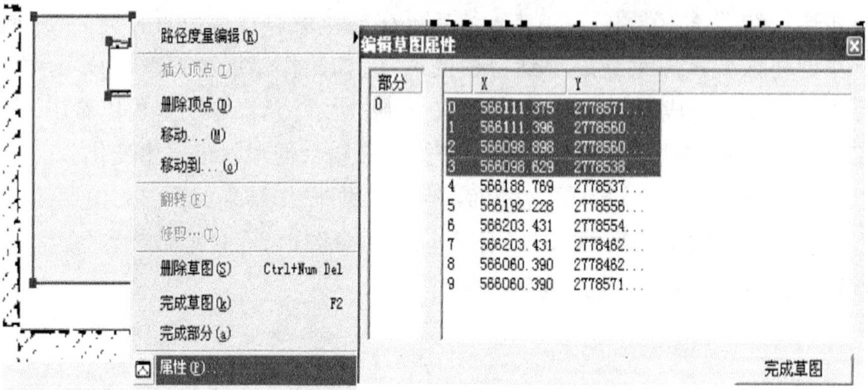

图 2-55 编辑草图属性对话框

③移动结点。移动结点是改变要素形状的另一种途径，移动结点可以使要素完全改变形状，也可以使要素在保持基本形状的前提下拉伸。移动结点有以下 4 种方法。

A. 单击“任务”下拉箭头，选择“修改要素”命令，单击按钮，在图形窗口选择需要移动结点的要素(线要素或多边形要素)，在需要移动结点的位置上按住鼠标左键，并将结点拖放到新的位置后释放左键，完成移动。

B. 在需要移动结点的位置上单击鼠标右键，选择“移动到”命令，在打开的文本框中输入坐标后回车，完成移动。

C. 在需要移动结点的位置上单击鼠标右键，选择“移动”命令，在打开的文本框中输入坐标增量后回车，完成移动。

D 在图形窗口中选择需要移动结点进行拉伸的要素(线或多边形)，在“编辑器”下拉菜单中，选择“选项”命令，出现“编辑选项”对话框，如图 2-56 所示，单击“常规”选项卡，勾选其中的“移动顶点时按比例拉伸几何要素”，单击“确定”后完成要素拉伸开关设置，退出该对话框回到图形窗口，在需要移动结点的位置上按住鼠标左键，将结点拖放到新的位置后释放左键，结点被移位，要素被拉伸，但要素基本形状保持不变。

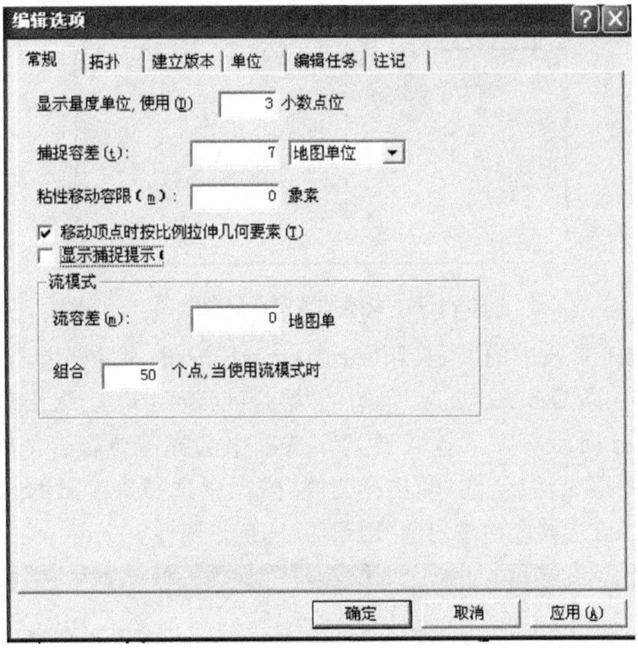

图 2-56　编辑选项对话框

2. 常用编辑

(1)要素融合

要素融合(Dissolve)是按照数据的某项属性(Attribute),对多边形要素或线要素进行自动合并,即:可将同一图层中相邻且属性相同的多个多边形融合成一个多边形,比如,利用乡镇地理数据,将位于同一个镇的几个乡合并成为一个镇,则乡之间的轮廓线将被融合,如图 2-57 所示;也可将同一图层中相接且属性相同的多个相接线段融合成一条线,比如,利用河流地理数据,将属于同一干流的几条支流合并成为一张河网。

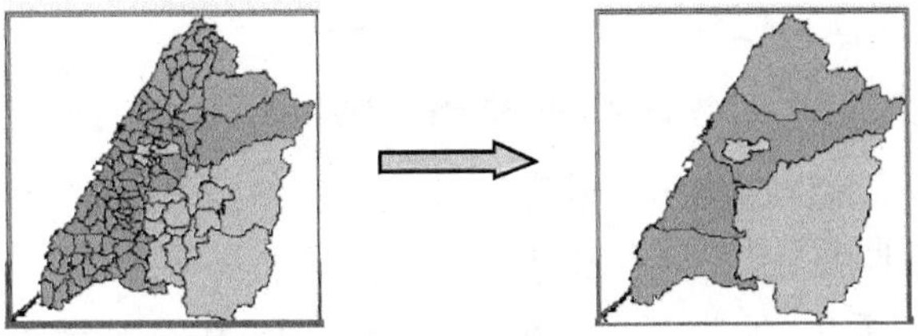

图 2-57　数据融合

下面以乡镇地理要素融合为例说明要素融合的操作方法。

①加载“xiangzhen.shp”图层,查看其属性表,“XIANGZHEN1”属性值有 5 种,分别是 0,1,2,3 和 4,说明该图层有 5 个镇,可通过属性表的“选项”菜单中“通过属性选择”命令,分别选取相同“XIANGZHEN1”属性值(比如 0)的多边形要素显示在窗口中并赋以不同的颜色,如图 2-58 左边图所示,共显示 5 类多边形要素,每一类要素的颜

色相同。

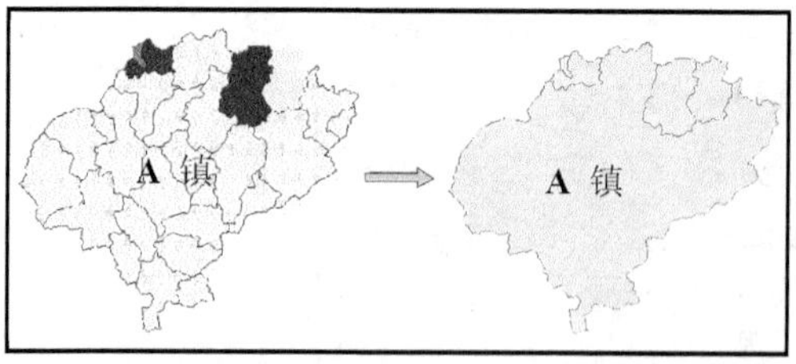

图 2-58　乡镇地理要素数据融合

②点击标准工具栏中的“工具箱(ArcToolbox)”按钮,从中选择“Data Management Tools”展开菜单中的“Generalization”下边的“融合(Dissolve)”工具,出现“融合”操作对话框，如图 2-59 所示。在“输入要素”选项中选择需要融合的数据层(本例是“xiangzhen.shp”图层),然后,在“输出要素类”选项中选择待输出的数据层位置和名称,在“融合字段(可选)”选项中勾选“XIANGZHEN1”属性。

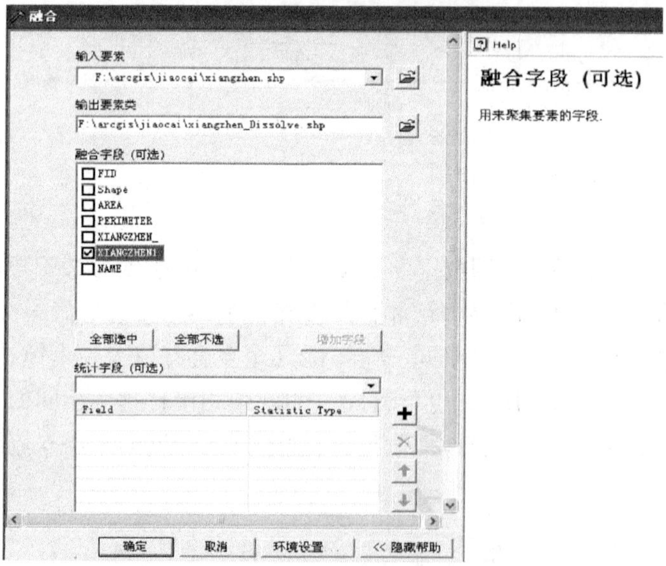

图 2-59　融合操作对话框

③上述操作确认无误后点击“确定”按钮，软件经过短时间的运作过程，融合(Dissolve)操作结果见图 2-58 右边图。

从图 2-58 可以看出,原先有 5 个镇,乡有若干个,其中 A 镇有多个乡,其余的镇只有一个乡,经过要素融合操作后,属于 A 镇中的多个乡“要素融合”了,乡界轮廓线消失。

(2)要素裁剪

要素裁剪操作主要包括线要素的裁剪(Trim)和多边形要素的裁剪(Clip,有的出版物也称作裁切、剪切)。Trim 可以实现按固定距离条件或边界线裁剪线要素,去除不需要的弧段，保留需要的弧段作为研究对象;Clip 是从整个多边形要素中裁切出部分区域，以便获得真正需要的数据作为研究区域，减少大区域数据和多余数据的参与运算量。下面分别介绍两种要素裁剪操作。

①线要素的裁剪(Trim)。

A. 按照长度裁剪线要素。加载线要素“公路 1”，单击“任务”下拉箭头，选择“修改要素”命令，单击 按钮，在图形窗口选择需要裁剪的线要素，在线要素上点击鼠标右键，选择其中的“修剪”命令，出现“剪裁”文本框，如图 2-60 所示，在其中输入需要的长度，按回车结束操作，则剩余的线要素长度就是所输入的数值。这里需要说明的是，裁剪后剩余的线要素长度是从目标线要素的起点起算的。

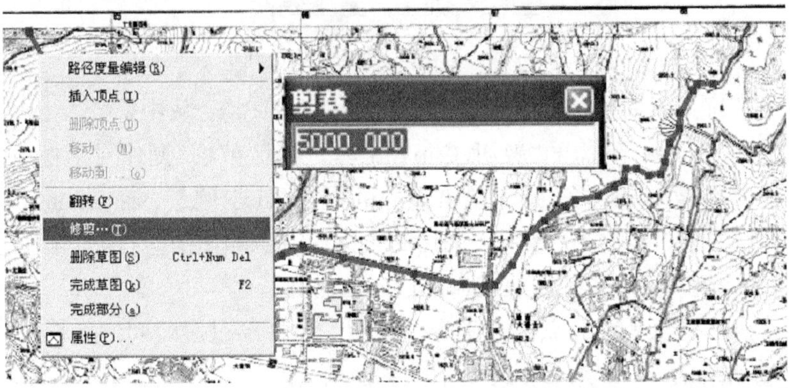

图 2-60 按照长度裁剪线要素

B. 按照边界线裁剪线要素。单击“任务”下拉箭头，选择“扩展 / 裁切要素”命令，单击 按钮，在图形窗口选择需要裁剪的线要素，点击 按钮，在图形窗口绘制一条草图线，作为线要素裁剪的界限，双击鼠标左键结束操作，这里要注意的是草图线绘制方向的不同则被裁剪的结果也不同，如图 2-61 所示，左边绘制的草图线的起始点在右上方，则右图的裁剪结果是线要素的右半边剩余，反之，应是左半边剩余。

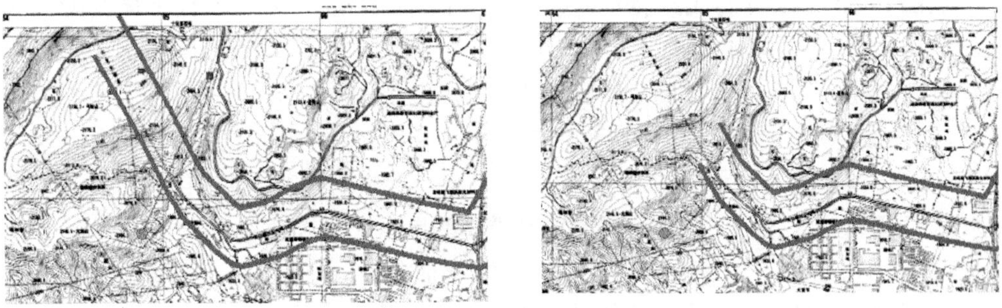

图 2-61 按照边界线裁剪线要素

②多边形要素的裁剪(Clip)。

A. 加载“xiangzhen.shp”多边形图层和“hongrang1.shp”多边形图层。为了方便观察操作结果，我们将窗口缩放到合适大小，如图 2-62 所示，操作所需的两个图层，第 1 个是某地的乡镇行政区域，第 2 个代表了当地的一种土壤类型分布区域。

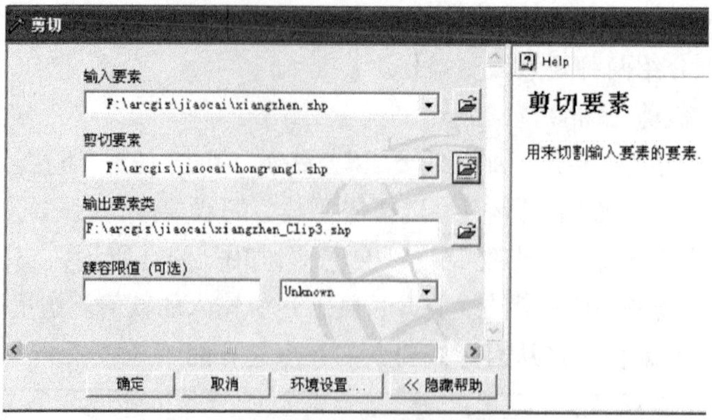

图 2-62　剪切(裁剪)操作对话框

B. 点击标准工具栏中的“工具箱(ArcToolbox)”按钮，从中选择“Analysis Tools”展开菜单中的“Extract”下边的“剪切(Clip)”工具，出现“剪切”操作对话框，如图 2-62 所示，在“输入要素”选项中选择需要被裁剪的数据层(本例是“xiangzhen.shp”图层)，然后，在“剪切要素”选项中选择用来裁切的数据层，在“输出要素类”选项中选择待输出的数据层位置和名称(系统默认或自己输入新名称)。

C. 上述操作确认无误后点击“确定”按钮，软件经过短时间的运作过程，裁剪(Clip)操作结果如图 2-63 第 3 个图所示。

图 2-63　乡镇地理要素裁剪

从图 2-63 可以看出，经过要素裁剪操作后，原先乡镇行政区域被土壤类型分布区域裁剪后，形成了以土壤类型分布区域为最终形状的乡镇区域图，但输出多边形内部仍具有原先乡镇行政区域的乡界轮廓线，图中以椭圆框标示。

(3)图层合并

合并可以在同一个图层中进行，也可在不同图层之间进行，参与合并的要素可以是相邻要素，也可以是分离要素，只有相同类型的要素才可以合并。

关于图层合并，ArcGIS 9.x 中有三种相类似的工具，分别是 Merge、Union 和 Append，他们都可以称作“合并”，但彼此的功能不尽相同。

①Merge 操作。“Merge 操作”可以完成同一层要素的空间合并，无论要素相邻还是分离，都可以合并生成一个新要素，新要素一旦生成，原来的要素自动被删除。现举一例：

添加“居民地”图层，单击按钮，在图形窗口中选择需要合并的要素，单击“目标”下拉箭头，选择“合并”后新要素所属的目标数据层，在“编辑器”的下拉菜单中选择“合并”命令，出现“合并”对话框，如图 2-64 所示，在该对话框中列出了需要合并的要素“居民地 -1”和“居民地 -2”，其中“1”和“2”是要素的 ID 号，选择其中一个要素“居民地 -1”，点击“确定”，则合并后新要素的属性与该要素的属性相同(图 2-65)。

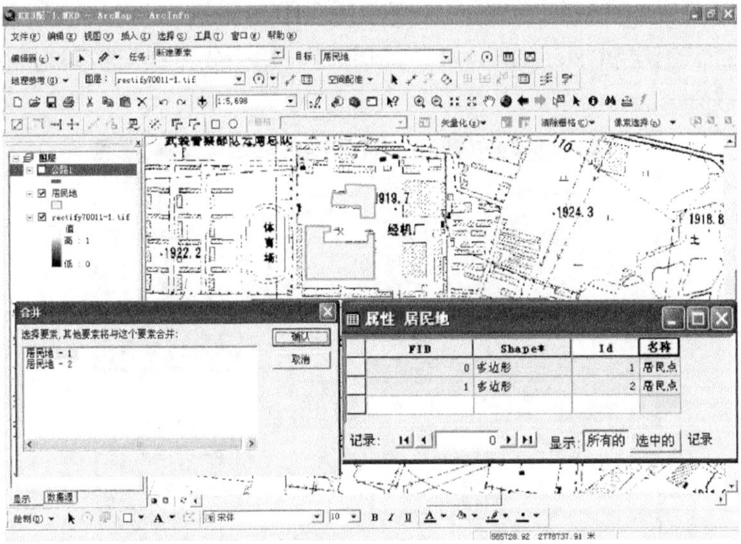

图 2-64　Merge 操作界面

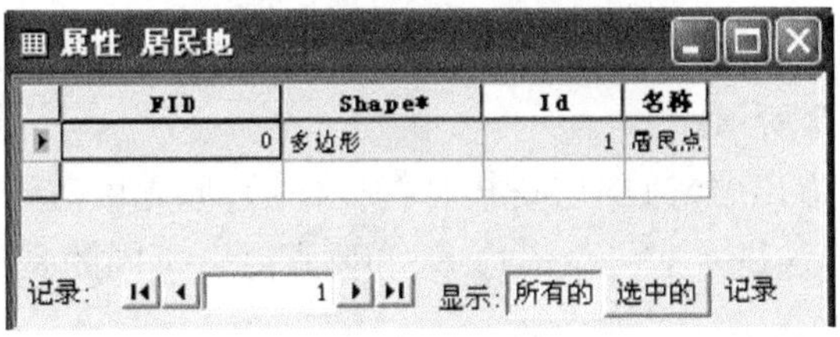

图 2-65　Merge 操作结果的属性表

②Union 操作。“Union(联合)”操作可以完成不同层的要素合并，无论要素相邻还是分离，都可以合并生成一个新要素。方法是：添加所需数据，单击按钮，在图形窗口中选择需要合并的要素(来自不同的图层)，单击“目标”下拉箭头，选择合并后的新要素所属的目标数据层，在“编辑器”的下拉菜单中选择“联合”命令，所选择的要素被合并生成一个新要素。在此不再举例。

③Append 操作。“Append(追加，也称合并、拼接)”操作是指将空间相邻的两个或两个以上图形经过拼接合并成为一个完整的目标数据。因为在某些地理信息研究中，研究区域可能是个很大的范围，其跨越了若干相邻数据，而空间数据是分幅存储的，因此要对这些相邻的数据进行拼接。拼接的前提是矢量数据必须是同类型的要素，并且经过了严格的接边，关于数据接边的操作在 Spatial Adjustment 工具中。空间数据拼接是空间数据编辑和处理的重要环节，这里需要注意的是，在 ArcGIS 9.0 版本中，“Append”操作就是 ArcGIS 8.0 版本中的“Merge”操作。

Append 操作既可以对矢量数据进行拼接合并，也可以对栅格数据进行拼接合并，本实验仅介绍矢量数据拼接方法，下面以乡镇若干图层拼接为例。

A. 点击标准工具栏中的"工具箱(ArcToolbox)"按钮，从中选择"Data Management Tools"展开菜单中的"General"下边的"追加(Append)"工具，出现"追加"操作对话框，如图 2-66 所示，在"输入要素"选项中选择进行拼接的数据层(本例是"xiangzhen2.shp"图层和"xiangzhen4.shp"图层)，在"输出要素类"选择被拼接的数据层(本例是"xiangzhen0.shp"图层)。

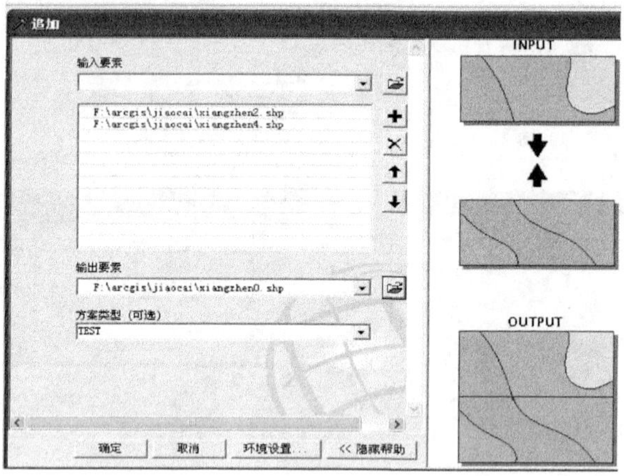

图 2-66　追加(拼接、合并)操作对话框

B. 上述操作确认无误后点击"确定"按钮，软件经过短时间的运作过程，拼接合并操作的结果如图 2-67 所示。

从图 2-67 可以看出，经过图层拼接合并操作后，原先由若干"乡"组成的彼此相邻的 3 个"镇"多边形被拼接成一个多边形，和要素融合不同的是，原先的乡界轮廓线并未消失。

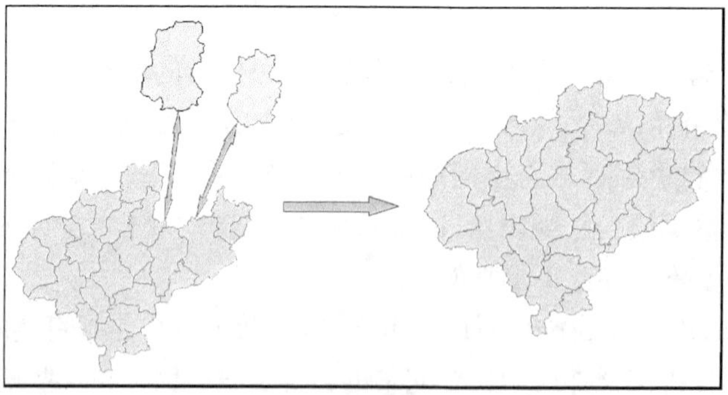

图 2-67　Append(拼接、合并)操作结果

(4)图层相交

"相交(Intersect)"操作可以得到相互重叠的两图层间或两要素间的交集部分。要素间相交操作，无论要素属于同一图层还是不同图层，都可以生成一个新要素，该新要素保留了原要素的类型，但没有任何属性值，需要输入新值。如图 2-68 所示，原先图层图形窗口及该图层的属性表中有两个要素，经过相交操作，图形窗口及图层属性形成三个要素。而图层间相交操作，可以生成一个新图层，并且原图层的所有属性将

同时在该新图层上保留。由于点、线、多边形三种要素都有可能具有相互重叠部分，实验三有实例讲解，现仅就两个多边形图层间的交集操作为例。

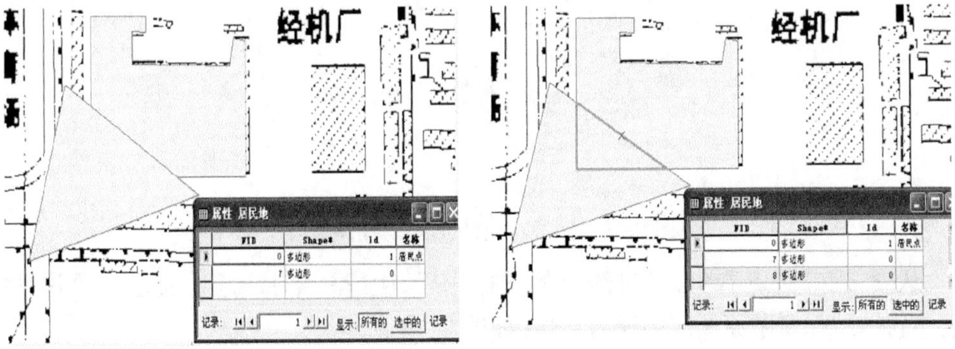

图 2-68　公共要素相交操作

①点击标准工具栏中的“工具箱(ArcToolbox)”按钮，从中选择“Analysis Tools”展开菜单中的“Overlay”下边的“相交(Intersect)”工具，出现“相交”操作对话框，如图 2-69 所示，在“输入要素”选项中选择需要被裁剪的数据层(本例是“xiangzhen3.shp”图层和“hongrang1.shp”图层，前者是某个乡的多边形区域，后者是其周边地区的一种土壤类型分布范围)，然后，在“输出要素类”选项中选择待输出的数据层位置和名称(系统默认或自己输入新名称)；

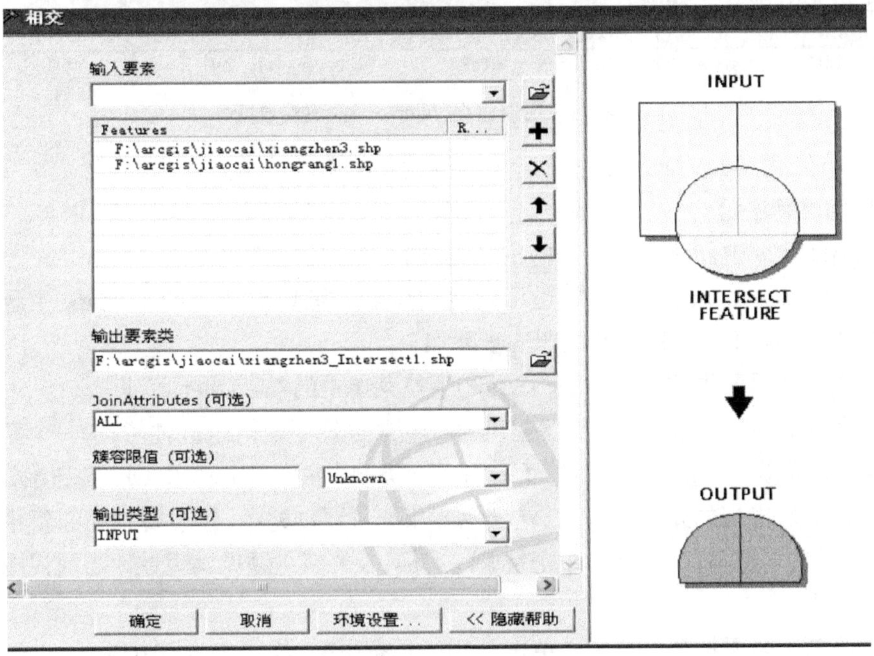

图 2-69　相交(Intersect)操作对话框

②上述操作确认无误后点击“确定”按钮，软件经过短时间的运作过程，相交(Intersect)操作结果如图 2-70 所示。

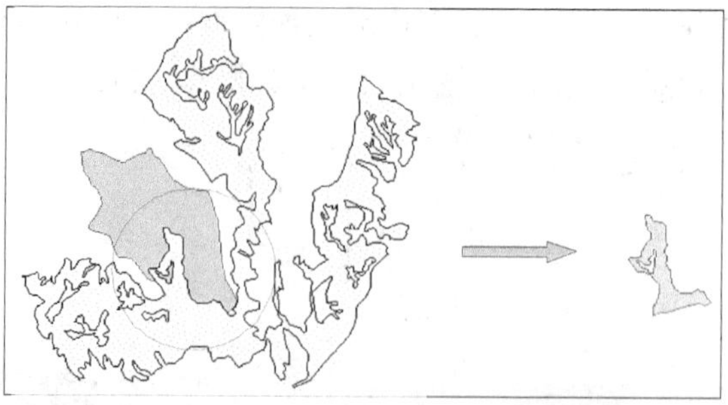

图 2-70　图层相交(Intersect)操作结果

从图 2-70 可以看出，经过图层相交操作后，生成一个新图层，通过查看其属性表，该新图层保留了原图层的所有属性，如图 2-71 所示。

属性 xiangzhen3

FID	Shape*	AREA	PERIMETER	XIANGZHEN_	XIANGZHEN1	NAME
0	多边形	29340242	25981.77	15	0	龙山林场

＋

属性 hongrang1

FID	Shape*	AREA	PERIMETER	XGSOIL_	XGSOIL_ID	TULEI	SOILTYPE
0	多边形	86508960	259767.922	194	336	2	红壤

＝

属性 xiangzhen3_Intersect

FID	Shape*	FID_xiang	AREA	PERIMETE	XIANGZHEN	XIANGZHEN1	NAME	FID_hongr	AREA_1	PERIMETE_	XGSOIL_	XGSOIL_ID	TULEI	SOILTYPE
0	多边形	0	29340242	25981.77	15	0	龙山林场	0	86508960	259767.922	194	336	2	红壤

图 2-71　图层相交(Intersect)的属性数据

(二)使用 ArcView 软件进行空间数据编辑

1. 创建新主题

在 ArcView 中创建一个全新的主题是项目设计的重要工作之一。在 ArcView 之中，主题可以是 Shape 文件格式，也可以不是 Shape 格式，但所有的非 Shape 主题都可以转换成 Shape 主题。建立新主题的步骤如下。

①在视图界面中，选定 “视图”(View)下拉菜单中的“New theme”项。

②在弹出的对话框内选择想要创建的新主题的图形要素类型(注意：每一个新主题所包含的图形要素只能选择点、线、面三种基本类型中的一种)，单击“OK”按钮确认。

③在随后出现的新对话框内，指定 ArcView 将要创建的、你想要添加的新主题的 Shape 文件的名称与保存位置，单击“OK”。这样，一个新主题就出现在你当前视图的主题目录表中。

④给新主题添加图形要素。单击常用工具条中的“绘图工具”项(注意：点击过程应当稍为长一些)，调出下拉式菜单。

在绘图工具(添加线要素的图形示例)中，根据绘图工作的实际需要选择合适的工具，然后即可在“视图”图形显示框内进行绘图。绘图工作结束后，ArcView 将会自动生成一个与当前主题图形要素相对应的主题属性表。打开该表显示其含有两个字段"Shape"和"ID"。其中,前者记录用户给当前主题所添加的所有图形要素的类型名,后者的所有记录均为 0(即为空白记录),有待用户手工添加属性数据。

2. 创建线专题图

(1)建立空白线专题

① 打开要增加新专题的视图或创建新视图。

② 从"View"菜单中选择"New theme"选项,在出现的对话框中,选择"Line"的要素类型,单击"OK"。

③ 在下一个对话框出现时,指定路径和文件名来保存新专题数据。

(2)线状要素的编辑

在对线要素主题中增加新的线要素之前,应确定它们是否应该结合和对齐,确保所有相交于同一点的共有一个公共结点,同时没有过线和未连线段。这就需要设置捕捉(Snapping)环境。其步骤为:

① 点取视图中正在编辑的专题的名称,并激活。

② 点击"Theme"菜单中的下拉项"Properties"按钮。

③ 在出现的对话框中,点击"Editing(编辑)"图标,显示专题的编辑属性。点取"General"复选框打开结合环境,在出现的"Tolerance(容限值)"栏中输入容限值。按下"OK"。

线状要素常规编辑内容主要有以下几个方面。

①改变一个线条或线段形状的方法。

A. 点选工具条内的"顶点"(Vertex)编辑工具;

B. 选择要编辑的线状要素对象,对象在原来形成过程中的结点就会以"空心小矩形"的形式出现在线条上,该小矩形称为"顶点";

C. 用鼠标指针指向想要改变其位置的顶点,当出现十字光标时,就可以用左键拖动以改变顶点的位置。

②线要素的劈分。在 ArcView 中可以用"线劈分(Line Split)"工具来绘一条线,将原先的线段劈开,在交点处形成新结点。其步骤为:

A.激活主题,使主题处于被编辑状态;

B.按下工具条中的"绘图工具板"按钮,在出现的下拉栏中,选定"线劈分(Line Split)"工具;

C.在视图内画一条线,凡与该线相交的所有线条均被劈分,成为一个个以交叉点为端点的独立线段。

③线要素的合并。在 ArcView 中可以用"Union Feature(合并要素)"工具来将一组选择的线要素合并成为一个要素。其步骤为:

A.激活线状主题,使主题处于被编辑状态;

B.使用"指针"工具,用 Shift 键相配合,选择要合并的线状要素;

C.从“Edit”下拉菜单中选取“Union Feature(合并要素)”项,即可完成合并。

④线状要素添加属性方法如下。

A.从“Edit(编辑)”菜单中选取“Start Editing”选项,使主题处于被编辑状态;

B.打开线状要素的专题属性表;

C.从“Edit(编辑)”菜单中选取“Add Field”选项,在出现的对话框中点取字段名称、类型等;

D.利用 Edit 快捷工具,可以添加属性。

3. 建立面状(多边形)专题图

(1)建立空白的面专题

① 打开要增加新专题的视图或创建新视图。

② 从“View”菜单中选择“New theme”选项,在出现的对话框中,选择“Polygon”的要素类型,单击“OK”。

③ 在下一个对话框出现时,指定路径和文件名来保存新专题数据。

(2)面状要素的编辑

①改变多边形形状的方法

A.使用“顶点编辑工具(Vertex Edit Tool)”,通过加点、删点、移动顶点来改变多边形要素的形状。

B.移动顶点改变多边形形状。将光标定于想要移动的“顶点”上,当光标变为十字形状时,按下鼠标左键拖动,到达指定位置时,松开左键。

C.用顶点编辑工具加点。把光标移到要加点的位置,当光标变为十字丝外套圆形状时,点击鼠标左键即可。

D.用顶点编辑工具删点。把光标移到要删除顶点的位置,当光标变为十字丝形状时,点击键盘“Delete”键即可。

②改变两个多边形的公共边界。

A.点取顶点编辑工具。

B.点取公共边界,顶点控制柄方框出现在公共边界的每个顶点上,圆形的锚出现在公共边界的每个结点上。

C.移动、添加、删除一个顶点,两个多边形将发生变化。

D.移动公共结点,所有多边形都会发生变化。

(3)分裂多边形

① 激活多边形专题,使其处于被编辑状态。

② 点取绘图工具面板,在下拉工具表中,选取多边形分裂工具。

③ 画出一条分裂线,双击左键,则原来的多边形就会被一分为二。

(4)合并多边形

① 激活主题,在“Theme”的下拉菜单中选择“Start Editing”,使当前主题处于被编辑状态。

② 以 Shift 键相配合，使用指针工具，选择要合并的多边形。

③ 在“Edit”菜单下，选择“Union Features(要素合并)”选项，则自动完成多边形合并。

(5)创建圈饼多边形

① 在“Theme”的下拉菜单中选择“Start Editing”，使当前主题处于被编辑状态。

② 使用绘图工具板内的多边形、圆、矩形等绘图工具，在目标多边形内部绘出一个想挖去的较小的多边形区域。

③使用指针工具，选择两个多边形。

④ 在“Edit”菜单下，选择“Combine Features(要素联合)”选项，则产生一个新的“圈饼状”多边形。

(6)多边形相减

删除两个多边形的重叠部分，可用“Subtract Features(减去要素)”选项。其具体过程如下。

① 激活主题，在“Theme”的下拉菜单中选择“Start Editing”，使当前主题处于被编辑状态。

② 以 Shift 键相配合，使用指针工具，选定两个重叠多边形。

③ 在“Edit”菜单下，选择“Subtract Features(减去要素)”选项，则自动除去重叠部分。

(7)多边形的交集

① 激活主题，在“Theme”的下拉菜单中选择“Start Editing”，使当前主题处于被编辑状态。

② 使用指针工具，选择要求交集的多边形。

③ 在“Edit”菜单下，选择“Intersect Features(交集要素)”选项。

(8)为多边形要素添加属性

① 从“Edit(编辑)”菜单中选取“Start Editing”选项，使主题处于被编辑状态。

② 打开多边形要素的专题属性表。

③ 从“Edit(编辑)”菜单中选取“Add Field”选项，在出现的对话框中点取字段名称、类型等。

④ 利用 Edit 快捷工具，可以添加属性。

(三)使用 MapGIS 软件进行空间数据编辑

1. 简单图形编辑

(1)线拓扑造区

① 检查线是否有错误(包括遗漏的线、重叠线、自相交线、重叠坐标等)。在“编辑子系统”的“其它”菜单下选择“清重坐标及自相交”中的“清线重叠坐标及自相交”，对于重叠坐标，在错误处选中一处错误，击右键，选“清除所有重叠坐标”。对于自相交线，进行线编辑，用线上移点、线上删点和剪断线等功能进行编辑。

在“其它”菜单下选取“检查重叠弧线”中的“重叠线检查”，对于重叠的线，在错误处选中一处，击右键，选“清除所有重叠线”。

② 造区。在“编辑子系统”中打开造区用的线文件。在“其它”菜单下先选取“自动剪断线”(最好剪两次,一次常常不能全部剪断),再选取“线转弧段”,保存新产生的区文件,关闭窗口(系统提示是否存线文件,选否)。

打开新保存的区文件,同时装入最初的线文件。在“其它”菜单下选取“拓扑错误检查”,进行拓扑错误修改。

在“其它”菜单下选取“拓扑重建”。

(2)改变图形颜色

以区编辑为例,将欲编辑的区图层选中为可编辑图层,在桌面区编辑工具栏中直接选取修改区参数,鼠标左键点击欲改变颜色的区,在弹出的对话框中修改“填充颜色”栏的颜色代码值(图 2-72)。

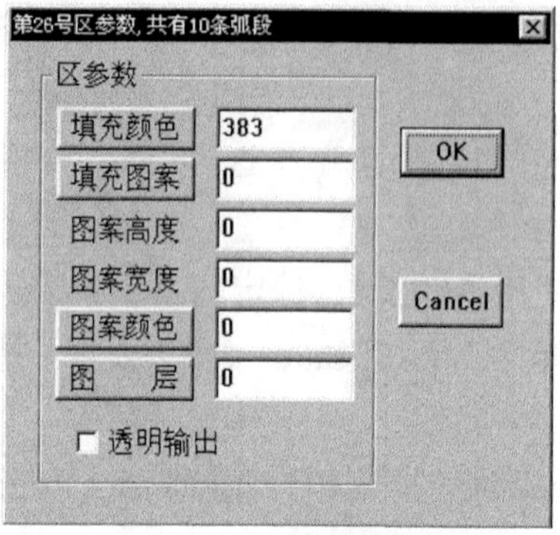

图 2-72　改变图形颜色

(3)调整图形大小

以点图元(注释文本)编辑为例,将欲编辑的点图层选中为可编辑图层,在桌面点图元编辑工具栏中直接选取修改点参数,鼠标左键点击欲改变大小的点图元(注释文本),在弹出的对话框中修改“注释高度”、“注释宽度”、“注释间隔”等栏的数值(图 2-73)。

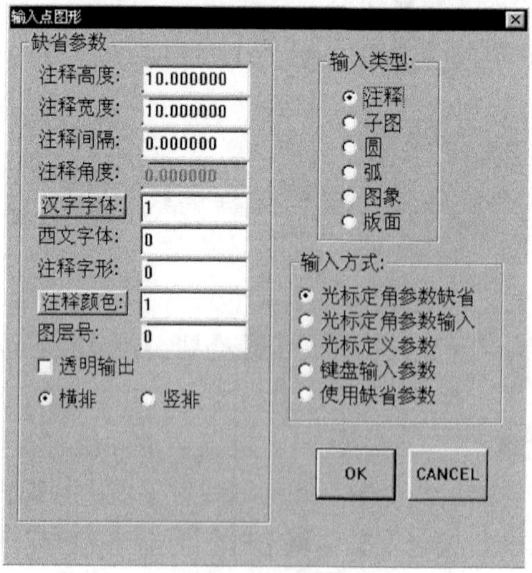

图 2-73　调整图形大小

(4)编辑图形结点

以线编辑为例,将欲编辑的线图层选中为可编辑图层,在桌面线编辑工具栏中直接选取“线上移点”,用鼠标左键点击欲移动的线上结点。(注意:在进行结点操作之前,需要在“设置”菜单中选择“参数设置”,在弹出的对话框中勾选“坐标点可见”。)

2. 常用编辑

(1)连接线

在“线编辑”菜单下选择连接线,先后选择要连接的线(选中为闪烁状态)。

(2)区合并

在“区编辑”菜单下选择合并区,先后点击要合并的区图斑。

(3)分割区

在“区编辑”菜单下选择“输入弧段”,在欲分割的区中输入弧段。

在“区编辑”菜单下选择“分割区”,点击上一步输入的弧段。

(4)统改参数

以区编辑为例,在“区编辑”菜单下选择“统改参数”,编辑器弹出区参数统改面板(图2-74),根据要求设置好替换条件和替换结果的参数后,按确定键自动搜索满足条件的区域参数,并将其替换为结果设定的值。替换时,凡替换结果选项前没有打钩的项,都保持原先的值不变。如要统改填充颜色,只需将填充颜色前的小方框按鼠标左键打钩,其它项不设置。

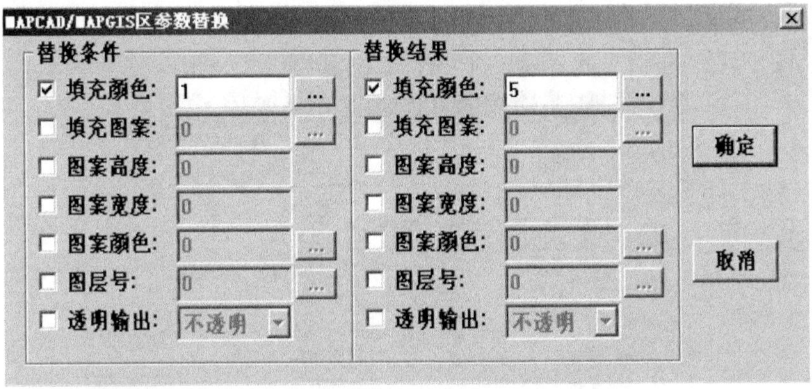

图2-74　统改参数

(5)图形裁剪

①确定一个剪裁框。在图形编辑下,得到一条封闭的多边形线。要求线没有重叠点,没有自相交,没有重叠线等错误存在。将其单独存为一个线文件。

②进入图形裁剪模块,装入要剪裁的文件。在文件菜单下,选择“装入点(线或面)文件”,装入需要裁剪的点、线、面文件。

③装入裁剪框。在“编辑裁剪框”菜单下,选择“装入裁剪框”,选中在图形编辑模块中编辑好的裁剪框。

④建立裁剪工程。在“裁剪工程”菜单下,选择“新建”,弹出“编辑裁剪文件”对话

框(图 2-75)。

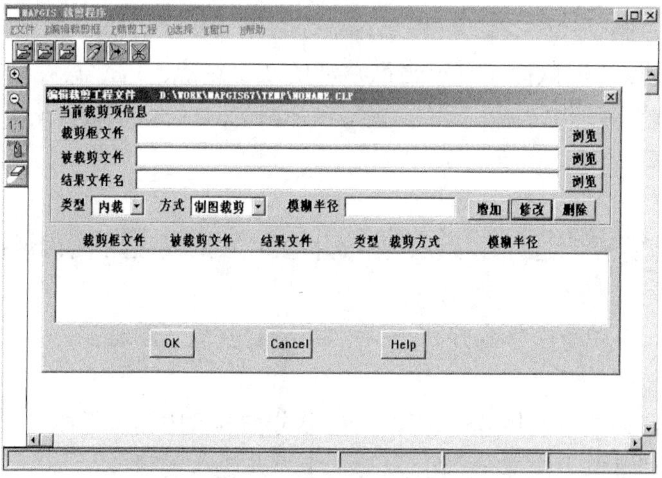

图 2-75 新建裁剪工程

设置列表框中的相应文件,选择相应的结果文件名、裁剪类型、方式,单击“修改”。单击“OK”,即建立了裁剪工程。

⑤裁剪。选择“裁剪工程”菜单下的“裁剪”,系统开始进行裁剪。

(四)使用 MapInfo 软件进行空间数据编辑

1. 点目标

①在可编辑图层中使用、、、、等工具,选取一个或多个点状目标,然后单击绘图工具上的工具,弹出“符号样式”对话框(图 2-76)。

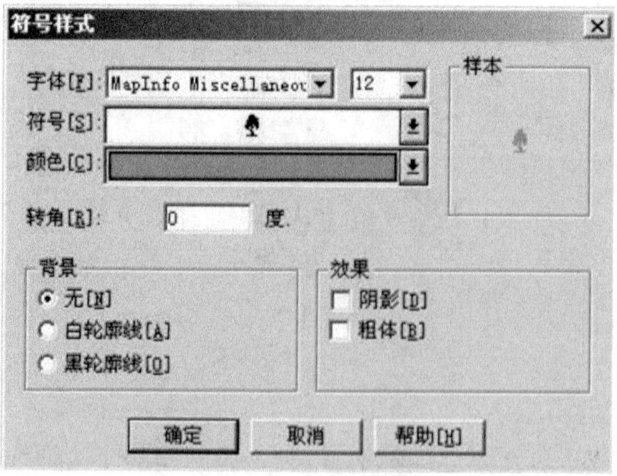

图 2-76 符号样式对话框

②在“符号样式”对话框中选择符号样式、大小、颜色、旋转角度、符号背景等参数后,单击“确定”即可完成点符号的修改。

2. 线目标

①线状目标的符号化。在可编辑图层中使用、、、、等工具,选取一个或多个线状目标,然后单击绘图工具上的工具,弹出“线样式”对话框(图 2-77)。

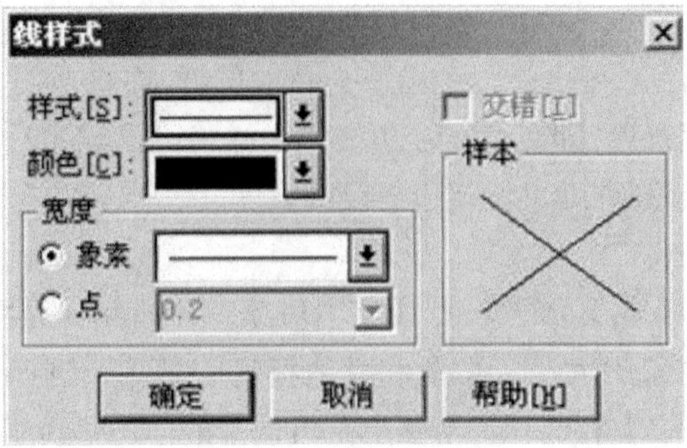

图 2-77 线样式对话框

②在图 2-77 的对话框中选择线符号样式、颜色、宽度等参数后，单击确定即可完成线符号的修改。

③如果是折线，可双击折线打开折线对象对话框，通过标示光滑复选框，选择采用折线或平滑曲线来显示区域边界线。如图 2-78，A 为未符号化的线目标，B 为符号化后的线目标，C 为符号化并光滑后的线目标。

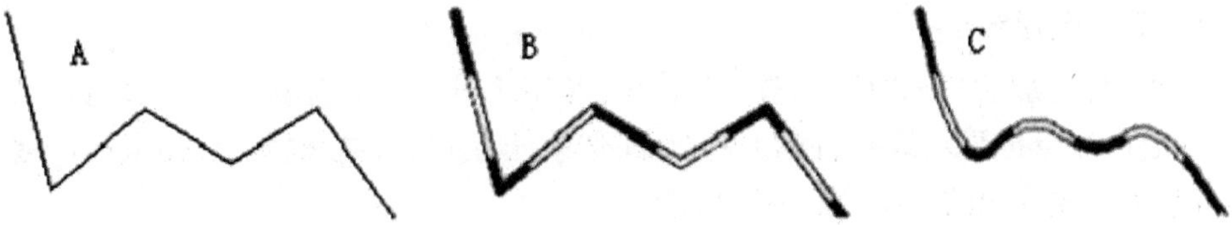

图 2-78 线目标符号化

3. 面状目标

(1)面状目标符号化

在可编辑图层中使用、、、、等工具，选取一个或多个线状目标，然后单击绘图工具上的工具，弹出“区域样式”对话框(图 2-79)。

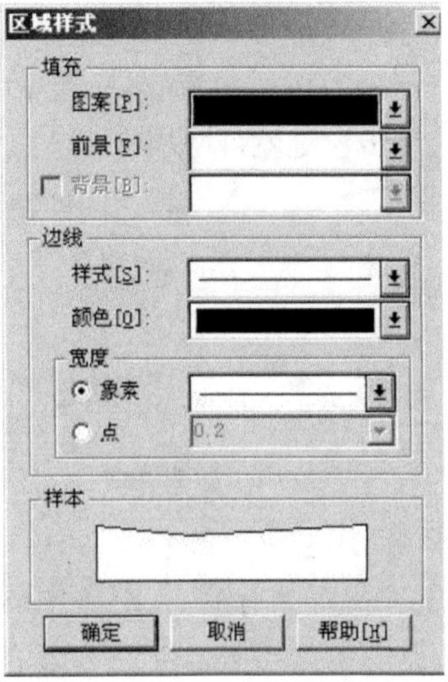

图 2-79 区域样式对话框

(2)填充模式

填充模式主要有三个内容,图案指填充花纹的样式,前景设置填充花纹的颜色,背景指填充符号的背景色,即底色。在边线栏中样式可设定多边形边界线的线形,颜色可设定边界线的颜色,宽度可设定边界线的宽度。

(3)调整图形大小

当使用选择工具双击区域、线、点或文本对象时,MapInfo 会显示“对象属性”对话框,该对话框提供对象的大小、位置和其他特定信息等。例如,若双击一个区域,MapInfo 将显示周长、中心和面积。若图层是可选择的但不是可编辑的,则只能查看这些属性。若图层是可编辑的,则可以通过向对话框的文本框内键入新值来改变这些属性,也可通过选择“编辑”→“获取信息”来访问该对话框。

使用“对象属性”对话框来改变对象的大小和位置,与在屏幕上绘制对象相比,能更有效地精确控制大小和位置,也可使用“文本对象”对话框改变点的实际文本。例如,在地图窗口已经键入标题“世界人口”,要纠正键入错误,则启动该文本对象的“对象属性”对话框,并在显示文本的框中更正错误。

(4)编辑图形结点

①整形。整形命令只对线状对象起作用。单击工具条上的按钮,双击线目标后,可用实心的矩形框显示线状目标上的节点,选中任意一个矩形框后,按住鼠标左键进行拖拽,可以改变线的形状(图 2-80)。

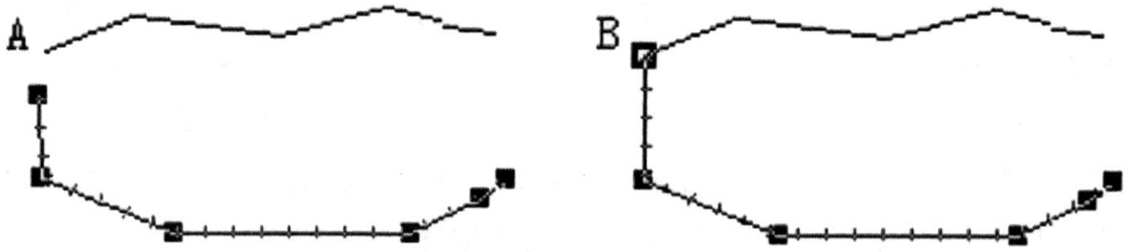

图 2-80 整 形

②增加节点。增加节点在选中整形后才有效果。选中线目标后,点击工具,移动十字光标到线的特定地方后,单击左键就可增加一个节点(图 2-81)。

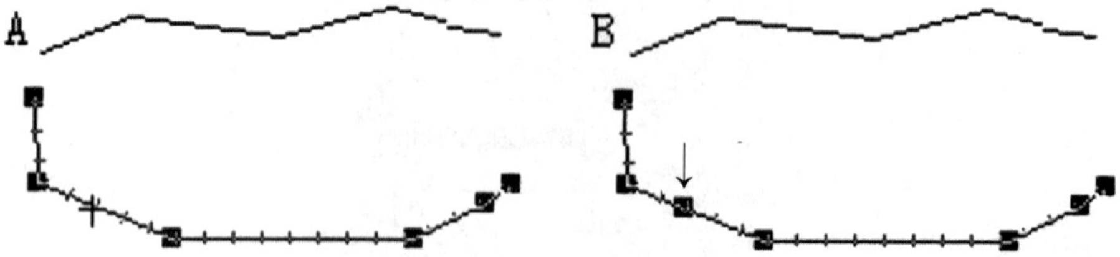

图 2-81 增加节点

③叠压结点。选中一个目标,用主菜单条中对象中的设置目标命令将该目标设为目标对象。选取与之相交但无交点的目标后,点对象中的叠压节点命令,即可观察到原来没有交点的两条线,在他们的交点处产生一个新的结点将目标对象分断(图 2-82)。

图 2-82　两线目标叠压生成结点

4. 常用编辑

(1) 要素融合

① 线状目标和面状目标间的转换。选中一个线状目标，通过对象中的转换为区域使其变为面状目标。选中一个面状目标，通过对象中的转换为折线使其变为线状目标。

如图 2-83，在线状目标转换为面状目标时，如果线目标未闭合，则可自动添加一条线来连接线的起点和终点，使之成为一个完整面的边界。而把这个转换生成的面再转换为原来的线时，自动添加的线则不能自动删除。

图 2-83　线目标和面目标相互转换

② 其它编辑操作。

A. 相邻或相交多边形的合并，在可编辑图层中先选取相离、相邻或相交多边形，然后点击主菜单条对象程序组中的合并，就可实现多边形合并。

在多边形合并中，数据聚合方法有以下几种：

a.空白指新对象无属性值；

b.值指为新对象设定一个属性值；

c.总和指初始对象的属性值求和获取新对象属性值；

d.均值指初始对象的属性值的平均值为新对象属性值；

e.加权指计算平均值时给予更高的权重。

B. 由多个不相邻多边形合并(聚合)而成的多边形，可以利用主菜单条对象中的分解命令将其再分解开。

C. 分割多边形，先选择待分割的多边形，并用主菜单条对象中的设置目标命令将其设为目标，然后选取任意图层中的一个或多个多边形作为分割对象，点击对象中的分割命令将设定目标分割。

D. 擦除多边形部分区域，先选择待擦除区域的多边形，并将其设为目标，然后选取任意图层中的一个或多个多边形作为擦除对象，点击对象中的擦除命令将设定目标的部分区域擦除。

E. 擦除多边形外部区域，操作方法与前一操作一样，但擦除的是擦除对象以外的区域。

F. 多边形边界线分割区域，先选择待分割的多边形，并将其设为目标，然后选取任意图层中的一个或多个多边形边界线作为分割对象，点击对象中的折线分割命令将设定目标分割为多个多边形。

G. 给多边形边界线增加节点，先选择边界线待增加节点的多边形，并将其设为目标，然后选取任意图层中的一个或多个多边形边界线作为分割对象，点击对象中的叠置命令在设定目标边界线与分割对象边界相交处增加节点。

H. 探测多边形的自相交、交集和裂隙，在可编辑图层中先选取相邻或相交多边形，然后点击主菜单对象程序组中的检查区域命令，打开检查区域对话框（如图 2-84），分别选择探测自相交、相交或裂隙就可在地图窗口中标示自相交处、相交区域和裂隙。

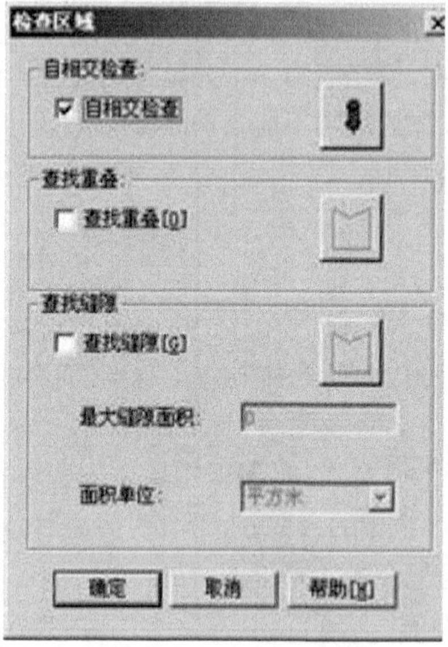

图 2-84　检查区域对话框

(2)要素剪裁

在现实世界中，经常会存在一个区域中还包含一个或多个小区域的现象，如湖泊中有小岛、耕地中有水塘、林地中有空地等等。因此，在 MapInfo 中必须能处理这类现象。

在 MapInfo 中，用工具数字化相互包含的两个多边形，如图 2-85 所示。选中小区域时大区域可不被选中，而选中大区域多边形时，则两多边形将同时被选中。

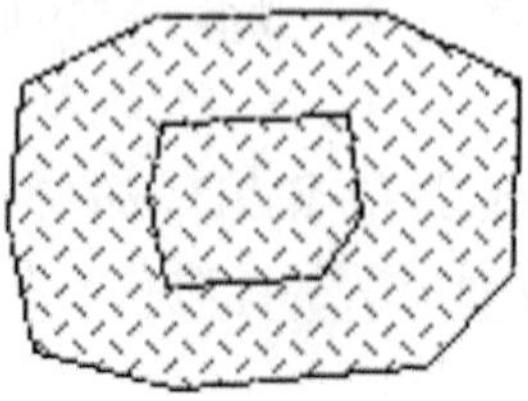

图 2-85　包含区域

下面介绍如何将大、小区域分开，建立两个单独的多边形的方法。

① 先设此层为可编辑层，选中大区域后，点击主菜单对象中的设置为目标工具将大区域设置为目标，如图 2-86(A)。

② 选中小区域如图 2-86(B)。

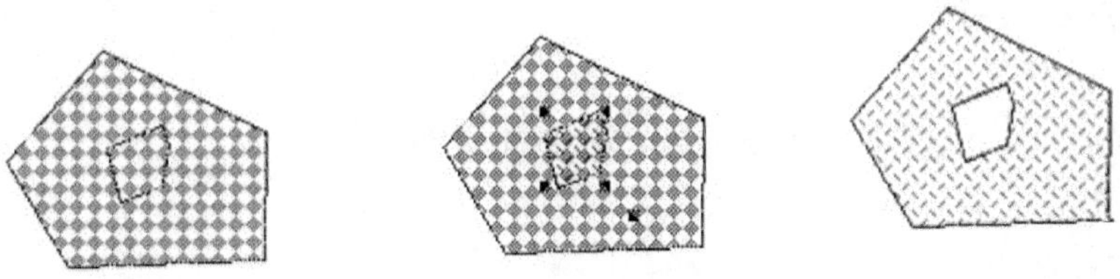

A　　　B　　　C

图 2-86　区分大小区域

③ 点击主菜单对象中的分割命令后，打开对话框，标示无数据，单击“确定”按钮将大区域分出来，如图 2-87 所示。

④ 现在就可只选中大区域，如图 2-86(C)所示。

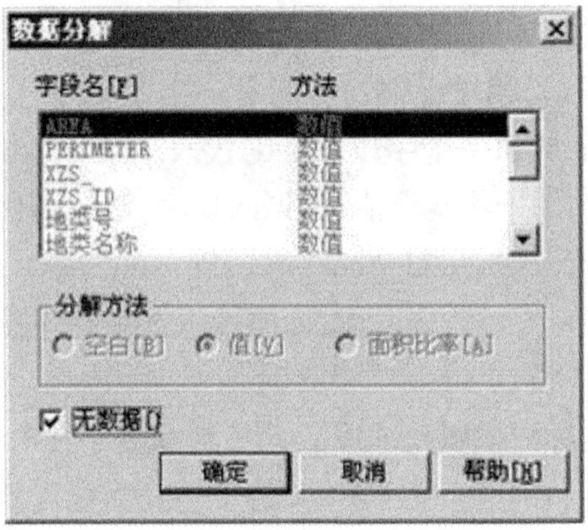

图 2-87　数据分解对话框

四、实验报告及要求

1. 认真填写实验报告，包括原理、过程和结果。

2. 对线状要素进行编辑(公共边界的修改、剪裁弧段、合并弧段等)。

3. 对面状要素进行编辑(公共边界的修改、分裂多边形、合并多边形、多边形的交集等)。

实验三　属性数据的输入与连接

一、实验目的

1. 利用 GIS 软件输入属性数据。

2. 编辑属性数据。

3. 实现属性数据与空间数据的连接。

二、实验准备

(一)实验设备

①若干台微机。

②ArcGIS 9.x、ArcView 3.3、MapGIS、MapInfo 软件。

(二)所需资料

①数字化的土壤图

②土壤样点图及分析数据。

三、实验内容及步骤

(一)使用 ArcGIS 软件进行属性数据输入与连接

在 ArcGIS 中,空间数据都有相应的属性表(Attribute Table),这也是 GIS 软件区别于一般绘图软件的根本所在。属性表的每一行(Row)或每一个记录(Record)代表一个空间要素(点、线或多边形),相对于地物可能是一个监测点、一条沟渠或一栋楼等;而属性表的每一列(Column)或每一个字段(Field)代表一个专题属性,相对于前边提到的地物属性可能是监测点的污染物检测值、沟渠的长度、楼的面积等等。属性表可以存储在不同的数据库管理系统, 如 INFO、Access、FoxPro、SQL Sever 等。对属性表的所有操作,都将直接反映在其空间图形表现方面,即属性数据和空间数据是时时对应的。

1. 属性数据的输入

在第二章实验一中,对扫描图配准以后准备地图数字化时,需要新建一个shapefile文件作为一个地物图层,如“公路 1”线图层,由于空间数据和属性数据总是对应的,新建 shapefile 文件就必须首先设定其要素类型作为其必需字段(shape*),同时 FID 和 ID 也是系统自动添加的默认属性,见实验一图 2-17,此时通过右击图层名,选择“属性”,出现“图层属性”对话框,如图 2-88 所示,点击“字段”选项卡,可查看默认状态下的字段设置,如类型、长度、精度等,可选择字段是否在属性表可见(去掉勾选时,说明该字段在属性表中不可见,但存在),也可点击“别名”字段输入自定义字段名称。

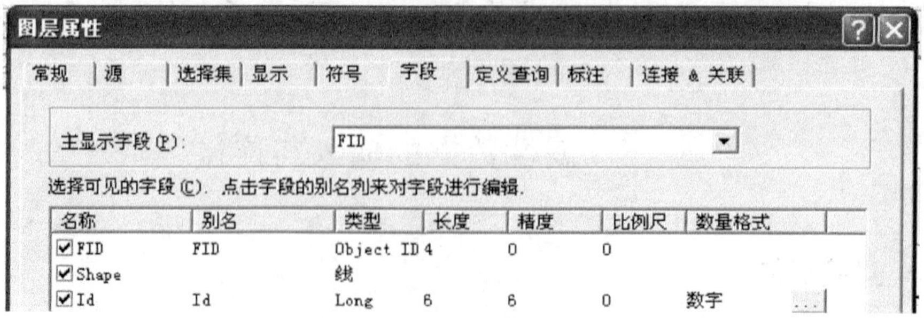

图 2-88 图层属性对话框

(1)添加字段

添加字段的属性编辑方法在本章实验一已有讲解,在此不再赘述,依照实验一方法,可得到数字化后的土壤图的空间图形和属性表(显示其中一部分)如图 2-89 所示,文件名是“soiltuxing.shp”属性表中有 4 条记录分别是图形中的 4 个高亮显示的多边形要素,FID、shape* 和 TULEI 分别是空间图形的三个字段,其中 FID 是单个要素的顺序号,shape* 是单个要素类型,TULEI 代表单个要素的所属土壤类型 (1 代表水稻土),根据需要,还可添加要素的其他属性,如面积、周长等,使空间图形的属性更加完整。

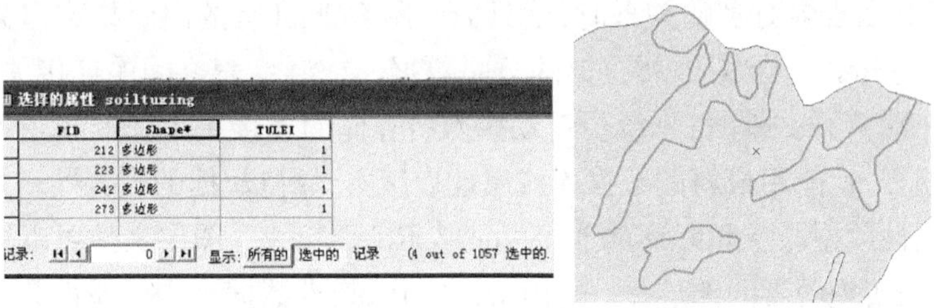

图 2-89　空间图形及其属性表

(2)删除字段

图层的属性表中,在需要删除的字段名上单击鼠标右键,打开下拉菜单,单击选择“删除字段”命令,确认后该字段被删除。

(3)增加新记录

除了增加、删除字段等属性编辑的操作,属性数据的输入还包括一些编辑操作,如增加新记录、删除记录等。这里要注意的是,有些属性编辑操作的实现和属性表是否为可编辑状态(Start Editing)有关,这必须借助“编辑器(Editor)”工具来完成。

①选择“编辑器”工具下拉菜单中的“开始编辑”命令,打开需要编辑要素的属性表。

②在属性表下部单击按钮,则属性表末尾增加了一条空白的新记录,如图 2-90 所示。

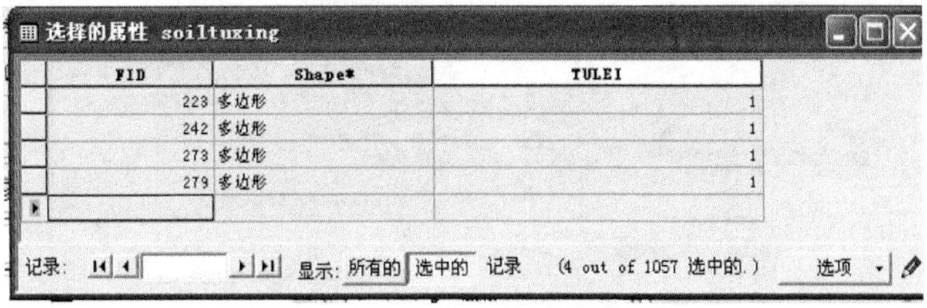

图 2-90　属性表增加新记录

③单击新记录中的任意一个字段单元,输入数值(字符),编辑完成后选择“编辑器”工具下拉菜单中的“停止编辑”命令,对结果进行保存。

(4)删除记录

①选择“编辑器”工具下拉菜单中的“开始编辑”命令,打开需要编辑要素的属性表。

②在属性表左侧单击记录前面的按钮,选择一个想要删除的记录,该记录会加亮显示,按住 Ctrl 键或用鼠标下拉,可以选择多条记录,按 Delete 删除所选择的记录,这

里需要注意的是,属性表某一条记录被删除的同时,该条记录对应的图形数据也消失。

③编辑完成后选择“编辑器”工具下拉菜单中的“停止编辑”命令,对结果进行保存。

2. 属性表连接

第一,属性数据与属性数据的连接(Join & Relate),可以是数据库文件与属性表之间的连接,也可以是两个数据库文件之间的连接。Join(有的出版物称作合并)可以依据属性字段进行,也可以依据空间位置进行。当两个数据库或属性表中的相关字段具有一对一或多对一的关系时,可以应用 Join 操作;而当两个数据库或属性表中的相关字段具有一对多或多对多的关系时,就只能应用 Relate(有的出版物称作关联)操作。无论 Join 还是 Relate,ArcGIS 所存储的只是数据库或属性表之间的连接关系,而不是连接结果,每次打开文件时,系统会自动按照所存储的连接关系去调用相关的数据库或属性表,这样,就能用最新的数据库或属性表版本,保持数据的现势性。

第二,属性数据与空间图形的连接(Join & Relate),一个图层文件可以用另一个属性数据表格来实现两者间的连接。采用 Join 操作,属性数据表中的属性数据就会添加到图层数据中,可能改变图层的显示状态;采用 Relate 操作,只可在系统中浏览属性数据表中的属性数据,对图层的显示状态不会产生影响。对于任意两个数据源,只要有一个公共的属性字段,就可以实现相互连接。

下面仅就 Join 操作举例讲解。

①数据说明:“sioltuxing.shp”及相关库文件是数字化的土壤图,而属性表只有 3 个字段,属性信息量小。数据库文件“soil.dbf”是完整的属性数据表,包含多个字段,属性信息量较大,两数据源有公共的属性字段。

②在 sioltuxing 图层上单击鼠标右键,在出现的菜单中选择“连接和关联”命令,点击“连接”出现“连接数据”对话框,如图 2-91 所示;或者在 sioltuxing 图层上单击鼠标右键后选择“属性”进入“图层属性对话框”,选择“合并 & 关联”选项卡,在“连接”菜单栏中选择“添加”,同样出现图 2-91。

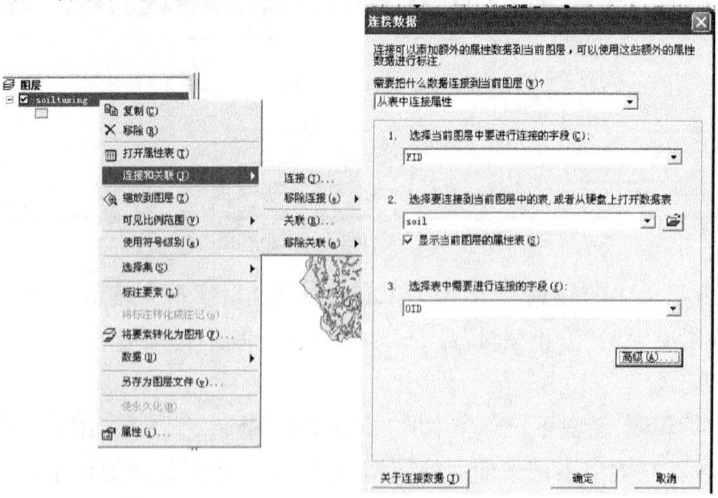

图 2-91 连接数据对话框

③在“连接数据”对话框上部的选项卡“需要把什么数据连接到当前图层”中选择“从表中连接属性”，在接下来的“1.选择当前图层中要进行连接的字段”下拉框中选择字段“FID”，在“2.选择要连接到当前图层中的表”下拉框中选择 soil.dbf(图中显示为文件名 soil)用来将该属性表连接到当前图层中，在“3.选择表中需要进行连接的字段”下拉框中选择字段“OID”。

④单击“连接数据”对话框右下方的“高级”按钮，打开“高级连接选项”对话框，如图 2-92 所示，选择“只保留匹配的记录”选项。

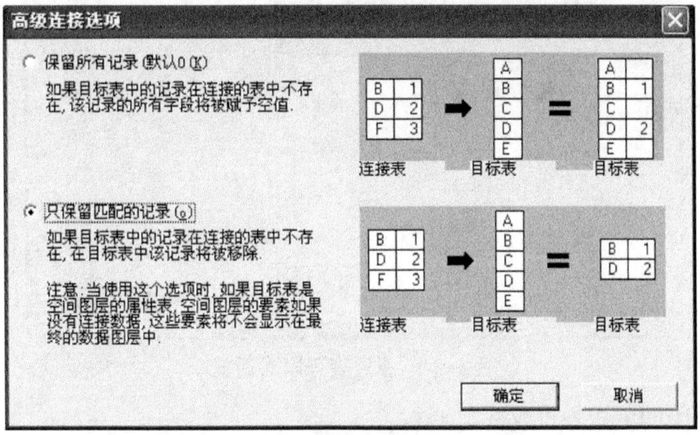

图 2-92　高级连接选项对话框

⑤点击确定，完成操作，形成连接后的属性表。为了便于对比，对属性表的字段排列顺序作了一些调整，结果如图 2-93 所示。

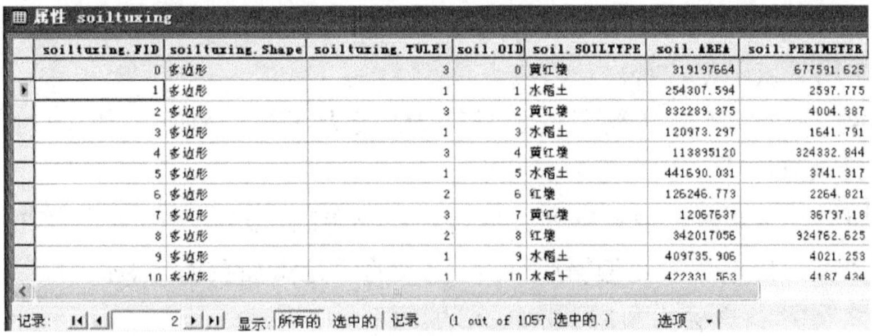

属性 soiltuxing

soiltuxing.FID	soiltuxing.Shape	soiltuxing.TULEI	soil.OID	soil.SOILTYPE	soil.AREA	soil.PERIMETER
0	多边形	3	0	黄红壤	319197664	677591.625
1	多边形	1	1	水稻土	254307.594	2597.775
2	多边形	3	2	黄红壤	832289.375	4004.387
3	多边形	1	3	水稻土	120973.297	1641.791
4	多边形	3	4	黄红壤	113895120	324332.844
5	多边形	1	5	水稻土	441690.031	3741.317
6	多边形	2	6	红壤	126246.773	2264.821
7	多边形	3	7	黄红壤	12067637	36797.18
8	多边形	2	8	红壤	342017056	924762.625
9	多边形	1	9	水稻土	409735.906	4021.253
10	多边形	1	10	水稻土	422331.563	4187.434

记录: 2　显示: 所有的　选中的　记录　(1 out of 1057 选中的.)　选项

图 2-93　连接结果

从图 2-93 可以看出，前三列字段是连接前的属性数据，后边的几列是连接后的属性数据，其属性信息较原来丰富很多，增加了属性数据表中的“AREA（面积）”、“PERIMETER(周长)”、SOILTYPE(土壤类型)等字段，而记录也能一一对应起来。

（二）使用 ArcView 软件进行属性数据输入与连接

1. 在 ArcView 视图中打开要添加属性数据的主题

2. 给主题的属性表添加字段和记录

①从“Theme”的下拉菜单中点击“Table”，或点击属性表的快捷菜单，打开主题的属性表。

②从“Table”的下拉菜单中，点击“Start Editing”，使属性表处于开始编辑状态。

③给属性表添加字段。从“Edit”编辑菜单选取“Add Field(添加字段)”选项。在对话框中给出字段名称、数据类型和宽度，按“OK”，如图 2-94。

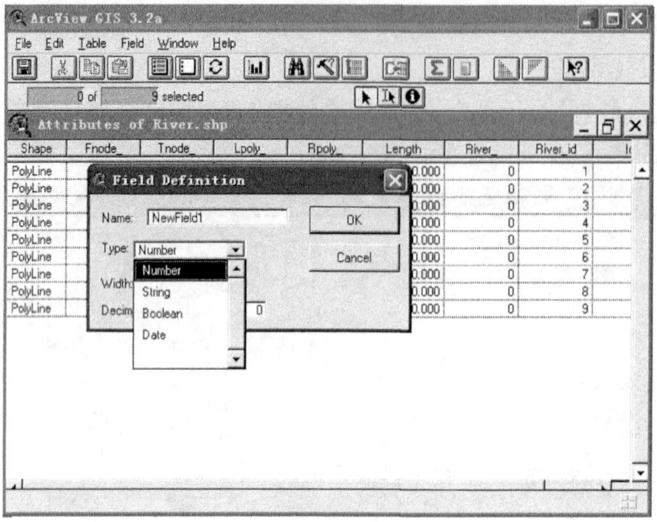

图 2-94　属性表字段对话框

ArcView 中可以定义的数据类型有：

字符型(String)，需输入字符串的宽度。

数值型（Number)，除需输入字段宽度外，还需输入小数点之后的位数(Decimal Places)。

逻辑型(布尔型，Boolean)，每个值只能在 True(是)或者 False(非)中选择一种，一般在应用中用 T 或 F 来代替。

日期型(Date)，以 8 位数字表示日期，格式为 YYYYMMDD，如 19990112 表示 1999 年 1 月 12 日。

④添加记录。新建的表只有列，没有行，选菜单“Edit/Add Record”，将增加空白记录，再点击“Edit”快捷键按钮编辑属性，向记录的单元添加数据，添加完毕后要按回车键，忘记回车键往往会丢失最后一次输入的数据。

⑤表的内容修改。表的内容修改有以下内容。

修改属性：点击工具对属性进行编辑，直接对要修改的属性单元修改。

增加字段：选用菜单“Edit/Add Field”。

删除字段：先点击要删除的字段名，再选用菜单“Edit/Delete Field”。

删除记录：先选择记录，再选用菜单“Edit/Delete Records”。

⑥结束编辑。关闭编辑状态选用菜单“Table/Stop Editing”，系统提示，是否将编辑的结果保存起来，回答 Yes 则确认，表示编辑状态结束，回答 No，则放弃编辑，表示编辑状态也结束，但属性表的内容恢复到“Start Editing(编辑开始)”之前的状况。选用菜单“Tables/Start Editing”，使该表再次进入编辑状态。

3. 独立数据库表格数据的加载

每一个专题(Theme)有对应的专题属性表,在 ArcView 窗口中若需要打开会自动读入,和专题属性表相独立的表也可查询、编辑。可以加载的表格数据类型一般为 3 种:dbf 文件;Info 表(Arc/Info 的属性数据表);文本文件(Delimited Text,用逗号分隔各列,用回车分隔各行)。独立的表要先加载,才可查询、编辑,其方法如下。

① 在"Project"窗口中,单击"Tables"图标,再单击窗口中"Add"按钮,出现"Add Table"对话框。

② 在 "Add Table" 对话框左下侧的数据类型字段中 (List Files of Type:), 选择 dBASE(*.dbf)、Info 或 delimited Text(*.txt)。

③ 在右侧路径对话框的提示下,找到要加载的表,双击该表名,完成了对此表的加载。

④ 在"Project"窗口中单击"Tables"图标,所有已加载的表会自动显示。用鼠标点击某个表名,再点击"Open"按钮,就可以打开该表,同时进入 Tables。

4. 以 SQL 方式访问其他数据库

ArcView 还可以通过"Project/SQL connect"选项,以 SQL 方式访问其他数据库的表,如 Access,Oracle,SQL Server 等等,其步骤如下。

① 激活工程窗口。

② 从"Project(工程)"菜单中选取"SQL Connect(SQL 连接)"。

③ 在出现的对话框中,连接表中显示可以访问到的所有数据库连接。选中所需数据库类型,按"Connect(连接)"按钮,即可登录到数据库。

④ 表格列表显示出所选数据库所有表的列表。可以在表上点击, 列出表中字段(Columns)。指定表和字段组成一个 SQL 查询:双击 Column(字段)名添加到"Select(选择)"框,双击表名添加到"From"框。

⑤ 如果只想获得表的记录子集,可在"Where"框中键入选择条件表达式。例如,只想得到某字段比 5 大的记录子集,先在"Where"框中点击一下激活它,双击字段名添加到表达式,再键入"> 5 "即可。

⑥ 在"Output Table(输出表格)"框中,指定 ArcView 中对应的表格文档名。

⑦ 按"Query(查询)"按钮结束。

这样 ArcView 用从数据库取出的指定记录创建了一个表格。ArcView 只存贮 SQL 查询的定义,而不是数据记录本身。连接数据库创建的表格在 ArcView 中不可编辑。想编辑可以在 File(文件)选项,将该表格转换为 dBASE 文件,再添加到 ArcView 中。

5. 空间数据库和属性数据库的连接

建立表和表之间的连接,使空间要素的属性、多个属性表的查询功能得到扩展。需要建立连接的两个表必须有相同数据类型,对应数据内容的字段作为关键字段。进行连接的两个表中的记录,可存在"一对一"、"多对一"、"一对多"等各种逻辑关系。ArcView 提供两种连接方式:Join(合并)和 Link(链接)。

Join(合并)方式连接的方法与步骤：

① 打开源表，点选“公共字段”名称；

② 在“窗口”下拉菜单中选择“视图”窗口，激活“主题”；

③ 打开“主题属性表”，并点选主题属性表与源表之间的“公共字段”；

④ 在“表格”下拉菜单中选择“Join(合并)”，合并即告完成(图 2-95)。

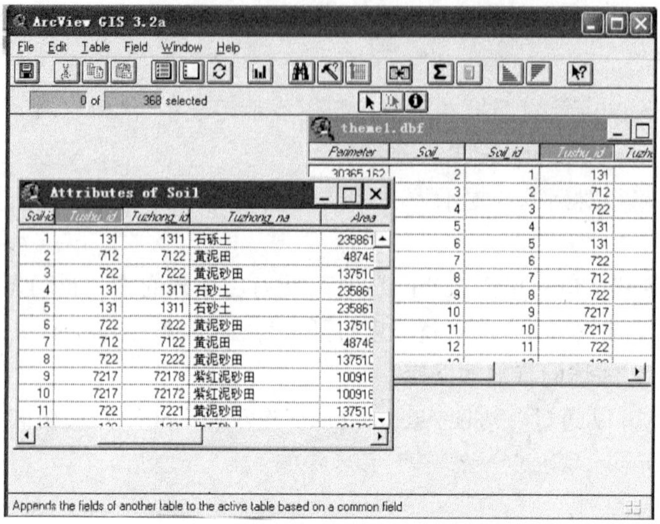

图 2-95　空间数据和属性数据的连接

图 2-95 反映的是合并前两个表格的情况，其中左表为目标表(当前被选中的公共字段名称为 Tushu-id)，右表为源表。

值得注意的是，Join(合并)操作必须注意操作的顺序，先选择连接表，再选择目标表，才能把连接表连接到目标表上。Join 连接有时会失败，一般的原因是某个表或专题图正在编辑，应选用菜单“Table/Stop Editing”，退出编辑状态，再重新连接。选用菜单“Table/Remove all Joins”，将各种 Join 方式的连接解开。

表格 Join 和 Link 的区别：

①连接关系不同。Join 方式连接的两个表格之间的记录只能是 “一对一”、“多对一”的查询关系，不能实现“一对多”的查询；而 Link 方式连接的两个表格之间的记录可以是“一对一”、“多对一”、“一对多”的查询关系。

②显示内容不同。Link 仅简单定义了两表之间的相关性，两表的本来结构和内容并不改变，外观上仍然是两个独立的表，查询其中一个表的记录时，另一个表中的对应记录被立刻查到，分别显示在各自的窗口中；而 Join 实现连接后，被连接的表就被合并到结果表中，使得结果表中的字段得到扩展，表的显示比较紧凑、简洁。

6. 表格数据的归纳、统计与计算

ArcView 提供了对表格数据的归纳、统计与计算的方法。归纳、统计的对象是表格中的数字型字段，内容有：计数、平均值、累加、最大值、最小值、取值范围、标准差、方差等。

(1)归纳(Summarize)

①单击表格中的数字型字段,选定要进行归纳的字段名。若只想对字段中的部分记录进行归纳,则必须选择这些记录,选择可以在选定字段之前,也可以在选定字段之后。

②单击工具条的“Summarize”按钮,或者单击“字段(Field)”菜单下的“Summarize”选项,将弹出一个对话框(图 2-96)。

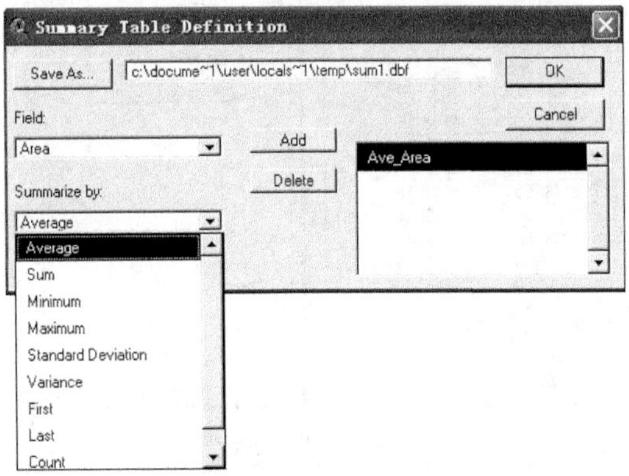

图 2-96　表格归纳定义框

③在对话框中,确定归纳表格的存贮位置及文件名(缺省名为 Sum1、Sum2 等)。在“Field”的下拉列表中选定要归纳的字段名称,在“Summarize by”下拉列表中选定归纳方式。单击“添加(Add)”按钮,则由字段名与归纳方式共同组成的新字段将出现在对话框右侧的列表框中(图 2-95),单击“OK”确定,则 ArcView 自动生成一个新的归纳表格(图 2-97)。

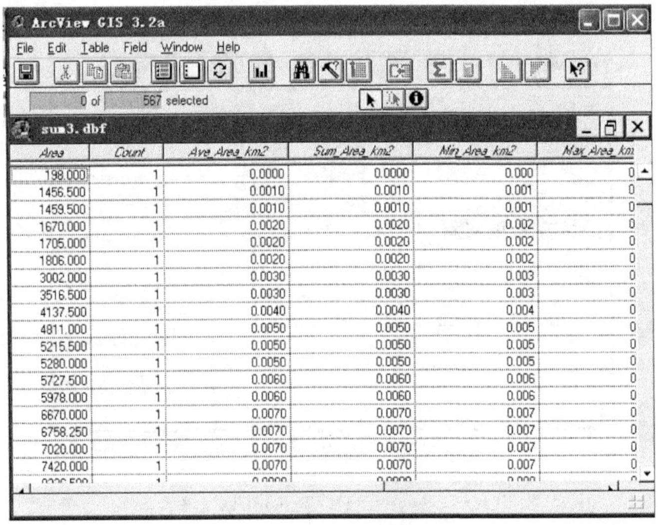

图 2-97　新生的归纳表

(2)统计(Statistics)

①单击表格中的数字型字段,选定要进行统计的字段名。值得注意的是,若只想

对字段中的部分记录进行统计，则必须选择这些记录，选择可以在选定字段之前，也可以在选定字段之后。

②从字段“Field”下拉菜单中选择“统计”(Statistics)项，则 ArcView 自动生成一个新的统计结果窗口，显示当前被选定的或源表全部记录的统计信息(图 2-98)。

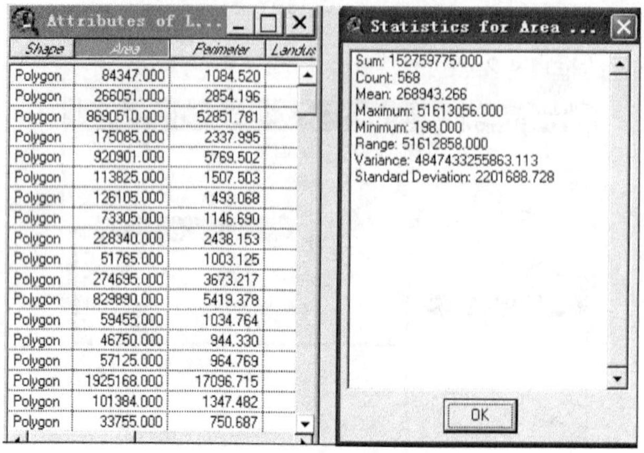

图 2-98 统计结果

(3)计算(Calculate)

①从“Edit”编辑菜单选取“Add Field(添加字段)”选项。在对话框中给出字段名称、数据类型和宽度，按“OK”。

②选定想要计算的字段名。值得注意的是，若只想对字段中的部分记录进行计算，则必须选择这些记录，选择可以在选定字段之前，也可以在选定字段之后。

③从字段“Field”下拉菜单中选择“计算(Calculate)”项，则出现一个对话窗(图 2-99)，在对话框中“Fields”的下拉列表中选定要计算的字段名称，按“OK”确定。

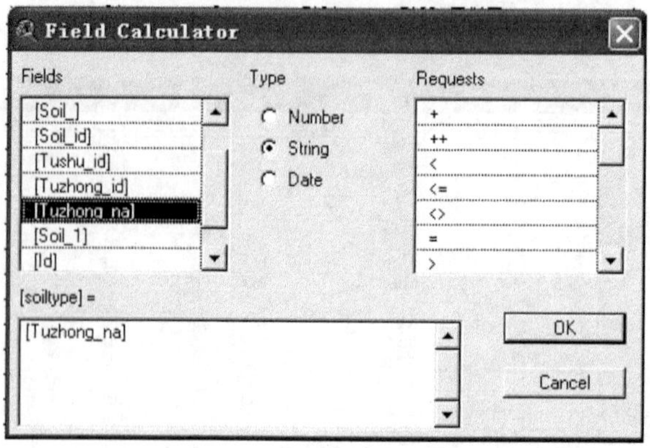

图 2-99 表格计算对话框

值得注意的是，计算的字段和选定的字段类型要一致。

(三)使用 MapGIS 软件进行属性数据输入与连接

1. 编辑子系统中输入属性数据

以区属性输入为例，在“编辑子系统”的“区编辑”菜单中选择“编辑区属性结构”，在弹出的对话框中的“字段名称”、“字段类型”、“字段长度”、“小数位数”下方的空格中分别输入相应的参数，点击“OK”保存退出属性结构的设置(图 2-100)。

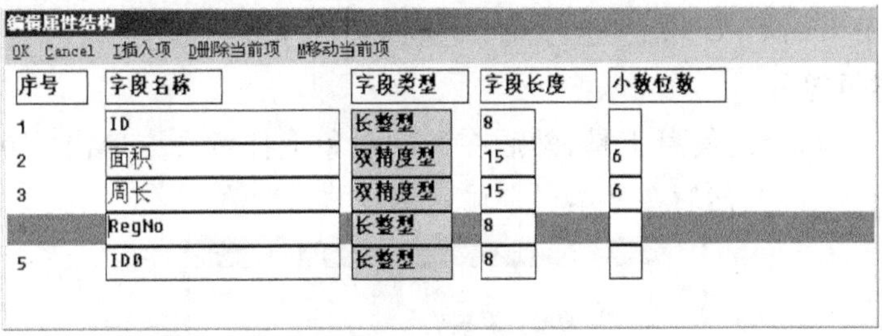

图 2-100 编辑属性结构

在“编辑子系统”的“区编辑”菜单中依次选择“修改属性”、“修改区属性”，用鼠标选取相应图斑，在弹出的“区属性编辑”对话框中输入相应的区属性值(图 2-101)。

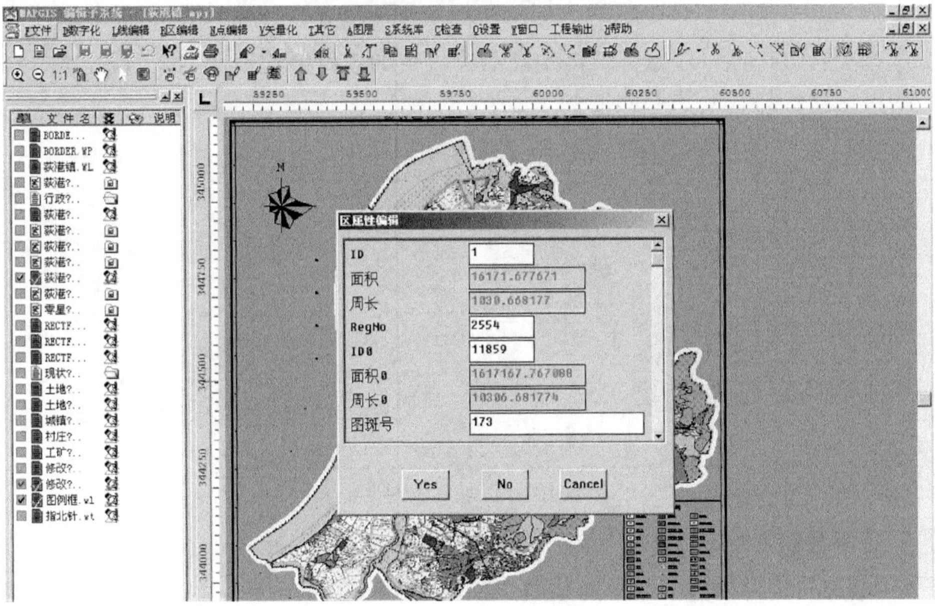

图 2-101 输入区属性值

2. 属性库管理子系统中输入属性数据

①将 MapGIS 的点文件、线文件或区文件装入工作区。

②编辑属性结构。

③编辑属性。主要包括：输入常规类型的属性数据、输入多媒体属性数据、输入外挂数据库数据和编辑属性等。

④将编辑后的属性数据(工作区中)存到相应的点文件、线文件或区文件。

3. 挂接图形和属性

在属性库管理子系统中选择“属性”菜单中的“连接属性”，打开“属性连接”对话框，指定 MapGIS 的连接文件(图形)和被连接的表格文件(属性，WB 格式)，挂接图形和属性，使其成为一个整体。

值得注意的是，两者的关键字段必须一致。必须选择“按字段连接”；最好选择“丢弃同名字段”。

(四)使用 MapInfo 软件进行属性数据输入与连接

1. 属性数据输入

单击主工具箱上的信息工具，然后在选中对象上任意一点单击，则弹出“信息工具”对话框(图 2-102)，然后在文本栏中输入相应的属性值。

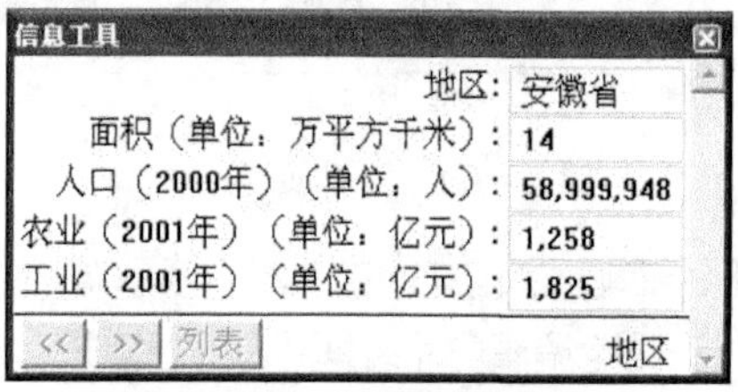

图 2-102　信息工具对话框

小技巧：在点击后，用鼠标双击地图目标可查询该目标的一些空间信息。图 2-103 是双击区域目标后获取的一些信息。

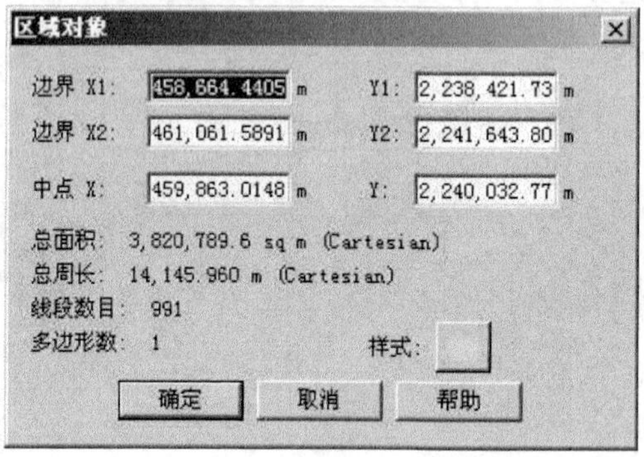

图 2-103　区域对象对话框

2. 表中数据编辑

(1)增加和编辑浏览窗口中的数据

要增加或编辑浏览窗口中的文本，将“I”型光标移至要编辑的行中输入所需文本，保存修改。

(2)删除表中的图形对象

当建立了一个表，并具备了图形信息时(如点、线、面等)，这些图形对象就隐含在表中。如果删除了图形对象，将删除数据。如果只想删除图形对象，保留数据，就需要进行“只清除地图对象”的操作，设置需要编辑的表成为活动窗口的可编辑图层，选择要删除的一个或多个对象，选择“编辑”→“只清除地图对象”。

(3)在表中添加行

当需要把记录从一张表附加到另一张表时，使用“表”→“在表中添加行”命令(图 2-104)，要求这两张表具有相同顺序和相同设置的列。如果相关列没有相同的数据类型，则做一个最佳配合来把数据转换为合适的类型；如果两张表中列的顺序不相同，则可在使用“表”→“在表中添加行”之前使用“表”→“维护”→“表结构”来重新安排列的顺序。

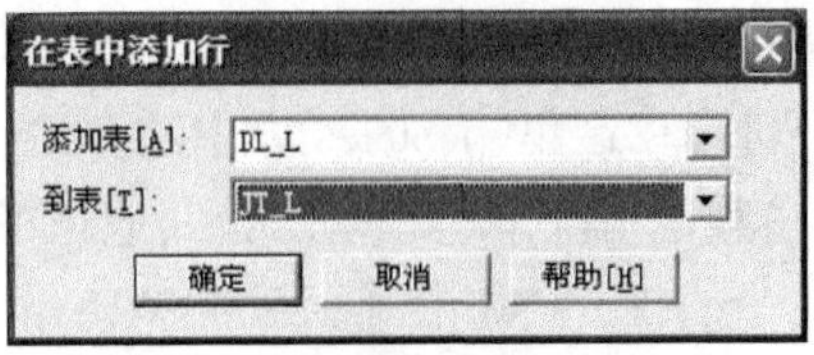

图 2-104　在表中添加行对话框

(4)在表中增加数据

维护表的一个重要操作是更新表中数据。MapInfo 的“更新列”特性允许:

用另一个表中的数据增加一个临时列或更新一个现有列;

更新表的一个子集;

把图形信息放入可视列。

①在表中增加一个临时列。应用时经常需要把数据从一张表引入另一张表。在 MapInfo 中,用户可以在要更新的表中创建一个临时列或者更新现有列。在这两种情况下,都使用“表”→“更新列”来自动引进信息。

如果计划用另一张表中的数据更新表来创建一幅专题地图, 可从专题地图对话框中直接访问“更新列”对话框。

有关信息变换和什么信息被交换有很大的灵活性。例如,执行聚合函数来变换平均、最小、最大、总计、加权平均、按比例总计、按比例平均和按比例加权平均等,可以创建表达式来从数据中派生信息。

一旦信息被变换,用户对原始表所做的任何改动将在临时列中被自动地更新。为了保存临时列,可使用“文件”→“另存为”命令。如果该表是用户保存的工作空间的一部分,该信息也能被保存。如果该信息用“另存为”保存,则该值将保持不变。如果在工作空间中保存,则无论何时打开工作空间,该列被重新计算。例如,用户需要计算顾客订货数量的总计并按州报告信息,“更新列” 在 States 表中创建一个临时列来存储从 CUSTOMER 表所得的信息。在操作过程中,每一个顾客订货数量和本州其他顾客的订货数量相加,一个 States 表的浏览窗口将按州显示订货的总计。为了实现上述的功能,可以选择“表”→“更新列”,并按图 2-105 所示填写更新列对话框。

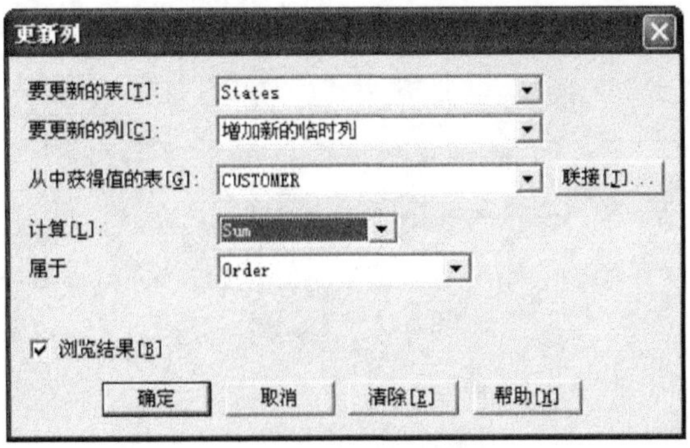

图 2-105　更新列对话框

如果 CUSTOMER 表(从中获得值的表)被指定时,MapInfo 自动在“要更新的列”框中输入“增加新的临时列”,这也激活“联接”按钮。在本例中,联接操作将基于一个公共列名在两张表中匹配列(在这里指 States 表中的 State 匹配 CUSTOMER 表中的 State,如图 2-106 所示。),在其他情况下可以基于公共地理特性来匹配信息。在“计算”列表框中,从包括 Value、Avg、Count、Min、Max、Sum、WtAvg、Proportion Sum、Proportion Avg 和 Propotion Wt Avg 的列表中选择 Sum。

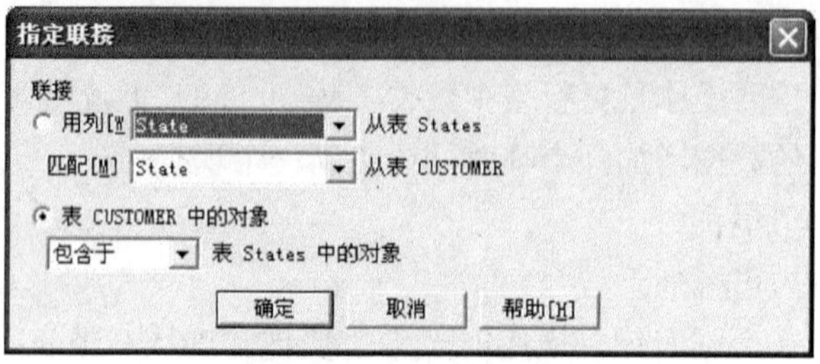

图 2-106　指定联接对话框

当选择除了 Value 之外的任何函数时,在“属于”列表框中,MapInfo 自动缺省放入该表中的第一个数值字段。输入完毕后单击“确定”。MapInfo 更新 States 表,并在一个浏览窗口中按州报告订货总量。

当一个顾客的订货量发生改变时,可以只在 CUSTOMER 表中做相应改变。MapInfo 自动在 States 表中更新相应州的订货总量。为保存临时表,选择“文件”→“另存为”命令。

②更新表的一个子集。更新表的一个快速且可视化的方法,是在地图窗口中选择对象并使用“更新列”来用新值更新表。当需要用同一个数值更新大量对象时,这种方法是有用的。例如,需要在 STATES 表的 District 列中包含 Northeast,首先用“表”→“维护”→“表结构”命令创建 District 列,在一地图窗口中重新显示该 STATES 表,用矩形工具(或其它选择方法)选择适当的州(图 2-107),选择“表”→“更新列”命令并填写对话框(图 2-108),一定要把值放到引号内,这样 MapInfo 才不会把它当作一个新列名处理。

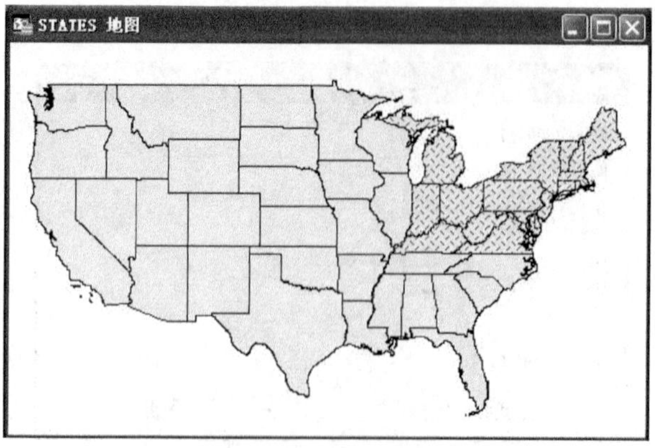

图 2-107　选择所要更新的区域

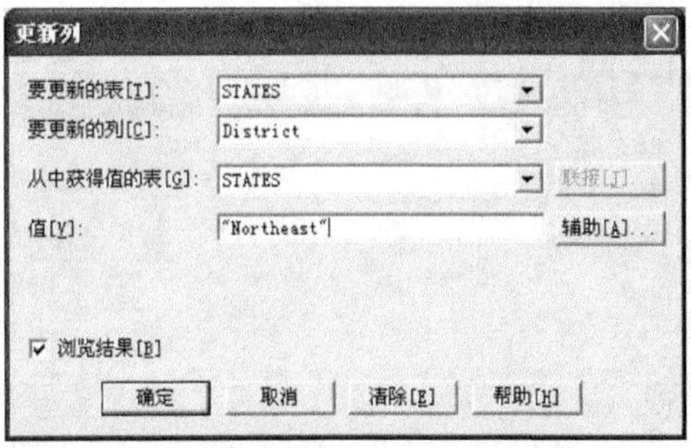

图 2-108 更新列对话框

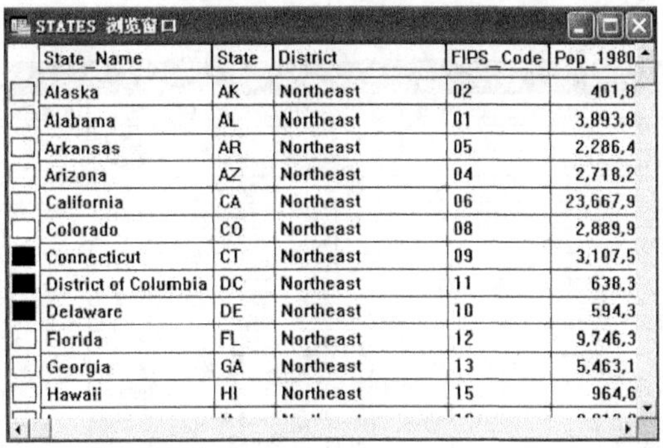

State_Name	State	District	FIPS_Code	Pop_1980
Alaska	AK	Northeast	02	401,8
Alabama	AL	Northeast	01	3,893,8
Arkansas	AR	Northeast	05	2,286,4
Arizona	AZ	Northeast	04	2,718,2
California	CA	Northeast	06	23,667,9
Colorado	CO	Northeast	08	2,889,9
Connecticut	CT	Northeast	09	3,107,5
District of Columbia	DC	Northeast	11	638,3
Delaware	DE	Northeast	10	594,3
Florida	FL	Northeast	12	9,746,3
Georgia	GA	Northeast	13	5,463,1
Hawaii	HI	Northeast	15	964,6

图 2-109 更新表的一个子集

单击“确定”按钮，MapInfo 用包含值 Northeast 的 District 列创建了一个东北部省的查询表(图 2-109)。

值得注意的是，为了保留新的信息，一定要保存表。

③把图形信息放入可视列。在把图形信息放入列中并使之可视时，“更新列”也是十分有用的。包含地图对象的表不可视地存储有关这些对象的图形信息。通过使用“更新列”，可以将一些图形信息引入某列，以便能够在浏览窗口中查看这些信息。例如，需要在浏览窗口中显示一张有广播台点位置经度和纬度坐标的表。本例中，仅使用一张表 CITY_125，但是依然使用与增加临时列实例相同的更新列对话框。

如果先查看表结构，不会看到包括经度和纬度坐标的任何字段，因为这些信息被保存在表的内部。在更新该表之前，必须增加要包含坐标的两列即 Longitude 和 Latitude。当用这方法改变表的结构时，该表将从任何已打开窗口中删除。可是表依然是打开的，而且已经为更新做好了准备。

选择“表”→“更新列”并指定 CITY_125 作为“要更新的表”和“从中获得值的表”。选择 Longitude 作为“要更新的列”。在“值”框中必须设定一个表达式以获取经度值。单击“辅助”按钮，弹出“表达式”对话框，从函数下拉列表中选择“CentroidX”。MapInfo 返回表达式 CentroidX(obj)。单击“确定”返回到“更新列”对话框。该表达式现在就被放置到“值”中，单击“确定”按钮。MapInfo 计算信息并把每一个城市的经度放到 Longitude 列中。重复上述过程，用表达式 CentroidY(obj)检索纬度坐标。选择“文件”→“保存表”在 CITY_125 表中永久地存储了该坐标。

具体操作可参照图 2-110、图 2-111 所示。

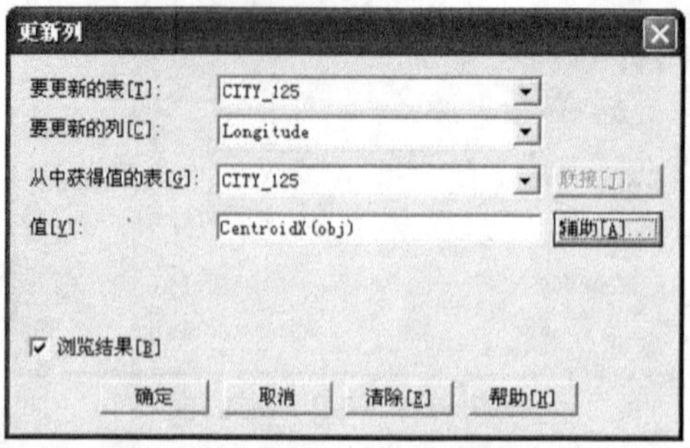

图 2-110 更新列中放入图形信息

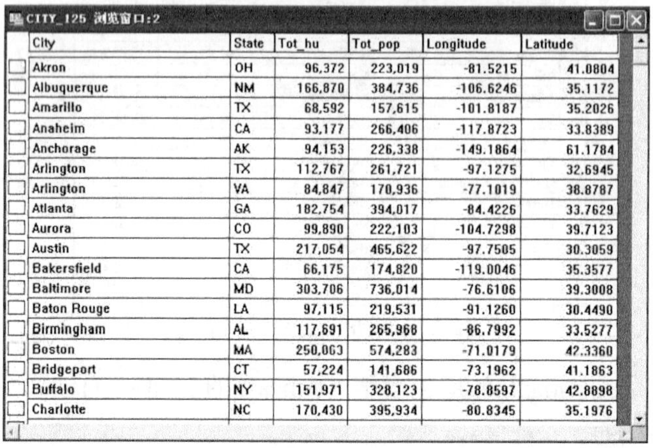

City	State	Tot_hu	Tot_pop	Longitude	Latitude
Akron	OH	96,372	223,019	-81.5215	41.0804
Albuquerque	NM	166,870	384,736	-106.6246	35.1172
Amarillo	TX	68,592	157,615	-101.8187	35.2026
Anaheim	CA	93,177	266,406	-117.8723	33.8389
Anchorage	AK	94,153	226,338	-149.1864	61.1784
Arlington	TX	112,767	261,721	-97.1275	32.6945
Arlington	VA	84,847	170,936	-77.1019	38.8787
Atlanta	GA	182,754	394,017	-84.4226	33.7629
Aurora	CO	99,890	222,103	-104.7298	39.7123
Austin	TX	217,054	465,622	-97.7505	30.3059
Bakersfield	CA	66,175	174,820	-119.0046	35.3577
Baltimore	MD	303,706	736,014	-76.6106	39.3008
Baton Rouge	LA	97,115	219,531	-91.1260	30.4490
Birmingham	AL	117,691	265,968	-86.7992	33.5277
Boston	MA	250,063	574,283	-71.0179	42.3360
Bridgeport	CT	57,224	141,686	-73.1962	41.1863
Buffalo	NY	151,971	328,123	-78.8597	42.8898
Charlotte	NC	170,430	395,934	-80.8345	35.1976

图 2-111 更新列中放入图形信息的结果

值得注意的是，如果是编辑对象(事实上是改变坐标)，则必须返回到相应列中并做相应变动。坐标值不会自动更新。

(5)用更新列来聚合函数

MapInfo 提供了许多功能强大的聚合函数，它们允许用户派生新的信息。在“表”→“更新列”中，如果“更新列”对话框中指定了两张表时，这些特性是可以使用的。聚合函数包括：Average、Count、Minimum、Maximum、Sum、Weighted Average、Proportion Sum、Proportion Average 和 Proportion Weighted Average 等，其定义分别叙述如下。

Average：计算一组中所有记录的值的平均值。

Count：计算一组中记录的个数。

Minimum：查找一组中所有记录的最小值。

Maximum：查找一组中所有记录的最大值。

Sum：计算一组中所有记录的值的总和。

Weighted Average：当计算平均值时，给某一值比另一值更高的权重。

Proportion Sum：根据一个对象有多少在另一个对象内，对总计计算进行调整。

Proportion Average：根据一个对象有多少在另一个对象内，对平均计算进行调整。

Proportion Weighted Average：根据一个对象有多少在另一个对象内，对加权平均计算进行调整。

值得注意的是，平均、计数、最小、最大、总计和加权平均只针对数据值操作，比例函数则考虑了地理联系。

(6)更新列命令中的连接

更新列命令中的连接按钮是用来访问指定连接对话框的。在不能使用自动连接时用此对话框来指定一个过程，也可以改变缺省的字段选择。该命令必须在至少有两张表被打开的情况下，而且从“更新列”对话框中“要更新的表”和“从中获得值的表”下拉列表中选择了不同的表时，才可以被激活。

访问这个命令的菜单路径：选择主菜单中“表”，在其下拉菜单中选择“更新列”，在“连接”按钮上单击，将会弹出“指定连接”对话框。

①地理连接和描述性连接。允许连接两张表，为此必须指定如何关联两张表中的记录。例如，如果用户使用SALES的值来渲染STATES，希望将所有Pennsylvania的销售额与Pennsylvania关联，所有Maryland的销售额与Maryland关联等。要实现这一任务，可以使用共同的描述性字段和共同的地理/图形区域进行连接。在这种情况下，最可能的描述性字段包含州名或州名的缩写。STATES表可能有一个叫States的字段，它包含了州名的缩写，而SALES表可能也有一个叫做States的字段也包含了州名的缩写。匹配这两个字段的内容，则STATES的States字段的信息与SALES表中States字段有内容的记录相匹配。例如，NY(sales表)将与NY(sales表)匹配，或者PA(sales表)将与PA(sales表)匹配。然而，如果两张表都包含图形信息，就必须指定图形匹配。例如，如果用户是一名保护官员，要根据前一年发生火灾(FIRES)的数目来渲染COUNTIES(县)地图，而FIRES数据库已经被地理编码。在地理连接中，每个火灾位置的坐标将指出发生火灾的县并将每条火灾记录与相应的县相关联。

②使用自动连接。无论何时，当在“更新列”对话框中设定了与目标表不同的源表时，MapInfo将试图确定如何连接它们。先尝试以表格数据为基础的连接，如果失败，就会尝试地理连接。如果再失败，MapInfo就会指出自动连接失败。

自动连接的方法是：

A.比较两张表的表格数据，当发现匹配的数据值时，MapInfo假定它已找到匹配字段并以之为连接的基础。

B. 如果没有产生匹配，MapInfo则尝试图形/地理匹配或者尝试在目标对象中定位源对象，或者尝试在源对象中定位目标对象。如果没有产生匹配，则MapInfo报告自动连接失败。

C.单击“联接”按钮，使用指定“联接”对话框来指定如何进行连接。

③用描述性标准连接表的步骤如下。

A.打开至少两张表。

B.选择“表”→“更新列”，“更新列”对话框出现。

C.从“要更新的表”和“从中获得值的表”下拉列表中选择不同的表。

D.单击“联接”按钮，“指定联接”对话框出现。如果两张表都是可地图化的，则指定“联接”对话框允许选择是在地理属性基础上的连接还是在非地理属性基础上的连接。

E.单击“用列”下拉表旁的单选按钮。如果只有一张表可被地图化，依据非地理属性设定连接。

F.从“用列”下拉列表中选择源表中的匹配字段。

G.从“匹配”下拉列表中选择目标表中的匹配字段。

H.单击“确定”按钮。

④设定基于地理标准的连接的步骤。

A.打开至少两张表。

B.选择“表”→“更新列”，出现“更新列”对话框。

C.从“要更新的表”和“从中获得值的表”下拉列表中选择不同的表。

D.单击“联接”按钮，“指定联接”对话框出现。

E.单击“表中的对象”旁边的单选按钮。

根据两张表中的对象的地理关系，用下拉列表来选择“包含”还是“包含于”或“相交”，多边形包含点、线或其他多边形。点、线和小多边形包含于其他大的多边形。

F.单击“确定”按钮。

⑤使用“指定联接”对话框。使用“指定联接”对话框可以进行地理或描述性连接，“指定联接”对话框如图 2-112 所示，各命令选项说明如下。

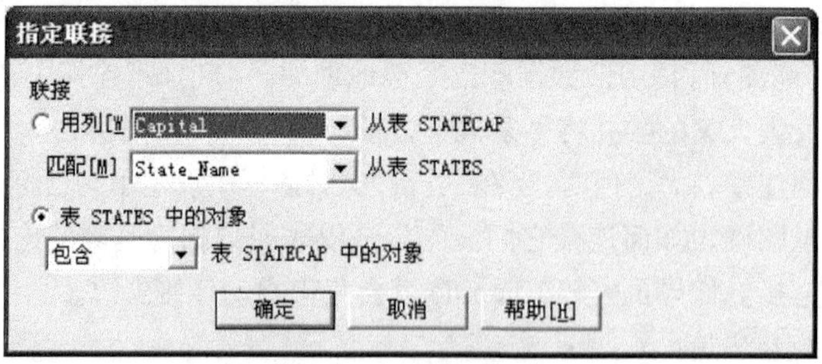

图 2-112　指定联接对话框

用列：指定基于描述性数据的连接。

用列…从表…：指定源表中的匹配字段。

匹配…从表…：指定目标表中的匹配字段。

表…中的对象：指定基于地理数据的连接。

表…中的对象：选择是“包含”还是“包含于”或是“相交”，取决于两个表中的对象的地理关系。多边形包含点、线或其他多边形，点、线和小多边形包含于其他大的多边形。

3. 表结构编辑

在 MapInfo 中可以直接修改表的结构，即可以修改、删除和添加表中的字段，改变表中字段的顺序，设定表的投影和检查是否可以地图化等。

用户若想调整表的结构时，可以利用“修改表结构”对话框。具体的操作步骤如下：

①单击“表”→“维护”→“表结构”，系统弹出“查看/修改表结构”对话框，如图 2-113 所示。

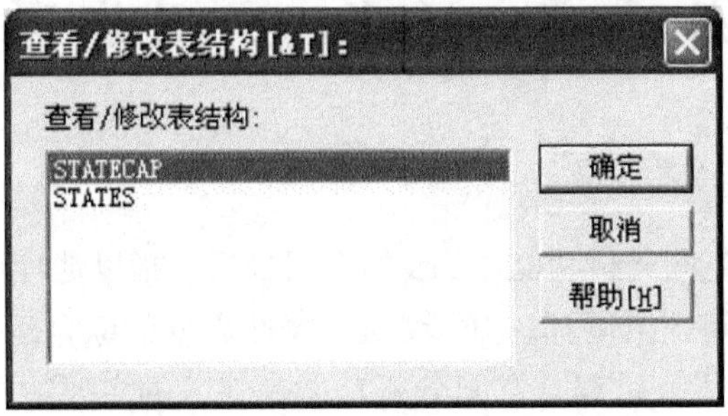

图 2-113 查看/修改表结构对话框

②选取要修改表结构的表，然后点击“确定”按钮，系统弹出“修改表结构”对话框，如图 2-114 所示。

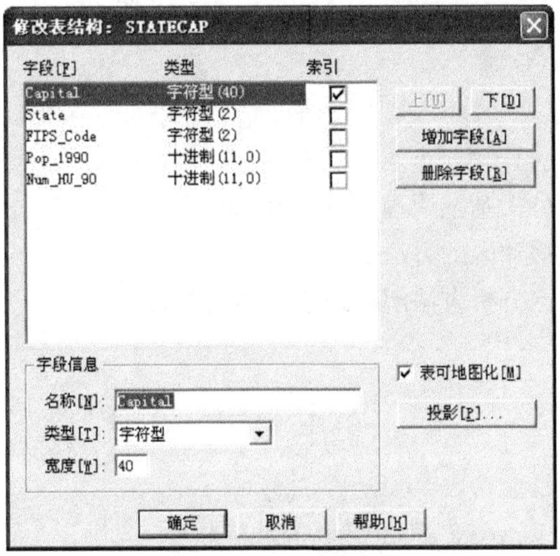

图 2-114 修改表结构对话框

③表中各项说明参见“创建表”对话框。

④修改好所有要修改的表结构，单击“确定”按钮。

四、实验报告及要求

1.认真填写实验报告，包括原理、过程和结果。

2.提交土壤类型图文件。

3.提交连接完整的土壤属性表。

第三章　GIS 空间分析

GIS 具有强大的空间分析功能。GIS 的空间分析是指以地理事物的空间位置和形态特征为基础，以空间数据运算、空间数据与属性数据的综合运算为特征，提取与产生新的空间信息的技术和过程。空间分析功能是 GIS 的主要特征和评价 GIS 软件的主要指标之一。GIS 空间分析主要包括缓冲区分析、叠加分析、数字地形分析、网络分析、空间统计与查询等内容。

实验一　缓冲区分析

一、实验目的

1. 加深对缓冲区分析基本原理、方法的认识。
2. 熟练掌握创建缓冲区的方法。
3. 提高利用缓冲区分析方法解决地学问题的能力。

二、实验准备

(一)实验设备

①若干台微机。

②ArcGIS 9.x、ArcView 3.3、MapGIS、MapInfo 软件。

(二)所需资料

数字化的河流图、水库图。

三、实验原理和方法

缓冲区又称影响区或影响带，是指围绕地理要素的一定宽度的区域。缓冲区分析是用来确定不同地理要素的空间邻近度和接近程度的一类重要的空间操作。当考察发生在地理要素及其附近的活动影响范围时，需要围绕地理要素生成缓冲区，进行缓冲区分析。如分析商场的市场区位、道路沿线的地价变化等。

点、线、面及多重缓冲区的算法原理如下。

①点的缓冲区生成：以点为圆心，以一定距离为半径画圆。

②线的缓冲区生成:分别对每个顶点和每条边生成缓冲区,然后对这些缓冲区多边形进行叠加操作。

③面的缓冲区生成:首先生成多边形周长的缓冲区(线缓冲区),然后与原始多边形进行叠加操作,多边形缓冲区有内外侧之分。

④多重缓冲区的生成:以不同的半径首先分别生成一定宽度的缓冲区,然后对不同半径的缓冲区进行叠置操作。

四、实验内容及步骤

(一)使用 ArcGIS 软件进行缓冲区分析

①启动 ArcMap,在视图中用“+”添加河流图层(river.shp)。

②点击“Tools”下拉菜单,打开“Editor Tool”工具条,设置“Start Editing”,打开“红盒子”,寻找“Buffer”(“Arctool Box”→“Analysis Tools”→“Proximity”→“Buffer”),激活 Buffer,弹出对话框。

③为了选择距离道路 200m,请按“下一步”,在出现的对话框中进行参数设置。

④按下一步,选择文件名保存结果,并在 ArcMap 中显示结果。

值得注意的是,在进行分析时,若选中了层面中的某一个或几个要素,则缓冲区分析只对该要素进行,否则,对整个层面的所有要素进行。

(二)使用 ArcView 软件进行缓冲区分析

①在 ArcView 的视图中加载“river.shp”图层。

②在“View”的下拉菜单中,点击“Properties”,在出现的图 3-1 对话框中,map units 选 meters,distance units 选 meters,按“OK”。

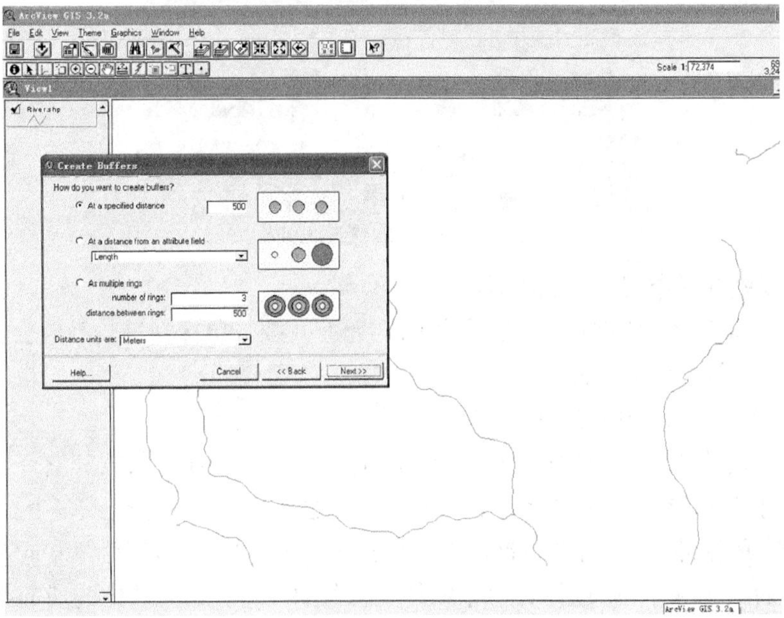

图 3-1　缓冲区参数设置对话框

③在“Theme”的下拉菜单中，点击“Create buffers”，出现 Create buffers 向导，按“next”，进入第二步。At a specified distance 选 500，distance units are 选 meters。

④将产生的图层(图 3-2)存入自己的文件夹中。

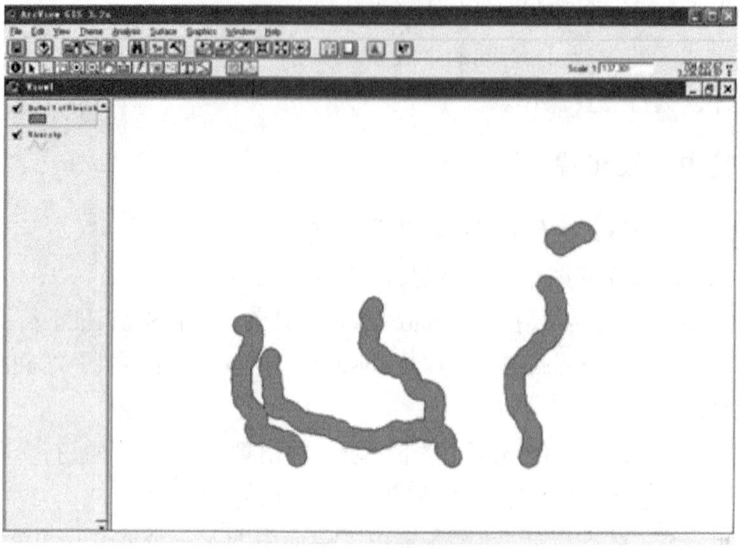

图 3-2　生成缓冲区

(三)使用 MapGIS 软件进行缓冲区分析

①输入缓冲区半径。在“空间分析”菜单下选择“缓冲区分析”中的“输入缓冲区半径”，在弹出的对话框中输入缓冲区的半径，半径单位以图上距离为单位(图 3-3)。

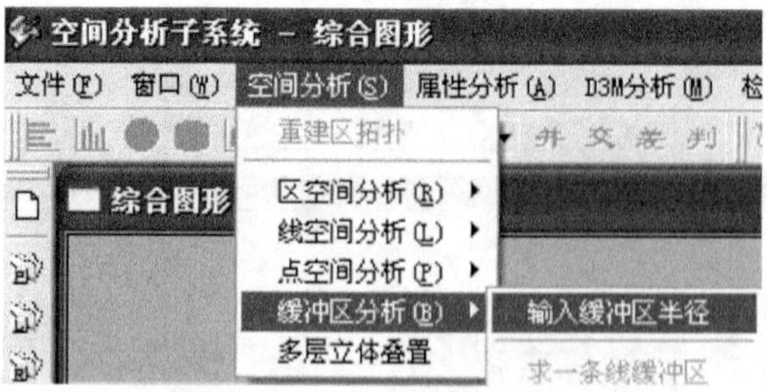

图 3-3　MapGIS 缓冲区分析

②选择缓冲区类型(点、线或者区)。

③将鼠标移动到要进行缓冲区分析的图元上并按下鼠标左键，系统会自动进行计算并显示出该图元的缓冲区。

(四)使用 MapInfo 软件进行缓冲区分析

缓冲区是地图窗口中包围一个线对象、区域对象、符号对象或其它任何对象的区域。要创建缓冲区，可在编辑层中先选取需要建立缓冲区的一个或多个目标，然后单击对象中的缓冲命令，打开缓冲区对象对话框(图 3-4)，在该对话框中可以设置缓冲区半径的大小和单位，选择为单个物体建立缓冲区，还是为选中的所有物体建立缓冲区。

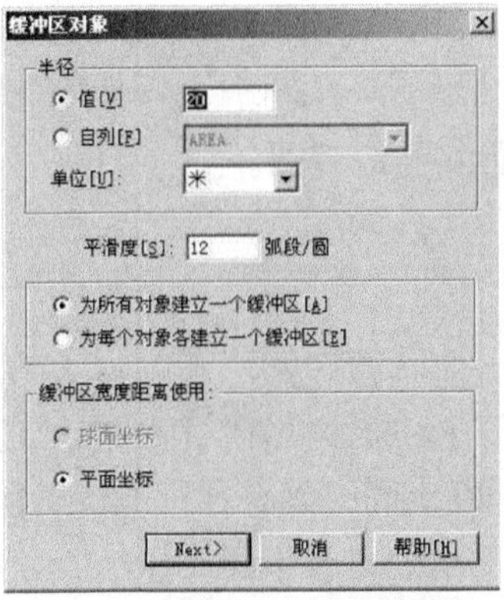

图 3-4　缓冲区对象对话框

创建面域的缓冲区与创建点缓冲区有一定的区别。创建面域的缓冲区不是环状区域,而是包括整个区域以及区域外的环状区域的总面积,如图 3-5 中的 A;如果再创建线缓冲区,则结果缓冲区是环状的,如图 3-5 中的 B。

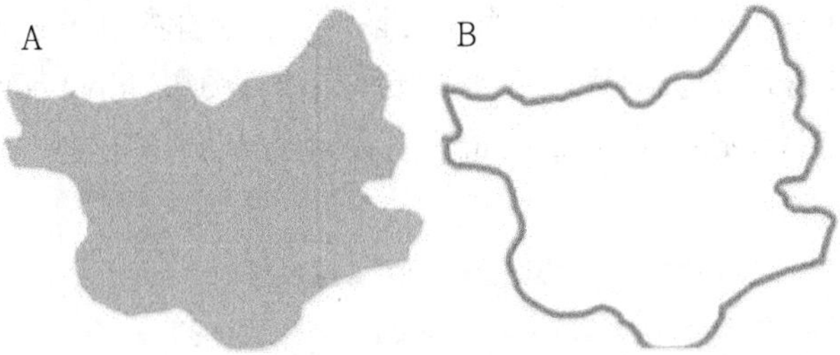

图 3-5　面域缓冲区

五、实验报告及要求

1. 认真填写实验报告,包括原理、过程和结果。
2. 提交河流的缓冲区分析图。
3. 将所做实验以幻灯片形式作汇报。

实验二　叠加分析

一、实验目的

1. 加深对叠加分析基本原理、方法的认识。
2. 提高利用叠加分析方法解决地学问题的能力。

二、实验准备

(一)实验设备

①若干台微机。

②ArcGIS 9.x、ArcView 3.3、MapGIS、MapInfo 软件。

(二)所需资料

数字化的土壤图、土地利用图、地貌图。

三、实验原理和方法

空间叠加分析就是把同一地区的两幅或两幅以上的图层重叠在一起进行图形运算和属性运算(关系运算),产生新的空间图形和属性的过程。

叠加分析的目的是寻找和确定同时具有几种地理属性的地理要素的分布，或是按照确定的地理指标,对叠加后产生的具有不同属性级的多边形进行重新分类或分级。

四、实验内容及步骤

(一)使用 ArcGIS 软件进行叠加分析

①打开 Arctoolbox 的模块工具箱,选择“Overlay”下的“Overlay Wizard”命令。

②逐步回答“Overlay Wizard”的一系列对话框。在选择叠加分析操作的窗口中,选择“Intersect”方式(图 3-6)。随后将土壤图层作为输入图层“Input coverage”,将土地利用图作为叠加图层“Overlay coverage”,最后,“Overlay Wizard”出现一个前面一系列选择的小结,按“Finish”。

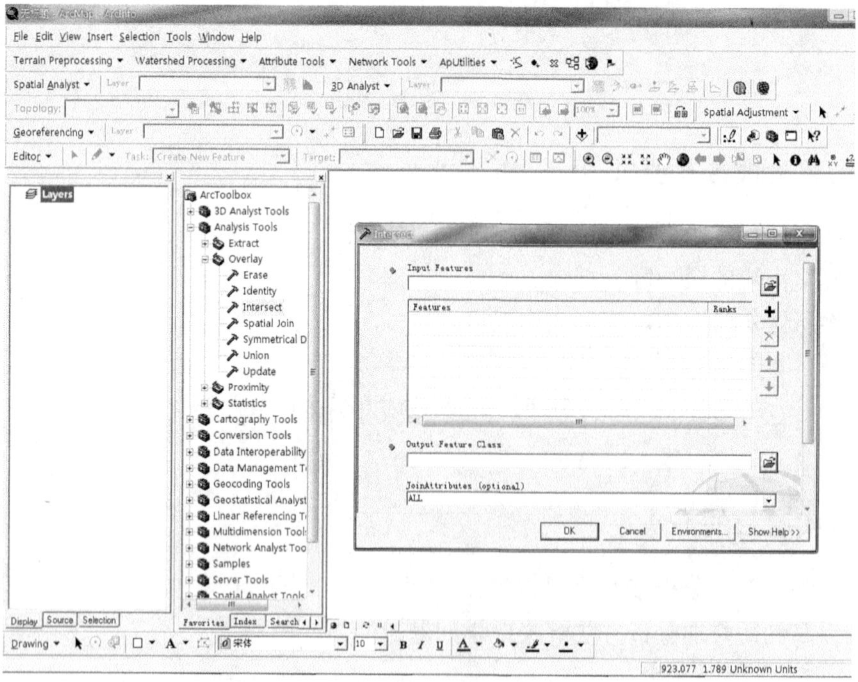

图 3-6 Intersect 方式叠加分析对话框

③按上面的步骤,得到土壤图和土地利用图叠加的结果,并在 ArcMap 中显示。

④将初步得到的土壤资源图利用“Eliminate”命令进行多边形处理。

⑤按照地图学规定的最小上图图斑面积($4mm^2$)和 1：50000 比例尺计算，最小多边形面积为 $10000m^2$。

⑥对处理后的图斑进行属性字段处理，进行土壤类型和土地利用类型的命名和编码，得到土壤资源类型编码和命名。

(二)使用 ArcView 软件进行叠加分析

ArcView 提供三个叠加分析命令，具体内容如下。

①Union 命令：union <in-coverage> <union-coverage> <out-coverage>{fuzzy-tolerance}{join| nojoin}。

两个 coverage 的交集，产生新的多边形，输出的是两个多边形的并集。

②Identify 命令：identify <in-coverage> <indentify-coverage> <out-coverage> {poly| line | point } {fuzzy-tolerance}{join| nojoin}。

两个 coverage 的交集，与第一个 coverage 范围相同的被保留(第一个切第二个)。

③Intersect 命令：intersect <in-coverage> <intersect-coverage> <out-coverage> {poly| line | point } {fuzzy-tolerance}{join| nojoin}。

两个 coverage 相同的地物特征被输出到 coverage 中。

图层叠加分析：在 ArcView 的菜单栏"File"的菜单中，点击"Extensions"，加载"Geoprocessing"模块。

①打开"View"菜单，在下拉菜单中，点击"Geoprecessing wizard"(图 3-7)。选中"Intersect two themes"，进行地貌图和土地利用现状图的叠加(landuse，landform)。

②逐步回答 "Geoprecessing wizard" 的一系列对话框，"Input theme" 为地貌图(landform)，"Overlay theme"为土地利用图(landuse)。保存文件，点击"Finish"。

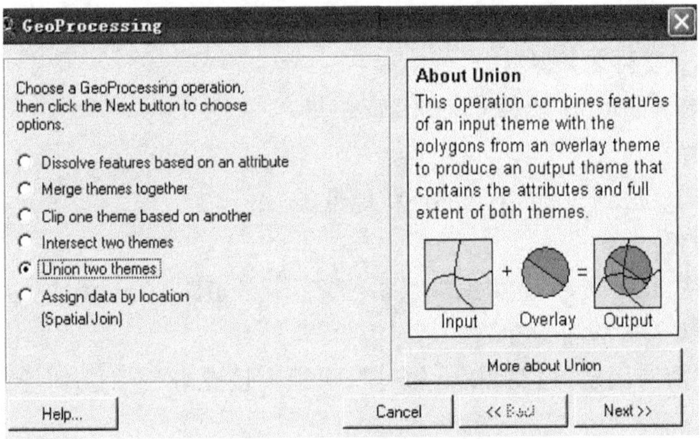

图 3-7 GeoProcessing 对话框

③将土壤图(soil)和上面的结果再叠加，得到土壤资源类型图，保存并显示。

④将初步得到的土壤资源图利用"Eliminate"命令进行多边形处理。

⑤按照地图学规定的最小上图图斑面积($4mm^2$)和 1:50000 比例尺计算，最小多边形面积为 $10000m^2$。

⑥对处理后的图斑进行属性字段处理，进行地貌类型、土壤类型和土地利用类型的命名和编码，得到土壤资源类型编码和命名。

（三）使用 MapGIS 软件进行叠加分析

①在“空间分析”子系统中依次装入要叠加的图层文件。

②在“空间分析”菜单下选择“区（或线、点）空间分析”，再选择“区对区合并分析”，在弹出的对话框中依次设置“叠加文件 1”和“叠加文件 2”（图 3-8）。点击“确定”。

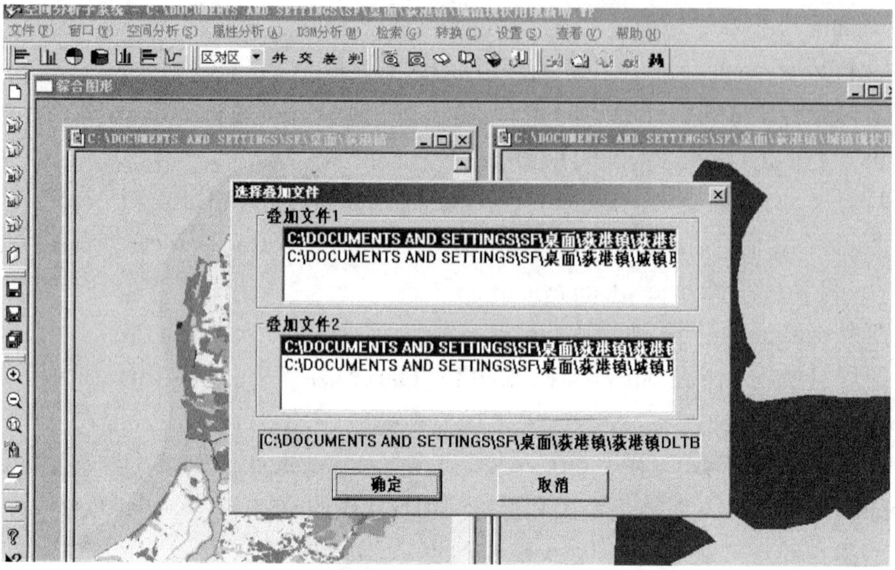

图 3-8　MapGIS 叠加分析

③在新弹出的对话框中输入模糊半径值，点击“OK”。软件进入自动运算状态。输入新的叠加结果文件名并保存。

（四）使用 MapInfo 软件进行叠加分析

1. 分析目的

选出道路 100m 到 200m 中间的环状地带。

2. 分析过程

①使“道路 200m 缓冲”为可编辑状态，选择图层“道路 200m 缓冲”，并设置为目标对象，点击“对象”→“设置目标”。

②再选出所有图层“道路 100m 缓冲”，可以直接点击“查询”→“全部选中”道路 100m 缓冲。

③点击“对象”→“分割”。

④选择图层中的环状地带，结果如图 3-9 所示。

⑤保存为一个表，点击“文件”→“另存为”，选择“Selection”，保存为表“道路缓冲”，就满足条件离道路 100m 到 200m 的范围内。

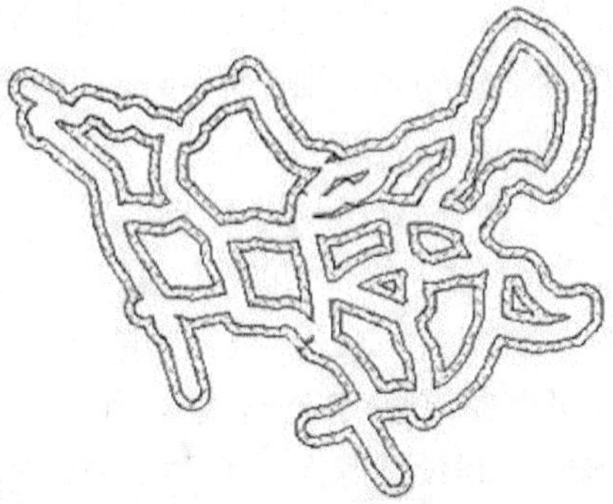

图3-9 MapInfo叠加分析

五、实验报告及要求

1. 认真填写实验报告,包括原理、过程和结果。
2. 将所做实验以幻灯片形式作汇报。

实验三 地形分析——DEM的建立与应用

一、实验目的

1. 加深对数字高程模型(DEM)基本原理、方法的认识。
2. 掌握DEM建立的方法。
3. 掌握三维可视晕渲图的制作。
4. 提高利用DEM解决地学问题的能力。

二、实验准备

(一)实验设备

①若干台微机。

②ArcGIS 9.x、ArcView 3.3、MapGIS、MapInfo软件。

(二)所需资料

①边界图(boundary.shp)、等高线数据(contour.shp)和高程点数据(peak.shp)。

②土地利用图(landuse.shp)。

三、实验原理和方法

(一)DTM与DEM

数字地面模型(Digital Terrain Model,简称DTM)是19世纪50年代美国MIT摄影测量实验室主任米勒(C.L.Miller)首先提出的,并用其成功地解决了道路工程中的土方估算问题。

DTM 是定义于二维区域上的一个有限项的向量序列，它以离散分布的平面点来模拟连续分布的地形。按平面上等间距规则采样，或采用内插的方法所建立的数字地面模型称为基于栅格的数字地面模型，模型如下：

$$DTM = \{Z_{i,j}\} \quad i = 1,2,3,\cdots,m-1,m;\ j = 1,2,3,\cdots,n-1,n. \tag{3-1}$$

式中，Z 为栅格结点(i,j)上的地面属性，包括土地权属、土地利用、土壤属性等。

当上式中该属性为海拔高程时，则该模型就为数字高程模型（Digital Elevation Model，简称 DEM），用 DEM 可以方便地获得地表的各种特征参数，其应用已经普及到整个地学领域，它为地形分析、工程设计等提供了重要的基础数据和分析手段。

（二）几种典型的 DEM 模型

1. 规则格网模型

规则格网模型是 DEM 最广泛使用的格式。目前，很多国家都以规则格网的数据矩阵作为 DEM 的提供方式。规则格网（Grid）模型由规则的采样点数据组成，或把不规则采样点数据内插成规则点数据，而后，以矩阵形式来表示地面形状。在规则格网模型中，将空间区域分成规则的等距离单元，每个单元对应一个数值。在数学上，将这些数据表示为一个矩阵，矩阵中每个元素的值为该采样点的高程值。在计算机中这些数据表示为一个二维数组，每个数组元素对应一个高程值。

2. 不规则三角网模型

在现有实际数据中，由于专业要求不同或受观测手段所限，获取的 DTM 数据常常不是规则格网数据。也就是说，在地学领域中所采集的数据大多为不规则的离散数据。不规则三角网（Triangulated Irregular Network，简称 TIN）模型正是针对上述情况而出现的。TIN 模型将地面上离散的采样点数据按优化组合的方法，连成相互连续的三角面，三角面的顶点就是离散点或离散点的插值。因此，区域内有限的点集划分为相连的三角面网，以此来逼近地面的地形表面。三角形面的形状和大小取决于不规则分布的观测点数据的位置和密度。TIN 模型是一种三维空间的分段线性模型，其数据格式在概念上类似二维数据结构中带拓扑结构的矢量数据结构，只是 TIN 模型中不定义岛和洞的拓扑关系。

3. 等值线模型

等值线图是 DTM 模型平面图形输出的一种主要形式. 它以符号化模型来表示空间立体的形态，即用数值相等的点连接成的曲线来表示连续递变的面状分布特征，如等高线、等温线、等压线等。

等高线是通过对地球表面进行一系列不同高程的水平切割后，切割面和地球表面产生的一系列交线。每条等高线是一组有序的坐标点序列，也可认为是带有高程属性的多边形或弧段。等高线本身是一条条的连续曲线，当它离散化为矢量数据之后，可用二维的链表来存储一系列坐标点。由于等高线模型中，只表达区域中的部分高程值，因此对等高线以外的高程值常需要利用等高线高程值的插值方法得到，常用的插值方法有反距离插值、样条插值、克里金插值等。

4. 几种模型的比较

表 3-1 3 种 DEM 模型的比较

数据模型	规则格网	不规则三角网	等高线
图形	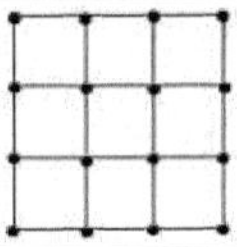	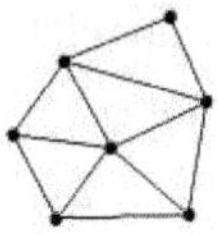	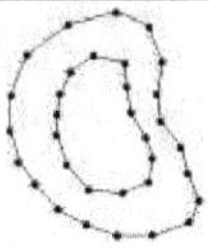
数据结构	1.坐标原点 2.坐标间隔和方向 Z_{11} Z_{12} … Z_{1n} Z_{21} Z_{22} … Z_{2n} … … … … Z_{m1} Z_{m2} … Z_{mn}	1.坐标点 X_1,Y_1,Z_1 $X_2,Y_2,Z_2,$ … 2.坐标关系	高程 点数 坐标点 Z_1 n_1 $x_1y_1,x_2y_2\cdots$ Z_2 n_2 $x_1y_1,x_2y_2\cdots$ …
主要数据源	原始数据插值	离散数据点	地形图数字化
建模的难易度	易	易	易
数据量	随分辨率而变	较大	很小
表示拓扑能力	尚好	很好	差
适合表示地形	简单的平缓地形	各种复杂地形	简单的平缓地形
适用的比例尺	中、小比例尺	大比例尺	各类比例尺
三维显示	方便	较方便	差
优点	1.数据结构简单,算法实现容易，便于空间操作和存储; 2.容易计算等高线、坡度、坡向、自动提取地域地形等。	1.克服栅格数据中的数据冗余问题; 2.表示地面形态效率高,数据精度高。	1.数据结构简单,便于空间操作和存储。 2.创建容易。
缺点	1.数据量大,通常采用压缩存储; 2.不利于表示复杂地形。	1.策法实现复杂; 2.对特殊的地形线要调整。	不利于表示复杂地形

(三)坡度、坡向的计算

计算的方法有四分法、空间矢量分析法、拟合平面法、拟合曲面法、直接解法等。较常用的是拟合曲面法(二次曲面),即 3×3 窗口。

(四)坡度、坡向的表达(以 ArcGIS 为例)

在 ArcGIS 软件的 GRID 模块中,对于不同类型的高程模型均可以进行坡度、坡向分析。在 GRID 中,Slope 和 Aspect 函数可以进行坡度、坡向分析。在 TIN 中,Tinarc 用于 TIN 模型,Latticpoly 用于栅格模型。在 ArcMap 中,直接可以用 Spatial Analyst 工具的 Surface Analysis 模块进行分析,其中有 Slope 和 Aspect 函数自动化计算,可以得到坡度图和坡向图。

四、实验内容及步骤

(一)使用 ArcGIS 软件建立 DEM

1. TIN 和 DEM 的生成

① 在 ArcMap 中加载 3D Analyst 模块,然后点击“3D Analyst”→“Create/Modify TIN”

下的“Create TIN from Feaures”命令。

② 在“Create TIN from Feaures”对话框中逐一输入高程点文件(peak.shp)(“Height source”选用“Height”,“Triangulateas”选用“mass point”)、等高线(contour.shp)(“Height source”选用“ALTITUTE”, “Triangulate as”选用“hard line”)、边界(bound.shp)(“Height source”选用“none”, “Triangulate as”选用“hard clip”),然后按“OK”,生成 TIN 文件(图 3-10)。

③ 在 ArcMap 中显示 TIN 文件。

④ 用 3D Analyst 模块下的“Convert TIN to Raster”命令生成 DEM 文件

⑤ 在 ArcMap 中显示 DEM 文件。

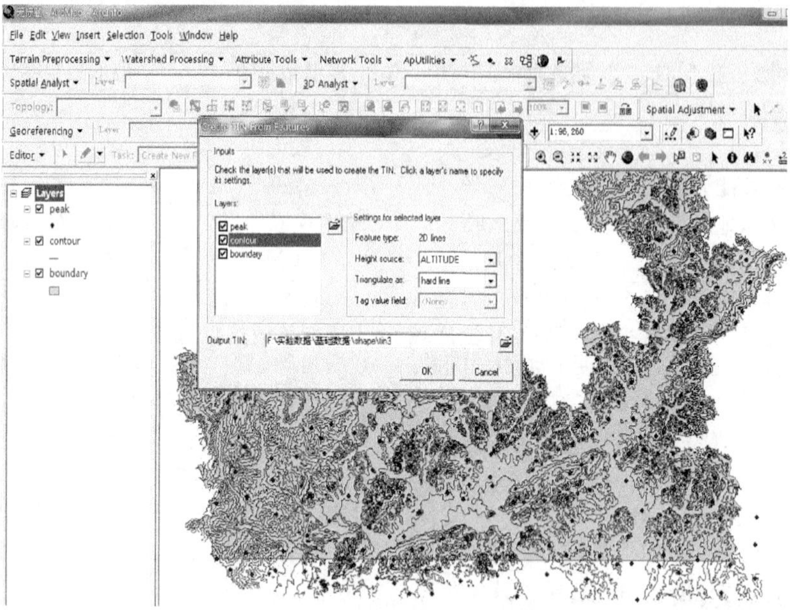

图 3-10 Create TIN from features 对话框

2. 三维晕渲图制作

①使用 ArcMap 中 “Spatial Analyst” 工具条中的 “Surface Analysis” 的下拉菜单“Hillshade”命令,建立山体阴影图。

②使用 ArcMap 中“Effects”工具条中的“Adjust transparency”命令对表面 DEM 图层进行透视处理。

③在 ArcMap 中显示三维 DEM 晕渲图。

3. TM 影像可视晕渲图制作

①在 ArcMap 中加载 TM 影像数据文件,右击下拉菜单“Properties”,在出现的对话框中,选择“RGB Composite”,然后确定 RGB 假彩色合成方案,RGB 分别为:Layer-1, Layer-2, Layer-3。

②使用 ArcMap 中“Effects”工具条中的应用“Adjust transparency”命令对 TM 影像图进行透视处理(transparency=45%)。

③下层加入 Hillshade 山体阴影文件。

④在 ArcMap 中显示三维 TM 影像晕渲图。

4. 地形因子的提取与统计

(1)生成坡度图和坡向图

①启动 ArcMap,加入前面制作的 DEM。

②打开 Spatial Analyst 工具条中的“Surface Analysis”的下拉菜单“Slope”命令(图 3-11)。

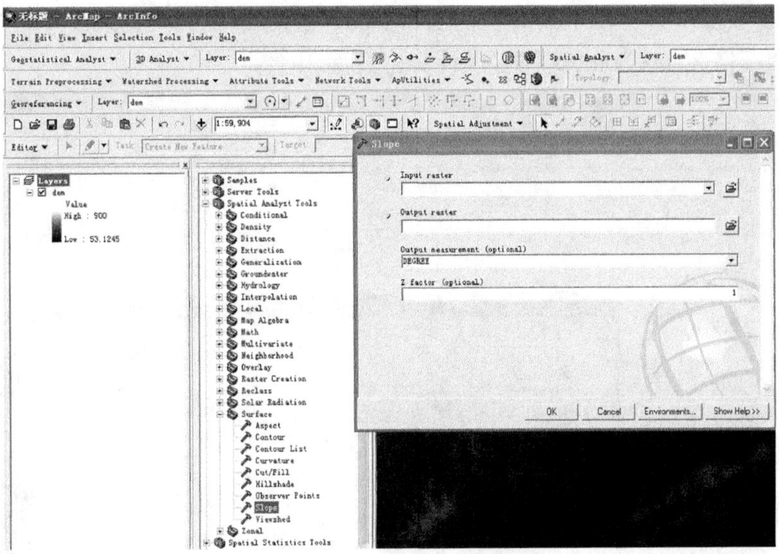

图 3-11 Slope 工具位置

③在“Input surface”栏中,选择 DEM;在“Output cell size”栏中,设置输出图的像元大小为 30m;在“Output raster”栏中将输出的坡度图保存到指定的文件夹(图 3-12)。

④系统自动将坡度图加载到当前的数据框中,默认为 9 个等级,用户可根据自己的需要,改变等级的范围界限和等级数量(图 3-13)。

⑤点击“Surface Analysis”的下拉菜单“Aspect”命令,然后出现求坡向的对话框,将坡向图保存到指定的文件夹。

⑥系统自动将坡向图加载到当前的数据框中,默认为 10 个等级,用户可根据自己的需要,改变等级的范围界限和等级数量。

⑦用户在“Surface Analysis”的下拉菜单的命令中,还可以提取等高线、山体阴影等。

(2)显示坡度大于 35° 的空间分布并统计面积

①右击 Slope 图层的下拉式菜单,点击“Properties”后,选择“Symbology”选项卡,在 Show 窗口选择“Classified”项,然后点击“Classify”按钮。

②在“Classification”对话框,按“Exclusion”。

③在“Data Exclusion Properties”中,在“Value”选项卡中输入“35-90”数值,在“Legend”选项卡的“Color”选择要去除数据的表示颜色。

④在 ArcMap 中用红色显示坡度大于 35° 的区域。

统计面积的方法如下：

①点击 Spatial Analyst 工具条中的 “Reclassify” 选项，在出现的对话框，点击“Claasify”按钮。

②在“Classification”对话框中，将坡度人为(Method 选择“Manual”)分成小于 35° 和大于 35° ，按“OK”。

③在 ArcMap 中显示坡度重分类结果图。

④打开坡度重分类结果图的属性表，“Value”值为 2，显示坡度大于等于 35° 的栅格数，每个栅格 30m × 30m，这样可以计算出总面积。

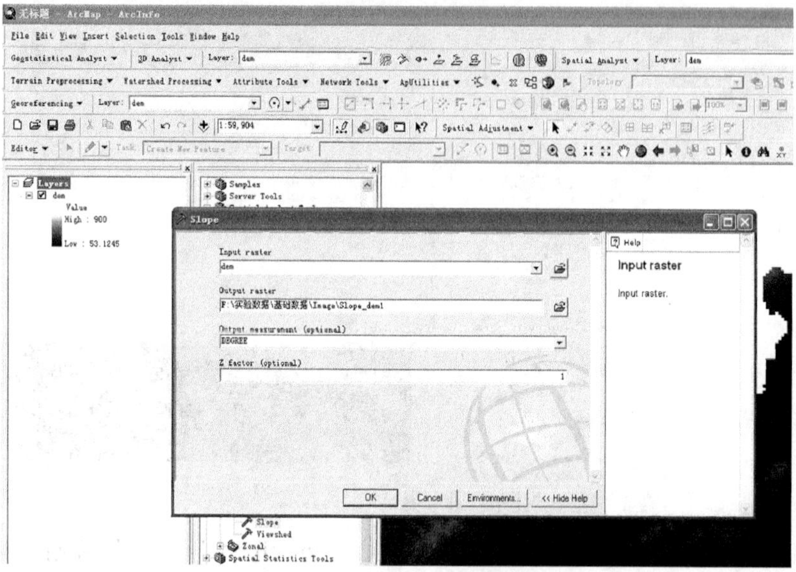

图 3-12　坡度计算对话框

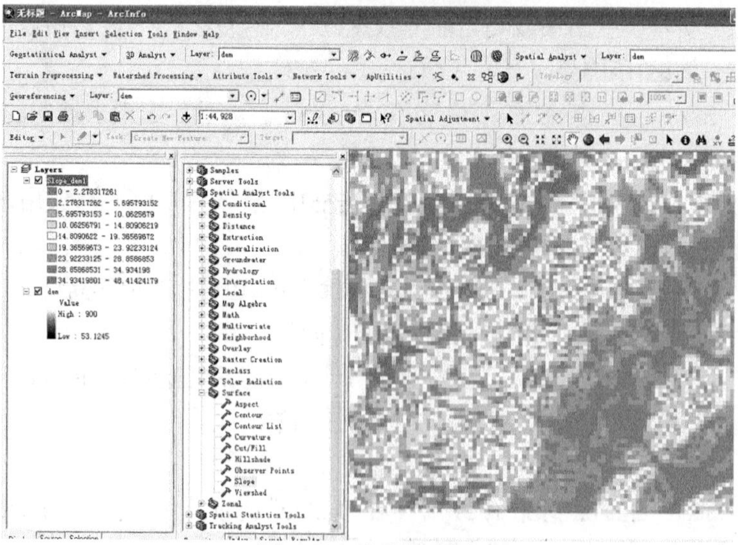

图 3-13　生成坡度图

需要补充说明的是,目前我国已有的 DEM 数据基本上都是以地理坐标(经纬度)出现的,在进行坡度计算时,需要将地理坐标通过地图投影转换为平面直角坐标,这时在 Slope 对话框中的“Z Factor”项目中默认为 1,即平面单位与高程 Z 单位是一致的。

5. 坡向 Aspect of Dem

在 Show/Hide ArcToolbox Window 中选“Spatial Analyst Tools”→“Surface”→“Aspect”命令,如图 3-14。在“Aspect”对话框中的“Input Raster”中输入“DEM 数据文件”,设置好输出路径和文件名称,按“Apply”,结果如图 3-15。

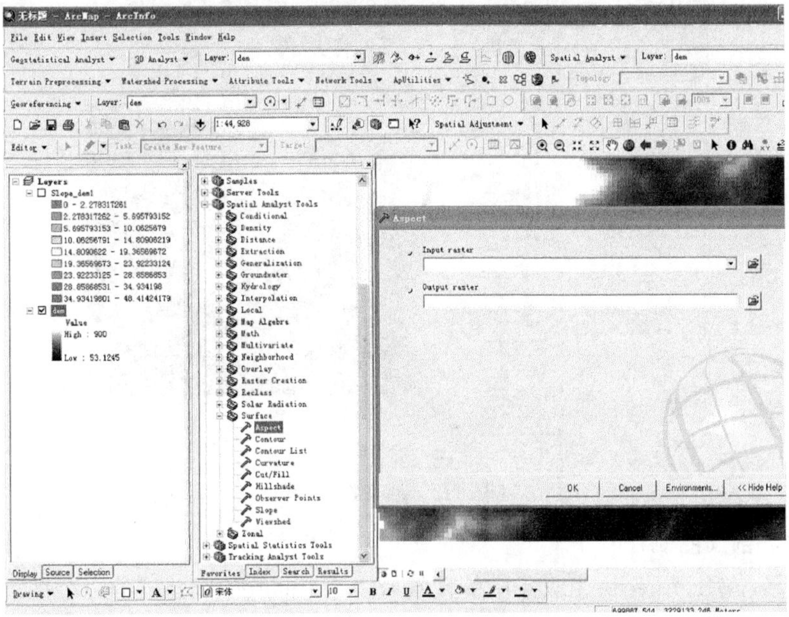

图 3-14　坡向计算对话框

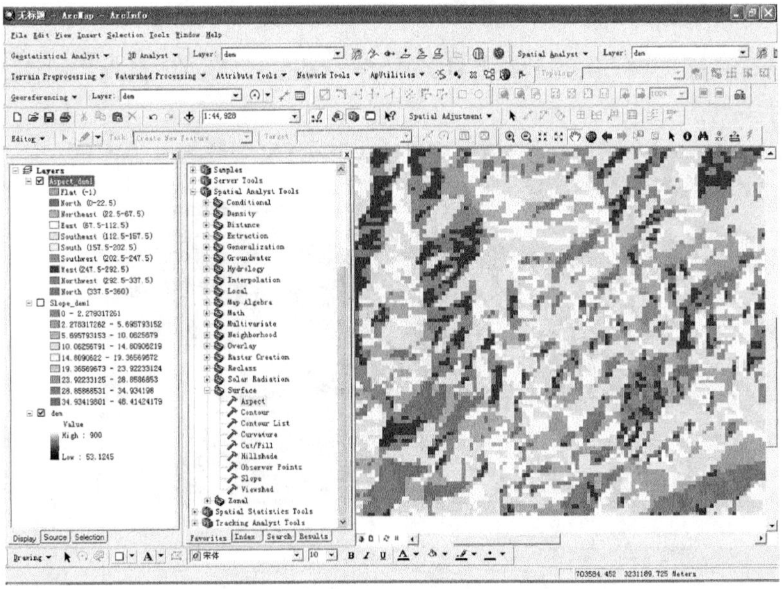

图 3-15　坡向图

6. 两点间的可视性分析、通视性分析

在 ArcMap 中添加 DEM 数据文件(格网 DEM 格式),在“View”下拉菜单中找到“Toolbars”的 3D Analyst 工具,从工具栏选择“Line of Sight”工具。屏幕上将会出现十字光标,将光标从观察点 S 移向目标点 P,然后释放光标。在观察点到目标点之间将会出现一条视线,其中可视的部分为红色,不可视的部分为绿色。并且,在 ArcGIS 窗口底部的状态栏显示了从观察点到目标点是否可视。若不可视,在视线上将会用圆点表示第一个障碍物的位置,它的 X、Y 坐标将会在状态栏显示(图 3-16)。

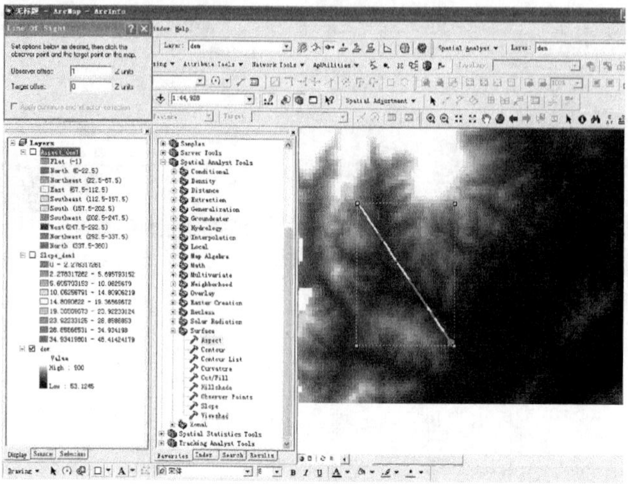

图 3-16 通视性分析

7. 地形剖面图制作

第一步,在 3DAnalyst 工具条中的左端有一个“Interplote Line”的命令图表,点击后屏幕上将会出现十字光标,将光标从一点移向另一点,然后双击释放光标,会出现一条剖面线。

第二步,鼠标选中 3DAnalyst 工具条中的“Create Profile Graph”命令,就可以做出剖面图(图 3-17)。

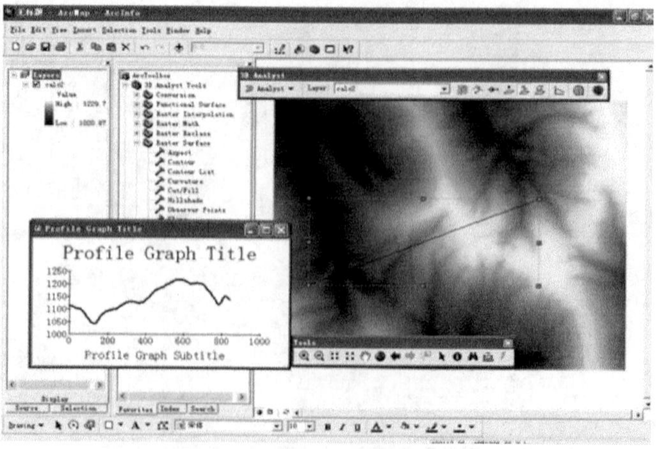

图 3-17 地形剖面图

(二)使用 ArcView 软件建立 DEM

1. TIN 的生成

①在 ArcView 的菜单栏"File"的菜单中,点击"Extensions",加载"3DAnalyst",点击"Surface"→"Create TIN from Features"。

②在"create TIN from Features"的对话框中输入等高线文件:contour.shp,如图 3-18。

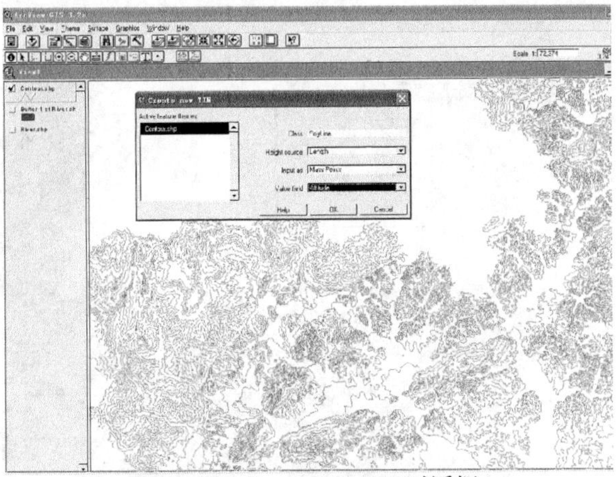

图 3-18 Create New TIN 对话框

Height source 选 "altitute",Input as 选 "Mass points",Value field 选 "altitute",按"OK",生成 TIN 文件。

③ 输入高程点文件:peak.shp,编辑生成的 crtin1,并激活高程文件,再点击"Surface"→"Add Features to TIN"。Height Source 选 "high",Input as 选 "Mass Points",Value field 选"high",按"OK",加入了高程点数据。

④ 输入边界文件:boundary.shp,编辑生成的 crtin1,并激活边界文件,再点击"Surface"→"Add features to TIN"。Height source 选 "none",Input as 选 "Hard clip polygon",Value field 选"none",按"OK",加入了研究区域的边界。

⑤在 ArcView 中显示 TIN 图形文件(图 3-19)。

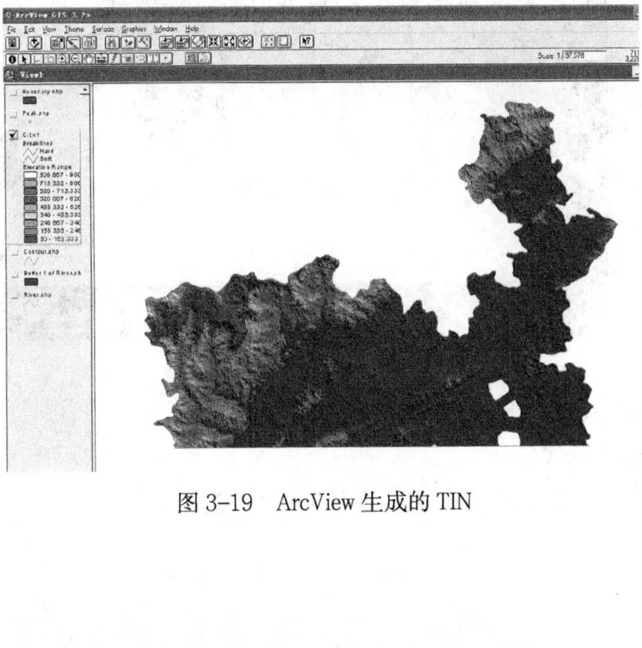

图 3-19 ArcView 生成的 TIN

2. DEM 的建立

①将生成的 TIN 文件转为栅格文件。用“Theme”→“Convert to grid”命令生成 DEM 栅格文件，设置输出栅格大小为 30m，如图 3-20。

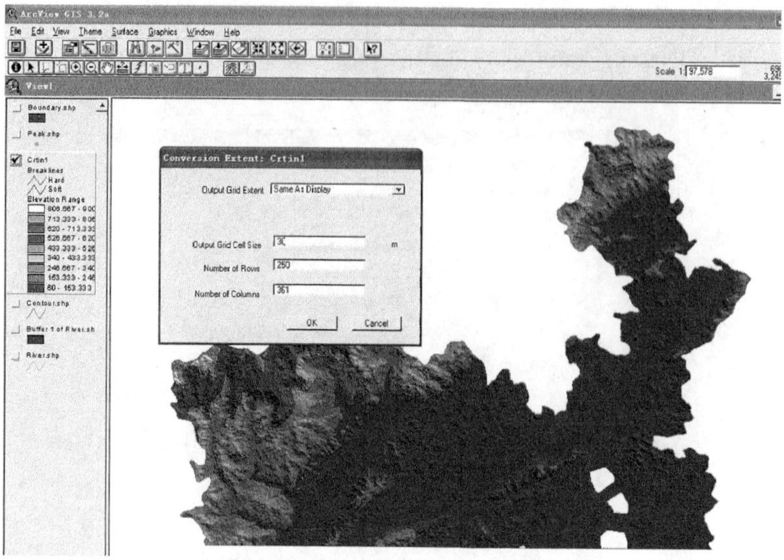

图 3-20　Convert to grid 对话框

②在 ArcView 中显示 DEM(图 3-21)。

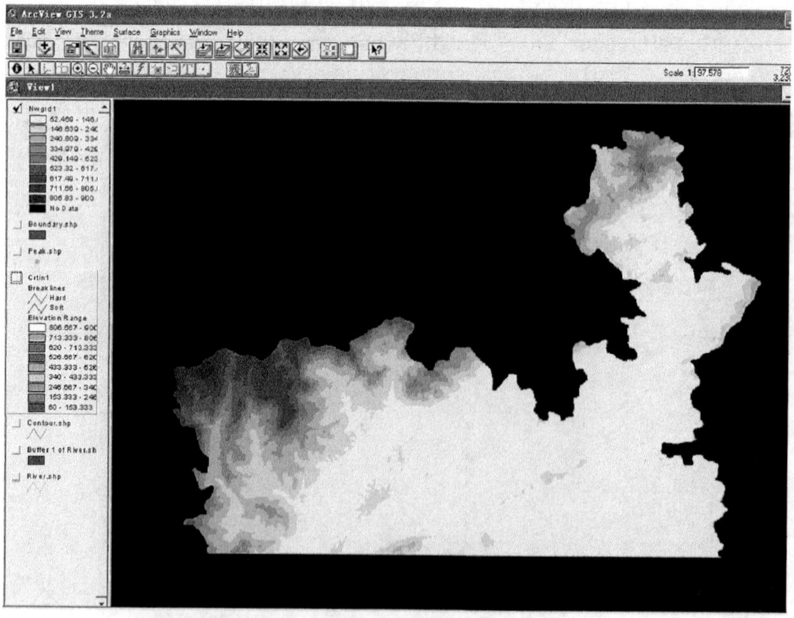

图 3-21　生成的 DEM

3. 利用 ArcView 提取地形因子

(1)生成坡度并分级

① 启动 ArcView，在视图目录表中添加 DEM 并激活它。

② 打开“Surface”菜单，在下拉菜单中，选中“Derive slope”，即可获得坡度。

③ 显示并激活生成的坡度主题 Slope of DEM。

④ 双击左边的图例，在弹出的“Legend Editor”对话框中可重新调整坡度分级，如图 3-22。

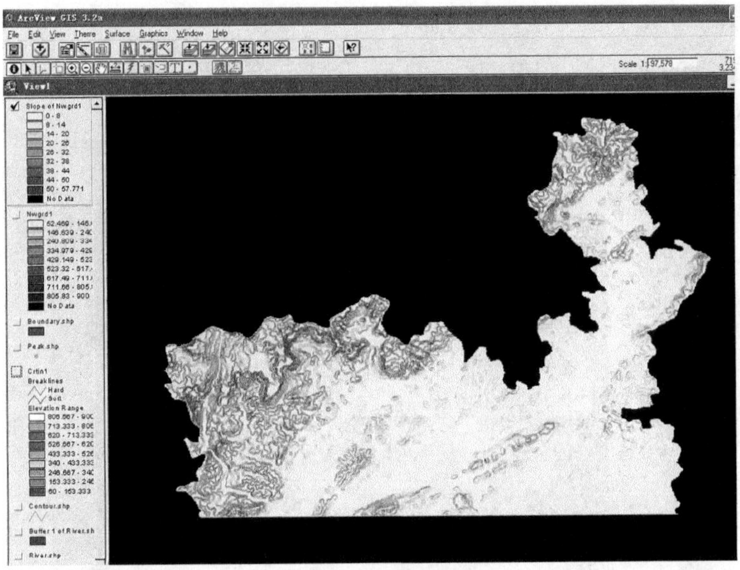

图 3-22　坡度重新分级

(2)生成坡向并分级

①启动 ArcView，在视图目录表中添加 DEM 并激活它。

②打开“Surface”菜单，在下拉菜单中，选中“Derive aspect”，即可获得坡向。

③显示并激活生成的坡向主题 Aspect of DEM(图 3-23)。

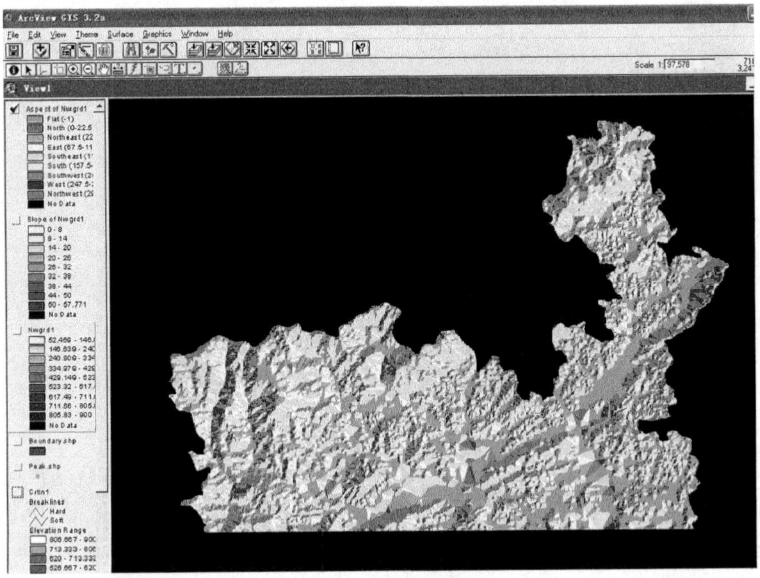

图 3-23　坡向重新分级

在 DEM 主题中坡度为 0°（平地)的栅格在输出的坡向主题中被赋值为 -1,如果围绕中心栅格的任何相邻栅格是 No Data 数据,它们将被赋予中心栅格的值,然后计算坡向。在坡向主题的图例中显示了八种主要方向,如:西(247.5° -292.5°),东南(67.5° -112.5°)。

(3)显示坡度大于 25° 的空间分布

①点击“slope of DEM”图层,在“Analyst”的下拉菜单中,选中“Map query”,出现对话框。输入“[slope of DEM] > 25”,按“Evaluate”(图 3-24)。

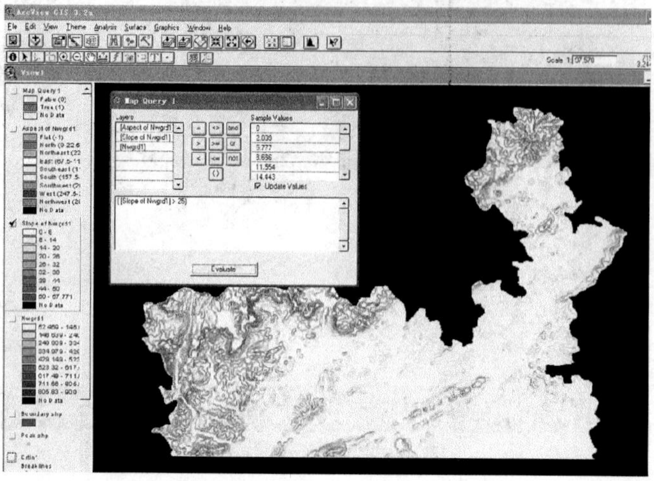

图 3-24 Map query 对话框

②显示坡度 > 25 的区域,如图 3-25。

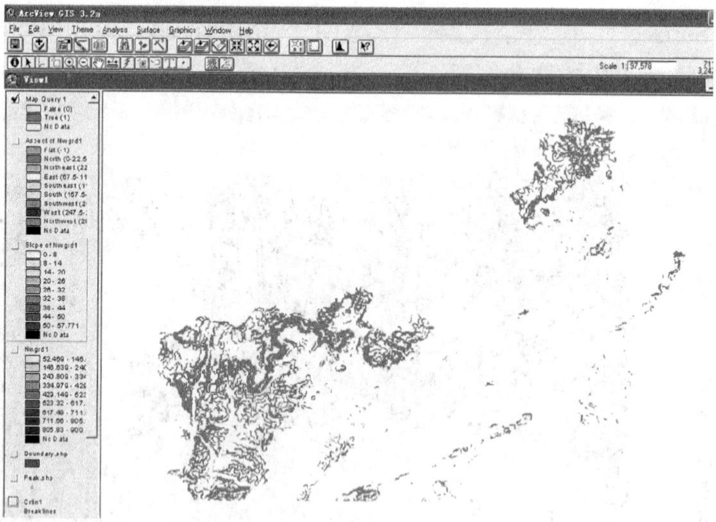

图 3-25 坡度提取的结果

(4)统计坡度大于 25 度的面积

①点击“map query1”图层,出现对话框。

②在对话框中,value 值为 1,即显示坡度 > 25° 的栅格数,如图 3-26。

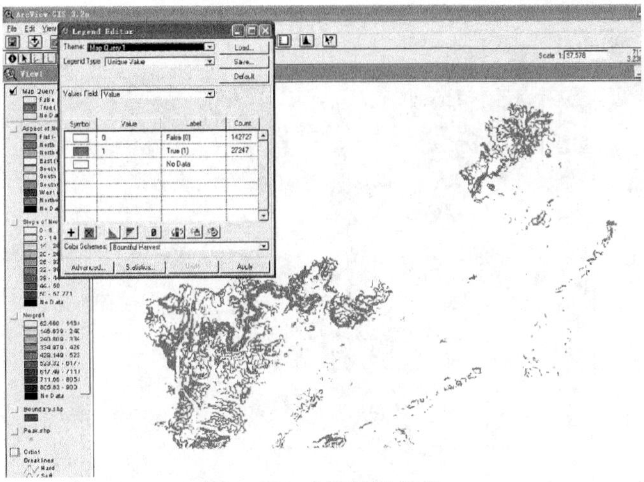

图 3-26 查询统计结果

(5)利用 DEM 提取等值线

①在视图目录表中添加 DEM 并激活它。

②从“Surface”中的下拉菜单中选择“Create contours”命令。

③在出现的“Contours Parameters”对话框中输入等高距(contour interval)和基础等高线的值(base contour)。

④生成等高线主题(Contours of DEM)(图 3-27)。采用工具条的等值线工具可以生成单根的等值线,其步骤为:

A. 激活 DEM,单击等值线按钮;

B. 在 DEM 中点击选定的位置,视图上即描绘出一条通过所选点位代表所选点值大小的等高线,其高程值显示在窗口左下角的状态栏中(图 3-28)。

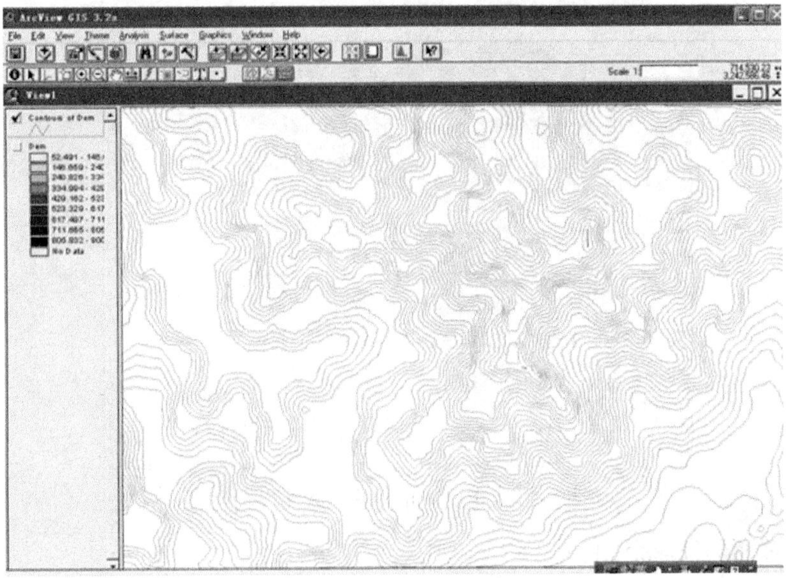

图 3-27 由 DEM 生成的等高线

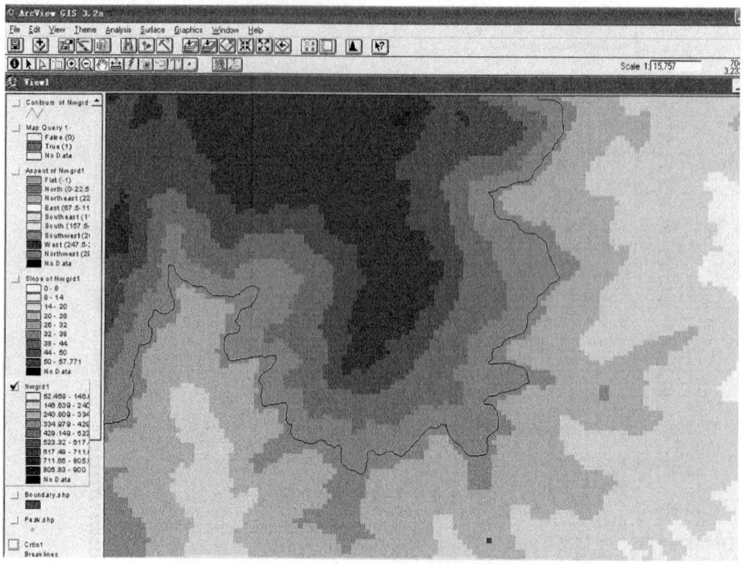

图 3-28　单根等高线的生成

创建一个新的线主题,可直接在其上生成等值线,其步骤为:

A.在“View”的下拉菜单中选择“New Theme”命令;

B.在“New Theme”对话框中选择“Line” 为 Feature Type,创建一个线主题 Contour.shp;

C.激活提取等高线的 DEM 主题;

D.单击等高线按钮,在 DEM 中点击选定的位置,即可描绘一条等高线,同时它的属性表中添加一个字段 Contour 记录其高程值(图 3-29)。

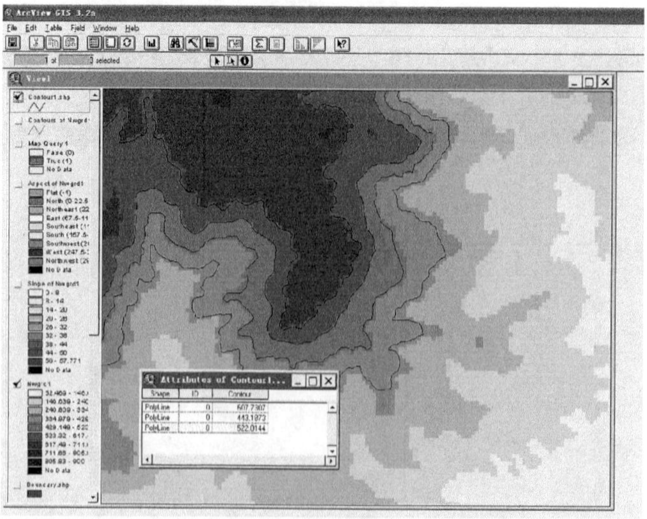

图 3-29　生成的单根等高线文件属性

4. 山体阴影(Hillshade)

在 DEM 基础上计算 Hillshade 的步骤如下:

① 在视图目录中激活 DEM。

② 从“Surface”菜单的下拉菜单中选择“Compute Hillshade”命令。

③ 在“Hillshade”对话框(图 3–30)中,输入计算 Hillshade 的参数值。

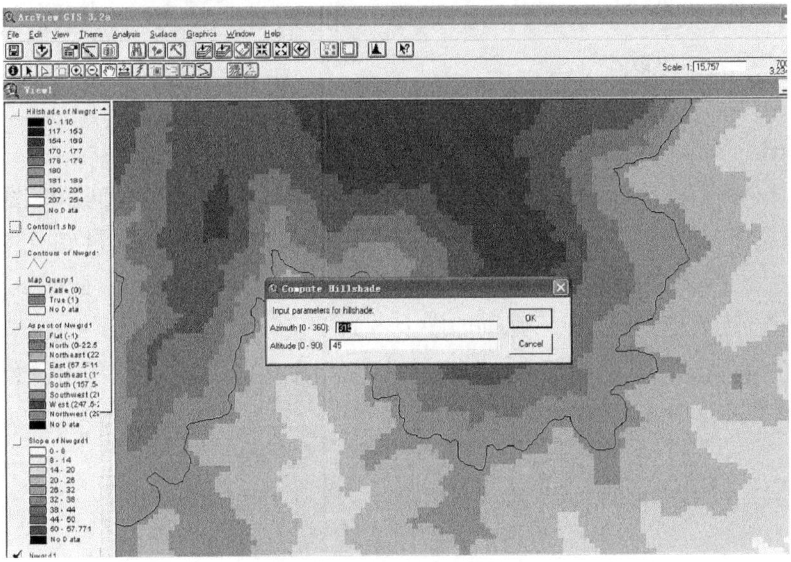

图 3–30　Compute Hillshade 对话框

图 3–30 中,方位角 Azimuth 指确定太阳光入射的方向,以正北方向为 0° ,顺时针方向旋转,方位角的取值范围为 0° ~360° 。太阳高度角(太阳光线与水平面的交角)Altitude:0° 为水平线,90° 为头顶垂直方向,太阳高度角的取值范围为 0° ~90° 。

④ 生成山体阴影主题 Hillshade of DEM (图 3–31)。

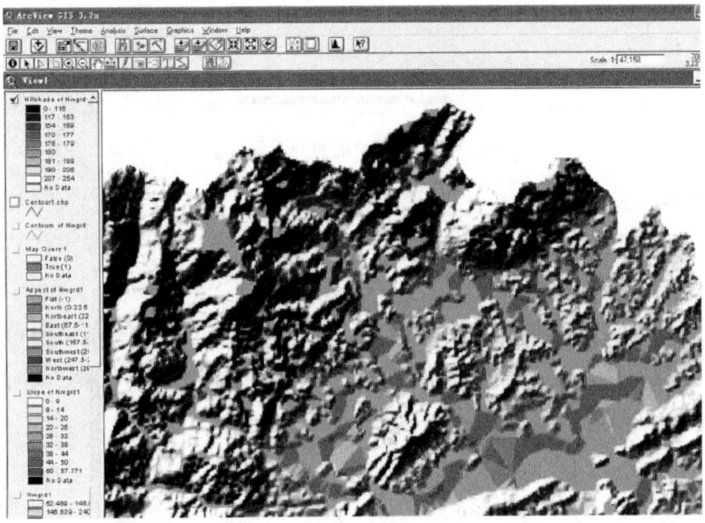

图 3–31　生成的山体阴影

5. 地形剖面图的制作

在地质、测量、工程等方面,常常需要制作剖面图。其制作步骤如下:

① 在视图“File”菜单“Extensions”中，加载 Profiler-generate profile 模块。

② 在视图目录表中添加 DEM 并激活它。

③ 单击“Interpolate Line”的工具按钮。

④ 以 DEM 主题内容为参考，用鼠标画一条折线，单击鼠标左键表示折线的节点，双击鼠标左键表示画线结束。

⑤ 关闭或最小化视图窗口，创建一个新的 Layout。

⑥ 单击“Profile Graph”工具。

⑦ 用鼠标左键拖动定义一个矩形边界(此边界用于放置产生的剖面线图)。

⑧ 根据需要修改“profile graph Properties”对话框中的缺省设置，再点击“OK”。

通过上述步骤可以得到所绘制的剖面图(图 3-32)。当然，可以对此图进行位置和大小的改变。如果改变了大小，则剖面图上方的垂直放大比例就不是很准确了。也可以在“Edit”编辑状态下，选择“Select All”，使用复制命令，复制到剪切板上，再粘贴到其他的软件如 Corel Draw 或 Word 等。

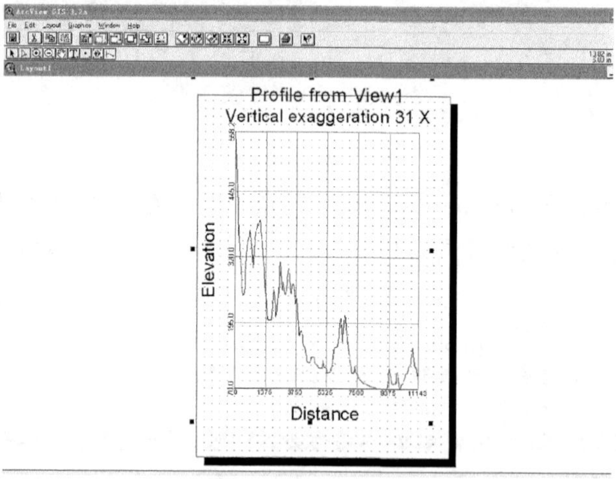

图 3-32　绘制的地形剖面图

6. 测量面积和体积

表面面积是沿表面的坡度进行计算，并将高度考虑在内，计算出的面积总是要大于两维平面测量的面积。

体积是计算 TIN 表面和位于任何指定高程的水平面之间的立体空间，可以是平面之上的，也可以是平面之下的。体积测量在实际应用中一般用来计算土方量。

面积和体积的测量步骤如下：

① 激活 TIN 主题。

② 点击“Surface”下的“Area and Volume Statistics”。

③ 输入一个基础高程，将作为测量面积和体积的水平平面。

A. 指定要测量的是平面上还是平面下的面积和体积。

B. 按“OK”确认。将会出现一个对话框，显示两维平面面积、表面积和体积(图 3-33)。

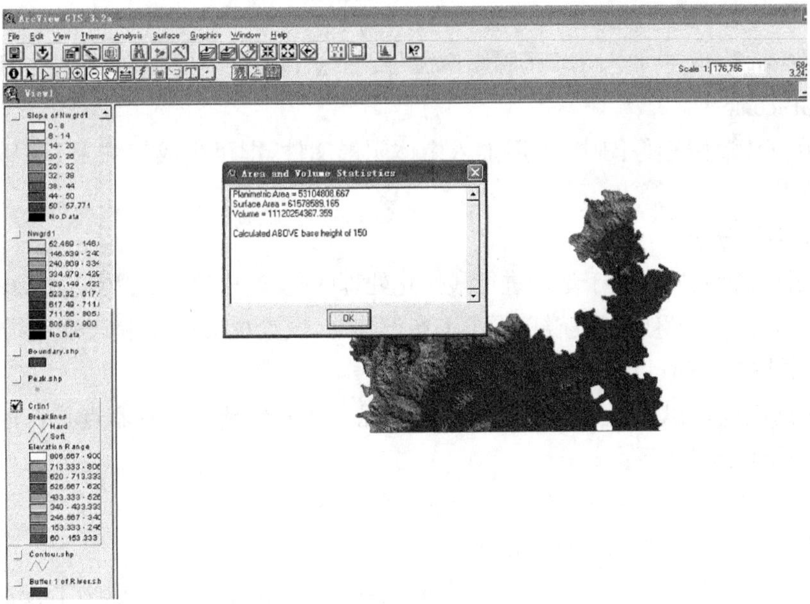

图 3-33 面积和体积的测量结果

7. 晕渲图的制作

(1) 三维 DEM 晕渲图制作

① 在 ArcView 中"File"菜单中加载 Spatial analyst 模块，打开"Surface"→"Hillshade"命令，建立山体阴影图。

② 将 landuse.shp 转换为 grid 文件，然后双击该图层，出现"Legend Editor"对话框。点击 Advanced 按钮，出现对话框（Advanced options），在"Brightness theme"中选"Hillshade of DEM"，按"OK"，即可生成三维 DEM 晕渲图(图 3-34)。

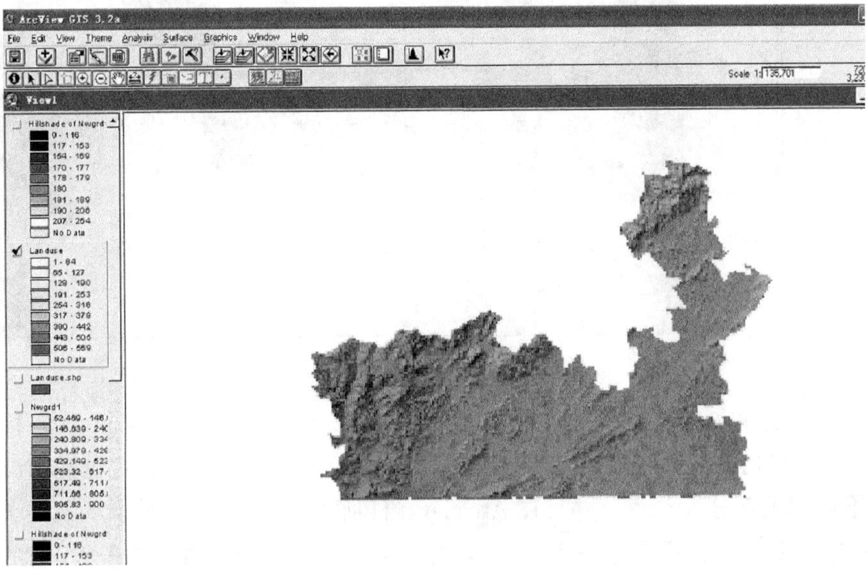

图 3-34 三维 DEM 晕渲图

(2) 三维 TM 遥感影像晕渲图的制作

① 在 ArcView 中加入 TM 遥感影像文件，右击下拉菜单(Properties)，在对话框中选择“RGB composite”。

② 在 TM 遥感影像图中，下层加入山体阴影文件，即可生成三维 TM 遥感影像晕渲图。

8. 可视性分析

可视性分析实质上属于地形进行最优化处理的范畴。例如：设置雷达站、电视台的发射台站、道路选择、航海导航灯、军事上布设阵地、设置观察哨所、铺架通讯线路等。

(1) 通视性分析(Line of Sight)

应用此功能可以显示两点之间的通视情况，从而判断一个观察点是否可以看到目标物。操作步骤如下：

① 添加 DEM 作为通视性分析的地形表面并激活它。

② 从工具栏选择“Line of Sight”工具。

③ 在出现的“Line of Sight”对话框中输入观察者 Observer 与目标物 Target 距地面的距离(图 3-35)，单击“OK”。

图 3-35 Line of Sight 对话框

④ 按住鼠标左键，屏幕上将会出现十字光标，将光标从观察点 A 移向目标点 A′，然后释放光标。在观察点和目标点之间将会出现一条视线，其中，可视的部分为浅色，不可视的部分为深色。并且在 ArcView 窗口底部的状态栏显示了从观察点到目标点是否可视。若不可视，在视线上将会用圆点表示第一个障碍物的位置，它的坐标将会在状态栏显示(图 3-36)。

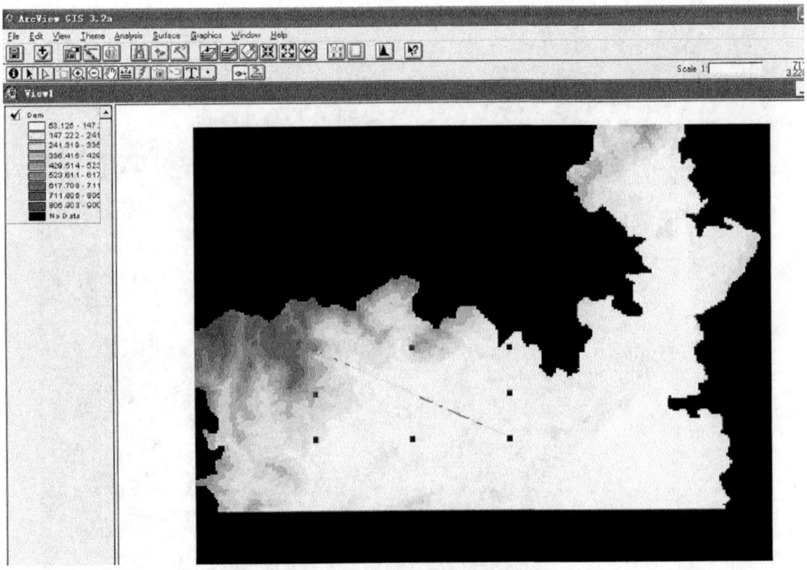

图 3-36　A—A′ 两点通视图

⑤ ArcView 会自动绘出 A—A′ 两点间的通视剖面图(图 3-37)。

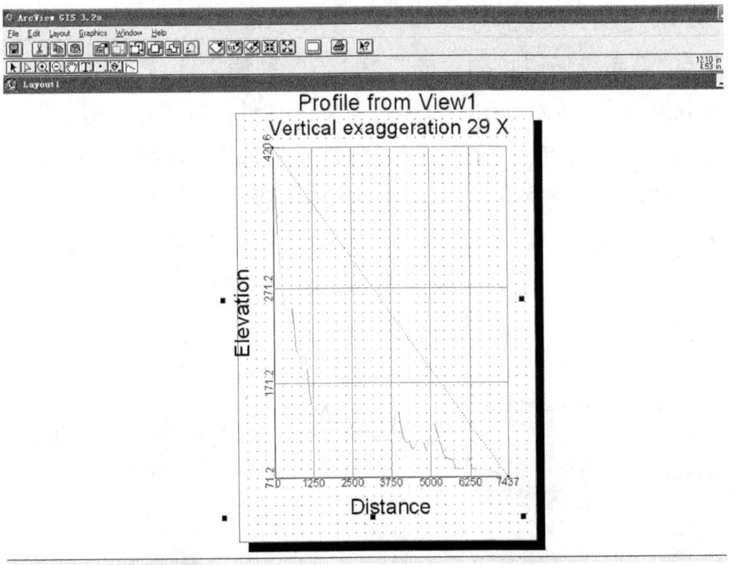

图 3-37　A—A′ 两点间的通视剖面图

(2) 可视区分析(Viewshed Analysis)

确定从一个或多个观察点可以观察到的区域。其步骤如下:

① 在视图目录表中添加 DEM 作为可视区分析的地形表面。

② 创建或添加一个点主题 Point.shp 包含观察点。

③ 同时激活 DEM 和 Point.shp 主题。

④ 从“Surface”菜单中选择“Calculate Viewshed”命令。

⑤ 生成可视区栅格主题 Visiblity of Point(图 3-38)。

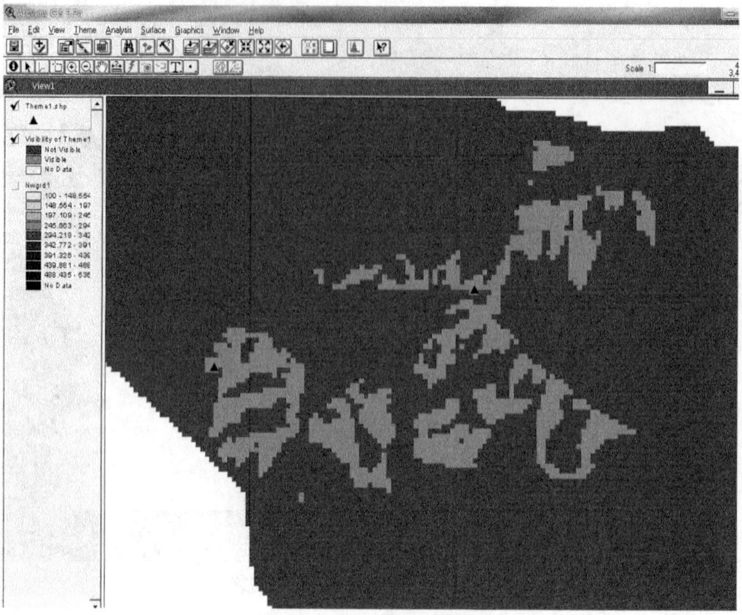

图 3-38 可视区栅格图

(三)使用 MapGIS 软件建立 DEM

1. 由高程点、等高线矢量数据生成 TIN、GRD 高程文件

①高程点数据(即离散点数据)生成高程数据文件。在“DTM 分析”子系统的“TIN 模型”菜单中选择“快速生成三角剖分网”可直接形成三角网高程文件,或者在“GRD 模型”菜单中选择“离散数据网格化”,可直接形成规则网 GRD 高程文件(图 3-39)。

②等高线数据生成高程数据文件。在“DTM 分析”子系统的“处理点线”菜单中选择“等值线高程栅格化”,可直接形成规则网 GRD 高程文件;或者在“处理点线”菜单中选择“线数据提取高程点”,先形成离散高程点文件,再由“快速生成三角剖分网”命令生成三角网高程文件(图 3-40)。

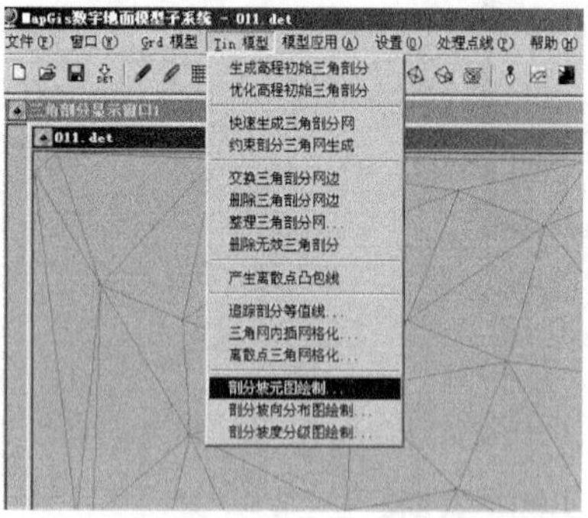

图 3-39 MapGIS 的 TIN 模型下拉菜单

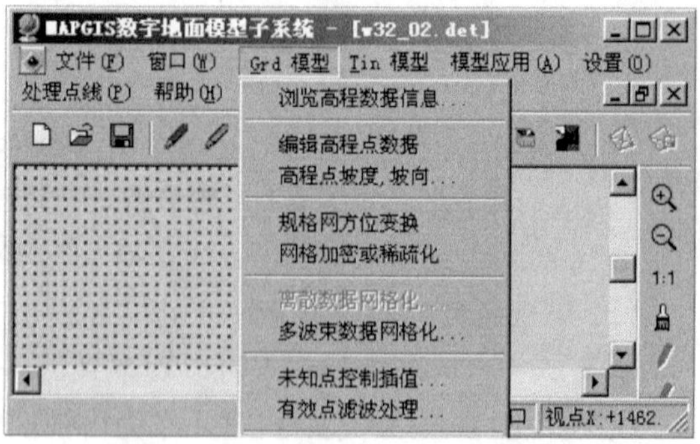

图 3-40 MapGIS 的 GRD 模型下拉菜单

2. TIN 模型及应用

①在系统主界面上选中“空间分析 /DTM 分析”。

②在文件菜单中装入 TIN 数据或 DET 数据,如 011.det。

③在“TIN 模型”菜单下选择“快速生成三角剖分网”。

④在“TIN 模型”菜单下进行相关应用操作。如:产生离散点凸包线、追踪剖分等值线、三角网高程网格化、剖分坡度分级图绘制、剖分坡向分级图绘制、剖分坡元分级图绘制等。

3. GRD 模型及应用

①在系统主界面上选中“空间分析 /DTM 分析”。

②在文件菜单中装入规则网文件,如 fly.grd。

③在“GRD 模型”菜单下进行相关应用操作。如:日照晕渲图绘制、彩色立体等值线图绘制、格网坡向、坡元图绘制、坡度、坡向、粗糙度分析等操作。

4. DEM 模型应用

(1)蓄积量 / 表面积计算

①在文件菜单中装入规则网数据或三角网数据。

②点取“模型应用”菜单项中的“蓄积量 / 表面积计算”,在弹出的对话框中设置区域选取方式。

③通过鼠标在原数据范围上指定计算区域多边形,按鼠标右键结束输入(注意不要输入自相交多边形)。若选取“键盘校验点坐标”,则鼠标每加入一个点时,会弹出坐标点校验对话框。也可以从 MapGIS 区文件中选取一个区实体。若选取“计算整个区域”,则将原始数据范围作为计算对象。保存文件。

④在新的对话框中设置高程等参数信息及计算方法,点击计算。进度条指示完毕后,计算信息将显示在对话框右面(图 3-41)。

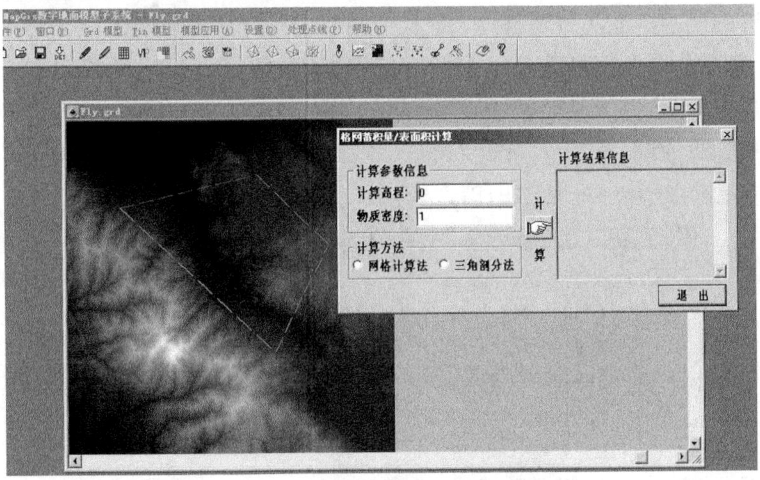

图 3-41 蓄积量 / 表面积计算对话框

(2)高程剖面分析

①在文件菜单中装入规则网数据或三角网数据。

②点取“模型应用”菜单项中“高程剖面分析”下的“交互造线”。

③用鼠标左键在图形平面上划“橡皮筋”线确定高程剖面绘制区域,按鼠标右键

结束输入,可不保存线文件。

④在弹出的“剖面线分析参数设置”对话框中修改有关参数后,系统即开始处理剖面。处理完成后将有关剖面的形状显示在屏幕上,即可观察到相关的剖面分布情况(图 3-42)。

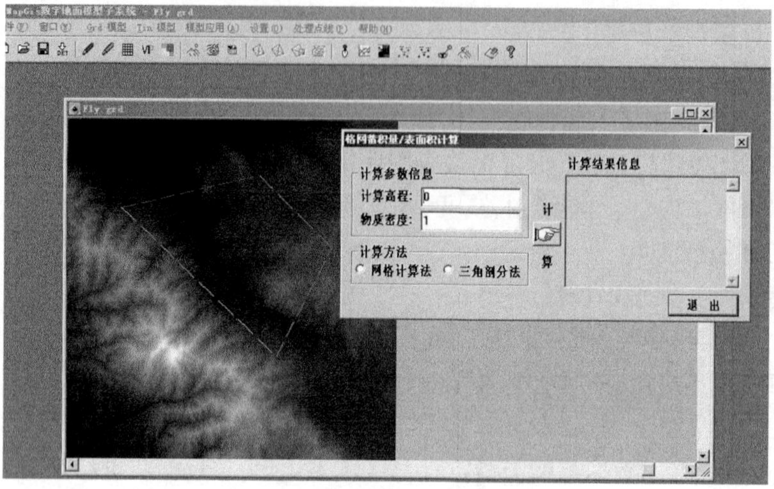

图 3-42　剖面线分析参数设置对话框

(3)可视性分析

①在系统主界面上选中“空间分析 /DTM 分析”功能项,在文件菜单中装入 TIN 数据或 DET 数据,如 011.det。

②在“模型应用”菜单下点取“可视性分析”中的“连线可视性分析”,用鼠标左键选择待分析的两点(起点为观察点,终点为目标点),会弹出如图 3-43 的对话框,其中,空间高度表示在地面高程基础上的高度(如建筑物高度);视域范围表示进行通视分析的数据范围,缺省为原始数据范围;网格插密间距表示对分析范围内点的插密或抽稀的间隔距离,缺省为原始格网的间距。用户点取“可视分析”即会提示两点是否通视。此项操作可反复进行,直至用户点取“退出”为止。

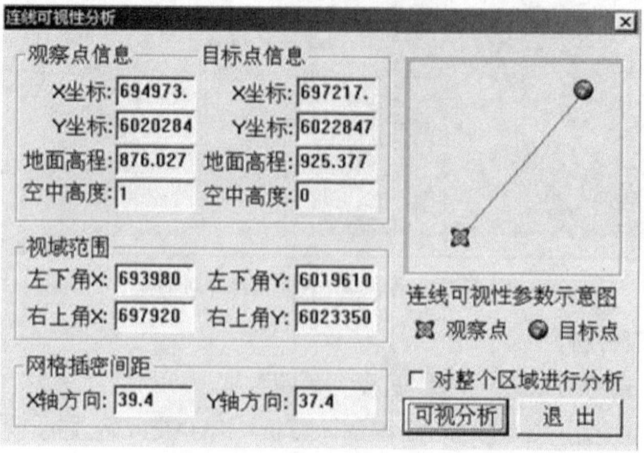

图 3-43　连线可视性性分析对话框

五、实验报告及要求

1. 认真填写实验报告,包括原理、过程和结果。
2. 提交建立的 DEM 栅格文件。
3. 提交三维可视晕渲图。
4. 提交坡度、坡向栅格图。
5. 提交 A-B 剖面图。

实验四　网络分析

一、实验目的

1. 加深对网络分析基本原理、方法的认识。
2. 熟练掌握利用 ArcGIS、MapGIS 进行道路网络分析的方法。
3. 提高利用网络分析方法解决地学问题的能力。

二、实验准备

(一)实验设备

①打印机、若干台微机。

②ArcGIS 9.x、MapGIS 软件。

(二)所需资料

Shape 文件创建网络数据集:高速公路(Highways)、主要街道(Major Streets)、公园(Parks)、湖泊(Lakes)、街道(Streets)

Geodatabase 网络数据集:NetworkAnalysis.mdb,包含街道图层(Streets)、仓库图层(Warehouses)、商店图层(Stores)。

三、实验原理和方法

空间网络分析(Spatial Network Analysis)是地理信息系统(GIS)空间分析的重要组成部分。网络是一个由点、线的二元关系构成的系统,通常用来描述某种资源或物质在空间上的运动。城市的道路系统、各类地下管网系统、流域的水网等,都可以用网络来表示,形成各类物质、能量和信息流通的通道。这种面向网络的数据,在 GIS 空间数据中十分常见。

地理信息系统中网络分析功能的主要目的是对地理网络(如交通网络)、城市基础设施网络(如各种网线、电力线、电话线、供排水管线等)进行地理分析和模型化。网络分析的用途十分广泛,如:公共交通运营线路选择和紧急救援行动线路的选择等,与网络最佳路径选择有关;估计排水系统在暴雨期间是否溢流及河流是否泛滥时,需要进行流量分析或负荷估计;城市消防分布和医疗保健机构的配置,可以看成是利用网络和相关数据进行资源的分配等等。目前网络分析在电子导航、交通旅游、各种城市管网和配送、急救等领域发挥着重要的作用。

(一)网络组成

网络的基本元素主要包括线状要素和点状要素。

1. 线状要素——链或弧段

连接两个结点的弧段或路径,是网络中资源运移的通道。其属性如资源流动的时间、速度、资源种类和数量、弧段的长短等等。

2. 点状要素

①结点:网络中任意两条线段或路径的交点,其属性如方向数、资源数量等。

②障碍:禁止网络中链上流动的结点,如被破坏的桥梁和禁止通行的关口等。它是唯一不表示任何属性的元素。

③拐角点:指在网络的结点处,资源运移方向可能转变,从一个链结点转向另一个链,例如在十字路口禁止车辆左拐,便构成了拐角。

④中心:指网络中具有从链上接受或发送资源能力的结点所在地,如水库属于河网的中心,学校属于路网的中心等等。其属性如资源最大容量、最大服务半径等。

⑤站点:是网络中装卸资源的结点所在地,例如车站、码头等。其属性如资源需求量,正值表示装载量,负值表示下卸量。

(二)网络的属性

网络组成部分都用图层要素形式表示,需要建立要素间的拓扑关系,包括结点—弧段拓扑关系和弧段—结点拓扑关系,并用一系列相关属性来描述。这些属性是网络中的重要部分,一般以表格的方式存储在 GIS 数据库中,以便构造网络模型和网络分析,例如在城市交通网络中,每一段道路都有名称、速度上限、宽度等,停靠点处有大量的物资等待装载或下卸等属性。在这些属性中,有如下一些特殊的非空间属性。

1. 阻 强

指资源在网络流动中的阻力大小,如所花的时间,费用等。它是描述链与拐角点所具有的属性。链的阻强描述的是从链的一个结点到另一个结点所克服的阻力,它的大小一般与弧段长度、方向、属性及结点类型等有关。拐角点的阻强描述资源流动方向在结点处发生改变的阻力大小,它随着两条相连链弧的条件状况而变化。若有单行线,则表示资源流在往单行线逆向方向的阻力为无穷大或为负值。为了网络分析的需要,一般来说要求不同类型的阻强要统一量纲。

运用阻强概念的目的在于模拟真实网络中各路线及转弯的变化条件。网络分析中选取的资源最优分配和最优路径随要素阻强的大小而变化。最优路径是阻力最小的路线。对不构成通道的链或拐角点往往赋予负的阻强,这样在选取最佳路线时可自动跳过这些链或拐角点。

2. 资源容量

指网络中心为了满足各链的需求，能够容纳或提供的资源总数量，也指从其他中心流向该中心或从该中心流向其他中心的资源总量。如水库的总容水量，宾馆的总容客量，货运总站的仓储能力等。

3. 资源需求量

指网络系统中具体的线路、链、结点所能收集的或可以提供给某一中心的资源量。如城市交通网络中沿某条街道的流动人口，供水网络中水管的供水量，货运停靠点装卸货物的件数等。

(三)网络的建立

网络中的状态属性有阻力和需求两项，可通过空间属性和状态属性的转换，根据实际情况赋到网络属性表中。在一般情况下，网络是将内在的线、点等要素在相应的位置绘出后，根据他们的空间位置以及各种属性特征建立拓扑关系，正确的拓扑关系是进行网络分析的基础。

在 ArcGIS 网络分析扩展模块中，网络分析的具体内容包括两部分；创建几何网络和进行网络拓扑分析。ArcGIS 提供大量的工具和对象用作网络分析，同时提供一个丰富的对象集合用于构造自定义网络。创建几何网络是进行网络分析的前提，一个完整的几何网络包括空间图形网络和网络要素属性。一旦网络数据建立起来，全部数据就被存放于地理数据库中，由数据库的生命循环周期来维持其运作。当使用者使用、编辑部分或全部的图形、属性数据时，都将以从原先的地理数据库中调出的已定义好的连接规则和相互关系为基础。在 ArcGIS 中建立的几何网络的格式是 Geodatabase，全部要素被封装在一个文件中，如何在 ArcGIS 中建立几何网络并定义连接规则，以及定义图层特征类别间关联信息等，将在本书后面相关章节详细介绍。

网络分析是基于几何网络的特征和属性，利用距离、权重和规划条件进行分析得到结果并应用在实际中，其主要的分析功能有路径分析、地址匹配和资源分配三个方面。

四、实验内容及步骤

(一)使用 ArcGIS 软件进行网络分析

1. 最佳路径分析

根据给定的停靠点，查找最佳路径(最省时的线路)。

(1) 数据准备

① 双击 ArcMap 工程，或从 ArcMap 中打开工程 EX10_1.mxd。

② 如果网络分析扩展模块(Network Analyst Extension)已启用，则直接点击网络分析。

③ 如果网络分析工具栏没有出现，则在工具栏显区点右键打开或执行菜单命令“View”→“Toolbars”，并点击“Network Analyst”以显示网络分析工具栏(图 3-44)。

图 3-44　Network Analyst 工具栏

④ 如果网络分析窗口没有打开，则在网络分析工具栏中点击网络分析窗口按钮(图 3-44),打开网络分析窗口。

(2)创建路径分析图层

在网络分析工具栏“Network Analyst”上点击下拉菜单“Network Analyst”,然后点击“New Route”菜单项(图 3-45)。

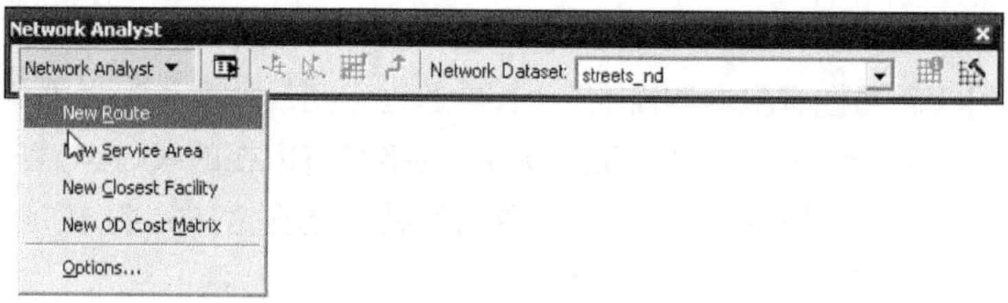

图 3-45　Network Analyst 工具栏下拉菜单

此时在网络分析窗口“Network Analyst Window”(图 3-46)中包含一个空的列表,显示停靠点(Stops)、路径(Routes)、路障(Barriers)的相关信息。同时,在 TOC(图层列表)面板上添加了新建的一个路径分析图层(Route)组合。

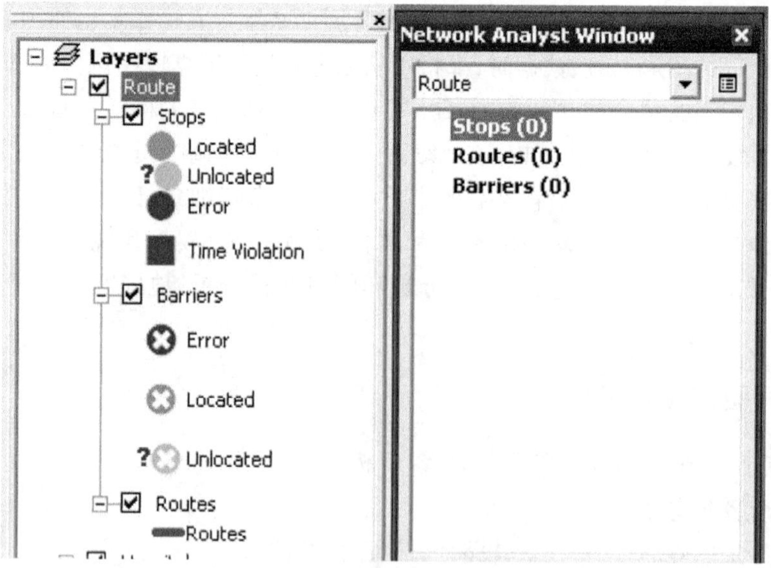

图 3-46　网络分析窗口

(3)添加停靠点

通过以下步骤添加停靠点，最佳路径分析将找到最佳的经停顺序以计算并得到最佳路径。

①在网络分析窗口“Network Analyst Window”中点选“Stops(0)”。

②在网络分析工具栏“Network Analyst”上点击“新建网络位置(Create Network

Location)”工具。

③ 在地图的街道网络图层的任意位置上点击以定义一个新的停靠点。

程序将在街道网络上自动计算并得到一个距离给定位置最近的停靠点，已定义的停靠点会以特别的符号进行显示。停靠点会保持被选中的状态，除非它被明确地反选(Unselected)或者又新增了一个另外的停靠点。停靠点所在的位置会同时显示一个数字“1”，数字表示经停的顺序。

④ 再添加 4 个停靠点。新增加的停靠点的编号为 2、3、4、5。经停的顺序可以在网络分析窗口“Network Analyst Window”中更改(图 3-47)。第一个停靠点被认定为出发点，最后一个停靠点被认定为是目的地。

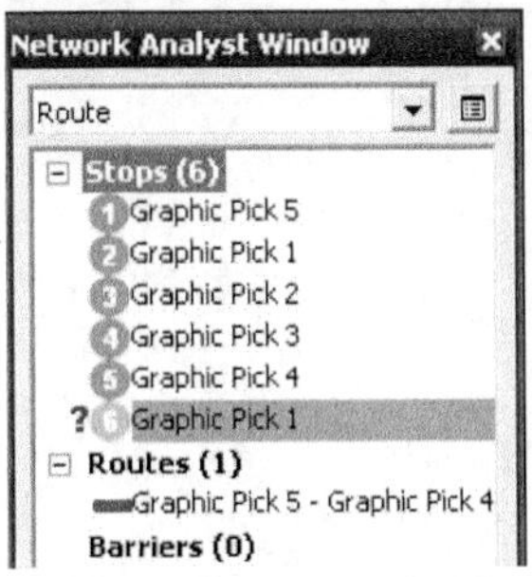

图 3-47　更改经停顺序

如果一个停靠点无法定位于道路网络上，则会显示一个“未定位”的符号(图 3-48)。

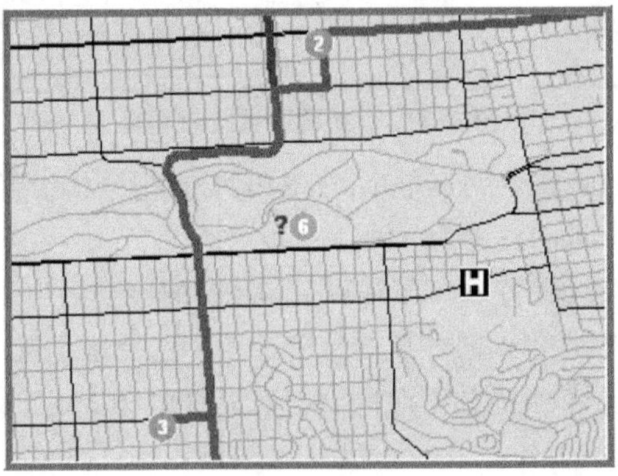

图 3-48　未定位停靠点的表示

“未定位”的停靠点可以通过移动操作将其定位到道路网络上，在网络分析“Network Analyst”工具栏上点选“选择 / 移动网络位置(Select/Move Network Location)”按钮，使用此工具将“未定位”的停靠点拖放到附近的道路网络上。

(4) 设置分析选项

以下操作基于规则(单向行驶规划必须遵守，任意路口可以调头)计算最省时间的线路。

① 如图 3-49 所示，在“网络分析窗口(Network Analyst Window)”中点击“分析图层属性(Analysis Layer Properties)”按钮打开图层“Route”的属性设置对话框。

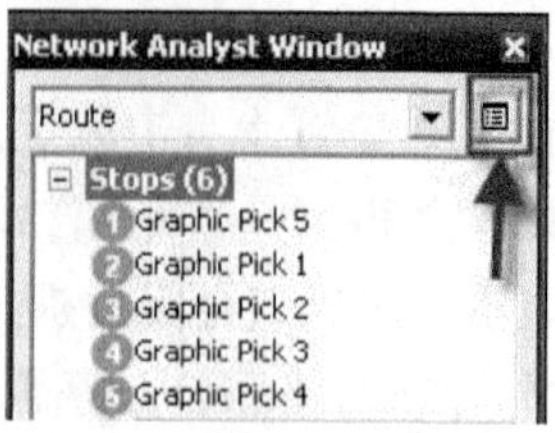

图 3-49　分析图层属性按钮

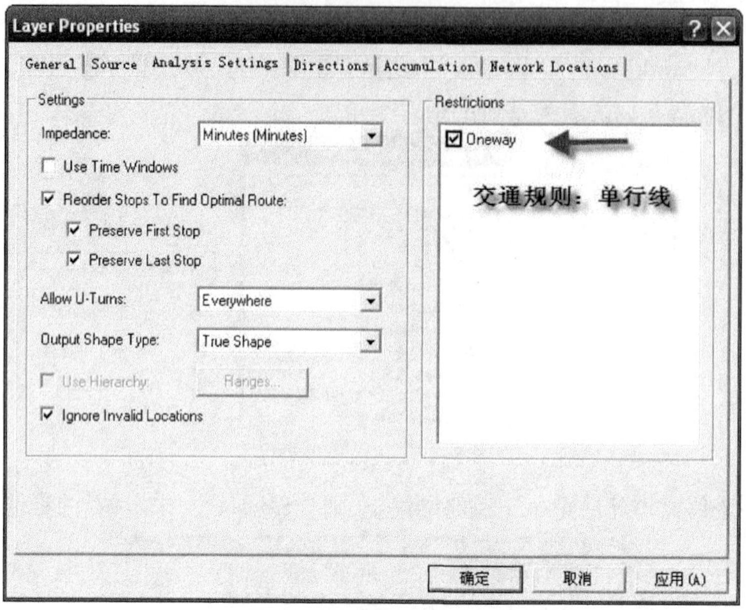

图 3-50　分析图层属性对话框

②在分析图层 Route 属性对话框中(图 3-50),点击分析设置“Analysis Settings”选项并确认,阻抗(Impedance)设置为分钟(Minutes)。

③不使用时间限制 (保持 Use Time Windows 前的检查框为非选中状态)。当必须在规定时间在某个停靠点停留时才使用这个选项，选择这个选项后可以通过设置停靠点属性来设置某个停靠点到达的时间、离开的时间(图 3-51)(在 ArcMap 联机帮助中查询关键词 network analysis，routing with time windows 可以了解详细内容)。

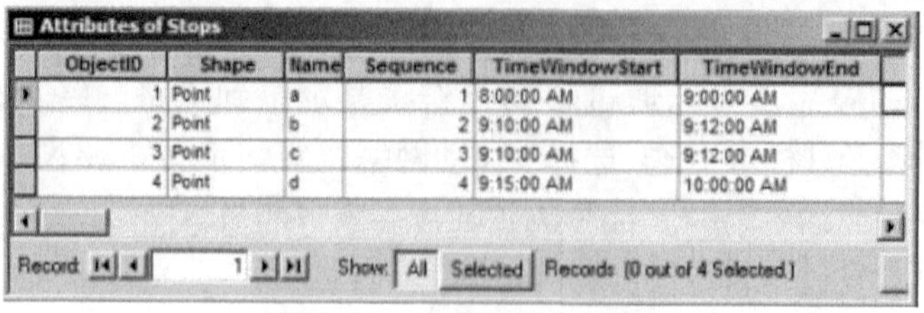

图 3-51　设置停靠点属性

④不使用“经停点重排序功能”(保持“Reorder stops to Find Optimal Route”检查框为未选中状态)。这保证了经停顺序为你事先指定的顺序。

⑤在“允许路口调头(Allow U-turns)”下拉列表中选择“任何路口(Every Where)”。

⑥在“输出图形类型（Output Shape Type)”下拉列表中选择“实际形状(True Shape)”。

⑦选中“忽略无效位置(Ignore Invalid Locations)”检查框。这样分析时将会忽略那些不在道路网络上的停靠点。

⑧在“约束规划(Restrictions)”列表框中选择“单行线(Oneway)”。

⑨点击“方向(Directions)”选项，确定“距离单位(Distance Units)”设置为“米(Meters)”，“显示时间(Display Time)”检查框被选中，“时间属性(Time Attribute)”被设置为“分钟(Minutes)”。点击“确定”按钮退出“图层属性”对话框(图 3-52)。

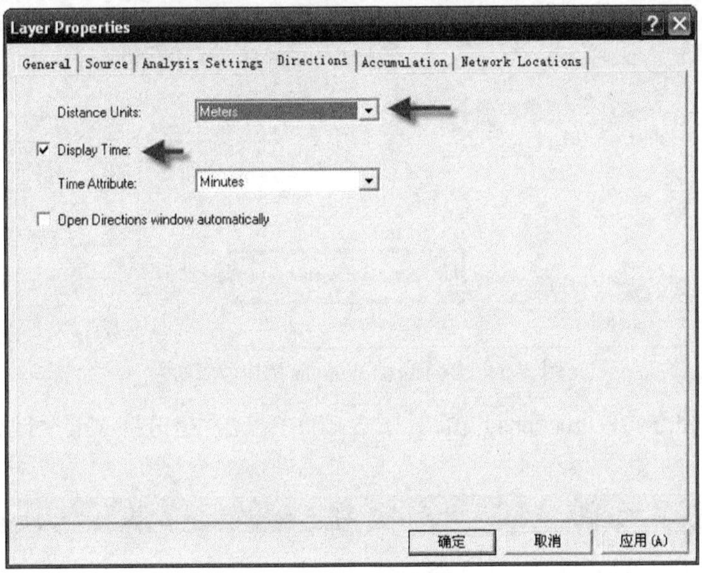

图 3-52 设置图层属性

(5)运行最佳路径分析得到分析结果

①在网络分析工具栏“Network Analyst”上点击“求解(Solve)”按钮。分析结果——最佳路径线状要素图层将在地图中显示，在“网络分析窗口（Network Analyst Window)”中“路径(Route)”的目录下也会同时显示(图 3-53)。

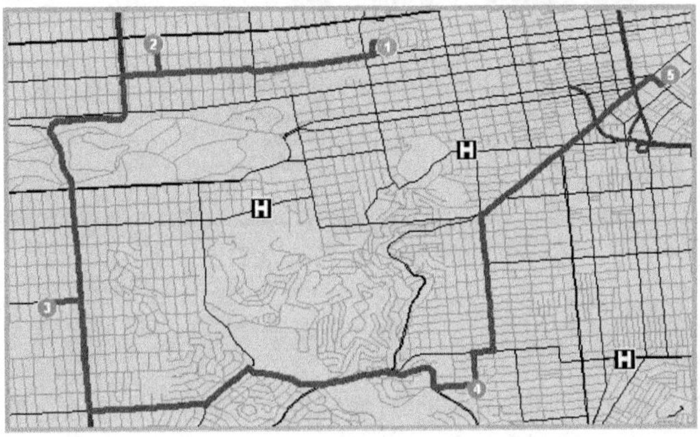

图 3-53 最佳路径分析结果

②在“网络分析窗口(Network Analyst Window)”中点击“Route”树状结点左边的“加号(+)”显示最佳路径。

③右键击最佳路径“Graphic Pick…”或在网络分析工具栏中点击“方向(Direction)”按钮打开“行驶方向”窗口(图 3-54)。

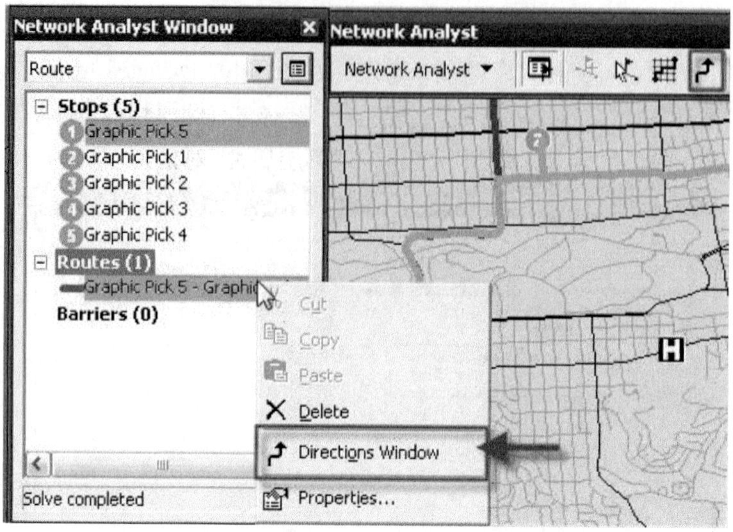

图 3-54　Directions Window 按钮位置所在

④在“行驶方向(Directions)”窗口(图 3-55)中点击“超链接 Map”可以显示转向提示地图。

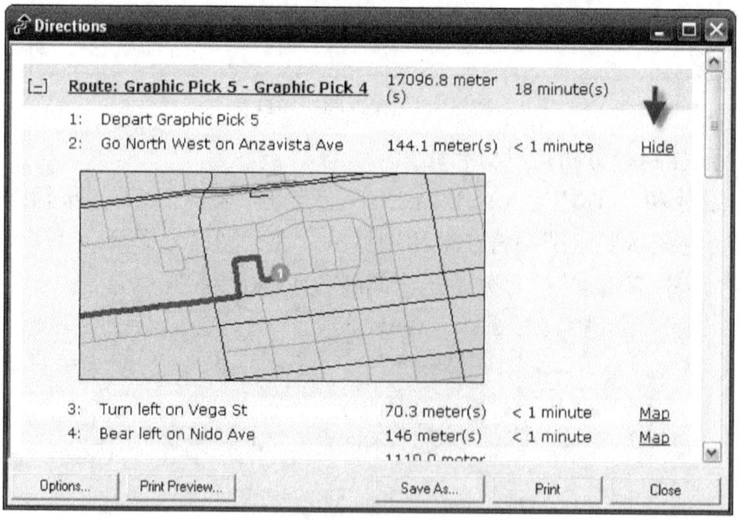

图 3-55　Directions 窗口

⑤关闭“行驶方向(Directions)”窗口。

(6)设置路障(Barrier)

通过在行驶路径上增加障碍,表示真实情况下,道路上无法通行的路障。在进行最佳路径分析将会绕开这些路径查找替代路线。

①在 ArcMap 中执行菜单命令“Window”→“Magnifier”显示放大镜窗口。

②通过按住“放大镜窗口(Magnifier)”的标题栏在地图上移动,在地图中找到已经计算得到的最佳路径，松开鼠标。这时最佳路径的一部分应该显示在“放大镜窗口(Magnifier)”的中心位置,可以将这个区域的某个路段上放置一个路障。

③在“网络分析窗口(Network Analyst Window)”中单击“路障(Barrier (0))。

④在“网络分析(Network Analyst)”工具栏上点击“新建网络位置(Create Network Location)”工具按钮。

⑤在“放大镜窗口(Magnifier)”中最佳路径上的某个位置放置一个路障。

⑥在“网络分析(Network Analyst)”工具栏上点击“求解(Solve)”按钮,得到新的最佳路径(图 3-56),从而避开路障。

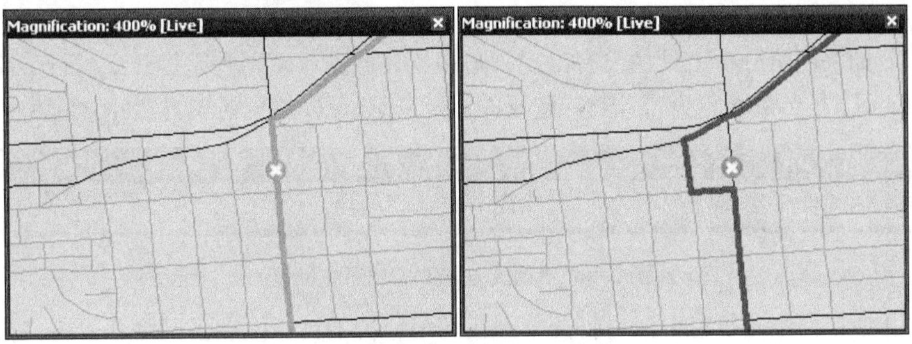

图 3-56　避开路障生成新的最佳路径

⑦关闭“放大镜(Magnifier)”窗口。

(7)保存分析结果——最佳路径

①在“网络分析窗口(Network Analyst Window)”中右键点击“路径(Routes (1))”,在出现的右键菜单中点击“导出数据(Export Data)”菜单命令。

②在“导出数据(Export Data)”对话框中指定导出的文件名(图 3-57)。

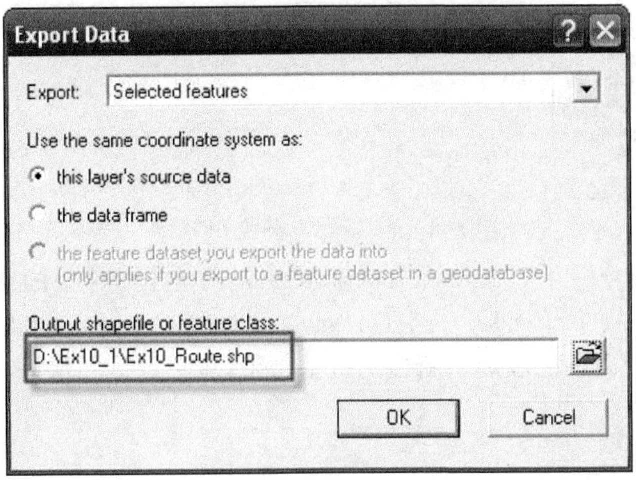

图 3-57　导出数据对话框

③点击“OK”按钮，最佳路径就会保存为指定的 Shape 文件。.

④当 ArcMap 询问“是否要将导出数据作为一个图层添加到地图中”时，点击“否(NO)”。

⑤关闭 ArcMap。

2. 最近服务设施分析(查找最近的消防队)

在这个实验中，当某个位置发生火灾时将找到距事故最近的四个消防队，并且可以进一步找到能够最快到达事故地点的路线。

(1)数据准备

①双击 ArcMap 工程“EX10_2.mxd”，或从 ArcMap 中打开工程“EX10_2.mxd”。

②如果网络分析扩展模块(Network Analyst Extension)已经启用，则直接点击网络分析。

③如果网络分析工具栏没有出现，则在工具栏显示区点右键打开或执行菜单命令“View”→“Toolbars”，并点击“Network Analyst”以显示网络分析工具栏(图 3-58)。

图 3-58　网络分析窗口按钮所在位置

④如果网络分析窗口没有打开，则在网络分析工具栏中点击网络分析窗口按钮(图 3-58)，以打开网络分析窗口。

(2)创建“最近服务设施分析图层”

在网络分析工具栏“Network Analyst”上点击下拉菜单“Network Analyst”，然后点击“新建最近服务设施(New Closest Facility)”菜单命令(图 3-59)。

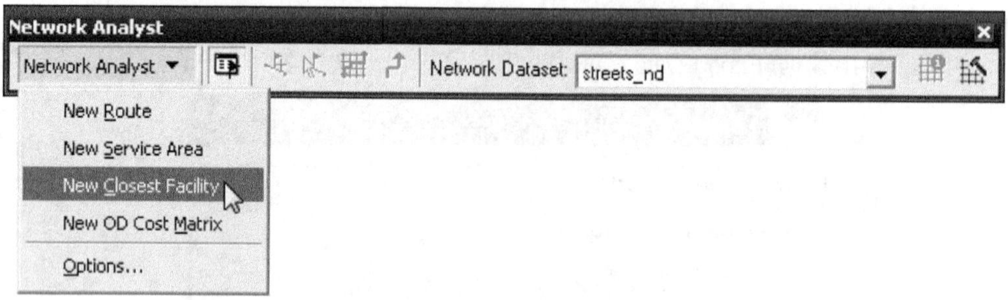

图 3-59　最近服务设施菜单的选择

此时在网络分析窗口“Network Analyst Window”中包含一个空的列表，显示“设施(Facilities)”、“事故(Incidents)”、“路径(Routes)”、“路障(Barriers)”树状目录。同时，在 TOC(图层列表)面板上添加了新建的一个“最近服务设施图层(Route)组合”(图 3-60)。

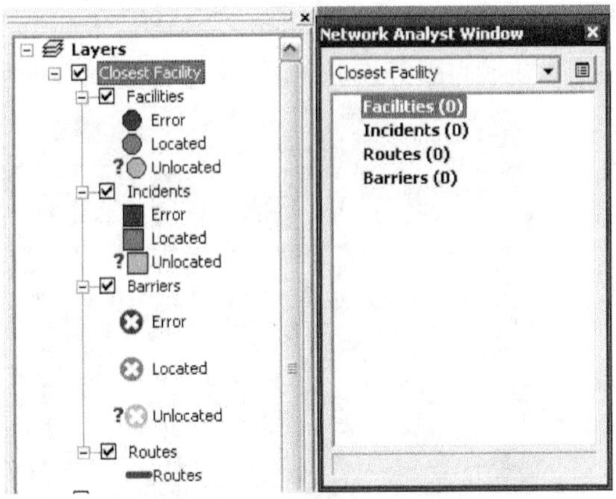

图 3-60　新建最近服务图层的目录和图层列表

(3)添加"服务设施"图层

通过添加已存在的一个点状图层作为服务设施图层,可以定义服务设施的位置。

①在"网络分析"窗口中右键点击树状结点"Facilities (0)",在出现的右键菜单中点击命令"加载位置(Load Locations)"(图 3-61)。

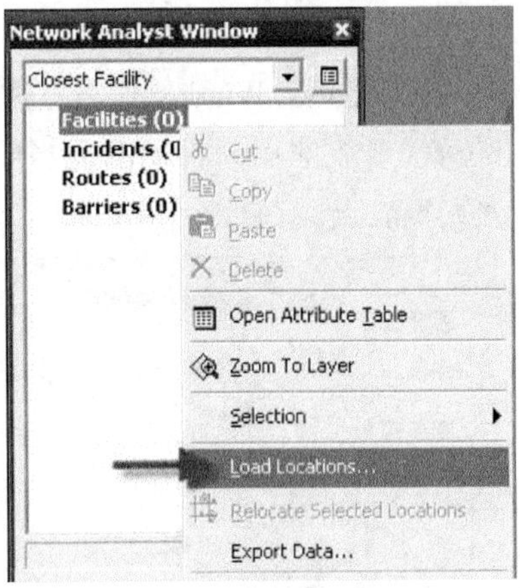

图 3-61　选择加载位置命令

②在"加载位置(Load Locations)"对话框中,从"由图层加载(Load From)"下拉列表中选择"File_Staion",点击"确定"(图 3-62)。

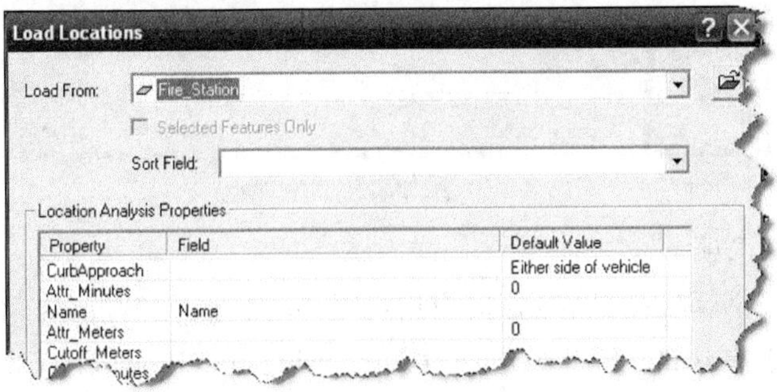

图 3-62　加载位置对话框

在“网络分析窗口(Network Analysis Window)”中显示有 40 个消防队。加载的服务设施——消防队在地图上显示为服务设施符号(实心圆)(图 3-63)。

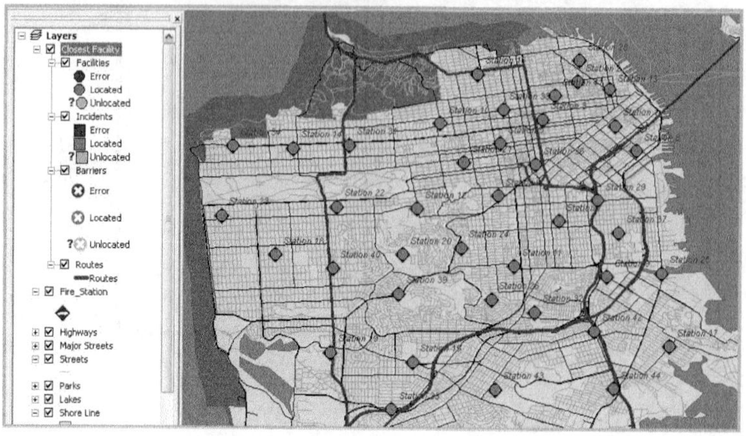

图 3-63　加载的服务设施的显示

(4)设定火灾事故发生地点

通过以下步骤在道路网络上定位一个火灾事故发生地址，以进一步作救援调度分析。

①在“网络分析窗口(Network Analyst Window)”中点选树状结点“Incidents(0)”，将在此图层上添加一个网络位置(事故地点)，将地图适当放大并平移到如下的区域，在图 3-64 的位置添加一个火灾事故点。

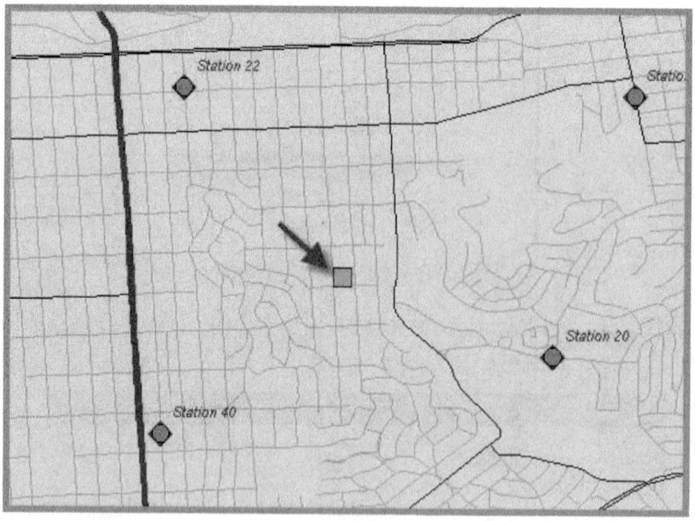

图 3-64　添加事故发生地点

(5)设置分析选项

① 如图 3-65 所示，在“网络分析窗口(Network Analyst Window)”中点击“Closest Facility”下拉列表右边的“分析图层属性(Analysis Layer Properties)”按钮，打开图层“Closest Facility”的属性设置对话框(图 3-65)。

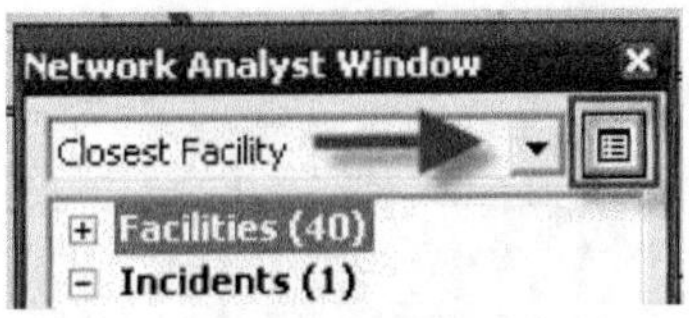

图 3-65 分析图层属性按钮

②在图层属性对话框中点击“分析设置（Analysis Settings）”选项页，在“阻抗(Impedance)”下拉列表中选择“分钟(Minutes)”。

③将“默认响应条件(Default Cutoff value)”设置为 3(单位:min)。ArcGIS 将查找能够在 3min 到达火灾事故地点的最近的消防队。

④将“查找服务设施数目(Facilities to Find)”设置为 5。ArcGIS 将试图查找 5 个能够在 3min 到达火灾事故地点的消防队,不能够在规定时间内到达的设施将被忽略。

⑤将“救援方向(Travel From)”设定为“从服务设施到事故点(Facility to Incident)”(由消防队到火灾事故点)。

⑥在“允许路口调头(Allow U-turns)”下拉列表中选择“任何路口(Every Where)”。

⑦在“输出图形类型(Output Shape Type)”下拉列表中选择“实际形状(True Shape)”。

⑧选中“忽略无效位置(Ignore Invalid Locations)”检查框。这样分析时将会忽略那些不在道路网络上的停靠点(事故点)。在“约束规则(Restrictions)”列表框中选择“单行线(Oneway)”(图 3-66)。

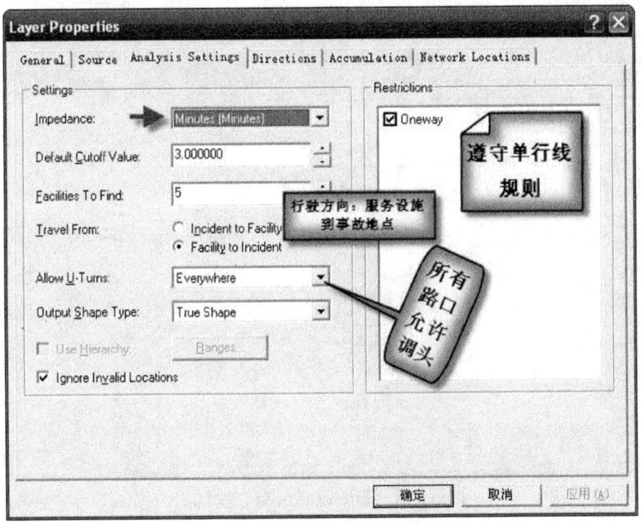

图 3-66 忽略无效位置检查框

⑨点击“确定(OK)”按钮。

(6)运行分析过程查找最近的服务设施

①在“网络分析(Network Analyst)”工具栏上点击“求解(Solve)”按钮。分析结果——救援路径线状要素图层将在地图中显示，在“网络分析窗口（Network Analyst Window)”中“路径(Route)”目录下也会同时显示(图 3-67)。

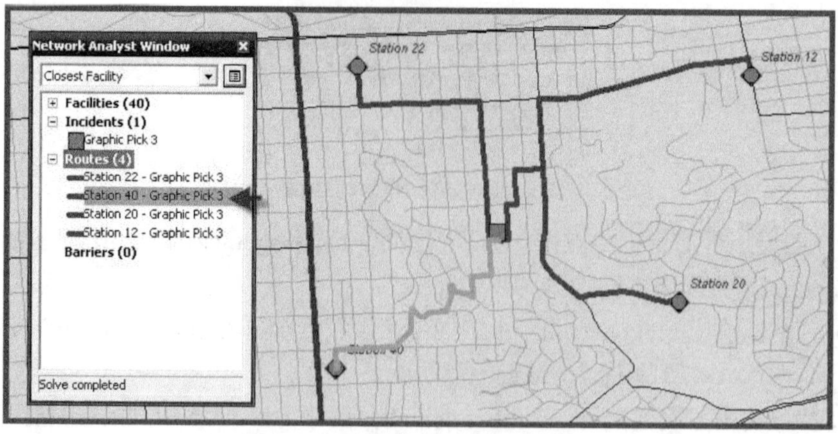

图 3-67　救援路径分析结果的显示

值得注意的是，只找到距事故地点最近四个消防队(因为第 5 个到达事故点的时间已超了 3min)，当然如果在“分析属性设置对话框”中将“默认响应条件(Default Cutoff value)设置为 4，则有可能找到 5 个最近的消防队。

②在“网络分析(Network Analyst)”工具栏上点击“行驶方向(Directions)”工具按钮可以显示每条救援线路的导航信息(图 3-68)。

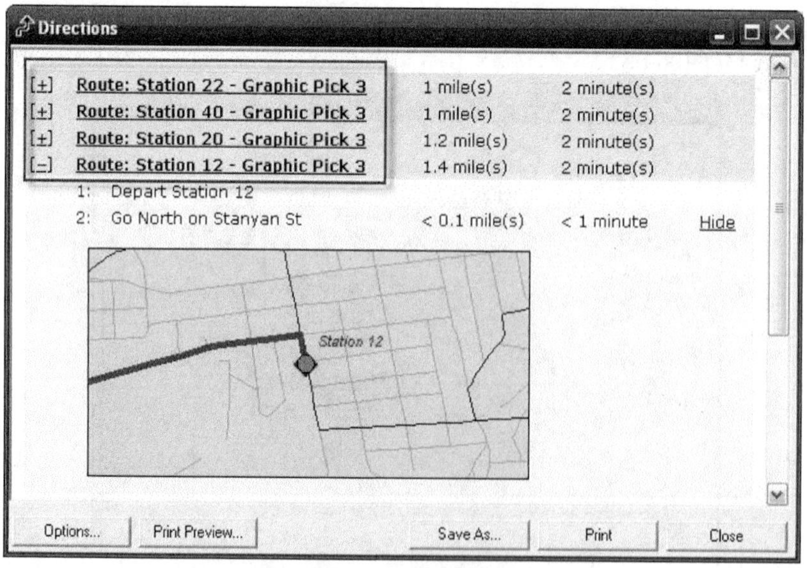

图 3-68　Directions 导航窗口

③退出 ArcMap。

(二)使用 MapGIS 软件进行网络分析

1. 最佳路径分析

①进入空间分析/网络分析子系统，从“文件”中装入网络文件（如 sample/N_samp60.wn）。

②在“分析”菜单栏中选择“路径分析”，用鼠标左键依次选取路径结点，点击右键结束。

③在弹出的对话框(图3-69)中进行相关参数的设置，点击“OK”，显示分析结果。

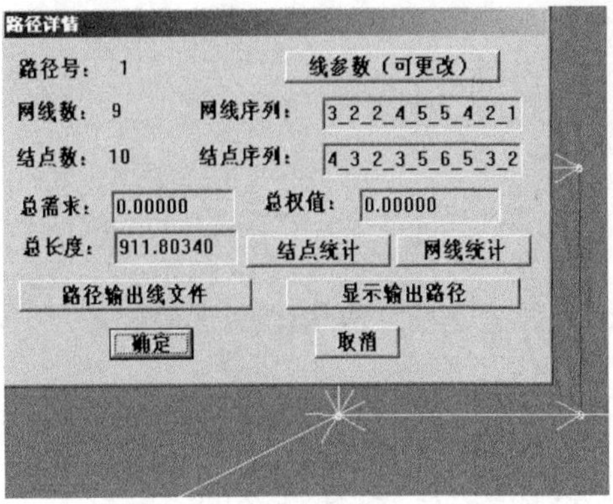

图3-69　路径详情对话框

2. 最近服务设施分析

①进入空间分析/网络分析子系统，从“文件”中装入网络文件(如sample/Prv60.wn)。

②在“分析”菜单栏中选择“定位分配”→“实施定位分配”，在弹出的对话框(图3-70)中调整资源分配选项，点击“OK”，查看资源分配信息。

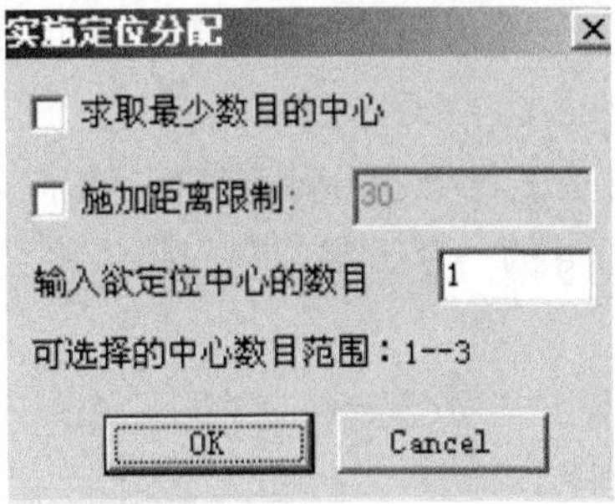

图3-70　实施定位分配对话框

值得注意的是，网络分析过程中，可以在“附属元素”菜单中根据需要设置中心、站点、障碍等网络分析要素。

五、实验报告及要求

1. 认真填写实验报告，包括原理、过程和结果。
2. 将所做实验以幻灯片形式作汇报。

实验五　3D可视分析

一、实验目的

1. 掌握三维分析的基本原理。

2. 创建三维场景，进行透视观察和三维浏览。

二、实验准备

（一）实验设备

①打印机、若干台微机。

②ArcGIS 9.x、ArcView 3.3、MapGIS、MapInfo 软件。

（二）所需资料

数字化的道路(roads)、河流(river)、等高线(contour)图层。

三、实验内容及步骤

（一）使用 ArcGIS 软件进行 3D 可视分析

预备知识：

ArcGlobe 是 ArcGIS 桌面系统中 3D 分析扩展模块中的一个部分，提供了全球地理信息的连续、多分辨率的交互式浏览功能。像 ArcMap 一样，ArcGlobe 也使用 GIS 数据层，显示 geodatabase 和所有支持 GIS 数据格式中的信息。ArcGlobe 具有地理信息的动态 3D 视图。将所有的 GIS 数据源整合到一个通用的全球的框架中。它能处理数据的多分辨率显示，使数据集能够在适当的比例尺和详细程度上可见。

与 ArcMap 类似，ArcScene 是 ArcGIS Desktop 中专门用于显示三维数据的独立程序。ArcScene 的功能有：浏览三维数据、创建表面、进行表面分析、三维飞行模拟。ArcScene 可以看成是 ArcGlobe 的一个子集。它们都依赖于 ArcGIS 的 3D 分析模块。

1. 创建三维场景

①通过“程序”→“ArcGIS”→“ArcScene”或在“3D Analyst”菜单条中点击按钮启动ArcScene 三维分析应用程序。

②在 ArcScene 中加载二维要素专题(图 3-71)。

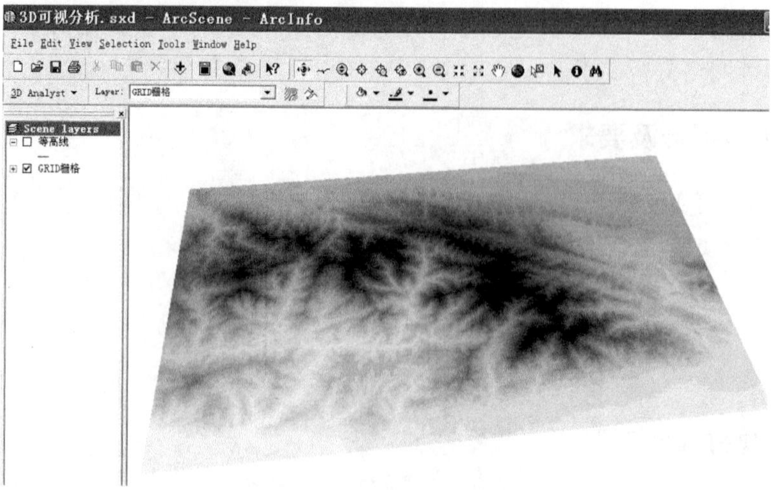

图 3-71　加载二维要素

③打开 GRID 栅格的属性对话框,选择基准高程标签。

④选择"Obtain heights for layer from surface"选项,设置表面基准高程(图 3-72)。

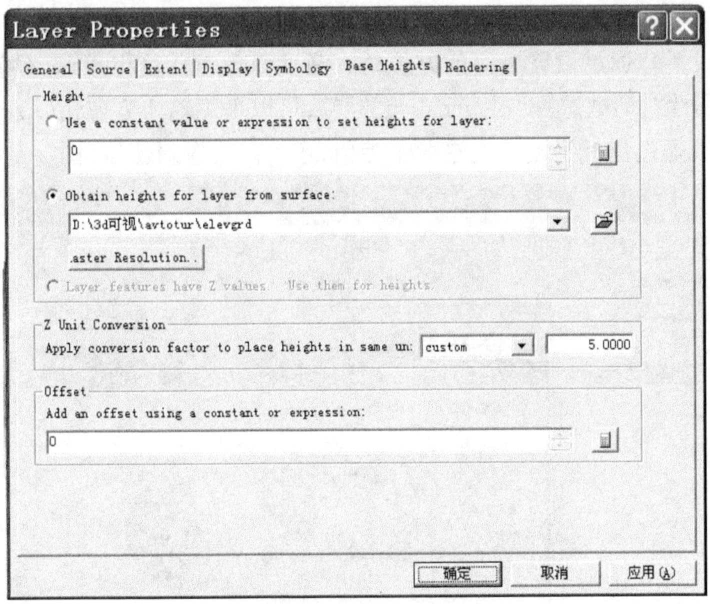

图 3-72　设置表面基准高程

⑤点击"OK",等高线即呈现 3D 显示(图 3-73)。

图 3-73　等高线的 3D 显示

2. 修改主题的三维属性

①坐标系统设置。右击"场景属性"对话框,选择"Coordinate system"标签,双击"预定义(Predefined)"或通过 Import 输入坐标系统,这样加载到场景中的数据都将使用该坐标系统进行显示。

②显示范围设置。默认情况下,场景的范围为场景中所有图层的范围。设置合适

的场景范围，可以消除一些无关信息，增加绘图时的性能。在场景属性对话框选择“Extent”标签，在“Layers”下拉列表中选择某一图层或通过自定义(Custom)输入最大最小 X、Y 坐标，从而确定场景范围。

③光照设置。通过设置光源的方位角、高度角及对比度可以调整场景的照明情况。在场景属性对话框选择“Illumination”标签，可以手工输入方位角(Azimuth)和高度角(Altitude)或通过鼠标滑动改变这两个参数，还可以设置对比度(图 3-74)。

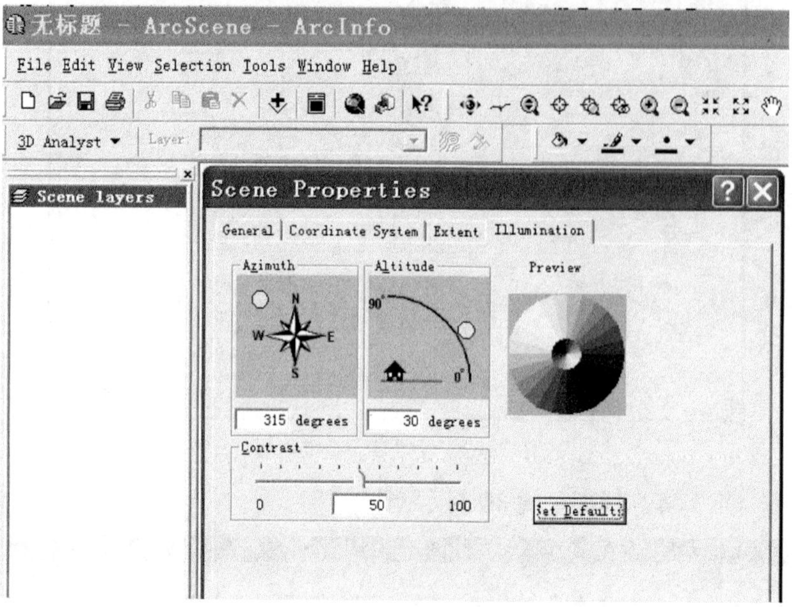

图 3-74　场景属性对话框

④背景颜色设置。在“场景属性”对话框选择“General”标签，在“背景色(Background)”设置中选择背景色，还可将所选颜色设置为默认背景色(选中“Use as default in all new scenes”复选框)。

⑤动画旋转设置。在“场景属性”对话框选择“General”标签，选中“Enable Animated Rotation”选项即可激活动画旋转功能。激活之后，可以使用场景漫游工具(Navigate)左右拖动场景，即可旋转，旋转速度取决于鼠标拖放前的速度，在旋转过程中可以通过鼠标左右键进行增、减速调节。点击场景相反方向即可停止其转动。ArcScene 场景可以使场景围绕其中心旋转，旋转速度与察看角度可以人为调整，并可在旋转的同时进行释放。

⑥垂直拉伸设置。垂直拉伸用于强调表面的细微变化，垂直拉伸对场景内所有图层都产生作用。打开“场景属性”对话框，在“General”选项卡中选择“垂直拉伸(Vertical Exaggeration)系数”，或者点击“Calculate From Extent”按钮，系统将根据场景范围与高程变化范围自动计算垂直拉伸系数。

3. 二维文件的三维显示

①在 ArcScene 中加载二维要素专题(图 3-75)。

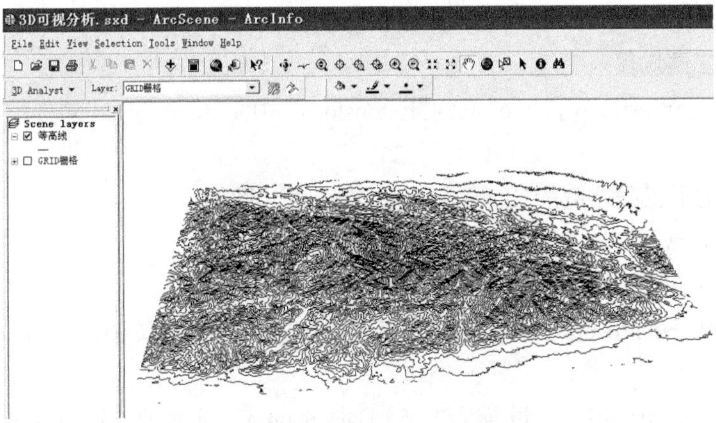

图 3-75　加载二维要素

②打开等高线要素的属性对话框，选择基准高程标签。

③选择“Use a contant value or expression to set heights for layer”选项，打开右侧表达式编辑器▣，通过属性设置基准高程(图 3-76)。

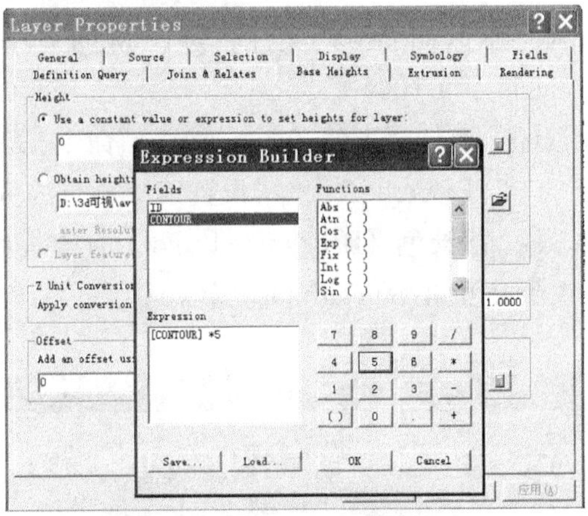

图 3-76　设置表达式编辑器

④点击“OK”，等高线即呈现 3D 显示(图 3-77)。

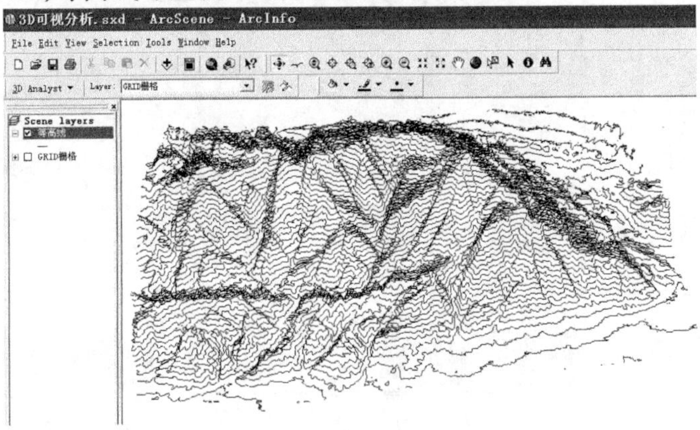

图 3-77　等高线的 3D 显示

(二)使用 ArcView 软件进行 3D 可视分析

1. 创建三维场景

①打开 ArcView,点击“File”下的“Extensions”中的“3D Analyst”复选框添加三维分析模块。

②激活位于工程左侧的“3D Scenes(三维场景)”图标。

③单击“New”打开一个新的三维场景。

④按下“Add Theme”图标按钮。

⑤将“Date Source Type”设置为“Feature Data Source”,选取 River.shp 文件,添加到三维场景中。

⑥将“Date Source Type”设置为“Grid Data Source”,选取 DEM.grd 文件,添加到三维场景中。

⑦打开并点击“三维场景”按钮,以显示这两个主题。

2. 修改主题的三维属性

①激活主题 DEM,点击“Theme”下的“3D Properties”命令,设置“3D Properties”下的“Base Height”为 Surface 选项,Surface 的文件名为 DEM 的文件名(grid 或 TIN),设置高程的偏移量(Offset heights)为 0。

②激活主题 River,点击“Theme”下的“3D Properties”命令,Offset heights 值为 3。

③点击“Theme”下的“3D Properties”命令,设置三维场景的垂直缩放因子(Vertical exaggeration factor)为 1.5,背景色(Background color)为浅灰色,太阳方位角(Sun azimuth)为 Northeast,太阳高度角(Sun altitude)为 Low。图 3-78 为这两个主题的三维显示。

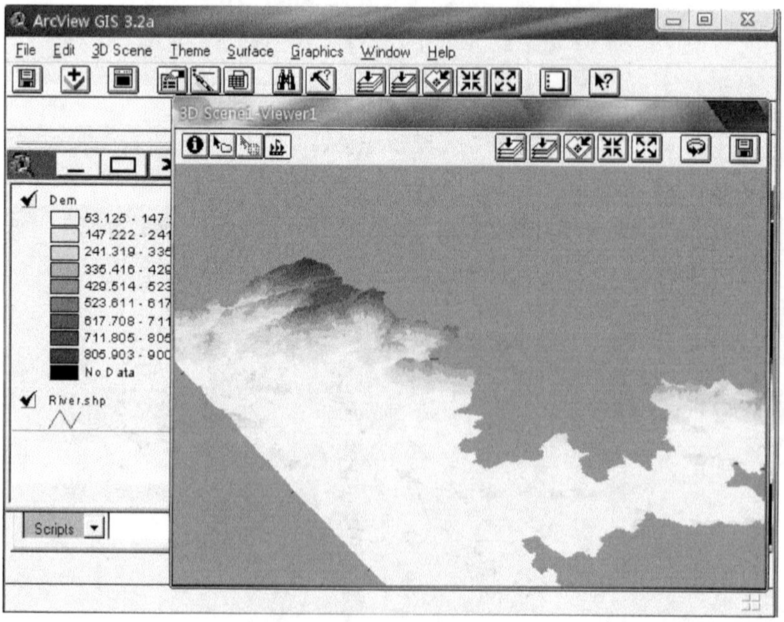

图 3-78 图层的 3D 显示

3. 二维文件的三维显示

①打开 ArcView，点击位于工程左侧的"3D Scenes"图标，打开一个新的三维场景。

②按下"Add Theme"图标按钮，添加多边形主题和 Grid 主题。

③激活主题，点击"Theme"下的"3D Properties"命令，编辑多边形主题的 3D Properties 的值，Base Height 的值为 Surface 选项，Surface 的文件名为 GRID 的文件名，偏移量设为 0，延伸值的设定需点击右侧的属性表，双击高度字段，再点击"OK"，Extrude by 的选项设为"Adding to base height"。

④激活并打开 Grid 主题，设置三维属性 Base Height 的值为 Surface 选项，其他为默认值。

⑤点击"Theme"下的"3D Properties"命令，设置三维场景的垂直缩放因子、背景色、太阳方位角、太阳高度角的值。

⑥双击多边形主题的图例，打开图例编辑器。

⑦将"Legend Type"设置为"Unique Value"，将"Value Field"设置为"ID"，点击"Apply"，并显示。

4. 遥感影像与各类数据的复合显示

①在 ArcView 下，同时打开点状主题、线状主题、面状主题、DEM 主题、遥感影像。

②点击"View"下的"3D Scene"命令，对"Add View to 3D Scene as"的选项，选择"Theme"。

③在三维视图下，对每个主题，调用"Theme"下的"3D Properties"命令，设置其三维属性。

④对点、线主题，设置 Base Height 的值为 Surface 项，Surface 的文件名为 DEM 数据的文件名，偏移量设为 1（或根据 DEM 的相对数值，设为较小的一个值），延伸值设定为 0。

⑤对面状主题，设置 Base Height 的值为 Surface 项，Surface 的文件名为 DEM 数据的文件名，偏移量设为 0，延伸值的设定需点击右侧的属性表，延伸方式为"Adding to base height"。

⑥对于 DEM 和遥感影像主题，设置 Base Height 的值为 Surface 项，Surface 的文件名为 DEM 数据的文件名，偏移量设为 0，延伸值为 0。

⑦点击"3D Scene"下的"Properties"命令，设置三维场景的垂直缩放因子、背景色、太阳方位角、太阳高度角的值，调整各个主题的上下位置，并显示。

（三）使用 MapGIS 软件进行 3D 可视分析

1. GIS 数据三维显示

①在系统主界面上选中"空间分析 /DTM 分析"。

②在文件菜单中装入规则网文件，如 fly.grd。

③在"窗口"菜单中选择"新建三维窗口"，系统会弹出所选文件的三维模型显示窗口。

④通过“数据”、“模型”、“场景”菜单项中相关参数的设置调整显示效果(图 3-79)。

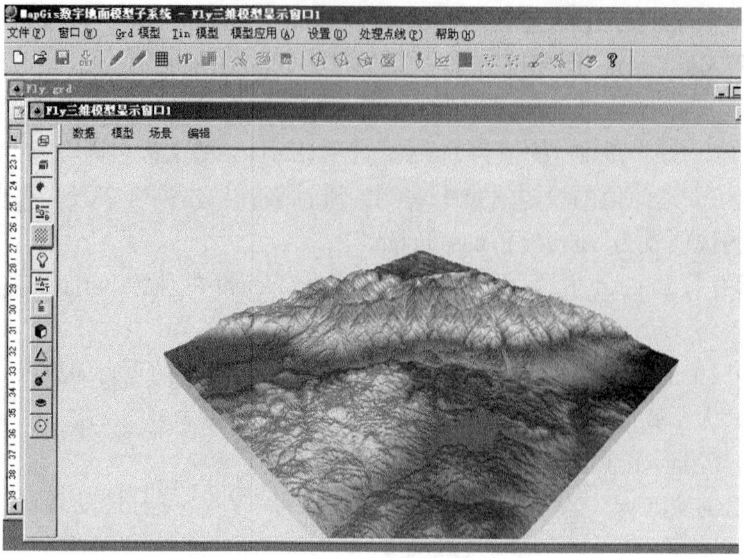

图 3-79　三维模型显示窗口

2. 三维飞行动画制作

①在三维模型显示窗口中点击鼠标右键,从快捷菜单中选取“路径编辑”。

②在弹出对话框(图 3-80)的子窗口中单击鼠标右键,选择“输入路径”即可输入飞行路径,还可以通过其他右键菜单对飞行路径进行编辑。可以调整“飞行高度”、“飞行速度”和“飞行角度”以获取最好的视觉效果。保存飞行路径退出。

③在三维模型显示窗口中点击鼠标右键,从快捷菜单中选取“场景录制”。调入飞行路径文件,调整录制视频信息,保存视频文件。

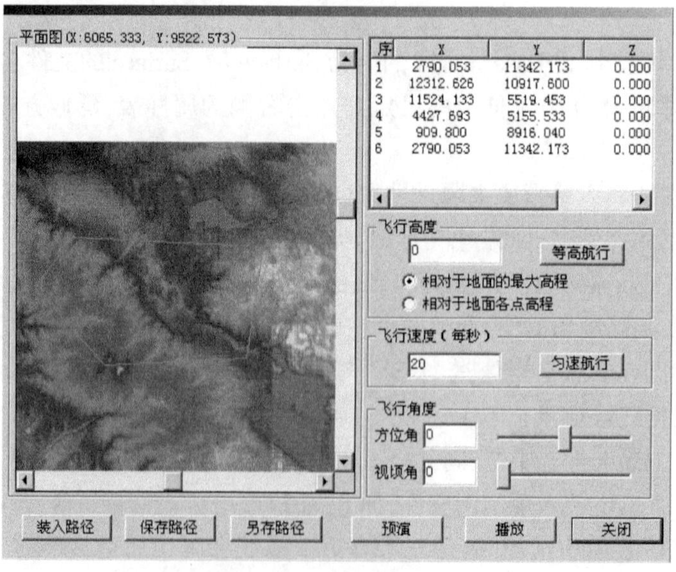

图 3-80　飞行路径对话框

四、实验报告及要求

1. 认真填写实验报告,包括原理、过程和结果。
2. 将所做实验以幻灯片形式作汇报。

实验六 空间查询与统计

一、实验目的

1. 掌握 GIS 查询与统计的基本知识。
2. 运用 ArcGIS、ArcView、MapGIS、MapInfo 等软件实现窗口查询、综合属性查询、拓扑查询和 SQL 查询,并进行统计。

二、实验准备

(一)实验设备

①打印机、若干台微机。

②ArcGIS 9.x、ArcView 3.3、MapGIS、MapInfo 软件。

(二)所需资料

数字化的土地利用图(landuse)、地貌图(landform)、土壤图(soil)。

三、实验原理及方法

GIS 的主要查询方式与采用的软件有关,一般的 GIS 软件都具有窗口查询、综合属性查询、拓扑查询和 SQL 查询等方式。

①窗口查询:是从图形出发,查询任意大小窗口内的要素的属性特征,如属性值、面积等。

②综合属性查询:是从属性出发,以属性分析为基础,主要采用布尔逻辑运算,查询满足一系列逻辑条件的要素位置、大小、数量等。

③拓扑查询:是对点、线、面三种基本实体相互之间的关系进行分析处理后提取的拓扑特征。

④SQL 查询:在标准的关系数据库查询语言(SQL)的基础上加入空间关系的一种查询方式。

四、实验内容及步骤

(一)使用 ArcGIS 软件进行查询与统计

1. 图形查询

①在 Tool 工具栏中单击“Identify Features”按钮 i 。

②鼠标指针放在图形要素(北美洲)上单击左键,打开“Identify Results”窗口。

③在“Primary Display Fields”窗口选择的字段显示在“Identify Results”左侧窗格,图形要素的所有属性显示在右侧窗格(图 3-81)。

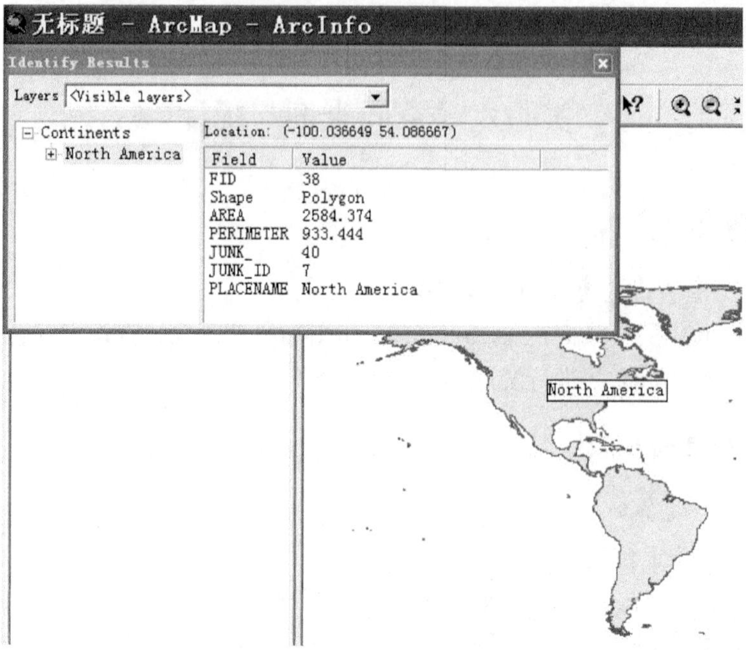

图 3-81 ArcGIS 属性查询

2. 鼠标位置查询、图形的长度、面积查询

①鼠标位置的实时信息在 ArcMap 窗口的右下角显示(图 3-82)。

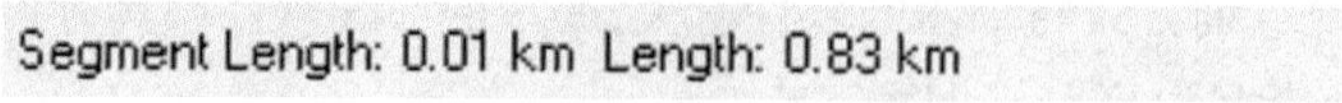

图 3-82 鼠标位置实时信息

②线状图形的单段长度、总长度在 ArcMap 窗口的左下角显示。

③面状要素的周长、面积在 ArcMap 窗口的左下角显示(图 3-83)。

图 3-83 面状要素的周长、面积显示

3. 属性表查询

①鼠标放在图层名处右击打开世界大陆分布图的属性表。

②选择 Area 字段点击右键按降序(Sort Descending)排列。

③拖动鼠标选择前三条记录,关闭属性表。

④ArcMap 中显示面积前三位的陆地。

4. SQL 查询

①选用菜单“Selection”打开“Select by attributes”对话框。

②输入 SQL 查询语名(select * from continents where)中的逻辑关系条件:“AREA” >= 1000;“PLACENAME” = “Europe”等(图 3-84)。

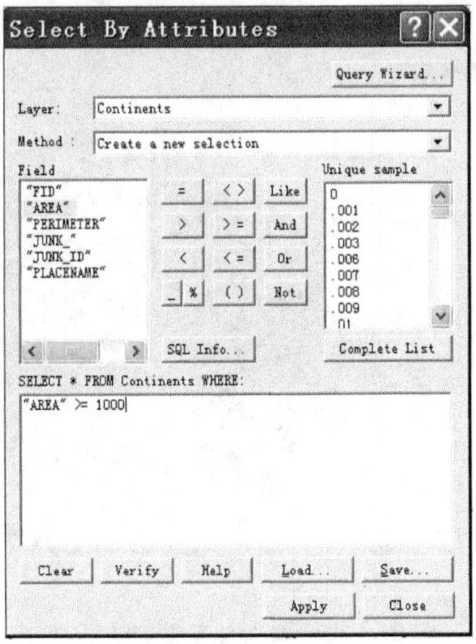

图 3-84　Select by attributes 对话框

③ArcMap 中显示符合逻辑条件的图形要素。

5. 空间关系查询

空间关系查询可以在不同类型要素的专题间进行,包括包含查询、相邻查询、相交查询。包含查询包括点与面、线与面和面与面之间的包含关系查询;相邻查询包括点与点、点与线、点与面、线与线、线与面和面与面之间的相邻关系查询;相交查询包括线与线、线与面和面与面之间的相交关系查询。

(1)包含查询

①直接添加学生和村庄两个专题到 ArcMap 中或通过 ArcCatalog 添加。

②选用菜单“Selection”打开“Select by attributes”对话框,通过 SQL 语句选择村名为李村的区域。

③选用菜单“Selection”打开“Select by location”对话框,输入查询图层学生和条件图层村庄,选择它们的关系为“Are completely within”,并选择“Use selected features”,点击“Apply”。

④通过两次选择即可查询李村所含的学生(图 3-85)。

(2)相邻查询

①直接添加村庄和公路两个专题到 ArcMap 中或通过 ArcCatalog 添加。

②右键点击相邻分析属性对话框“Data Frame Properties”,设定地图单位和显示单位均为公里(Kilometers)(图 3-86)。

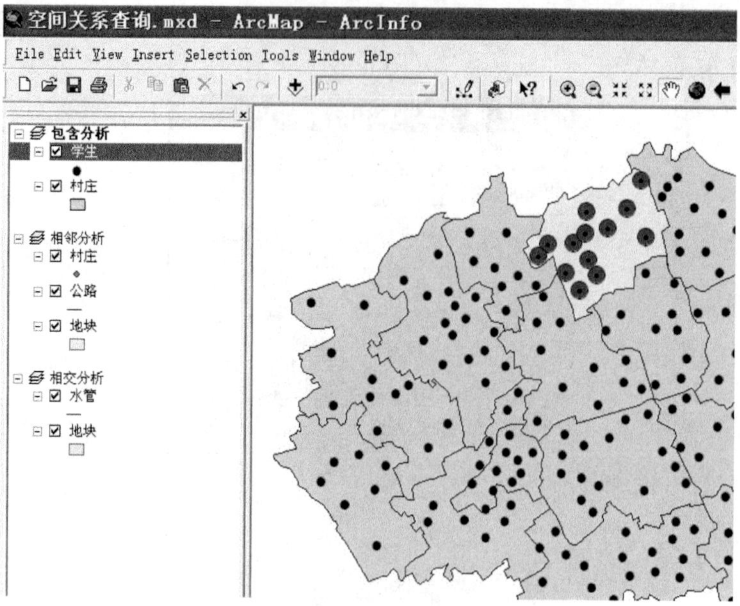

图 3-85　包含关系查询结果

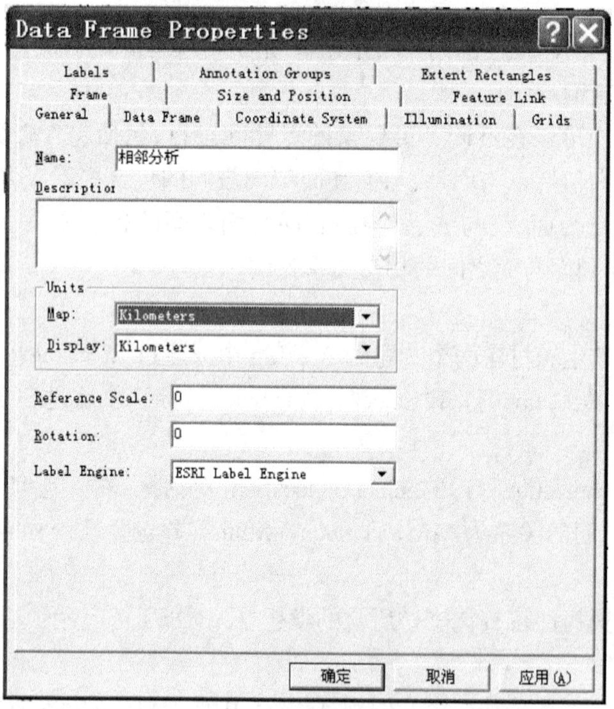

图 3-86　相邻分析组属性对话框

③选用菜单“Selection”打开“Select by location”对话框，输入查询图层村庄和条件图层公路，选择它们的关系为“Are within a distance of”，并设定 Distance 为 0.5km，点击“Apply”。

④通过相邻距离选择即可查询离公路不到 0.5km 的村庄如图 3-87 所示。

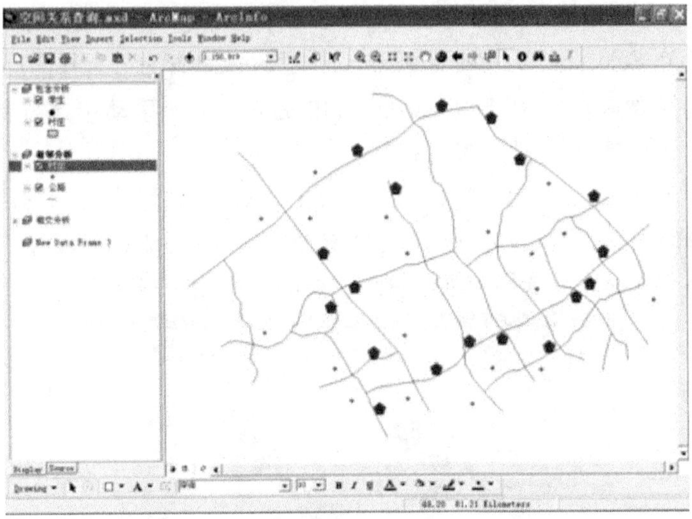

图 3-87 相邻关系查询结果

(3)面面相邻查询

①直接添地块的面图层专题到 ArcMap 中或通过 ArcCatalog 添加。

②右键点击相邻分析属性对话框"Data Frame Properties",设定地图单位和显示单位均为米(Metre)。

③选用菜单"Selection"打开"Select by attributes"对话框,通过 SQL 查询土地类型(landuse)为工业用地的地块(M)。

④选用菜单"Selection"打开"Select by location"对话框,输入查询图层和条件图层地块,选择它们的关系为"Are within a distance of",设定距离被选择的工业用地的距离为 100m 的相邻条件,点击应用"Apply"。

⑤通过两次选择即可查询距离工业用地不到 100m 的其它地块(图 3-88)。

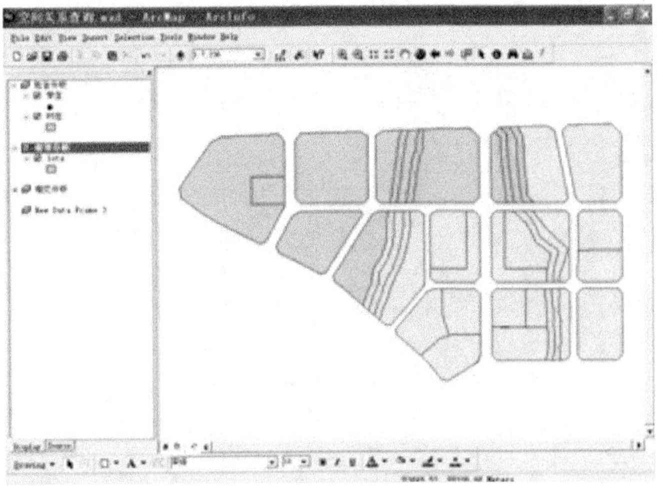

图 3-88 面面相邻关系查询结果

(4)相交查询

①直接添加水管和地块两个专题到 ArcMap 中或通过 ArcCatalog 添加。

②通过菜单“Selection”→“Set selectable layer”设定水管为可选择图层。

③通过选择要素工具 (Select feature)和 Shift 键配合手动选择需要维修的多个水管,注意选择的水管要有地块和它相交。

④选用菜单“Selection”打开“Select by location”对话框,输入查询图层地块和条件图层水管,选择它们的关系为“Intersect”,并选择“Use selected features”,点击“Apply”。

⑤通过两次选择即可选择与维修管道相交的地块(图 3-89)。

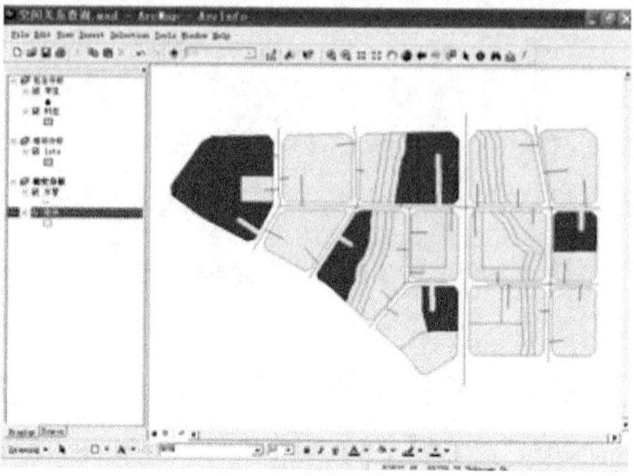

图 3-89　相交关系查询结果

6. 属性统计

(1)矢量数据的属性统计

①在视图中添加“soilsample”和“landuse”两个矢量图层,并通过 SQL 查询和包含关系查询,得出土地利用状况为“水田”区域内的土壤采样点,如图 3-90。

图 3-90　查询结果显示

②在属性表内用鼠标点击需统计的字段名称，然后点击右键选择“Statistics”菜单，则会得到相应的统计结果，如图 3-91。

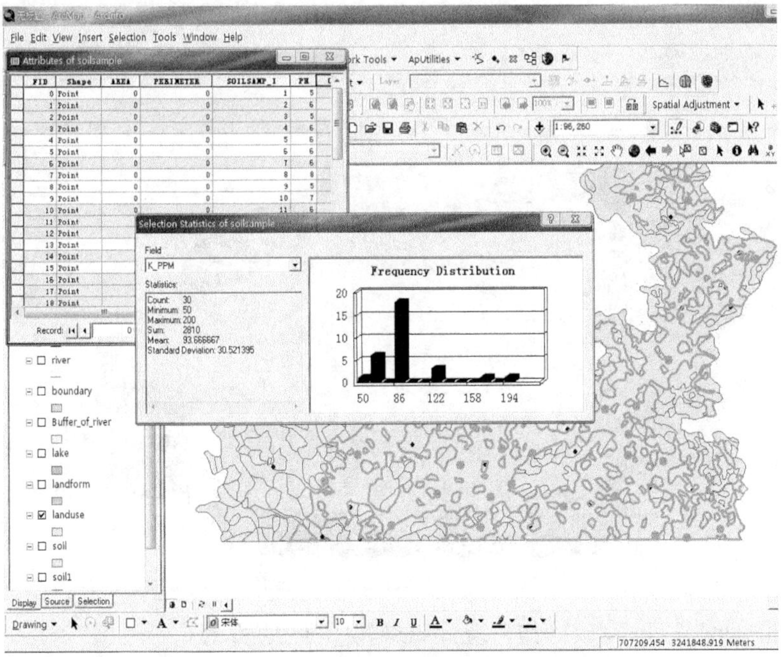

图 3-91　矢量数据属性统计结果

(2)栅格数据的属性统计

①在视图中加载两个图层，其中一个是栅格数据结构的 DEM 数据，另一个是矢量数据结构的土地利用图。

②加载“空间分析(Spatial Analyst)”工具栏，如图 3-92。

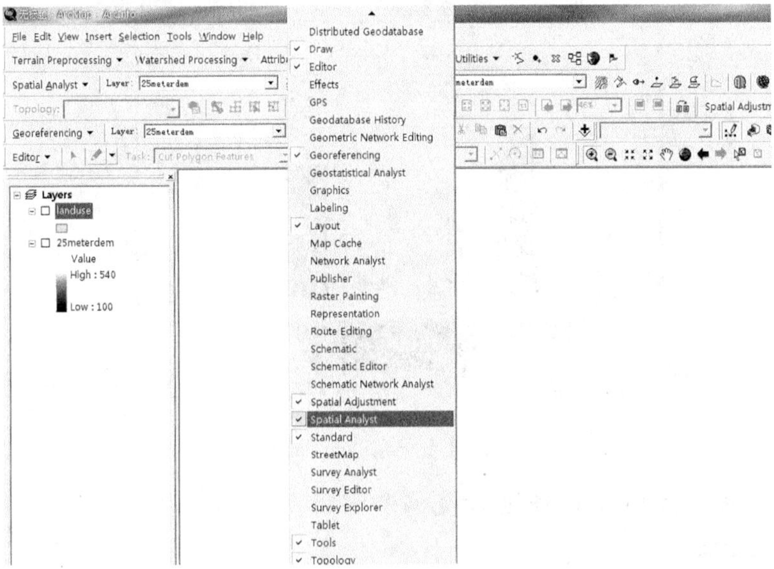

图 3-92　加载空间分析工具栏

③在“Spatial Analyst”的下拉菜单中选择“Zonal Statistics”，打开“分类区统计”对话框，如图 3-93。依次设置分类数据字段、统计数据等选项。

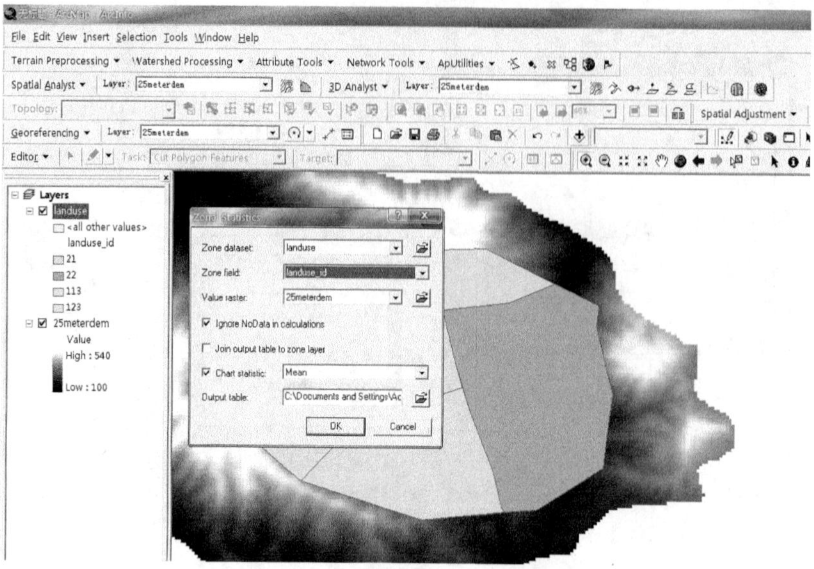

图 3-93　分类区统计对话框

④单击“OK”按钮，完成操作。统计结果如图 3-94 所示。

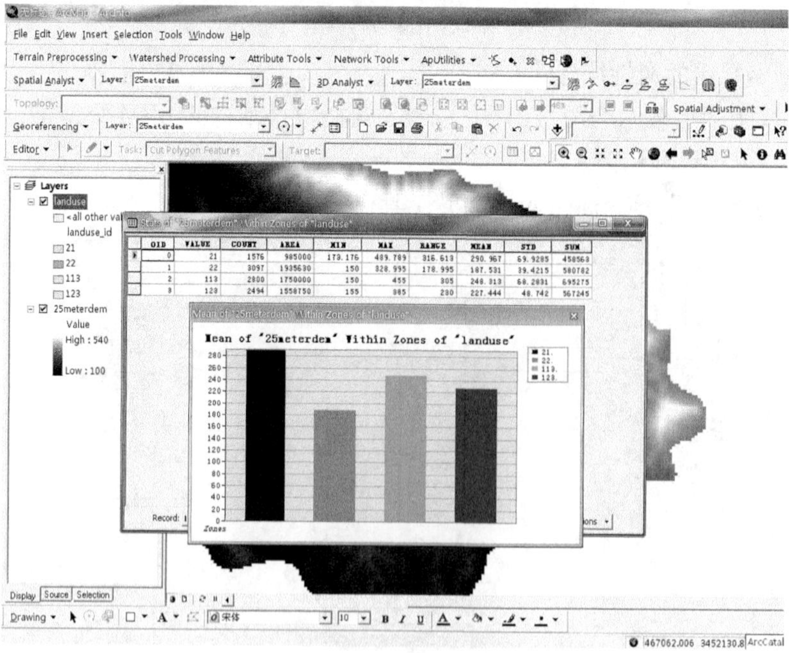

图 3-94　分类区统计结果

(二)使用 ArcView 软件进行查询与统计

1. 属性查询

(1)Identify 工具查询

①在视图中添加专题图“landuse.shp”,并激活它。

②点取“Identify”工具。

③点击想要查询的要素。点中的要素会闪烁,同时它的属性信息出现在“Identify Results”窗口中。

同时查询土地利用和地貌的信息:

①点取“landuse”专题将它激活,按住 Shift 键,将“landform”专题也激活。

②从“landuse”专题中点取要查询的要素,该要素会闪烁,其属性值列在查询结果窗口中,同时在该范围内,“landform”专题中的属性也显示在列表中,要素之间可以切换。

(2)Select Feature 工具查询

①在视图中添加专题图“landuse.shp”,并激活它。

②点取选择要素工具,按住 Shift 键,点取 4 个地块,它们将会以高亮度显示。

③点取“Open Theme Table(打开专题属性表)”按钮,显示专题属性。

④点取“Promote(前置)”按钮,将选中地块记录显示在表格的前端。

(3)Find 工具查询

①在视图中添加专题图“soil.shp”,并激活它。

②点取“Find”按钮。

③ 在出现的对话框中键入“黄泥田”,单击“OK”。

④ 将找到的第一个要素,在视图中高亮度显示。

值得注意的是,Find 工具只查找满足条件的第一个要素,Find 不查找数值字段,若有多个要素满足条件,要查找下一个要素,需再次运用 Find 工具。

(4) Query Builder 工具查询

① 在视图中打开“landuse.shp”图层,

②在 “Theme” 菜单下, 点击 “Query” 选项, 在对话框中选择要查询的属性“LU-NAME= 荒草地 and AREA >0.002”,则被选中的区域出现黄色。

③打开属性表,点击快捷图标“Promote”,被选中的均以黄色在最前面显示。点击属性字段,如 Area,在“Field”下拉菜单中,点击“Statistics”,即可获得统计结果。

查询表达式的用法:

A.字符串如“土壤”、“name”等在查询表达式中通常要加引号,字符串不区分大小写。

B.查询串可用“*”通配符,如要查询土壤和土地,可用 [名称]=“土 *”。

C. 字符串中可用 “? ” 通配符,“? ” 在表达式中只匹配一个字符, 注意汉字在 ArcView 中作为两个字符。

D.查询可以比较两个字段的值,如:[产量 1985]<[产量 2000]。

E. 两个表达式都满足用 and 操作符, 如查找面积在 100-200 之间的要素, 可用 [Area>100]and[Area<=200]。

F.至少一个表达式为真时,用 or 操作符,如[面积]>=500or[人口 > 90000]。

G.计算可以包含在查询中,有效的数学操作符为“+”、“-”、“*”、“/”,如查找人口密度小于或等于 25 的地区,使用[人口]/[面积]<=25。

H.用 not 表示排除,例如选择除黄壤以外的土壤,可用 not[soil]="黄壤"。

I.ArcView 通常按照从左到右顺序执行查询,但是括号中的表达式优先计算。

J.ArcView 中的日期字段 YYYYMMDD 包含 8 个数字，例如 1999 年的 1 月 12 日表示为 19990112。

选择某个日期之前的所有日期,使用[日期]<19990112.Asdata;选择今天以前的所有日期，使用 [日期]<Data.NOW；还可以使用 [日期]>Data.Make("01/12/1999","MM/DD/YYYY")。

K.在布尔字段中,取 True 或 False 二值,如[NEW]=TRUE 或[NEW]=FALSE。

2. 空间查询

(1)空间邻近查询,查找落在指定距离内的要素

例如在土地利用图中查找落在地图上某个点周围 200m 之内的所有地块。其步骤为:

①在视图目录表中添加"landuse"专题,并激活它。

②在下拉式工具中点击"Circle(圆)"工具。

③ 将光标移到圆心处,按住鼠标左键,拖动绘圆,当圆的半径符合要求时,释放鼠标按钮。

④ 按下"Select Features Using Graphic(用图形选择要素)"按钮,选择落在圆内的地块,如图 3–95 所示。

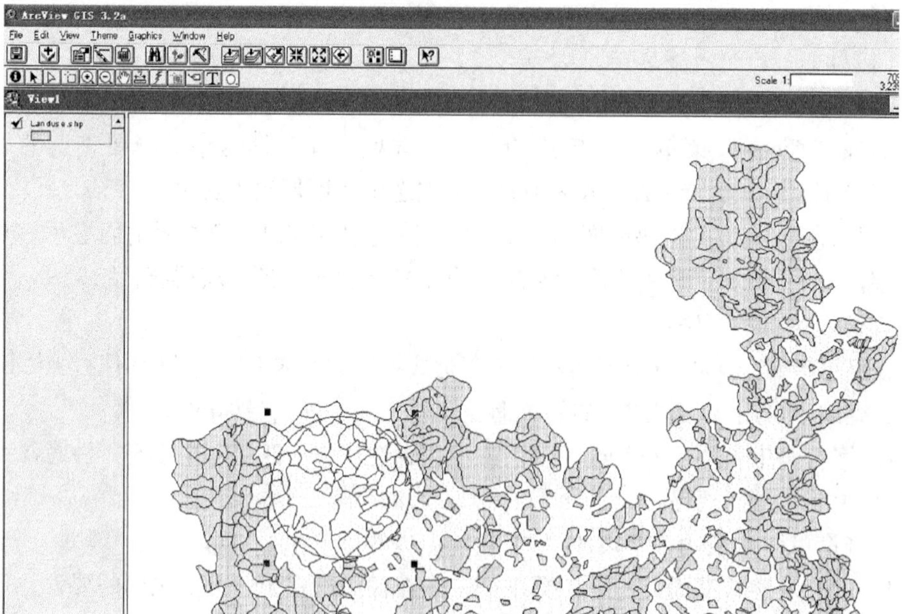

图 3–95　空间相邻查询结果

⑤ 也可以在视图上画多个圆，选择所有的要素。

⑥ 用“Circle”再画一个圆。

⑦ 选取“Point(指针)”工具，按住 Shift 键，当每个圆四周都有黑色控制柄时，确定两个圆被选中。

⑧ 用“Select Features Using Graphic(用图形选择要素)”按钮，选择落在两圆内的地块。

(2) 查找落在指定多边形内的要素

例如某研究区已经作了土地利用图和地貌图，现查找落入地貌单元中的土地面积。其步骤为：

①在视图目录中添加“landuse”和“landform”两个专题，激活“landuse”专题。

②从“Theme(专题)”菜单中选择“Select by theme”选项。

③在显示的对话框的第一栏下拉列表中，选择合适的空间关系类型“Are Completely Within”，在第二栏的下拉列表中，选择“landform”专题，按下“New Set”开始查询，如图 3-96 所示。

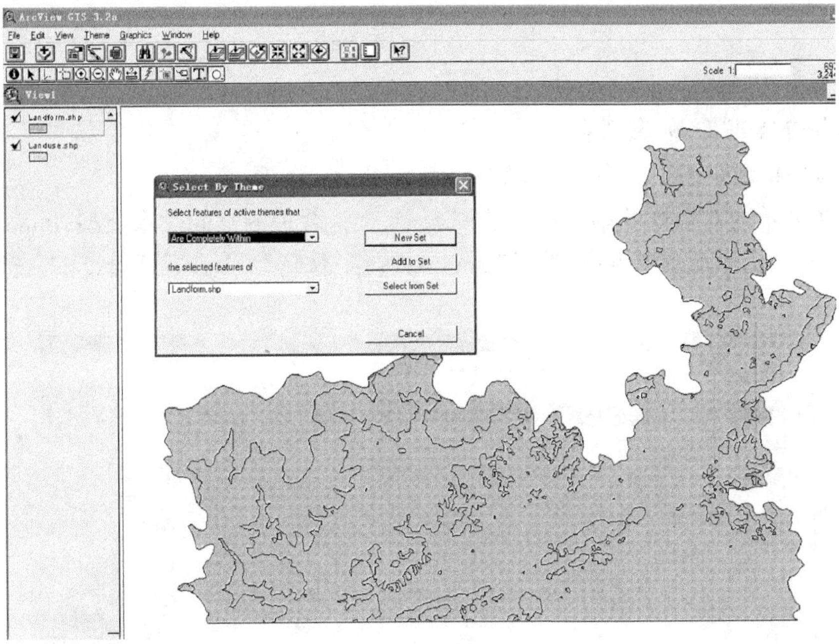

图 3-96　Select by theme 对话框

④ArcView 会从“landuse”专题中选择位于“landform”内的多边形要素，如图 3-97 所示。

(3)相交查询

查找与另一个专题中指定要素相交的要素。例如查询在一个地块有多少种土壤类型，其步骤为：

①在视图目录中添加“landuse”和“soil”两个专题，激活“landuse”专题。

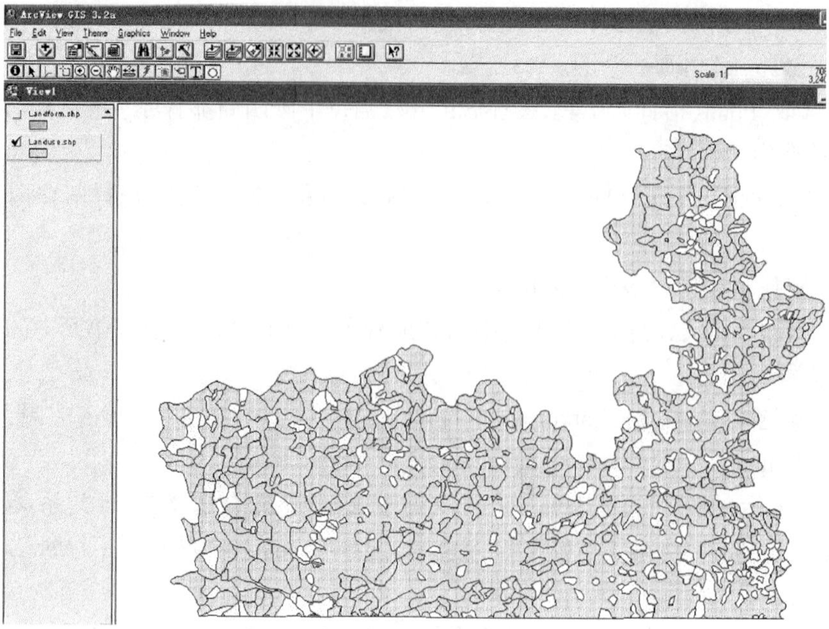

图 3-97　查询结果显示

②利用选择要素工具，点取某一个地块多边形，选择它。

③点击“soil”专题，激活它。

④从“Theme(专题)”菜单中选择“Select by theme”选项。

⑤在显示的对话框的第一栏下拉列表中，选择合适的空间关系类型“Intersect(相交)”，在第二栏的下拉列表中，选择“landuse”专题，按下“New Set”开始查询，查询结果如图 3-98。

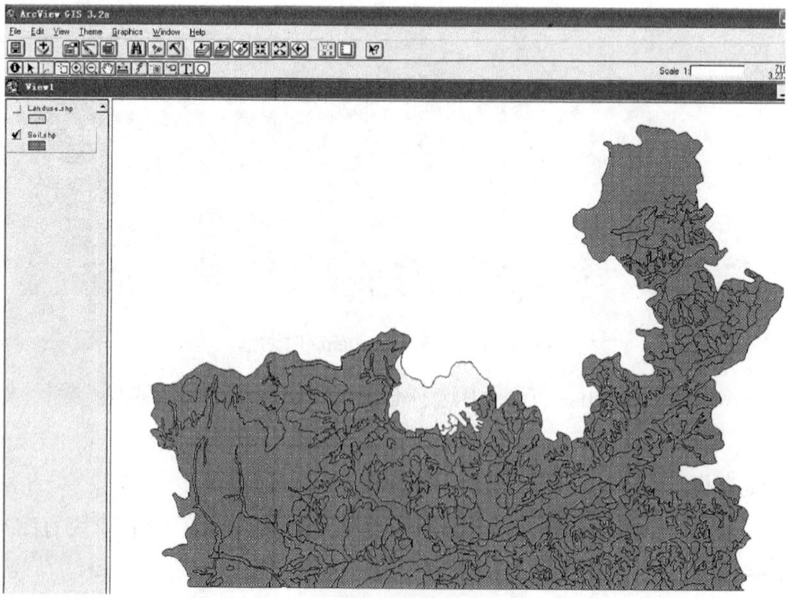

图 3-98　相交关系查询结果

(4)栅格类型文件的属性查询

①在视图中打开 landuse.grid 和 landform.grid 文件。

②在“Analysis”的下拉菜单下，点击“Map calculator”，出现对话框，输入“landuse=荒草地 and landform = 岗地”，按下“Evaluate”，得到查询和统计的结果。

3. 属性统计

局部统计，例如计算某研究区田块的平均海拔高度，其步骤如下：

①在视图目录表中添加 landuse 和 DEM 栅格主题，同时激活它们。

②在“Analysis”菜单中选择“Cell Statistics”命令。

③在出现的对话框中选择栅格主题统计分析项目“Mean”。

④单击“OK”，产生区域田块平均高程主题(图 3-99)。

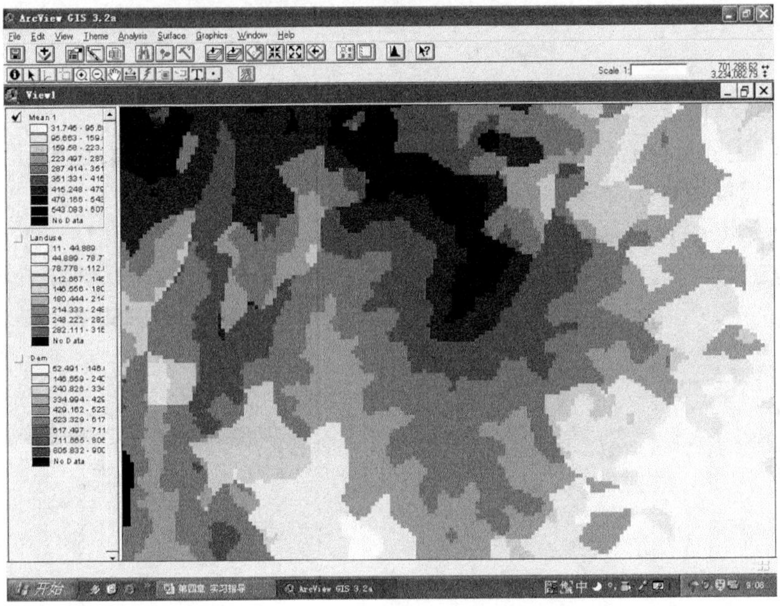

图 3-99　Cell Statistics 计算的平均高程分布图

(三)使用 MapGIS 软件进行查询与统计

1. 属性查询

在系统主界面上选中“空间分析”，在“空间分析”子系统的“检索”菜单下选择相应的检索命令，如“图示矩形检索”，在欲检索区域按住鼠标左键，拉出一个检索区域，即会显示出所在区域图斑的相应属性值列表。

2. 空间查询

在系统主界面上选中“空间分析”，在“空间分析”子系统的“属性分析”菜单下选择浏览属性数据，在弹出的属性表中点击相应的属性数据值，其对应的图斑即会在图中以闪烁状态存在(图 3-100)。

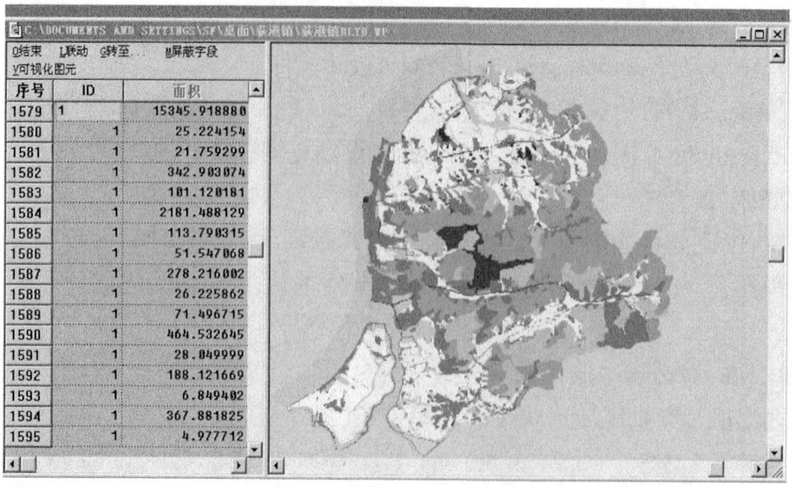

图 3-100　MapGIS 空间查询

3. 属性统计

在系统主界面上选中“空间分析”，在“空间分析”子系统的“属性分析”菜单下选择“单(双)属性统计”，在弹出的对话框中对“选择属性”和“选择分析属性”栏进行相应选取设置(图 3-101)，确定后，即获得属性统计分析结果。

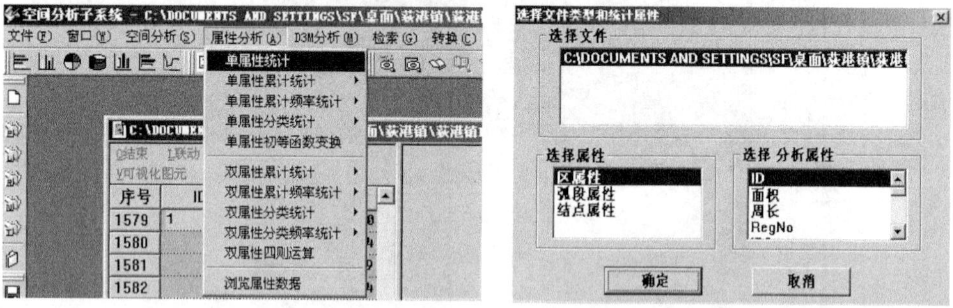

图 3-101　MapGIS 属性统计

如果在“属性分析”菜单下选择“单(双)属性累计统计”、“单(双)属性累计频率统计”等命令，还可对所选取的属性数据以图表的形式进行统计分析(图 3-102)。

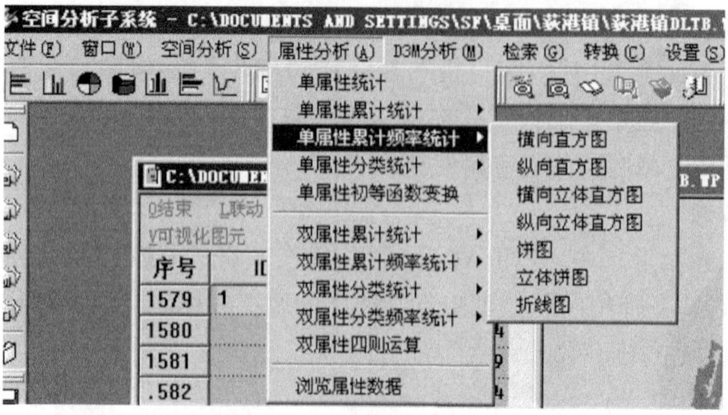

图 3-102　MapGIS 属性分析下拉菜单

(四)使用 MapInfo 软件进行查询与统计

1. 属性查询

(1)单个目标的查询

单击主工具箱上的 i 信息工具后，任意选择点击一个点、线或面对象，即可显示该对象的所有属性信息。

(2)多目标的查询

利用选择工具选取多个地图目标，单击▦工具可打开浏览窗口，显示属性。

(3)SQL 查询

SQL 查询命令可以完成各种基于关系表的组织、分析、汇总等操作。同时还具有许多空间分析的函数和操作。

SQL 对话框(图 3-103)介绍：

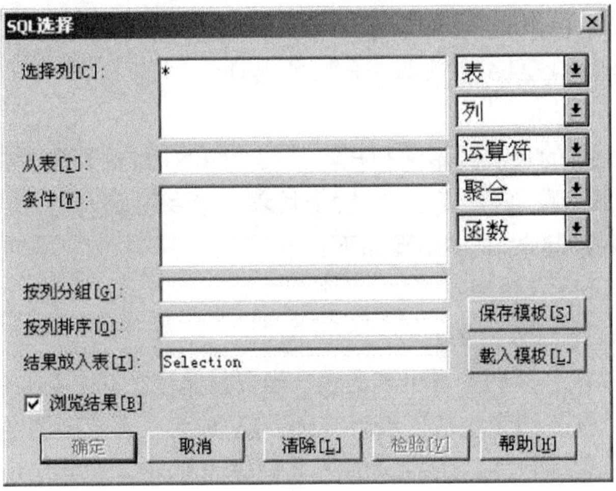

图 3-103　SQL 选择对话框

①选择列。

A. 利用这个区来指定在查询表中将输出的列。这个区能够输入一个列表达式列表或一个“*”号，其中默认输入的“*”号表示查询表中将输出的列与源表中完全一致。如果查询涉及的不止一个表，各个列名之前必须有它的表名，二者之间用西文句号分隔。

B. 利用这个区能计算某些列，并把这些导出的列存放到结果表中。

根据基础表中已有的一个或多个列的内容计算出一个特殊的临时列。为列表达式指定一个别名的方法是：在列表达式后打一个空格，然后再打入用双引号括起来的别名。例如，根据基础表中的男性人口数、女性人口数两个列，计算总人口数列的表达式：男性人口数 + 女性人口数 “总人口”

②条件。

A. 通过行的排列顺序联接不同的表。如果两个表没有一个共同的列，但知道第一个表的第 n 行与第二个表的第 n 行是对应的，就可以通过引用一个名叫 RowID 的特

殊列来联接这两个表,表达式为:

TABLE_1.RowID=TABLE_2.RowID

B. 通过地理位置联接不同的表。当两个表都有图形对象时,MapInfo 能够根据这些对象之间的空间关系联接这两个表。所以,即使两个表没有一个共同的列,也有可能联接起来。

MapInfo 有一个与地理操作符一起使用的特殊列名,“Obj”或“对象”。这个列名指的是与表相联系的图形对象。地理操作符要放到所指定的对象之间,地理操作符从操作符(Operators)下拉列表中选取。

a. 对象 M Contains 对象 N (如果 N 的形心在 M 的边界内的某个位置上)。

b. 对象 M Contains Entire 对象 N(如果 N 的边界全部在 M 的边界内)。

c. 对象 M is Within 对象 N(如果 M 的形心在 N 的边界内侧)。

d. 对象 M is Entire Within 对象 N(如果 M 的边界全部在 N 的边界内)。

e. 对象 M Intersects 对象 N (如果它们至少有一个共同点或者它们中的一个完全在另一个内)。

例如通过一个县的行政区划图和一个县的乡镇政府、村委会所在地位置图,来找出乡镇内的全部乡镇政府、村委会,然后把代表一个乡镇政府、村委会的一个行与含有它的乡镇的行联系起来,具体步骤如下:

a. 村委.obj Within 行政区.obj;

b. 行政区.obj Contains 村委.obj。

C. 根据共同字段联接两个或更多的表。当资料储存在几个不同的表中,SQL 允许建立关联以便把这些不同表中的资料联接到一起,成为一个单独的结果表。

例如 Counties 表含有县名(Countyname),同样 order 表(订单表)的一个列(county)也含有订单来源的县名,这样,两个表都有一个共同的字段,即县名。MapInfo 能够用这个共同的字段来联接这两个表,具体步骤如下:

a. 选择列: * ;

b. 从表: Counties, Order;

c. 条件: Counties.Countyname=Order.county。

D. 再选择 (Subselects)。MapInfo 允许 SQL Select 中的再次选择。再选择是放在“SQL Select” 对话框 Where Condition 区内的一个选择语句。MapInfo 首先处理 Subselects,然后用这个 Subselects 的结果去处理主要的“SQL Select”。

例如在 QS_poly 表中,选择与新中村相邻的所有村的操作如下(图 3-104)。

a. 选择列: * ;

b. 从表: QS_poly;

c. 条件: obj Intersects any(select obj from QS_poly where 权属单位名称 =“新中村”)。

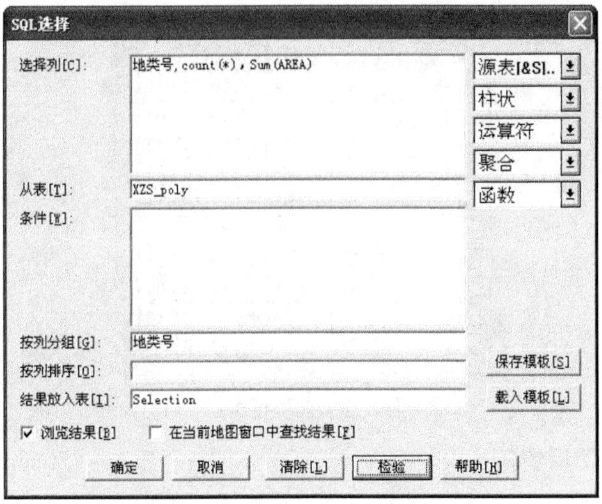

图 3-104 SQL 选择对话框(1)

③按列排序。MapInfo 默认用升序排序一个表。如果要以降序排序，则要在按列分组区中的列名之后放一个词 desc。例如 Area desc 是用 Area 对这个表排序，降序。

④按列分组。如果在这个区输入一个或多个列名，结果表将含有这个表的小计或集合信息。值得注意的是，结果表变成了小计表，没有原始数据，小计的依据是列值相同者(图 3-105)。

例如：小计各种用地类型的图斑数量、面积总数，如图 3-106，具体步骤如下：

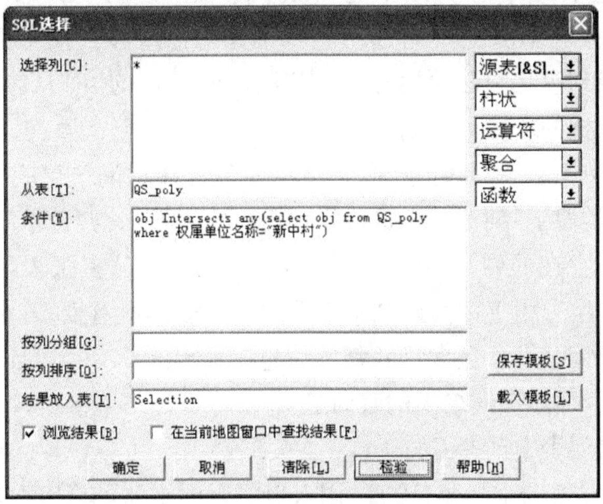

图 3-105 SQL 选择对话框(2)

a. 选择列：地类号，count(*)，Sum(AREA)；

b. 从表：XZS-poly；

c. 按列分组：地类号。

如图 3-106，小计结果显示地类号 =85 的有 2 个对象，面积为 58399.62 m^2，地类号 =31 的有 42 个对象，面积为 3956049.07 m^2 等等。

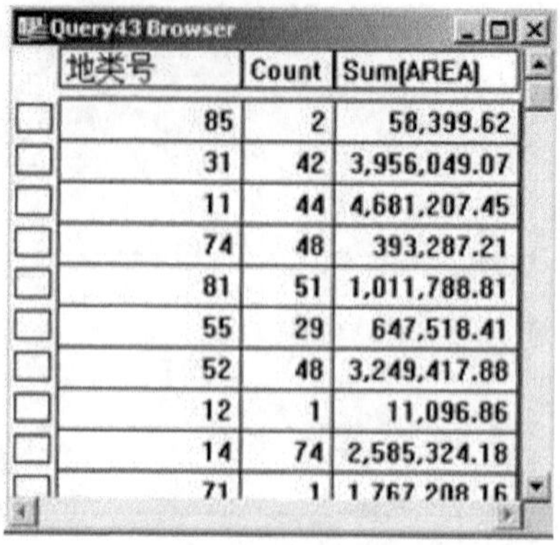
Query43 Browser

地类号	Count	Sum(AREA)
85	2	58,399.62
31	42	3,956,049.07
11	44	4,681,207.45
74	48	393,287.21
81	51	1,011,788.81
55	29	647,518.41
52	48	3,249,417.88
12	1	11,096.86
14	74	2,585,324.18
71	1	1,767,208.16

图 3-106　浏览窗口

(4)SQL 选择使用实例

实例一

在本例中使用 World 地图来创建人口密度大于 500 人 / 平方公里的所有国家的表,以“人口数 / 面积”的公式计算人口密度。

尽管 World 表中有关于人口的列(pop_1994),却没有包含关于各国面积的列,但是,由于 World 表中有记录相关联的图形对象,所以 MapInfo 可以计算每个国家的总面积。打开 world.tab 表,单击窗口的最大化按钮使其最大化显示,选择“查询”→“SQL 选择”命令以显示 SQL 选择对话框。执行以下操作以完成 SQL 选择对话框。

①在“从表”框中,选择下列表中的 World 表。需要指定哪些表用于 SQL 选择语句,本例只使用一张表 World,其它 SQL 选择语句可以牵涉二张、三张甚至更多表。

②在填写选择列表之前必须填好“从表”框。MapInfo 使用“从表”框中的表来生成用于填写“选择列”框的那些列的列表。

③跳到“选择列”框,删除星号(*)并指定要包含在查询结果表中的那些列,而不是所有列,选择列类似于“浏览”→“选取字段”命令。但是,与“选取字段”命令(它限制只能显示表中实际存在的列)不同的是,“选择列”框允许从多张表中选取列或根据数学函数创建新列。星号用于为查询结果表选中所有表的所有列,若在“选择列”框中输入一个星号“*”,查询结果会包含“列”弹出信息中列出的所有字段。请记住,查询表是 MapInfo 创建的用于存储查询结果的临时表。

④从“列”下拉列表中选择 Country。

⑤从“列”下拉表中选择 pop_1994。用人口除以面积就可算出人口密度。在表中并没有面积列,但是,函数 Area 可以计算任何可地图化的对象面积。由于 world 表是可地图化的,MapInfo 可以计算出每个国家的面积,从而算出各国的人口密度。

⑥从“运算符”弹出的信息框中选择除号(/)。

⑦从“函数”弹出信息框中选择 Area(图 3-107)。这样创建了一个派生列,派生列是包含根据其它某一列或某些列进行计算得到的结果的列。当 MapInfo 创建查询表时,它将包含两列:Country 列和 pop_1994 / Area (obj,“sqmi”) 列 (即人口密度列)。

MapInfo 的所有地理函数都带有一个单位参数，若希望 MapInfo 返回以平方公里表示的面积,可将“sqmi”改为“sqkm”。选择人口密度大于 500 人 / km^2 的国家。

⑧跳到条件框。

⑨从列下拉列表中选择 pop_1994。

⑩从运算符下拉列表中选择除号(/)。

⑪从函数弹出信息中选择 Area。

⑫从运算符下拉列表中选择大于号(>)。

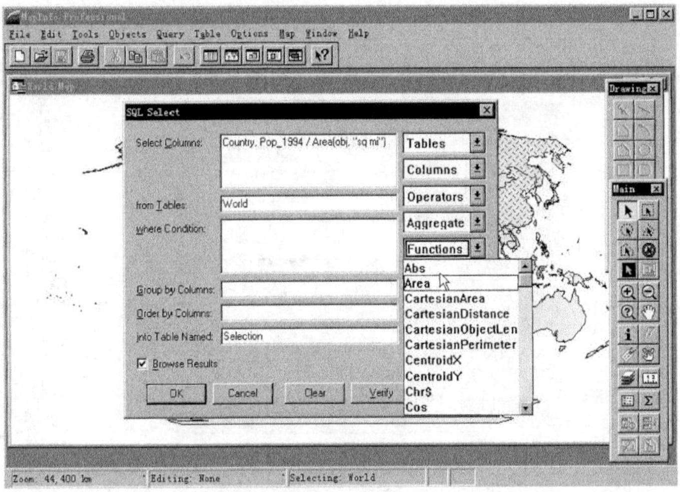

图 3-107　查询信息框(1)

⑬键入数字 500。即建立了表达式“选择人口密度(pop_1994 / Area(obj,“sqmi”))大于 500 人 / km^2 的国家”(图 3-108)。

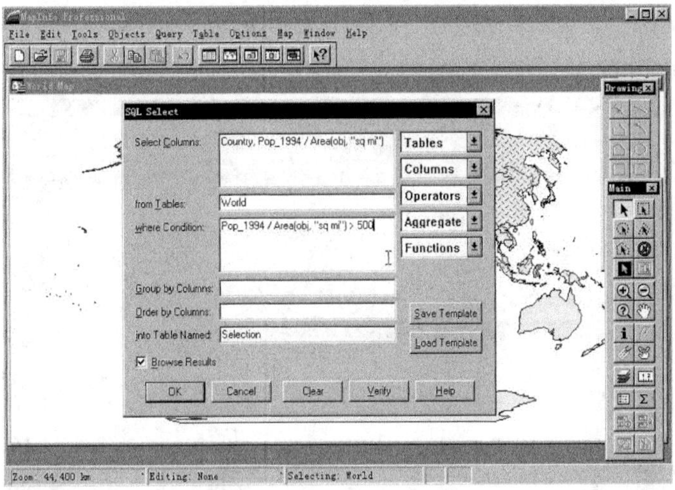

图 3-108　查询信息框(2)

⑭将“按列分组”框保留为空。

⑮跳到“按列排序”框。从“列”弹出的信息框中选择“Country”。“按列排序”框允许

用于指定查询表以何种顺序显示，通过选择“Country”，MapInfo 将按国名的字母顺序列出记录。

⑯跳到“结果放入表”框。键入“DENSITY”，缺省时，MapInfo 将查询表命名为 Query1，以后的查询表被命名为 Query2、Query3 等等。还可以在“结果放入表”框中键入新的表名，从而改变查询表名称，MapInfo 将查询表命名为 DENSITY。

⑰单击检验。MapInfo 检查 SQL 语句的语法，若语句中有错，MapInfo 会给出一条错误信息说明出了什么错误及哪个框中有错(图 3-109)。

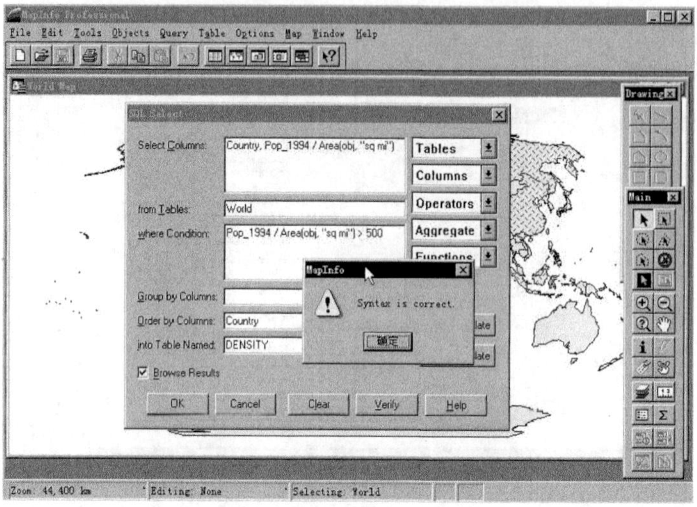

图 3-109　查询信息框(3)

⑱确保“浏览结果”选项被选中。MapInfo 为查询表创建一个浏览窗口。若未选中此选项，MapInfo 仍然会创建临时查询表但并不显示。要显示该表，可以从窗口菜单中选择“新建浏览窗口”选项，并从下拉列表中选择 DENSITY。单击“确定”按钮。这时，MapInfo 创建出 DENSITY 表(图 3-110)。

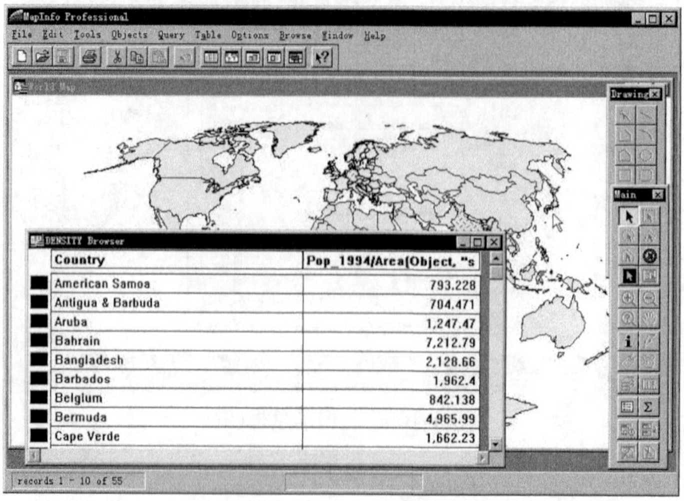

图 3-110　查询结果

第一列包含国家名称，第二列包含人口密度。需注意的是，国家名称是按字母顺序排列的(Order by:Country)，所列各国的人口密度均大于 500 人 / km^2 (pop_1994 / Area(obj,"sqmi") > 500)。

实例二

本例中，有一张世界人口统计表(WORLD)，要创建一张显示全世界人口密度的表，可使用以下公式：总人口 / 总面积。

在该 WORLD 表中并不包含总人口或总面积列，然而可以对 Population 列和 Area( )函数使用聚合函数 sum( )来派生出这两个列。在第一个查询中将完成这个工作。打开 world 表，单击窗口的最大化按钮使其最大化显示。对"SQL 选择"对话框进行以下操作：

①在从表框中，从表下拉列表中选择 WORLD。

②跳到选择列框，删除星号(*)。

③从聚合下拉列表中选择"Sum"。如 sum(pop_1994)将创建一个计算世界总人口的派生列。按下空格键，再键入列的别名"Total_Pop"。需记住的是，别名与表达式必须用一个空格分开，Sum(Population)列将以名称 Total_pop 出现在结果表中。

④从聚合下拉列表中选择"Sum"。从函数下拉表中选择"Area"。选中 Area 后，光标停在右括号[ ]的里面，用向右箭头键将它移到括号外。Sum(Area)将创建一个计算总面积的派生列。按一下空格键，再键入列的别名"Total_Area"。Sum(Area(obj,"sqmi"))列将以名称 Total_Area 出现在结果表中。

⑤将"条件"、"按列分组"、"按列排序"保留为空白。

⑥跳到"结果放入表"框。键入 TOT_POP_AREA 作为该表名称。

⑦确保"浏览结果"选项被选中。单击"检验"按钮(图 3-111)，单击"确定"按钮。

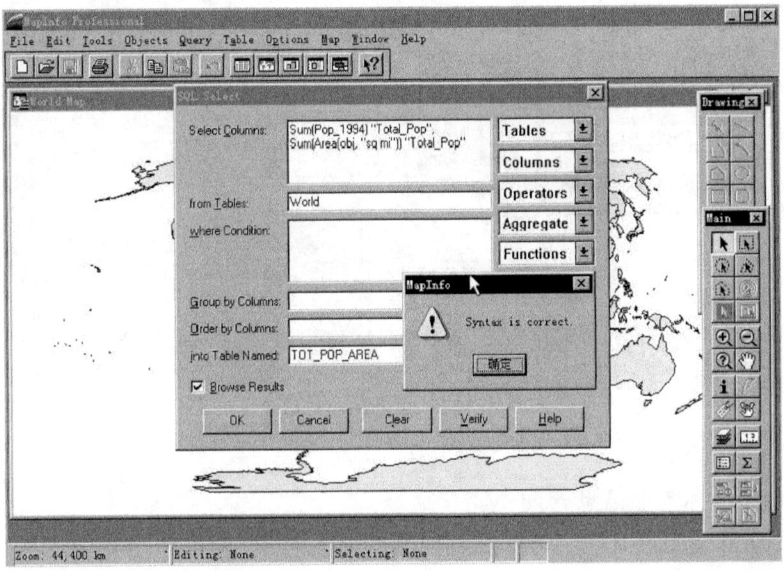

图 3-111　查询信息框(4)

⑧MapInfo 产生一张名为 TOT_POP_AREA 的包含两个列的查询表。第一列返回总人口值，第二列返回总面积值。这样就得到了总人口和总面积，再通过 TOT_POP_AREA 表执行 SQL 选择从而计算出世界人口密度。在 SQL 选择中，把总人口用总面积来除，选择“查询”→“SQL 选择”命令，以显示“SQL 选择对话框”。

⑨在“从表”框中，从表下拉列表中选择 TOT_POP_AREA。

⑩跳到选择“列”框，删除上次查询的信息。从“列”下拉列表中选择“Total_Pop”。需记住，Total_pop 是上次查询所创建的列。要注意的是，当选择 Total_Pop 时，“选择列”域中出现 COL1，这是该列的列号。当从前一个查询选择派生列时，MapInfo 使用列号而不是列名。列可以按名或按号引用，其中列号表明该列在“选择列”框中的顺序。COL1 和 COL2 分别指第一列和第二列。

⑪从“运算符”下拉列表中选择除号（/）。

⑫从“列”下拉列表中选择“Total_Area”。COL2 显示在选择列中。

⑬将条件、按列分组和按列排序保留为空。

⑭跳到“结果放入表”框。键入“WORLD_DENSITY”作为表名。

⑮单击“检验”，单击“确定”。

⑯确保浏览结果选项被选中，单击“确定”按钮。

MapInfo 产生一张名为 WORLD_DENSITY 的表（图 3-112），它返回全世界的人口密度，单位是人/km^2。

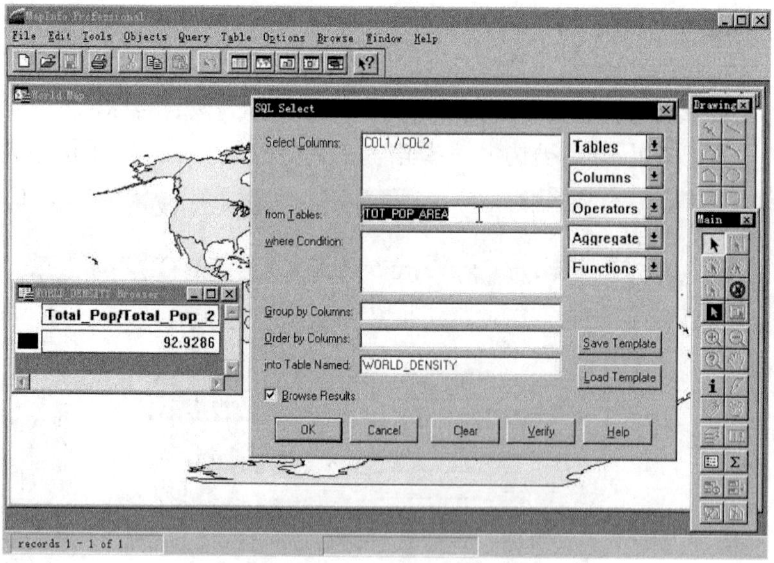

图 3-112　查询信息框(5)

2. 空间查询

(1) 地图目标图形信息查询

在 MapInfo 的地图环境中，双击要查询的地图对象，即可弹出相应的点、线、面目标信息框，分别显示点、线和面地图目标的各种信息（图 3-113，3-114，3-115）。

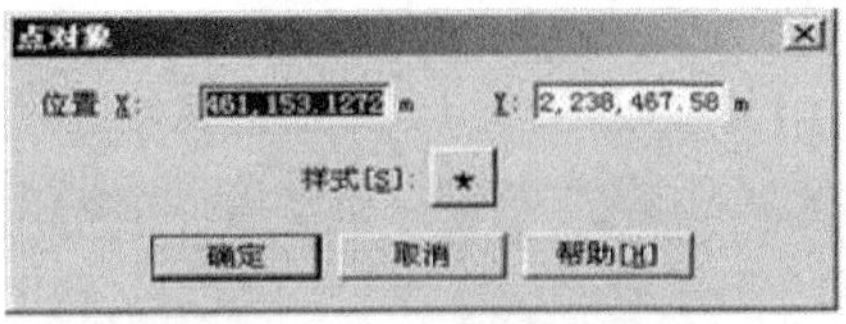

图 3-113　点目标信息框

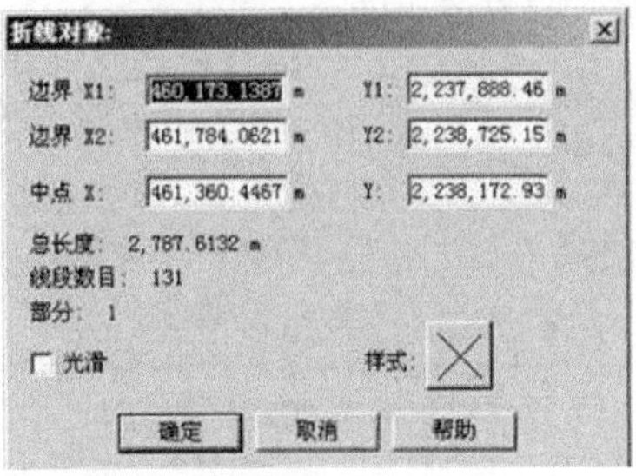

图 3-114　线目标信息框

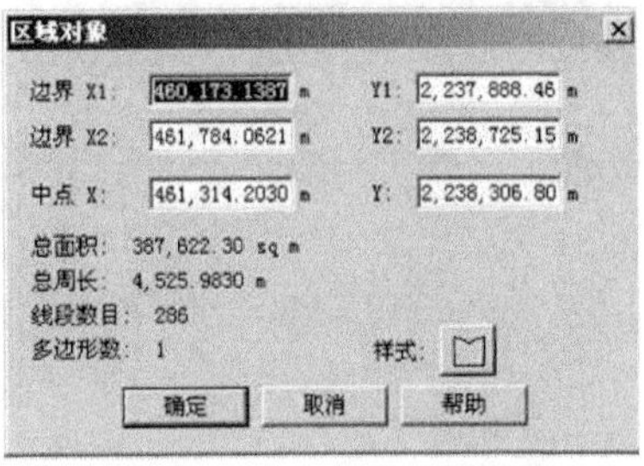

图 3-115　面目标信息框

(2)利用属性查询地图目标

可利用属性查询、标示地图目标位置。找工具前,必须创建索引文件,标示在表结构的索引需要查询的字段就能创建该字段的索引,如图 3-116 所示。

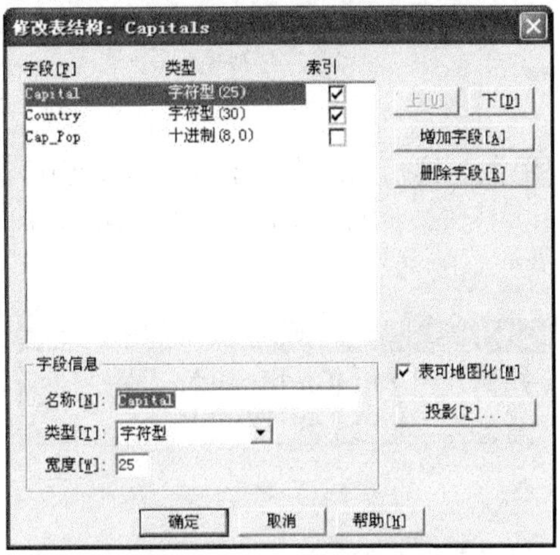

图 3-116　修改表结构对话框

在 WORLDCAP 表中查找 Beijing,并把它标记出来的步骤如下:

① 打开要选择的基础表 WORLDCAP。

②选择“查询”→“查找”命令，填写对话框中满足需要的那些部分，如图 3-117 所示，点击“确定”，进入下一步。

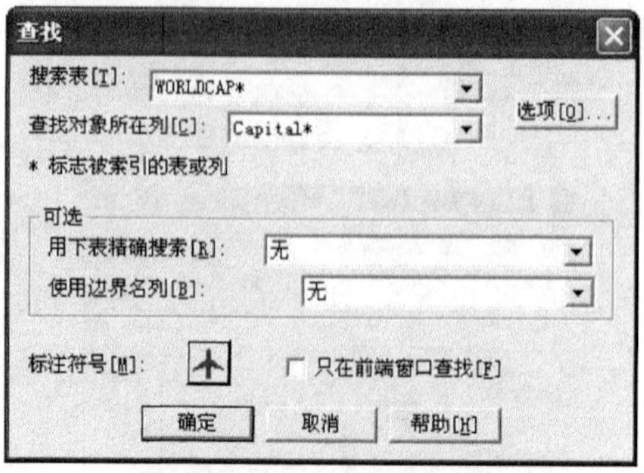

图 3-117　查找对话框(1)

③在对话框中 Capital 的名称为 Beijing，如图 3-118 所示。

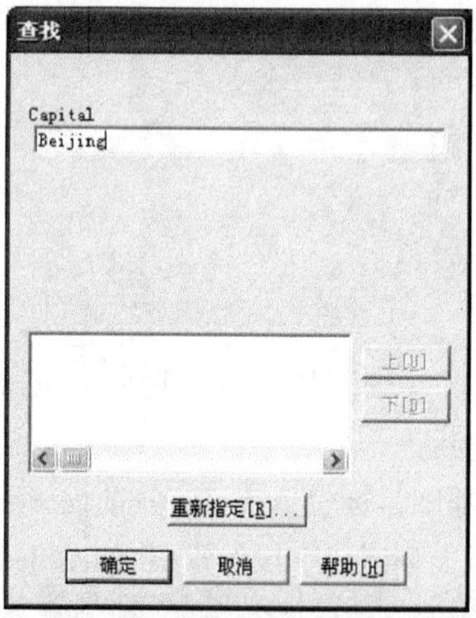

图 3-118　查找对话框(2)

(3)距离量算

在 MapInfo 软件中，用主工具箱上的直尺工具(标尺)可量算折线各段的距离和折线的总长度。单击标尺工具后，出现一个标尺显示框，这时的距离和总都为 0(图 3-119)。

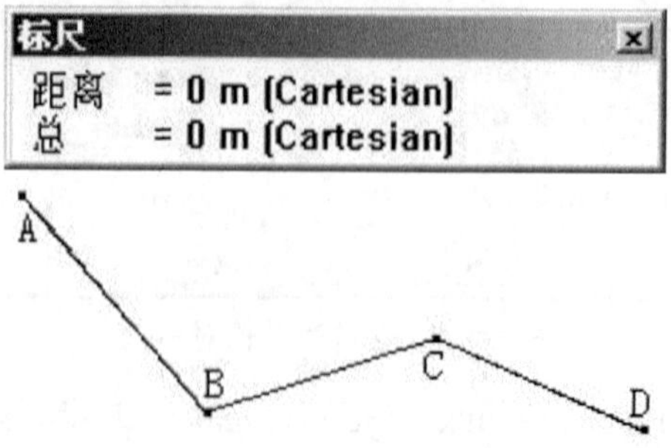

图 3-119　直尺工具

移动光标到 A 点处单击后，再移动光标，在移动的过程中距离和总的值都在不断的变化，移至 B 点处停下来，距离和总的值就是折线 A 点到 B 点的距离，如图 3-119 所示。单击鼠标后，记录的值变为 0，总保持原值不变。再移动光标，距离的值在 0 的基础上开始变化，总值在原值上变化，移动光标到 C 点处停下来，距离的值为 B 点到 C 点的距离，总为 A 点到 C 点的距离，如图 3-120 所示。依次类推，可量测折线的总长度。

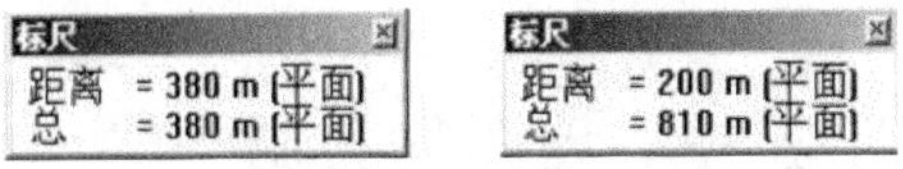

图 3-120　标尺显示框

3. 属性统计

单击主菜单查询程序组中的计算统计值命令，打开列统计对话框，可显示统计结果(图 3-121)。

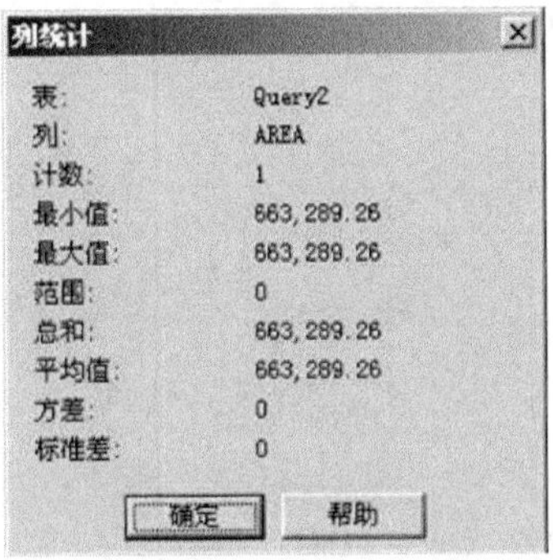

图 3-121　统计结果

在主工具箱中，点击 Σ 后，将弹出统计对话框(图 3-122)，在该对话框中可以显示当前选取的地图目标数量，以及地图目标所有数值型属性项的总和、平均数，随着选取目标的改变，这些统计值可自动改变。

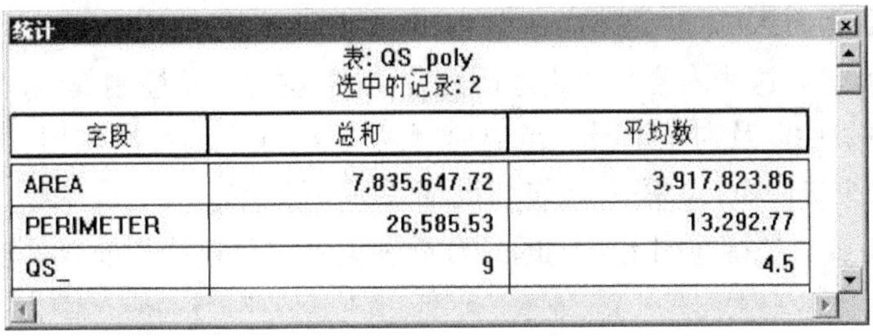

图 3-122　统计对话框

五、实验报告及要求

1. 认真填写实验报告，包括原理、过程和结果。
2. 将所做实验以幻灯片形式作汇报。

第四章　GIS 地图输出

实验一　地图的布局与输出

一、实验目的

1. 掌握 GIS 制图的基本知识。

2. 运用 GIS 软件编制地图。

二、实验准备

(一)实验设备

①打印机、若干台微机。

②ArcGIS 9.x、ArcView 3.3、MapGIS、MapInfo 软件。

(二)所需资料

数字化的土地利用图、土壤图、地貌图。

三、实验原理与技术

地图要素:构成地图的基本内容。包括数学要素、地理要素和整饰要素(辅助要素),又通称“地图三要素”。

① 数学要素:指构成地图的数学基础。例如地图投影、比例尺、控制点、坐标网、高程系、地图分幅等。这些内容是决定地图图幅范围、位置以及控制其他内容的基础,是保证地图的精确性以及在图上量取点位、高程、长度、面积的可靠依据,可在大范围内保证多幅图的拼接使用,对军事、经济建设都是不可缺少的。

② 地理要素:是指地图上表示的具有地理位置、分布特征的自然现象和社会现象。又可分为自然要素(如水文、地貌、土壤、植被)和社会经济要素(如居民地、交通线、行政界限等)。

③ 整饰要素:主要指便于读图和用图的某些内容。例如:图名、图号、图例和地图资料说明,以及图内各种文字、数字注记等。

图面整饰有以下功能:

①图面布置。用来确定图框、图名、比例尺、经纬网及图例的位置。通常图名置于图的上方,图例置于图的右下方,说明置于图的下方等等。

②图例的创建和修改。其中包括图例尺寸的确定和位置的选择。

③符号的充填。图斑的充填通常有两种方式，一种是根据图斑充填图例，另一种是根据图例充填图斑，其充填内容可包括点状符号、线状符号充填。

④文字注记。包括字形、字尺寸、间隔、方向等参数的选择，文字注记整饰常包含有基本文字编辑功能。

地图在输出之前，需要进行地图设计。地图设计主要包括：确定制图区域的范围、地图的主要参数；图面配置（附图、附表、副图的配置，图名、图例、照片、文字说明等的处理）；表示方法和资料的分配；图例系统与符号的设计。

四、实验内容及步骤

（一）使用 ArcGIS 软件编制地图

1. 创建地图模板

①单击“File”命令，打开“File”下拉菜单，单击“New”命令打开对话框。

②选择“Template”单选按钮，确定建立地图模板。

③单击“OK”按钮创建空白地图模板，返回 ArcMap 窗口，系统根据 Normal.mxd 模板文件创建用户模板文件。

④根据需要进行各种地图版面设置（图 4–1）。

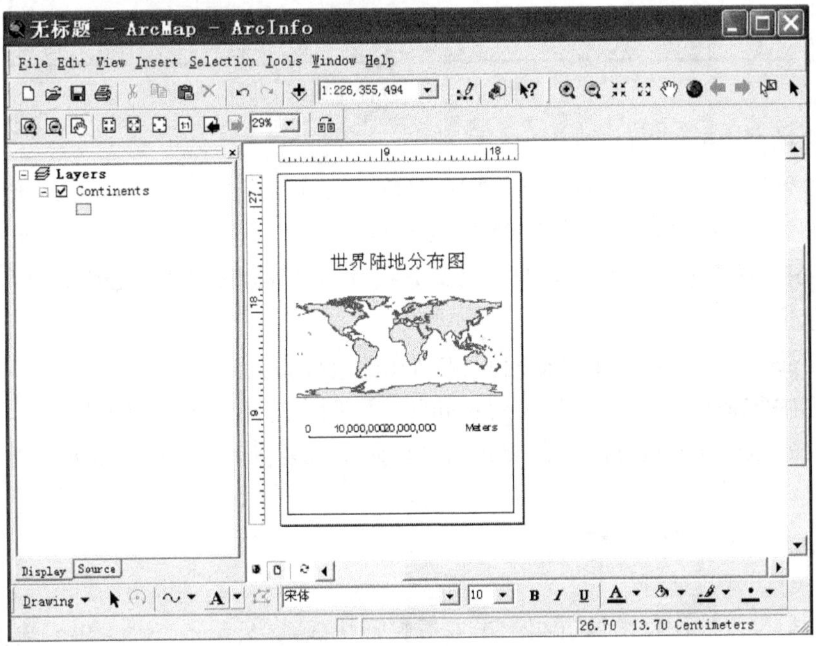

图 4–1　地图版面设置界面

⑤单击“File”命令，打开“File”下拉菜单，单击“Save as”命令打开“另存为”对话框。

⑥确定地图模板的保存目录、文件类型(*.mxt)、文件名(mytemplate)。

⑦单击“保存”按钮完成地图模板的创建。

2. 制图版面设置

(1)图面尺寸设置

①单击“View”下的“Layout”命令进入版面视图。

②将鼠标移至“Layout”窗口默认纸张边沿以外,右键打开图面设置快捷菜单,单击“Page and Print Setup”命令,打开对话框(图 4-2)。

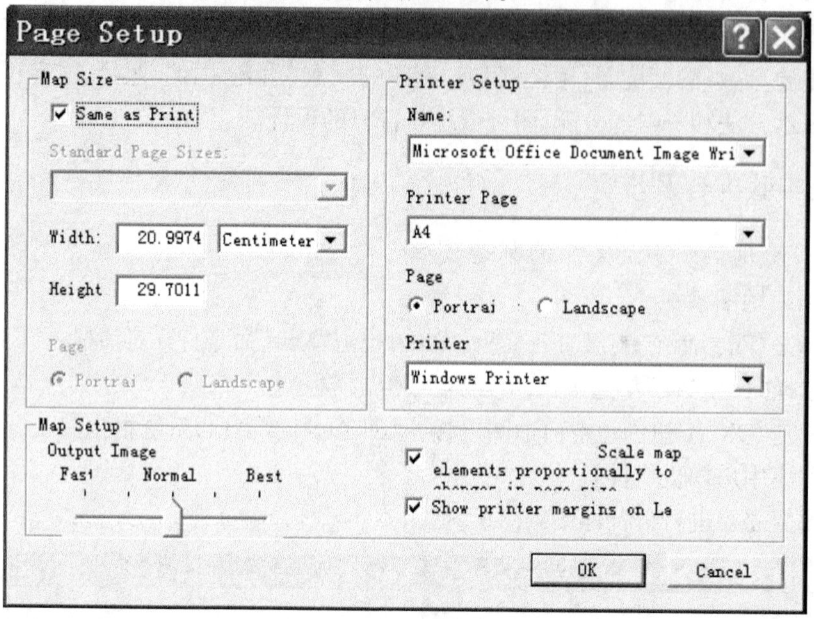

图 4-2 页面设置对话框

③选择打印机,设置纸张类型。

④设置地图尺寸:在“Map Size”选择了“Same as Print”选项,则 Page 选项组中默认尺寸为该类型的标准尺寸。若不想使用系统给定的尺寸,则去掉“Same as Print”选项,可在“Size”下拉列表中选择用户自定义纸张尺寸,在“Width”和“Height”中输入尺寸大小以及单位。

⑤“Page”可选“Landscape(横向)”和“Portrait(纵向)”。

⑥选中“Show printer margins on layout”选项,则在地图输出窗口上显示打印边界,选中“Scale map elements proportionally to change in page size”选项,则纸张尺寸自动调整比例尺。

⑦单击“OK”,完成设置。

(2)图框与底色设置

①在需要设置图框的数据组上击右键打开快捷菜单,单击“Properties”选项,打开“Data Frame Properties”对话框,单击“Frame”标签进入“Frame”选项卡(图 4-3)。

②在“Border”下拉菜单中选择图框样式,改变图框颜色和双线间距,在“Color”中选图框颜色。

③在“Background”下拉菜单选择地图底板样式,在“Color”中选底图颜色。

④在“Drop shadow”下拉菜单中选择阴影样式，在“Color”中选阴影颜色。

⑤调整各个组合框中的 X、Y 可以改变图框的大小，调整 Rounding 百分比可以调节图框边角的圆滑度。

⑥点击“确定”，完成设置。

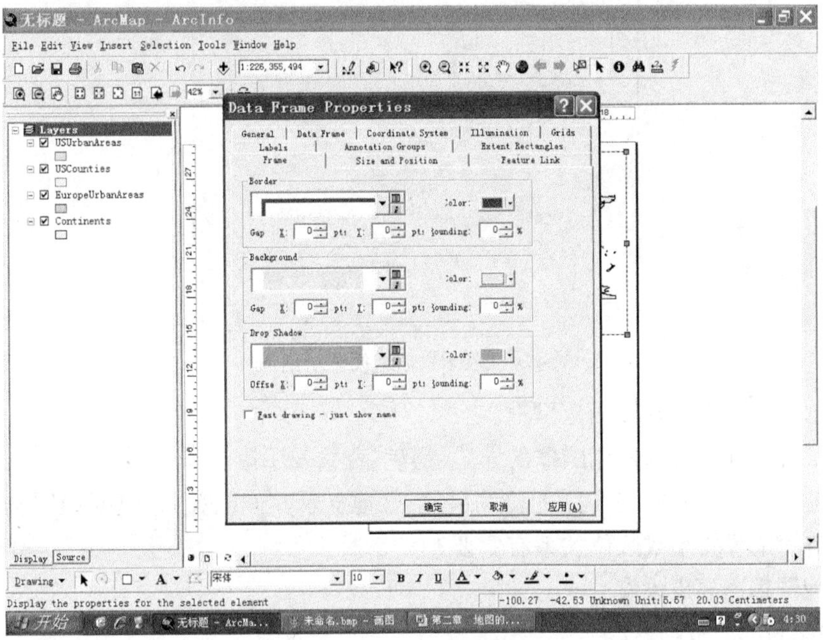

图 4-3　图框与底色设置对话框

3. 添加制图元素

(1)添加专题地图

①鼠标移到要加入的数据组。

②点右键选择“Add Data”命令。

③选择需要加入的专题地图(*.layer)。

④点击“确定”即可添加需要的专题地图。

(2)添加制图数据组

①单击“Insert”菜单，选中“Data Frame”命令。

②在地图输出窗口增加一个新的制图数据组（内容表中也增加一个 New Data Frame)，但数据组中没有专题地图，需要添加各种专题地图，方法见上。

(3)设置总图数据组

①将鼠标指针放在要作为总图的数据组上单击右键，打开制图要素操作快捷菜单。

②单击“Properties”命令，打开“Data Frame Properties”对话框。

③单击“Extent Retangles ”标签，在“Other data frame”选项组的窗口中选择样图数据组。

④单击右箭头，将样图数据组加载到右边的窗口(图 4-4)。

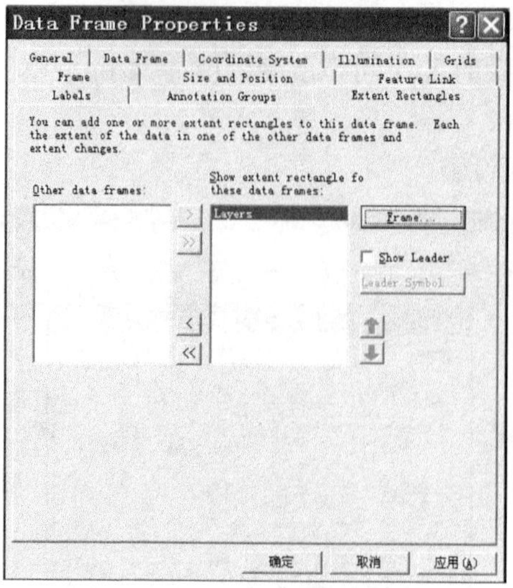

图 4-4　总图数据组设置对话框

⑤总图窗口将出现样图范围框。

⑥点击“Frame”，调整范围框的样式、颜色、背景及阴影。

⑦进一步调整总图与样图的比例尺，更好地显示其间的关系，这对说明样图在总图中的空间位置关系或区位关系有重要意义。

4. 地图辅助要素设置

(1)图名的放置与修改

①在 ArcMap 窗口菜单条上单击“View”下的“Layout”，打开版面视图。

②选择“Insert”菜单下的“Title”命令，出现“Enter Map Title”矩形框。

③在对话框中输入图名，将图名矩形框拖放到图面合适的位置。

④可以直接拖放图名矩形调整图名字符的大小，或者在单击图名矩形框之后，通过绘图工具条上的相关工具，如 Change Font、Change Size，调整图名的字体、大小等参数(图 4-5)。

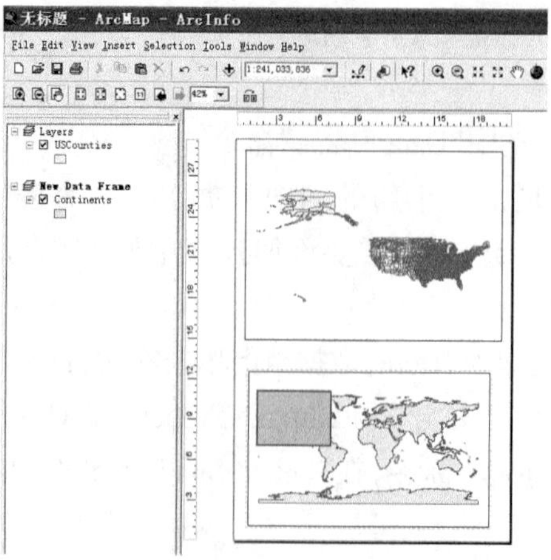

图 4-5　编制地图结果显示

(2)图例的放置与修改

①在 ArcMap 窗口菜单条上单击“View”下的“Layout”,打开版面视图。

②选择“Insert”菜单下的“Legend”命令,出现“Legend Wizard”对话框(图 4-6)。

③选择“Map layers ”列表中的数据层,使用右向箭头将其添加到“Legend Items”中。

④选择“Legend Items”列表中的数据层,通过向上、向下方向箭头调整图层的图例上下顺序。

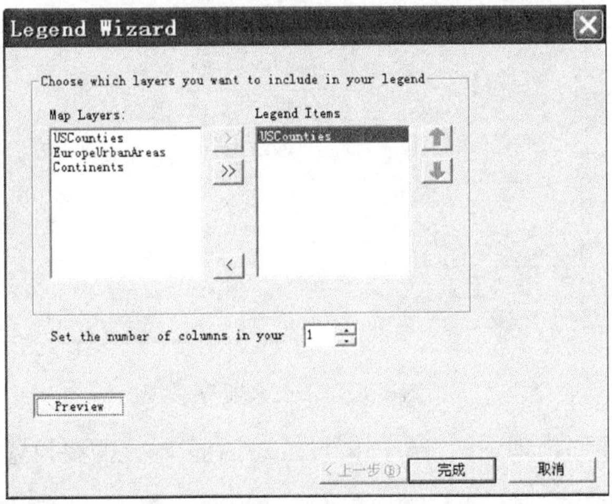

图 4-6　Legend Wizard 对话框

⑤在“Set the number of columns in your legend ”对话框中输入“1”,确定图例按照一行排列,单击下一步按钮。

⑥在“Legend Title”中填入图例标题,通过属性设置其颜色、字体、大小。

⑦点击“下一步”,在“Legend Frame”选项组中更改图例的边框样式、背景颜色、阴影等(图 4-7)。

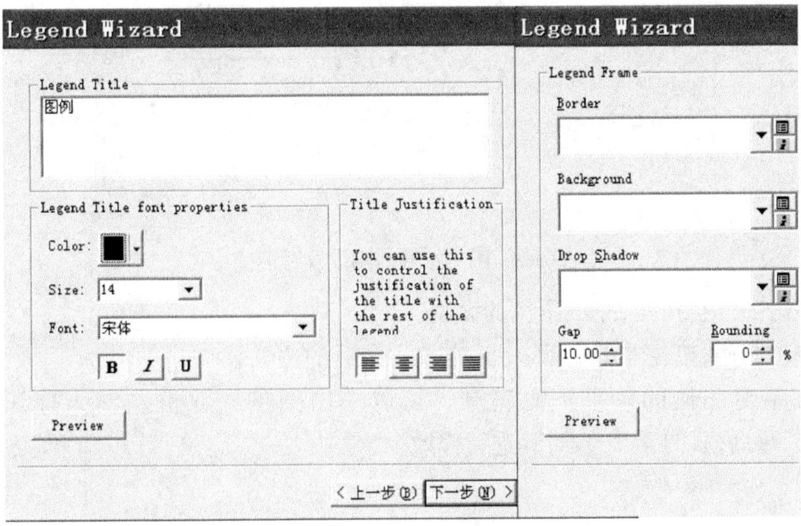

图 4-7　Legend Frame 选项组

⑧点击“下一步”，选择“Legend Items”列表中的数据层，在“Patch”选项卡中设置属性(图 4-8)。

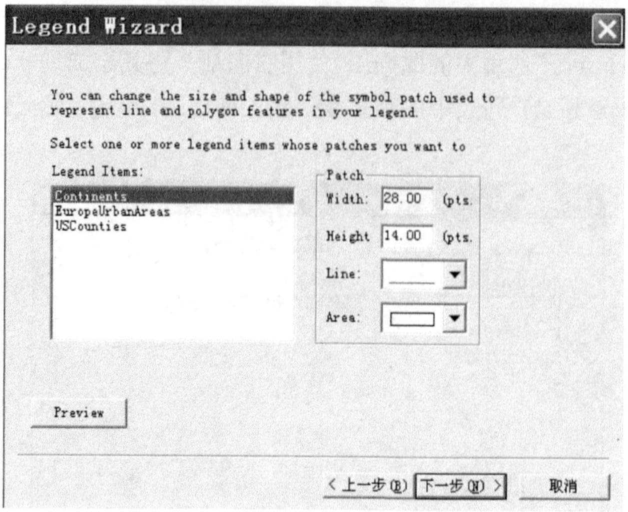

图 4-8 Patch 选项卡

⑨点击“下一步”，出现图例符号间隔设置对话框，输入需要设置的数值(图 4-9)。

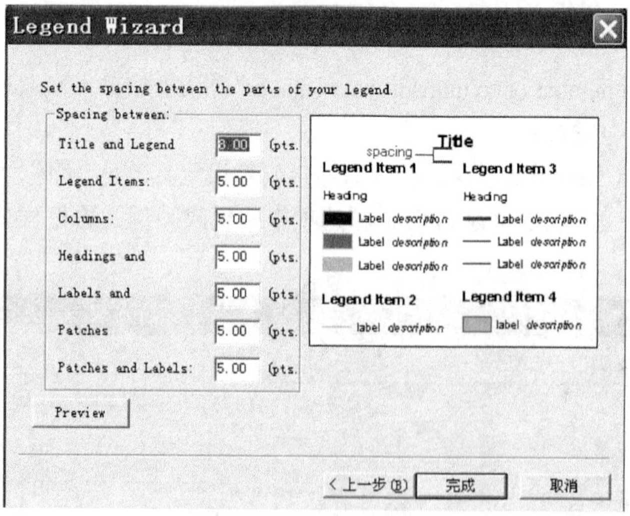

图 4-9 图例符号间隔设置对话框

⑩点击“完成”按钮，完成图例的设置。

⑪单击图例，按住左键移动，将其拖放到合适的位置。

⑫如果对图例的效果不太满意，可以单击图例，双击左键，打开“Legend Properties”对话框(图 4-10)，对其进行修改。

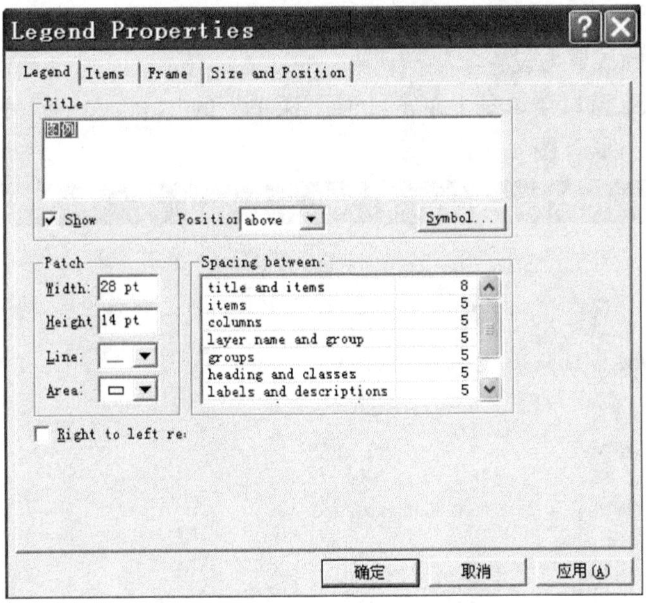

图 4-10　Legend Properties 对话框

(3)比例尺的放置与修改

①在 ArcMap 窗口菜单条上单击“Insert”菜单下的“Scale Bar”命令(图形比例尺)或“Scale Text”命令(数字比例尺),打开“Scale Bar Selector”对话框或“Scale Text Selector”对话框(图 4-11)。

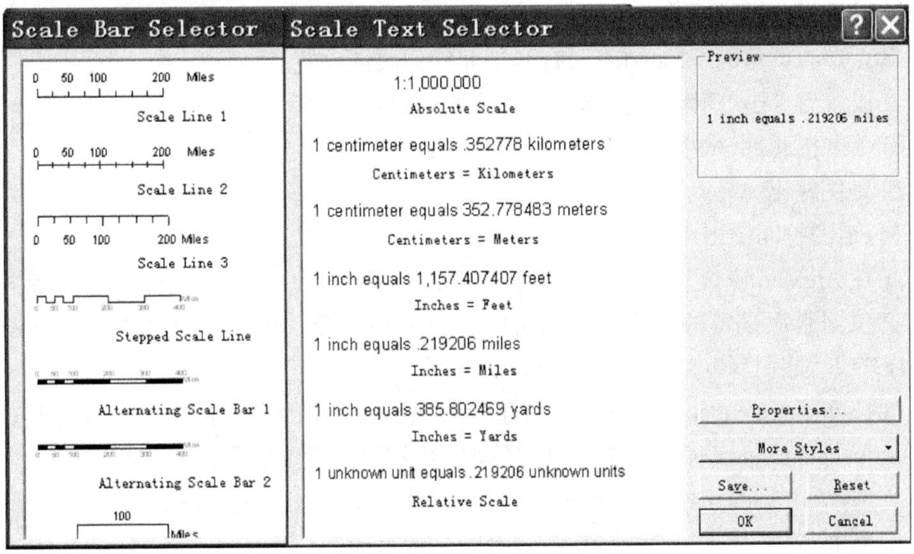

图 4-11　Scale Bar Selector 与 Scale Text Selector 对话框

②选择图形比例尺或数字比例尺的样式。

③点击右下角的“Properties”,打开比例尺的属性设置。

④设置后点击“确定”,再“OK”即完成比例尺的插入。

⑤单击比例尺，按住左键移动，将其拖放到合适的位置。

(4)指北针的放置与设置

①在 ArcMap 窗口菜单条上单击“Insert”菜单下的“North Arrow”命令，打开“North Arrow Selector”对话框(图 4-12)。

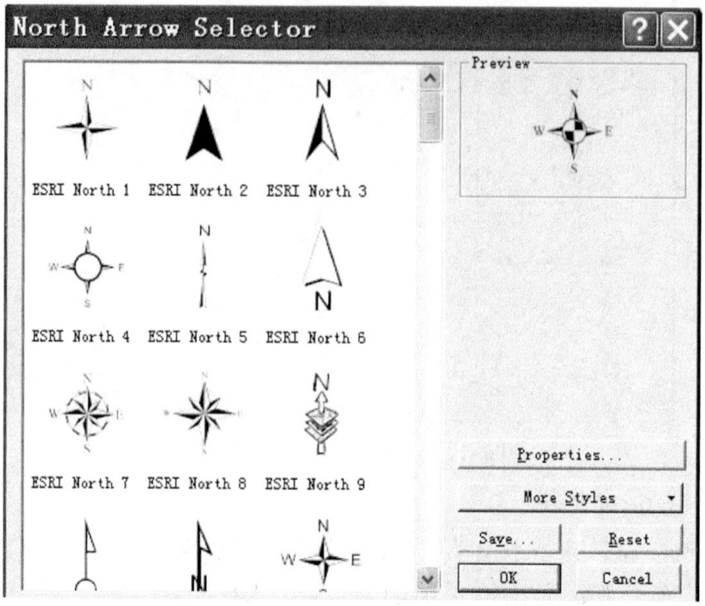

图 4-12　North Arrow Selector 对话框

②选择指北针的样式。

③点击右下角的“Properties”，打开指北针的属性设置。

④设置后点击“确定”，再“OK”即完成指北针的插入。

⑤单击指北针，按住左键移动，将其拖放到合适的位置。

5. 地图输出

(1)地图打印输出

①在 ArcMap 窗口标准工具条中单击“File”下的“Print”命令，打开“Print”对话框。

②根据版面设置的大小和打印机中纸张大小选择“地图分幅打印（Tile map to printer)”或“强制打印(Scale map to fit printer)”。

③选择了“Tile map to printer”，则在“Title from”对应的微调框设置分幅打印页码和“Numbers of Copies”微调框输入打印份数，单击“OK”提交打印。

④选择了“Scale map to fit printer”，则再选中“Print to file”复选框。

⑤单击“确定”执行上述设置，打开打印文件对话框。

⑥确定打印文件目录和文件名，单击“保存”生成打印文件。

(2)地图转换输出

①在 ArcMap 窗口标准工具条中，单击“File”下的“Export Map ”命令，打开对话框。

②确定输出文件目录、文件类型(JPEG)、文件名称。

③单击“Options”按钮，展开“JPEG Options ”对话框。

④进入“General ”选项卡，在“Resolution”微调框中设置输出图形分辨率为 300。

⑤进入“Format”选项卡，单击“Background”按钮，确定输出图形背景颜色。

⑥按下左键拖动“Quality”滑动条，调整图形质量。

⑦单击“Color”下拉箭头，选择输出彩色类型。

⑧单击“保存”按钮，关闭“Export Map”对话框，输出图形文件。

(二)使用 ArcView 软件编制地图

1. 制图设计的基本操作

(1)导入视图

① 打开视图。

② 从“View(视图)”菜单中选择“Layout(图版)”选项。

③ 点击“New”，生成新的图版 Layout1。

(2)图版页面设置

调用“Layout”菜单下的“Page Setup(页面设置)”项，然后在对话框内指定各项内容(图 4-13)。

(3) 添加制图元素

① 点击“View Frame(视图框架)”工具。

② 把光标移到想放置视图框架一个角点的位置，按住鼠标左键，拖动矩形框，当框架的尺寸达到要求时松开鼠标按钮。

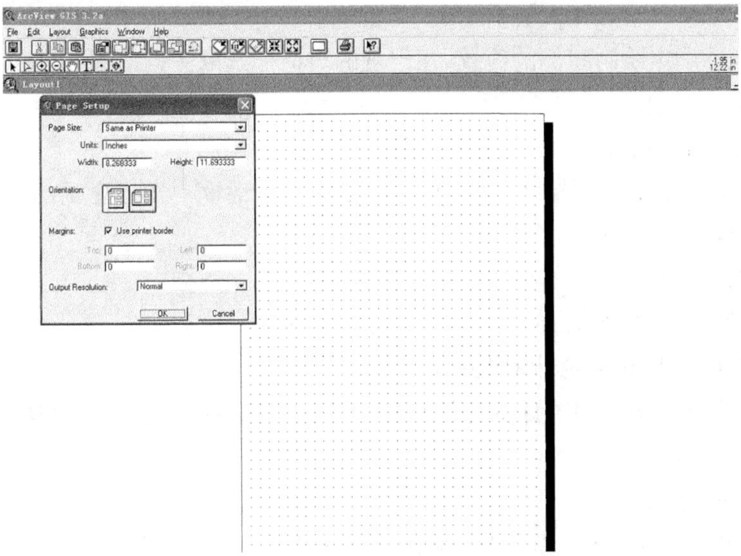

图 4-13 页面设置对话框

③出现“View Frame Properties(视图框架属性)”对话框(如图 4-14)，点取视图框架内包含的视图名。

④按“OK”，视图将出现在图版上。

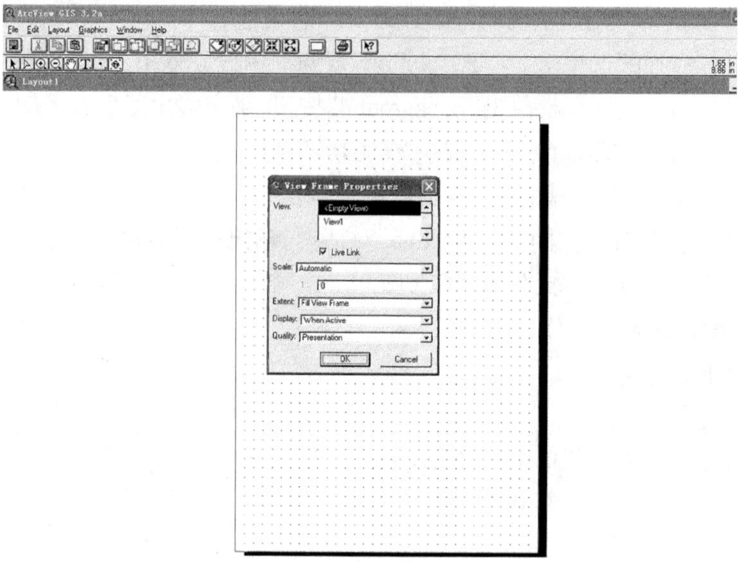

图 4-14　视图框架属性对话框

(4)添加比例尺

①点取“Scale Bar Frame(比例尺条框)”工具。

②用鼠标确定绘制比例尺条的位置和大小。

③按下“OK”。

(5)添加图例

① 点取“Legend Frame(图例框架)”工具。

② 用鼠标确定绘制图例的位置,在出现的对话框选取图例框架名,按下“OK”。

(6)添加指北针

①点取“North Arrow Frame(指北针框架)”工具。

②用鼠标确定想绘制指北针的位置,从出现的对话框中选择想用的指北针样式,设置好旋转角,按下“OK”。

(7)添加统计图

①从工程窗口中,打开想要添加到图版的统计图。

②点取“Char Frame(统计图框架)”工具。

③用鼠标确定想绘制统计图的位置和范围，在出现的对话框中选中要加入的统计图名,按“OK”。

(8) 添加表格

①从工程窗口中,打开想要添加到图版的表格。

②点取“Table Frame(表格框架)”工具。

③用鼠标确定想绘制表格的位置，在出现的对话框中选中要加入的表格名,按“OK”。

(9)添加图片

①点取“Picture Frame(图片框架)”工具。

②用鼠标确定想绘制图像的位置和范围，在出现的对话框中选中要加入的图像文件名,按“OK”。

可以添加的图片文件格式多样,包括 WMF、BMP、JPEG、TIFF 等图形图像格式。

(10)排列页面中不同的图形要素

首先单击“指针(Pointer)”工具,然后与 Shift 键相配合,用鼠标逐一选定想要设置对齐方式的部件,然后调用“图形(Graphics)”下拉菜单中的“对齐(Align)”项,在弹出的对话框内按照实际需要进行项目设定。

(11)帧内容的简化

简化的方法是:首先单击“指针(Pointer)”工具,选择想要简化其内容的帧,接着调用“图形”菜单中的“简化(Simplify)”项,则帧中的所有要素将被操作柄包围,这时就可以用鼠标选择一个或几个要素进行移动、复制、删除等操作。

(12)添加标题(图名)

直接用鼠标选定“文本”工具,在其下拉菜单中可以选择多种文本显示风格。工具选定后,再用光标在图面希望添加标题的地方定位,这时就会立即弹出“文本编辑”对话框。在对话框内先输入标题内容,再一一设定文本的对齐方式、旋转角度等项目。

(13)添加轮廓线

可以直接点击常用工具条中的“Neatline”按钮,在弹出的对话框中,可以选择轮廓线是位于所有图形或被选图形的外围还是位于页面边距之内,还可以通过设置线型、线宽、边角类型来改变轮廓线的显示风格,另外还可以设置背景色和阴影。

(14)打印制作的地图

可以用三种方法进行打印：一是调用“文件”菜单下的“打印”项；一种是在“Layout”窗口单击常用工具栏的“打印机”按钮；第三种是选中“Project”窗口的“Layout”,然后再点击窗口上部的“Print”按钮。

打印制作的地图步骤为:

①通过点选上述按钮或菜单,调出“打印”对话框。

②若要对打印参数进行设置,则单击该对话框中的“Setup”设置按钮,自动弹出一个“打印设置“对话框,可以对打印机类型、打印纸张大小、打印属性等有关项目进行设置。

③参数设置完成后,单击“OK”,返回到打印对话框,再单击其下部的“OK“按钮,即可进行打印。

(15)导出制作的地图

可以用 ArcView 提供的“Export”将地图的成果输出为一个图形文件,以便在其它专门的图形处理软件中进行深加工与修饰。

ArcView 所支持的输出格式有:EPS、Adobe、Illustrator、CGM、BMP 和 WMF 等。

2. 土壤类型与土地利用类型图设计与制作

①在“View”下调入“landuse.shp”图层，双击进入“legend editor” 对话框，选“Legend type unigue value”，“Values field”为 LU- name。

②在 “View” 下的 “Properties” 对话框中，Map units 选 meters ，Distance units 选 kilometers。

③双击“Layouts”视图，进入 Layout1 制图状态。

④点击“View frame”快捷菜单(最右边)，添加主题图、比例尺、图例、指向针，还可以添加属性表、统计图、标题、方框、制图人、时间等，注意各自的位置、大小、颜色等。

⑤设置打印机类型、纸张大小、放置方式。

(三)使用 MapGIS 软件编制地图

①点击 MapGIS 主菜单中的“图形处理”模块，选择“输入编辑”，进入编辑子系统。

②在编辑子系统中新建工程，装入相应的图框文件，在点、线、区文件中分别添加相应的制图元素。

③地图辅助要素的设置。图名、图例、比例尺、指北针、图片、文本等地图辅助要素均为点要素，需先建立相应的点图层，在图层可编辑状态下，从“点编辑”菜单中选取“输入点图元”。在弹出的对话框中的输入类型栏中进行相应选择(图 4-15)。其中，图名、比例尺、文本的设置选择“注释”类型；图例、指北针的设置选择“子图”类型，图片的插入选择“图象”类型，设置好缺省参数后，点击确定，即可在图中相应位置设置这些地图辅助要素。

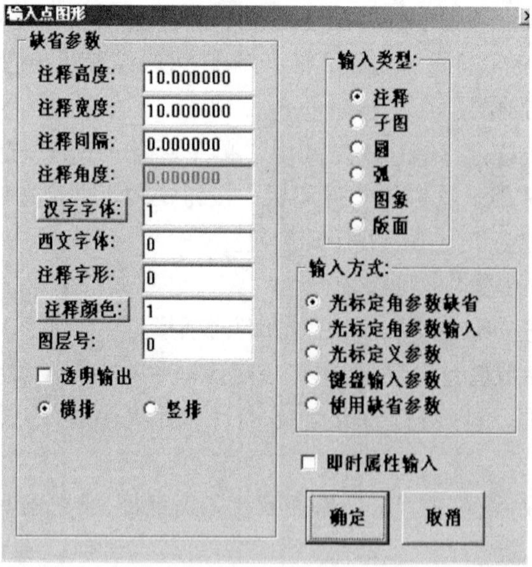

图 4-15　输入点图元对话框

④地图输出。点击编辑子系统桌面菜单上的“工程输出”菜单，进入制图版面设置界面。在“文件”菜单中选择“页面设置”，在弹出的“工程输出编辑”对话框中进行相应参数设置(图 4-16)。

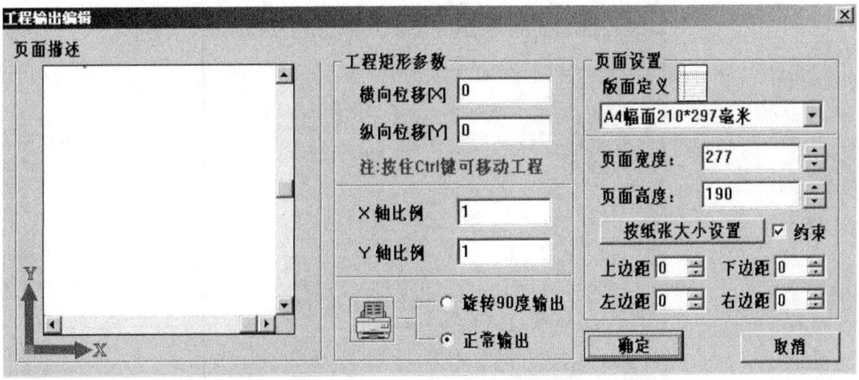

图 4-16 工程输出编辑对话框

在工程输出界面下,可以有三种方式输出地图,分别是“Windows 输出”(即打印输出),“光栅输出”(可分别输出 GIF、TIFF、JPEG 等通用格式图像),“PostScript 输出”(用于出版印刷的胶片打印)(图 4-17)。

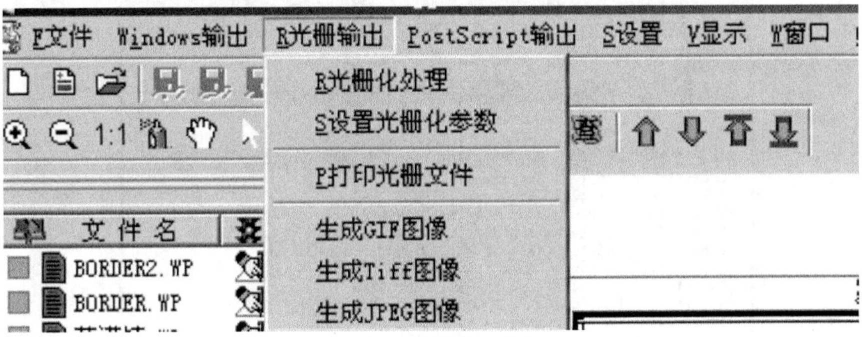

图 4-17 光栅输出下拉菜单

(四)使用 MapInfo 软件编制地图

1. 制图版面设置

制图版面设置包括图面尺寸设置、图框大小设置等。

(1)图面尺寸设置

在 MapInfo 中,地图窗口的大小是指实际作业区大小,一般有两种设定方法,一是在创建新的地图时设定,二是在创建地图后调整窗口大小。

①创建新地图时的设定。在 MapInfo 中,当用户选用非地球坐标系时,系统要求用户设定非地球坐标边界,具体步骤如下:

A. 单击“新建表”→“新表结构”,在“新表结构”对话框中,选择“投影”按钮(图 4-18)。

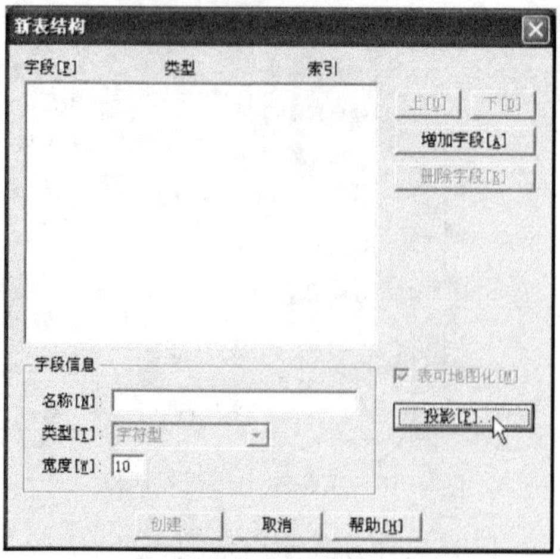

图 4-18　新表结构对话框

B. 系统弹出“选择投影”对话框(图 4-19)。

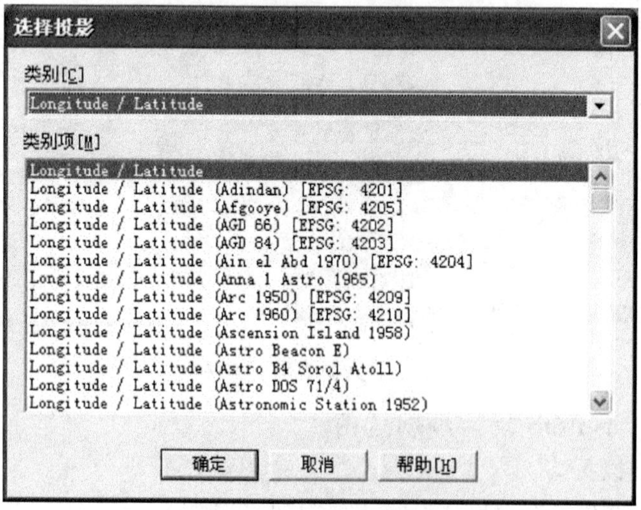

图 4-19　选择投影对话框

C. 如用户选择“非地球投影”时,系统弹出“非地球坐标边界”对话框(图 4-20)。

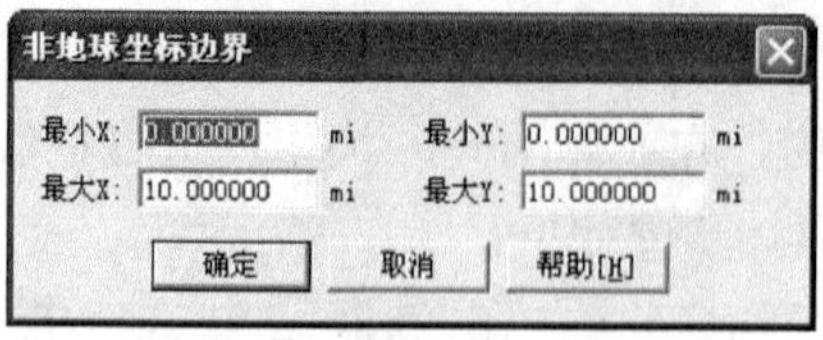

图 4-20　非地球坐标边界对话框

D. 用户可以在“非地球坐标边界”对话框中设定地图窗口中的边界。

②调整地图窗口。地图图层创建好以后,用户就不能再设置地图窗口。若要改变窗口大小,只有通过调整地图视图来改变。具体步骤如下:

A.在地图窗口中打开地图。

B.单击“地图”→“改变视图”，系统弹出“改变视图”对话框(图 4-21)。

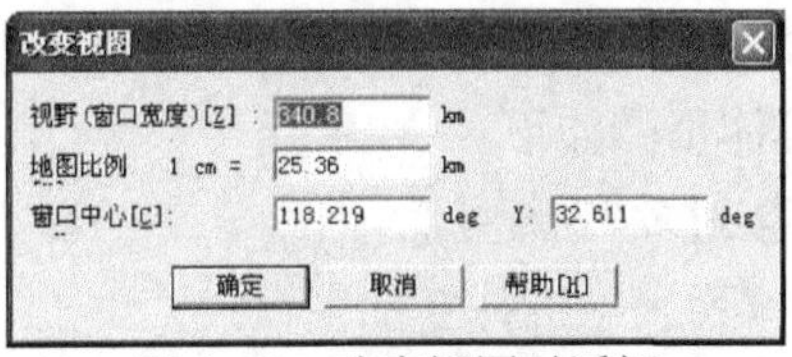

图 4-21　改变视图对话框

C. 在对话框中设定视图大小。

(2)图框大小设置

当布局窗口被激活时，使用“框架”按钮在布局窗口中创建框架。每一个框架可以显示一幅地图、统计图、浏览窗口、地图图例、信息窗口、统计窗口、消息窗口或者是一个空窗口。

①绘制框架。要在布局中创建框架，具体步骤如下：

A. 在绘图工具条上单击“框架”按钮，光标显现为“ + ”字。

B. 移动光标到开始绘图处。

C. 单击并按住鼠标按钮，斜向拖动光标直到虚线勾画出所要框架的区域的轮廓。

D. 松开鼠标按钮，“框架对象”对话框出现(图 4-22)。

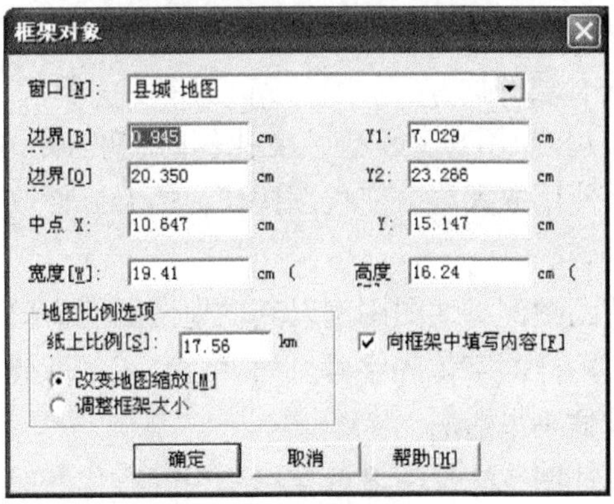

图 4-22　框架对象对话框

“框架对象”对话框的各项功能如下：

A.窗口：选择显示在框架中的不同窗口。

B.边界 X_1、Y_1 和边界 X_2、Y_2：X_1 和 X_2 分别为左边界和右边界，Y_1 和 Y_2 分别为顶边界和底边界。以“选项”→“参数选择”→“系统设置”中的纸张和布局单位为这些坐标键入新值，(0,0)为左上角。

C.中点 X、Y：框架中心的坐标值。

D.宽度：框架左边到右边的距离。

E.高度：框架顶部到底部的距离。

F.纸上比例：当前框架显示地图所用的比例。可以键入新的比例，MapInfo 将调整框架的大小来以指定的比例显示地图。

②改变框架内容。一旦创建了一个框架,就可以像对其他图形对象一样对待框架。可以改变它的大小、位置、线样式和填充图案,并且可以对其进行剪切、复制和粘贴。

要改变框架的内容,具体步骤如下:

A. 双击框架,出现“框架对象”对话框。

B. 从对话框的窗口下拉列表中选择新的窗口。

C. 单击“确定”按钮,现有窗口被替换为新窗口。

D. 在框架被选中时,使用“选项”→“区域样式”可以改变框架的边界样式、背景图案和填充图案。

③改变布局中地图的比例和布局比例。要想改变地图的比例,可调整原始地图窗口的大小,MapInfo 会自动将变化传达给布局框架, 但不能通过在地图上移动框架边界来改变地图的比例。

可以使用框架的“框架对象”对话框来改变地图的大小,使它具有特定的比例。例如想使 1cm 相当于 20km,在比例框中键入 20,地图就会重设比例来使布局页面上的 1cm 相当于 20km。

要重新设置布局比例,具体步骤如下:

A. 单击“布局”,使它成为活动窗口。

B. 双击“地图框架”调出“框架对象”对话框。

C. 设置纸上比例为合适的值。

当地图不再适合布局,而用户又不想改变比例时,就需要缩小地图窗口中的视野并重置布局中的比例。使用放大或改变视图按钮,MapInfo 便改变地图的视野,然后改变布局中地图框架的内容。

④在布局中显示地图图例。地图图例以其在地图图例窗口中的同样大小显示,并使用在地图图例窗口中同样的字体和字号。如果改变图例框架的尺寸使它比图例小,图例将被剪裁而不是被缩小来适应。

⑤在布局中显示统计图。统计图显示在框架中时会将框架充满,它们以框架的比例而不是以统计图窗口的比例显示。框架显示的统计图文本与统计图窗口中的文本具有同样的磅值。当框架比它显示的实际统计图要小时,文本可能被压缩。

⑥ 在布局中显示浏览窗口。显示出的浏览窗口,其列标题在框架的顶部,下面紧接着是表的内容。从浏览窗口左上角的行和列开始,它将显示能放入框架的尽可能多的行和列,而不管在表中有多少显示出来,当改变框架的大小时,显示的行和列的个数也相应改变。然而,用选取字段命令从表中删除的字段将不显示在表框架中,因为该显示要与浏览窗口的内容匹配。

在框架中可以显示的行和列的数目依赖于字体和列宽。框架显示的文本使用浏览窗口中的字体样式和字号。若想改变框架中的文字样式, 必须在浏览窗口中作改动。当使用较小的文字时,可在框架中得到较多的行和列。

当然, 也可以在浏览窗口中手动调整列宽, 而不影响所根据的基础表的字段大小。要做到这一点，可通过在浏览窗口中单击并拖动分隔列名的竖直短栏。

2. 布局窗口设置

在 MapInfo 中，可以直接显示或打印输出每个单独的地图窗口、浏览窗口或统计图窗口的信息。用户若想同时显示或打印多个窗口中的内容，或者要打印图例、信息工具、统计窗口以及信息窗口中的数据，就必须使用 MapInfo 的布局窗口特性。

布局窗口，是布置和注释一个或多个窗口的内容以供打印的窗口。MapInfo 的布局窗口拥有页面布局的特性，它允许在一个页面上放置和安排一个或多个地图窗口、浏览窗口以及统计窗口等以供输出，并可以在布局中增加标题或标注等信息，将所有显示联系在一起，以便完美地显示或打印相关信息。在布局窗口中可以加入任何当前打开的窗口，并对窗口的大小、位置加以控制，以得到最佳的显示或打印效果。

(1)创建布局窗口

创建布局窗口包括把地图窗口、浏览窗口以及统计窗口增加到布局窗口中，安排它们的摆放位置，并加入文字和标题之类的说明，最终在布局窗口中表达出用户需要显示或打印的所有信息。

①新建布局窗口。要新建一个布局窗口，有两种途径：

A. 在主菜单中选择“窗口”→“新建布局窗口”。

B. 单击常用工具条中的“新建布局窗口”按钮。

MapInfo 的新建布局窗口在任何时候都是可用的，当用户使用上面所说的任一途径，若没有打开的窗口时，MapInfo 将创建空白布局窗口。当有打开的窗口时，MapInfo 将显示“新建布局窗口”对话框(图 4-23)。

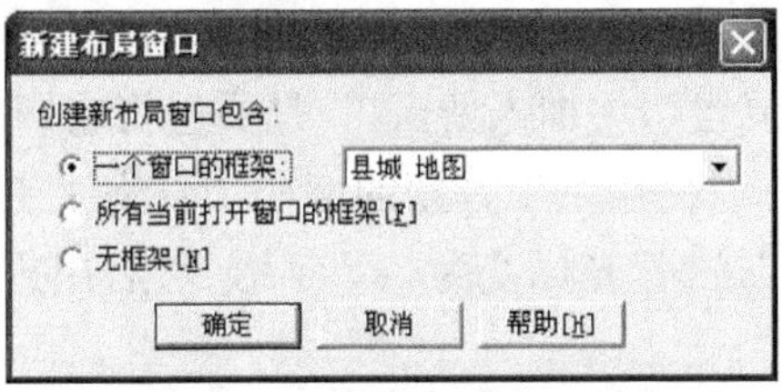

图 4-23　新建布局窗口对话框

“新建布局窗口”对话框有以下三个选项可供用户选择。

A. 一个窗口的框架：MapInfo 在列表框中列出了所有当前打开的窗口，用户可从中选择一个窗口，该窗口将被放置在布局窗口的中央。统计图窗口总带有图例，此外，被专题渲染过的地图也带有图例，用户可以把图例重新定位。

B. 所有当前打开窗口的框架：选择此项，MapInfo 将创建一个布局窗口，把所有打开的地图、表和统计图(并带有当前活动地图或统计图的图例)以与它们在屏幕上相同的大小和位置放置在布局窗口中，用户同样可以重新定位并调整它们的大小。

C. 无框架：选择此项，MapInfo 将创建一个空白布局窗口。用户可以使用框架工具人为地把地图、统计图以及它们的图例放入该空白布局窗口中。

单击“确定”按钮，MapInfo 将按用户要求创建一个布局窗口。

MapInfo 初次打开一个布局窗口时，它根据打印机的当前设置设定页面大小和方向(纵向或横向)。当打开带有不同打印机的布局窗口时，其设置是不同的，它使用该打印机设置的页面大小和方向，此时布局窗口中对象的大小和位置是相同的，但布局窗口分页的方式是不同的。

②使用框架。框架是布局窗口中的一个图形对象，每个框架可包含一个地图窗口、统计窗口、浏览窗口或图例窗口，框架内容与相应的窗口内容是一致的。框架在布局窗口中起着重要的作用，向布局窗口中加入新窗口、重新排列对象顺序或改变布局窗口的显示内容都是与框架相关联的。

A. 重排对象的大小和位置。当创建了含有多个窗口的布局时，布局窗口中的框架对象是按从前到后的顺序排列的。我们可以想像为把每个框架单独绘制在一张胶片上，而这些胶片前后放置，相互重叠。当一个框架位于另一个框架之前时，它遮蔽另一框架；反之，当它位于另一个框架之后时，它被遮蔽。

这种从前到后的顺序是创建对象的顺序确定的，最后创建的对象位于最前面。要改变框架的重叠顺序，可以使用置前或置后菜单选项。要将一个框架对象置前，用选择工具单击选择需要置前的框架，即选择菜单“布局”→“置前”，该框架将被放置在最前面。同样可以将框架置后，但此时应选择菜单“布局”→“置后”。

除了改变框架对象的重叠顺序外，用户还可以使用选择工具重新安排框架的大小和位置。要移动框架，用选择工具单击该框架并按住鼠标左键，当光标变成四向箭头后，将框架拖至新位置并松开鼠标键即可。若要改变框架的大小，用选择工具单击该框架四个角中的一角，并按住鼠标左键，当框架的边框变成虚线时，再拖动至适当位置松开鼠标键即可。

B.加入新窗口。向布局窗口中加入新窗口，是通过将它们加入列框架中来实现的。当布局窗口被激活时，可以使用主工具条的框架工具来手工创建包含其他窗口的框架。此时单击“框架工具”按钮，光标变为“ + ”字形，然后用户按住鼠标左键并在所希望的地方画出框架即可。

如果画框架时没有打开的窗口，MapInfo 将在布局窗口中设置一个空白框架。如果画框架时有打开的窗口，MapInfo 将显示“框架对象”对话框。

当用户要改变框架的显示内容时，可单击选择工具，使鼠标处于选择状态，再双击要改变显示内容的框架，这时重新出现“框架对象”对话框。与新建框架时的框架对象对话框不同，此时出现的框架对象对话框多了一个“地图比例尺文本框”，它用于设置地图上一个纸张单位所代表的实际距离。

C. 排列对象。一个布局窗口常含有多个框架对象，MapInfo 的缺省排列常不能使用户满意。要获得更加合理、美观的布局，可以使用 MapInfo 的排列对象命令，它提供了几种对齐布局窗口中框架对象的方式。要对齐布局窗口中的各个对象，按以下步骤操作：

a. 使用选择工具选择需要对齐的框架对象。

b. 选择“布局”→“排列对象”，显示“排列对象”对话框(图 4-24)。

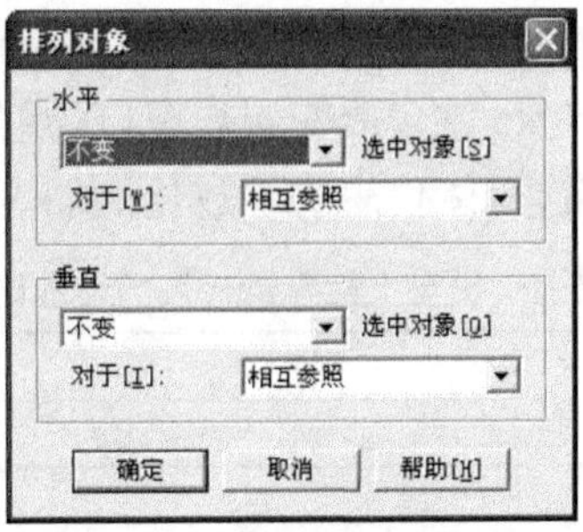

图 4-24 排列对象对话框

c. 在对话框中为所选择对象指定适当的水平对齐方式和垂直对齐方式。

d. 单击“确定”按钮，对象将按新指定方式重新排列在布局窗口中。

“排列对象”对话框为所选择对象的水平对齐提供了五种方式：保持原来的对齐方式不变、左边对齐、居中对齐、右边对齐和分布对齐(即均匀地设置对象间的水平或垂直间隔)。对齐方式在“水平下拉列表框”中选择。同样，垂直对齐也有五种方式：不变、上边对齐、居中对齐、下边对齐和分布对齐。这在“垂直下拉列表框”中选择。

在下拉列表中用于选择排列的参照方式有：

相互参照：相互参照排列对象，对象根据一个包围所有欲排列对象的边界矩形排列。

整个布局参照：参照整个布局排列对象，对象按布局的上、下、左、右边界或页边距对齐。

D. 缩放布局窗口。为了更好地布置布局对象的大小和位置，常常需要改变布局窗口的缩放比例以查看对象的细节。首先要明确的是，这里所说的缩放比例是指整个布局窗口的缩放比例，而不是某个框架中的窗口的缩放比例。要改变某个框架中窗口的缩放比例应在该地图窗口中进行。

布局窗口的缩放比例以百分比的形式显示在状态栏的左下角，改变布局窗口的缩放比例有四种形式：

a. 使用常用工具条中的放大或缩小工具。

b. 使用“布局”→“改变缩放比例”，系统显示“布局缩放”对话框(图 4-25)。用户可以在文本框中将缩放比例设置为 6.2% ~ 800% 之间的任何一个数值。

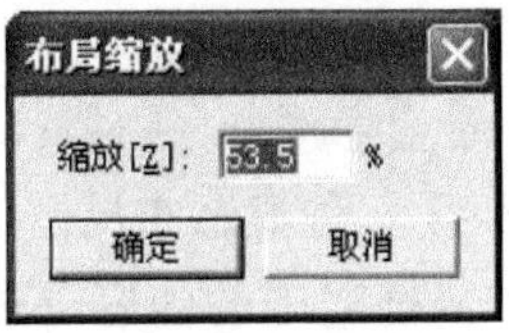

图 4-25 布局缩放对话框

c. 使用“布局”菜单命令：“布局”→“以实际尺寸显示”，系统将以实际尺寸显示布局窗口；“布局”→“查看整个布局”，系统将显示整个布局；“布局”→“前一视图”，系统将显示前一视图。

d. 使用键盘上的 1～8 数字键设置布局窗口的缩放比例，当布局窗口为当前活动窗口时，敲其中任何一键，MapInfo 就会改变布局窗口的缩放比例。缩放比例随数字大小按几何级数增大，每个数字键具体代表的缩放比例如表 4-1 所示。

表 4-1　键盘上数字键代表的缩放比例

数字键	1	2	3	4	5	6	7	8
缩放比例	6.25	12.5	25	50	100	200	400	800

(2)自定义布局窗口

在 MapInfo 中，用户可以按自己的习惯灵活方便地自定义布局窗口。如自行设计和确定布局框架中的内容、显示 / 隐藏标尺或分页符、为布局设定页边距和页数、为布局增加文字说明以及为布局对象创建阴影等。

①“布局显示选项”对话框。“布局显示选项”对话框为用户自定义布局窗口提供了丰富的选择功能，要使用该对话框，选择“布局”→“选项”，系统显示“布局显示选项”对话框(图 4-26)，各选项功能如下。

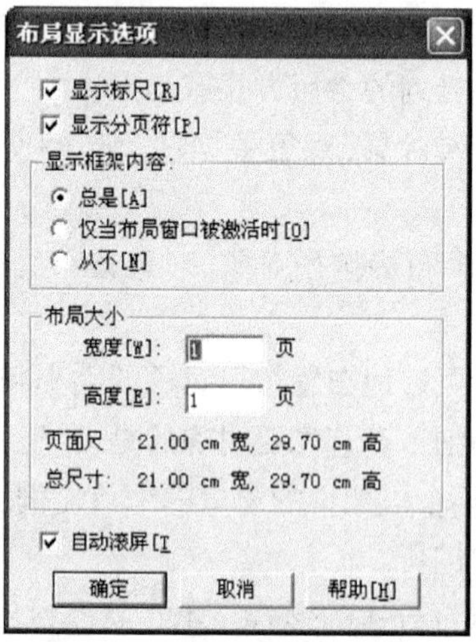

图 4-26　布局显示选项对话框

A. 显示标尺：用于控制标尺的显示与否。在缺省情况下，布局窗口的顶部和左侧显示有标尺，用于帮助用户定位、调整大小及对齐对象。若要隐藏标尺，清除该选项即可。

B. 显示分页符：用于控制分页符的显示与否。在缺省情况下，MapInfo 创建一个多页布局时将显示页分隔线。如果希望隐藏页分隔线，清除该选项即可。

C. 显示框架内容：为用户提供了三种显示布局框架中内容的方式。

a. 总是：MapInfo 总是显示布局框架中的内容。选择此选项时，当用户在地图窗口或浏览窗口中进行改动时，在布局窗口的相应框架中可同时看到改动的结果。即使布局窗口当前未被激活，该选项也起作用，这在另一个窗口中进行细致修改时是很有用的。

b. 仅当布局窗口被激活时：这是 MapInfo 缺省的布局设置，它仅在布局窗口被激活时显示布局框架中的内容，当另一个窗口被激活时，MapInfo 只显示框架窗口中的标题。

c. 从不：MapInfo 不显示框架中的内容，而只显示框架中窗口的标题。在重新设定框架大小及其位置时应使用该选项，这样可以快速地设定框架的大小及位置而不必等待每个框架进行重画。

D. 布局大小：在创建并打印多页的布局时极为有用。例如，为了以适当的细致程度显示一幅地图，需要将地图按 10in 宽、15in 高打印，此时无论是采用纵向打印(8.5×11in)还是横向打印(11×8.5in)都无法满足在一页纸上输出整张地图的要求。此时就可以在宽度文本框中将布局宽度设为 2 页，而在高度文本框中将布局宽度设为 1 页(纵向打印)，MapInfo 将在两页上打印出这张 10×15in 的地图，但用虚线符来区分布局中的各页，若不想显示这些虚线符，只需清除显示分页符即可。“布局大小”对话框的内容有：

a. 页面尺寸用于设定布局的大小和页数。

b. 宽度文本框用于设定布局的宽度为多少页。

c. 高度文本框用于设定布局的高度为多少页。

② 增加文本。一个布局往往需要标题说明以及各种对象标注，要往布局中增加文本，可以使用绘图工具条中的“文本”按钮。单击“文本”按钮，光标将变为“I”字形，在布局窗口的任意地方单击即可定位需要加入文本的地方。

用户可以自己定制文本样式，此时选中文本并选择“选项”→“文本样式”，或者单击绘图工具条的文本样式对话框，显示文本样式对话框，用户可以改变文本的大小、颜色和字体样式并为其增加背景色，以使文本在页面显示变得更为突出。此外，通过双击文本对象，显示文本对象对话框可以使用更多的选项，如文本内容及起站位置。文本对齐方式、线间隔和增加标注线等。

③创建阴影。为使布局中的对象如矩形、圆角矩形或圆形具有三维效果，可以为对象创建阴影。此时先选中要创建阴影的对象并选择“布局”→“创建阴影”，系统显示“创建阴影”对话框(图 4-27)。

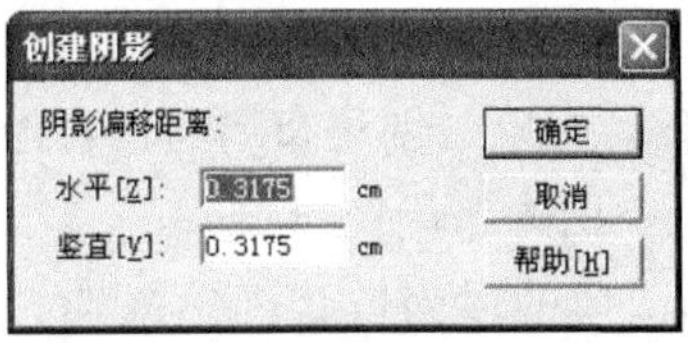

图 4-27　创建阴影对话框

对话框用于指定阴影的偏移距离，其缺省偏移量为 0.125 in 即 0.318cm，用户可以在“水平”文本框中改变阴影从左到右的偏移量，在“竖直”文本框中改变阴影从上到下的偏移量。当用户改变了缺省值时，MapInfo 在整个任务中将保留该变动，直到再次改变它们。

当要给多个对象创建阴影时，应按住“Shift”键并单击需要创建阴影的若干对象；若用户需要给所有对象创建阴影，可以使用菜单条中的“查询”→“选择全部”选中布局中的所有对象。

阴影和对象是不相关的，当移动或调整布局对象的大小时，相应对象的阴影并不移动或改变大小，所以用户最好是在确定阴影的源对象位置后再创建阴影。

创建阴影后，用户若对阴影效果不满意，还可以删除或修改阴影的填充对象和线型，此时先用选择工具选择需作修改的阴影，然后选择“选项”→“区域样式”或者单击绘图工具条的“区域样式”按钮，系统显示“区域样式”对话框，用户可以在其中对区域样式进行重新定义。

此外，在布局窗口中双击阴影将显示“矩形对象”对话框(图 4-28)，用户可以在对话框中的“边界”文本框中重新定义阴影的边界位置，或者在宽度或高度中改变阴影的尺寸大小。此外，样式按钮还允许用户重新选择阴影的填充样式。

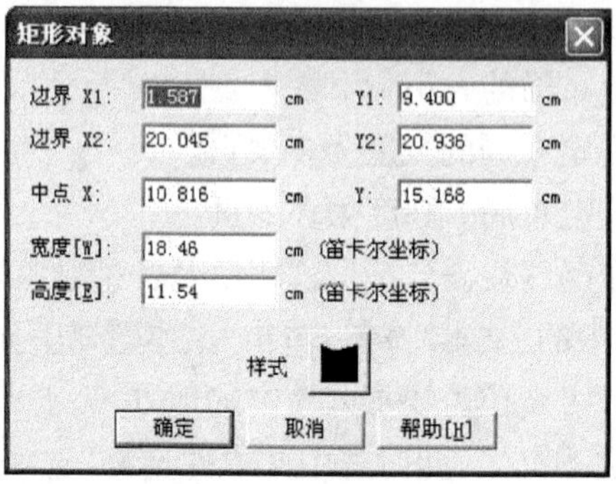

图 4-28　矩形对象对话框

④ 创建副本视图。副本视图的一个重要应用是设计布局，用户常会碰到这种情况，即希望在布局窗口中同时显示一幅大面积的地图和它的一个近景视图，此时可以采取如下操作。

A. 打开表并显示相应的地图窗口。

B. 选择“地图”→“查看整个图层”，得到全景地图。

C. 选择“地图”→“副本观图”，创建副本视图。

D. 改变副本视图的缩放比例，得到地图的近景视图。

E. 选择“窗口”→“新建布局窗口”，创建布局窗口，并在“新建布局”对话框中选择“无框架”，这样就创建了一个空白的布局窗口。

F. 使用框架工具在布局窗口的适当位置画出框架，并在框架对话框的“窗口”下拉列表中选择全景地图窗口。

G. 同样使用框架工具和框架对话框创建包含近景视图的框架，这样就得到用户所希望的布局。

⑤ 创建并保存布局模板。布局模板是一个带有空框架的布局，用户可以重复使用一个模板，只需每次使用时在框架中放入新窗口即可，这为用户在反复使用同一类型

布局时提供了极大的便利。

要创建一个布局模板，首先应关闭所有打开的表和窗口，然后选择“窗口”→“新建布局窗口”，MapInfo 将创建一个空白布局，用户可以在布局窗口中增加框架、标题、标注或其他图形对象等。完成后将模板保存为一个工作空间，以后要使用此布局模板，打开相应的工作空间即可。

⑥打印布局。用户设计好满意的布局以后，打印将是一件很简单的事情。首先，应检查页面设置是否符合要求，可以选择“文件”→“页面设置”显示页面设置对话框，在对话框中可以指定页面方向(纵向或横向)和页边距。此外，还可以指定纸张大小和来源，或者改变打印机属性。打印机属性对话框中可用的设置随所用的打印机不同而不同。需注意的是，对页面设置的改变很可能影响布局。因此，最好在打印前检查所做的改变对布局的影响。

在打印时，首先使需要打印的布局窗口成为当前的活动窗口，然后选择“文件”→“打印”显示“打印”对话框。用户可以在对话框中选择需要打印的页和打印份数，此外还可以像在页面设置对话框一样设定打印机的属性，同时也可以设定是否输出到一个文件。

3. 地图整饰操作

数据是地图的主要内容，一幅完整的地图除了包含反映地图数据的线画及色彩要素以外，还必须包含与地理数据相关的一系列辅助要素，如图名、图例、比例尺、指北针、统计图表等，所有这些辅助要素的放置，都将作为地图整饰操作的内容来加以说明。

(1)图名的标注与修改

在 MapInfo 中，地图图名的设置在布局窗口中，用户可利用文本编辑工具编辑地图的标题，具体步骤如下：

① 单击“窗口”→“新建布局窗口”，系统显示“布局”窗口。

② 单击工具条上的“文本”编辑工具，然后移动鼠标到布局窗口。

③ 光标在布局窗口中变成“I”字形，在地图框架的正上方适当的位置按下鼠标。

④ 输入地图图名。

⑤ 选择工具条上的“单选”工具，然后在布局窗口中双击“地图图名”，系统弹出“文本对象”对话框。

⑥ 用户在“文本对象”对话框中，设置地图图名的字体大小、颜色和所需要的样式等。

⑦ 当设置完成后，单击“确定”按钮，完成地图图名的设置。

(2)图例的标注与修改

图例符号是地图的语言，主要用来说明地图内容的确切含义，对于地图的阅读和使用具有非常重要的作用。图例通常包括两个部分：一部分是用于表达地图符号的点、线、面，另一部分则是对于地图符号含义的标注和说明。

①图例的创建。创建新图例窗口由三个对话框过程组成。这组对话框让用户输入必要的信息从活动地图窗口中的图层创建图例。第一个对话框用于选择将出现在图例窗口中的图层，第二个对话框用于为图例窗口中的每个框架设置选项，第三个对话

框用于创建属性驱动的图例，并将框架设置保存到元数据中，创建有连接信息的图例。具体操作步骤如下。

A.选择“地图→创建图例”，出现“创建图例 - 步骤 1 of 3”对话框(图 4-29)。

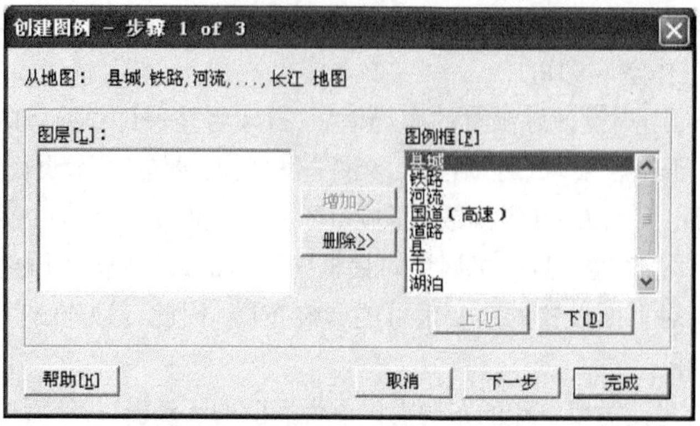

图 4-29　创建图例 - 步骤 1 of 3 对话框

本步骤的主要功能是选择组成图例的图层。该图例将为每个图层设置一个框架，框架被显示在“图例框架”列表框中。在缺省情况下，所有有助于图例的图层都将出现在“图例框架”列表框中。框架将以它们出现在此列表中的顺序绘制。因此“向上”和“向下”按钮可用于重新排序。

在缺省情况下，所有图层都被选中并出现在“图例框架”列表框中。如果用户要在创建的图例中去除某些图层，使用“删除”按钮将这些图层移到“图层”列表框。任何移动到“图层”列表框的图层将不被包含在图例中。要出现在此列表框，图层必须包含样式属性，因此栅格图层不会包含在此列表框。

B. 完成“创建图例 - 步骤 1 of 3”对话框，选择图例将使用的图层。按对话框的“帮助”按钮可得到具体的对话框字段的信息。若选择“完成”，图例将被创建，其中在“图例框”列表框中的每个图层显示在一个框架中。若选择“下一步”则会显示“创建图例 - 步骤 2 of 3”对话框(图 4-30)。

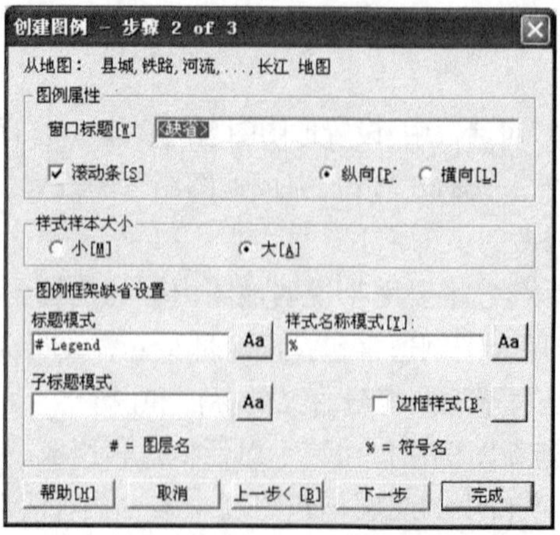

图 4-30　创建图例 - 步骤 2 of 3 对话框

C. 完成“创建图例 - 步骤 2 of 3”对话框中的设置，指定图例属性和图例框架缺省属性。按对话框的“帮助”按钮可得到具体的对话框字段的信息。单击“完成”可显示图例。若选择“下一步”，则显示“创建图例 - 步骤 3 of 3”对话框（图 4-31）。

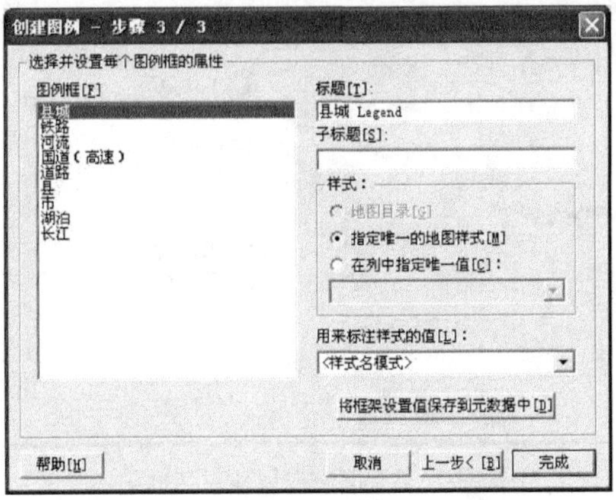

图 4-31 创建图例 - 步骤 3 of 3 对话框

可以根据惟一的地图样式或使用属性列中的惟一值创建图例。文本描述可以从属性列或表达式中生成。此外，图例的生成过程可以保存到地图表的元数据中，在下一次生成图例时作为缺省值调用。该元数据缺省值被用于初始化“创建图例 - 步骤 3 of 3”对话框。可以修改元数据缺省值并在对话框中选择自己的设置，也可以通过写入到地图表元数据中保存改动。

D.完成“创建图例 - 步骤 3 of 3”对话框，为每一个图例框设置属性，单击“完成”以显示图例，或者要创建有连接信息的图例，用户可接着再进行以下步骤：

a. 在“标注样式”下拉列表中选择连接，出现“更新列”对话框。

b. 选择“联接”，然后出现“指定联接”对话框。完成该对话框，选择“确定”以返回到“步骤 3 of 3”对话框，单击“完成”以显示图例（图 4-32）。

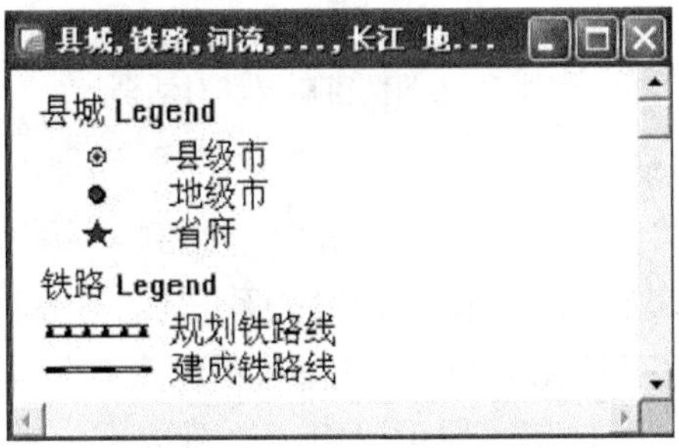

图 4-32 创建图例窗口

②修改图例框架。

A. 单击要修改的框架。

B. 单击鼠标右键显示快捷菜单。选择“属性”可显示“图例框属性”对话框（图 4-33），或选择“图例”→“属性”也可显示“图例框属性”对话框。

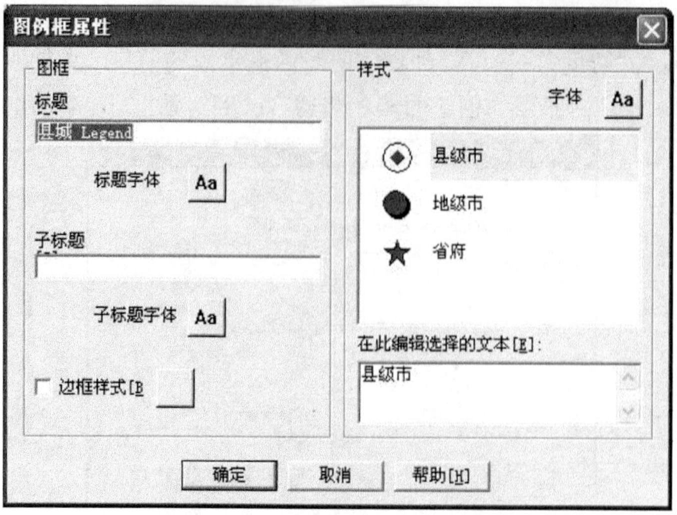

图 4-33　图例框属性对话框

C. 修改属性后单击“确定”按钮,完成图例框属性修改。

③ 修改图例窗口属性。只有通过访问“图例窗口属性”对话框才能修改图例窗口。下面两种方法均可以修改图例窗口属性:

A. 选择“图例”→“窗口属性”(当没有选中任何框架时)可显示“图例窗口属性”对话框。

B. 在图例窗口的任何地点单击鼠标右键(当没有选中任何框架时)可显示快捷菜单并突出显示“窗口属性”命令。松开鼠标可显示“图例窗口属性”对话框(图 4-34)。

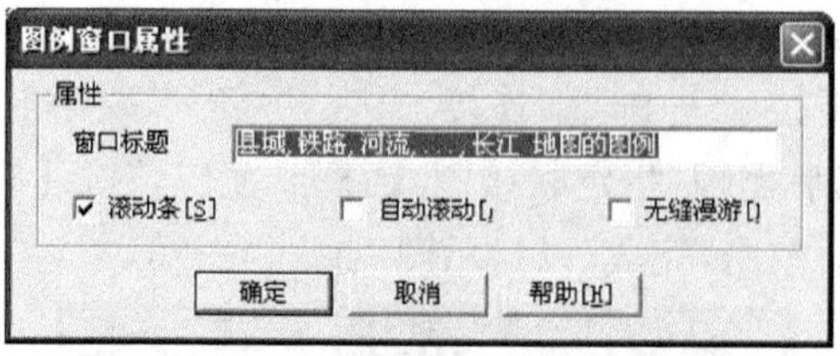

图 4-34　图例窗口属性对话框

(3)比例尺的标注与修改

地图上标注的比例尺分为数字比例尺和距离比例尺两种。数字比例尺非常精确地表达地图要素与所代表的地物之间的定量关系,但是不够直观,而且随着地图的缩放,数字比例尺标注的数字是无法相应变化的,不能直接用于地图的量测;距离比例尺虽然不能精确地表达制图比例, 但可以用于地图量测, 而且随着地图缩放一起变化。由于两种比例尺标注各有优缺点,所以在地图上往往需要同时放置。

①距离比例尺放置。

A. 在布局窗口的工具条上,单击“比例尺”按钮。

B. 移动鼠标,在布局窗口中所要放置比例尺的地方点击鼠标左键,系统弹出“在地图窗口中绘制距离比例尺”对话框(图 4-35)。

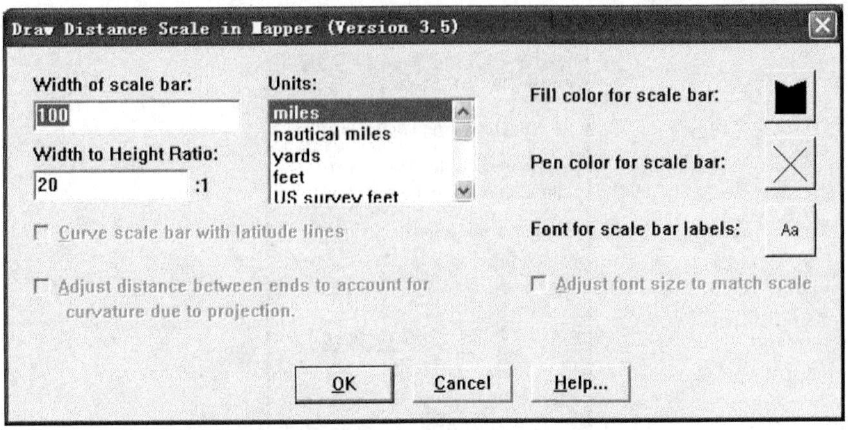

图 4-35　在地图窗口中绘制距离比例尺对话框

C. 在该对话框中设置好图例的各项参数，然后点击“确定”按钮，系统就在窗口中生成了比例尺。

如要修改图例标注，则只要选取图例标注的文字或图形，然后像修改文本或图像中的区域对象那样修改图例就可达到目的。

② 数字比例尺放置。数字比例尺的标注就像地图图名的标注一样，可以在布局窗口中利用“文本”编辑工具进行编辑，设置用户所需要的比例尺。

(4)指北针的标注与修改

在 MapInfo 中，指北针的标注是利用“指北针”工具来标注的。具体步骤如下。

①在“工具”菜单下选取“指北针”子菜单，若没有，则先通过选取“工具”→“工具管理器”，系统弹出“工具管理器”对话框，在其中添加“指北针”工具，然后再选取“指北针”。

②选取“指北针”下的“绘制指北针”，系统弹出“指北针”对话框(图 4-36)。

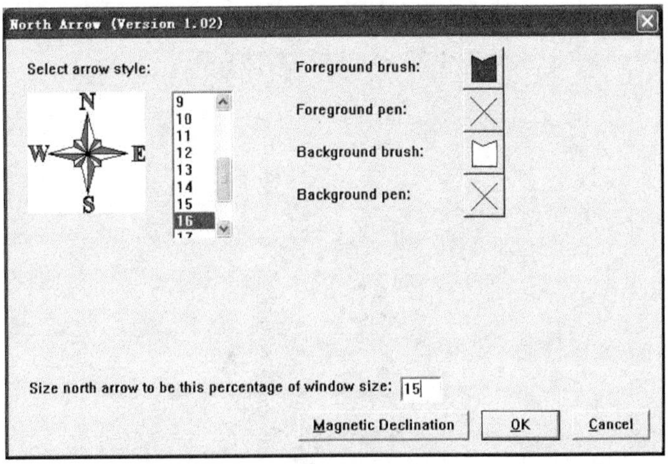

图 4-36　指北针对话框

③ 在“指北针”对话框中设置好指北针的样式、颜色、放置的位置等。若要设置磁偏

角,则点击"磁偏角"按钮,系统弹出"磁偏角"对话框(图 4-37),就可选取磁偏角设置。

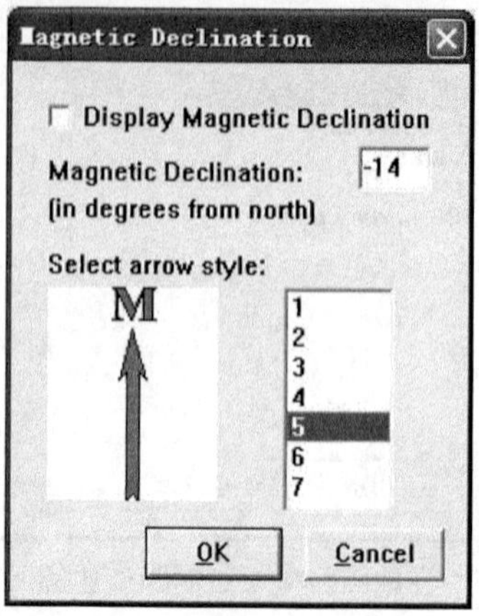

图 4-37　磁偏角对话框

④ 完成对指北针的设置后,点击"确定"按钮,系统就绘制出指北针(图 4-38)或指北针带磁偏角(图 4-39)。

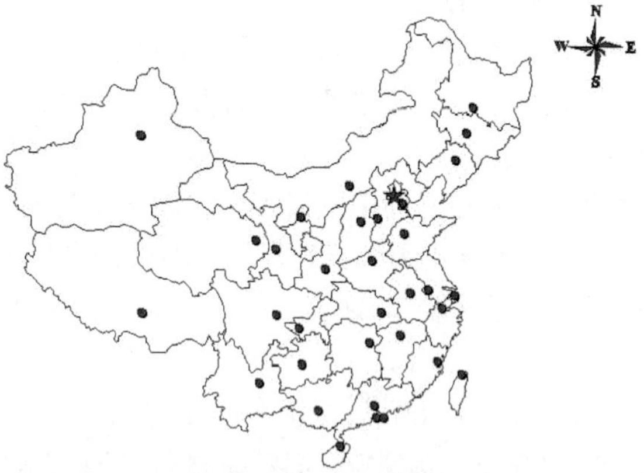

图 4-38　标注指北针的地图

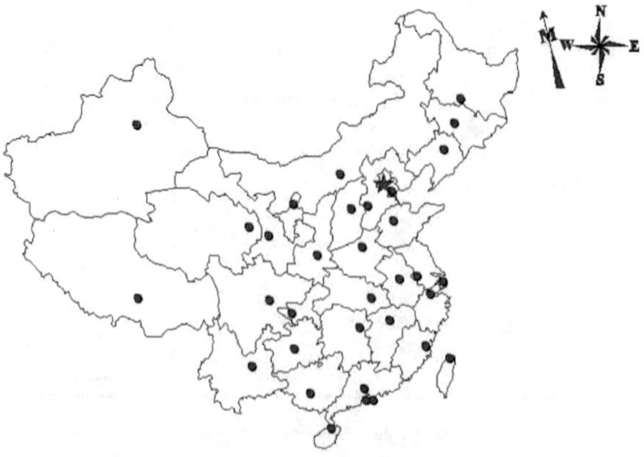

图 4-39　标注指北针和磁偏角的地图

4. 地图输出

编制好的地图通常按照两种方式输出，一种是借助打印机或者绘图仪打印输出，另一种就是保存成文件，或以 MapInfo 本身的数据格式保存，或以通用的数据格式导出，用于数据交换。

(1)保存成 MapInfo 格式文件

地图编制好后，利用“文件”中的“保存表”和“另存副本为”来保存地图数据。也可以通过保存工作空间保存数据。通过这种方式保存的数据将以 MapInfo 中表“*.tab”的数据格式保存。

(2)保存到 Oracle Spatial 空间数据库

利用 MapInfo 自带的 Easy Load 工具，将地图数据上传到 Oracle 数据库中，从而保存在空间数据库中。

(3)数据交换输出

数据交换输出是指通过“表”中的“转出”菜单，将 MapInfo 中的“*.tab”格式的数据以 MapInfo 所支持的交换格式转出，它可转出的格式有：MapInfo 交换格式(*.mif)、带定界符的 ASCII(*.txt)、Auto CAD DXF(*.dxf)和 dBASE(*.dbf)格式等。

(4)地图打印

用户设置好地图窗口和布局窗口后，要打印出地图数据是一件相对容易的事。不过，在打印之前，要先设定“页面设置”，然后才能打印。

①页面设置。

A. 单击“文件”→“页面设置”，系统弹出“页面设置”对话框(图 4-40)。

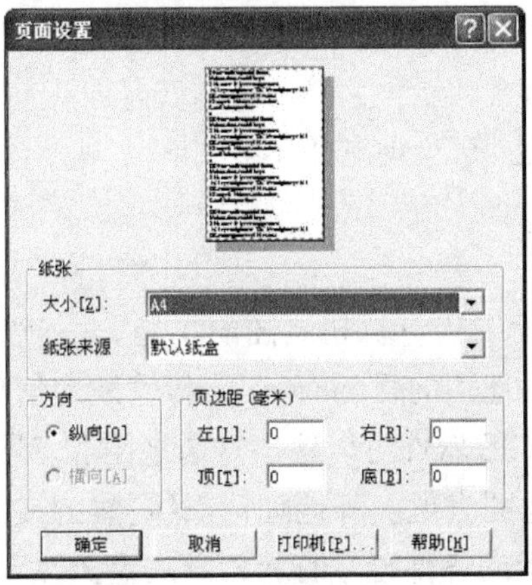

图 4-40 页面设置对话框

B. 用户在“页面设置”中选择好纸张大小，设置好页边距等。

C. 点击“确定”按钮，完成了页面设置。

② 打印。

A. 单击“文件”→“打印”菜单或在工具条上单击“打印”工具条，系统弹出“打印”对话框。

B. 在“打印”对话框中，设置打印范围和选择打印机等，也可以选择“选项”按钮，进行打印选项设置。在“地图打印选项”对话框中，可以设定地图大小、地图内容、打印比例等打印选项设置。同时，也可在“打印”对话框中选取“高级”按钮，来设定地图打印的高级设置，在“高级打印选项”对话框中，用户可以设定地图打印的高级选项。

C. 完成打印选项设置后，单击“确定”按钮，系统开始打印。

五、实验报告及要求

1. 认真填写实验报告，包括原理、过程和结果。
2. 将所做实验以幻灯片形式作汇报。

实验二 专题地图制作

一、实验目的

1. 掌握专题制图的基本知识和方法。
2. 运用 GIS 软件，制作各种专题地图。

二、实验准备

（一）实验设备

①打印机、若干台微机。

②ArcGIS 9.x、ArcView 3.3、MapGIS、MapInfo 软件。

（二）所需资料

数字化的道路、河流、土壤、土地利用图。

三、实验原理和方法

所有的地理信息系统都具有计算机制图的功能。一个成熟的 GIS 软件，其地图输出功能是十分重要的，输出地图的目的有三个：传输地理信息、突出重要的地理关系、解释分析结果。一般来讲，GIS 软件可以输出普通地图和专题地图。普通地图强调地物位置及其相互关系，这类地图表现多种地理特征（自然的或人文的），所以普通地图也作为参考地图。这类地图上的各种符号有着相同的重要性。专题地图是用于强调表示特定要素或概念的地图，与普通地图相比，它具有突出且较完备地表示一种或几种要素的特点。专题地图所表示的内容往往是普通地图上没有的、地图上看不到或无法直接量算的要素或现象，如气候、人口分布、各种统计图等。通常，各种各样的统计数据和文本资料借助图形的方式表达会便于读者理解，专题地图正是各种专题数据图形化的结果，具有较广泛的应用。

专题地图的主要组成要素有两种：底图要素和专题要素，所以专题地图的制作包括对底图内容和专题内容的选择、处理、符号化等操作。底图要素的确定就是根据地图的用途来确定所要制作的专题地图的地理基础，包括制图区域的确定、区域内辅助制图信息表示其他一些地理要素等。专题内容的选取则根据用户的需求，一般采用交互式方式。数据的处理包括对底图内容的符号化和对专题数据的分类分级以及符号化。专题要素表述方法有多种，如定点符号法、线状符号法、定质区域法、等值线法、点值法、统计图表法等，注记和图例的配置也是专题地图制作中不可缺少的功能项。

四、实验内容及步骤

（一）使用ArcGIS软件制作专题地图

启动ArcMap时创建新地图，具体步骤如下。

①打开“ArcMap”对话框（图4-41）。

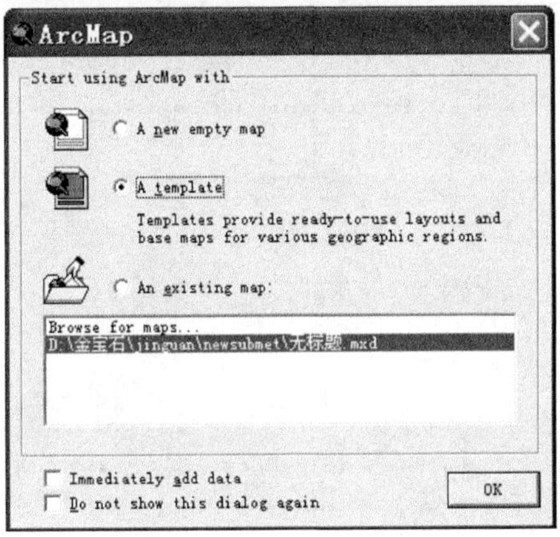

图4-41　ArcMap对话框

②选择地图模板方式（A template），单击“OK”，打开“New”对话框。

③确定当前创建的文件类型Document。

④单击“General”标签，进入“General”选项卡。

⑤选择现代景观地图版式：LandscapeModern.mxt（见图4-42）。

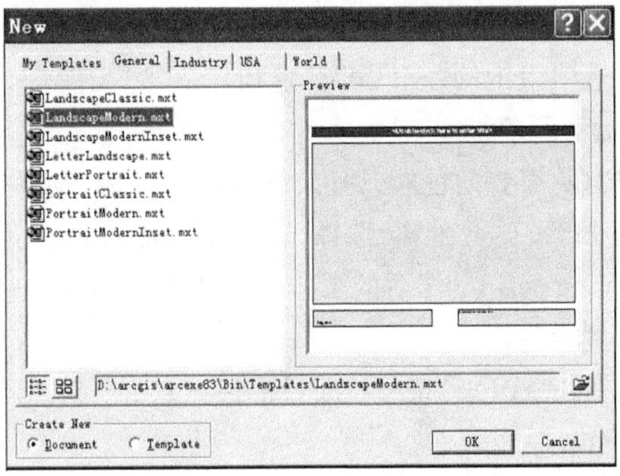

图4-42　设置地图版式

⑥单击"OK"按钮,打开"ArcMap"窗口,进入地图编辑环境。

1. 单值图制作

单值图表示方法就是采用统一大小、统一形状、统一颜色的点状符号、线状符号或面状符号来表达制图要素,而不管要素本身在数量、质量、大小等方面的差异。以世界大陆地图为例,具体步骤如下。

①将鼠标指针放在 Continents 数据层上单击右键。

②打开数据层操作快捷菜单。

③单击"Properties"命令,打开"Layer Properties"对话框(图 4-43).

④单击"Symbology"标签进入"Symbology"选项卡(对话框中所显示的是 Continents 数据层当前的表示方法)。

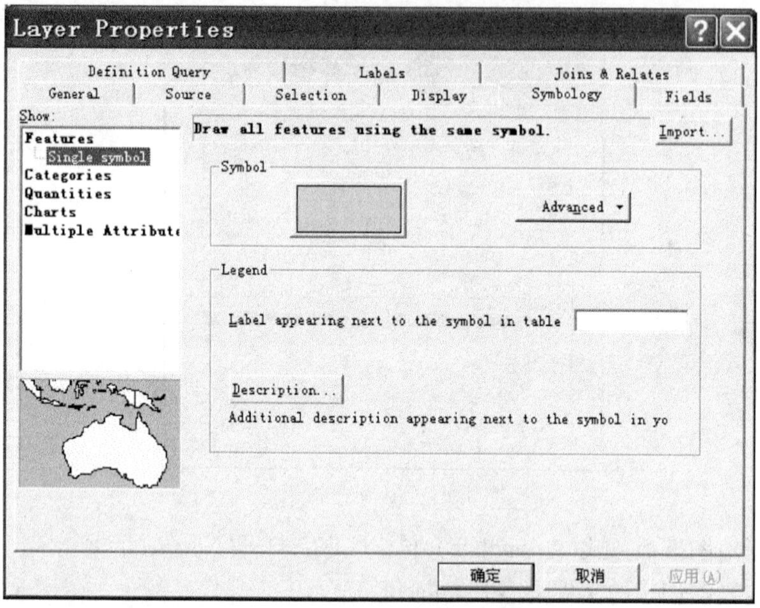

图 4-43 Layer Properties 对话框

⑤在"Show"列表框单击"Features"进入"Single Symbol"对话框。

⑥单击"Symbol"色块,打开"Symbol Selector"对话框。

⑦单击"Options"选项组中的"Fill Color"色块。

⑧打开"More Colors"调色板。

⑨在调色板中单击所需要的色彩,返回"Symbol Selector"对话框。

⑩单击"OK"按钮执行符号(色彩)选择,返回"Single Symbol"对话框。

⑪在"Label appearing next to…"后的文本框输入"area"(area 将出现在内容表中色彩符号的旁边作为图例标注)。

⑫单击"确定"按钮,完成色彩符号设置(图 4-44)。

2. 颜色分级图制作

颜色分级图中的一系列符号根据特定属性值进行颜色分类。如温度图,颜色范围

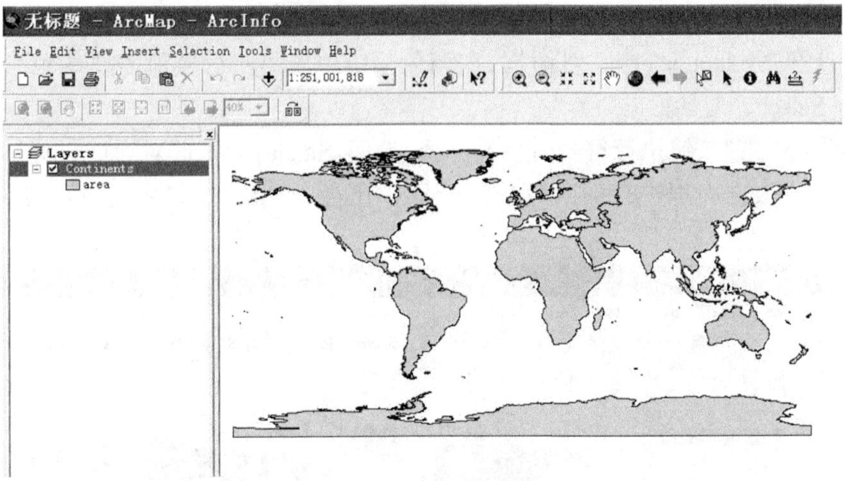

图 4-44 色彩符号设置

从代表最低温度的蓝色经黄色、橙色变化到表示最高温度的红色。颜色分级图常用来表示分级(如 1 到 10、由低到高)或数值等级(如速率、百分比)数据。以世界大陆地图为例,具体步骤如下。

①将鼠标放在 Continents 数据层上双击左键。

②打开"Layer Properties"对话框。

③单击"Symbology"标签,进入"Symbology"(对话框中所显示的是 Continents 数据层当前的表示方法)。

④在"Show"列表框中单击"Quantities"进入"Graduated colors"对话框。

⑤单击"Value Field"下拉列表框确定属性字段:AREA。

⑥单击"Classes"下拉表中选分级数。

⑦单击"Color Ramp"下拉列表框选择色彩方案(图 4-45)。

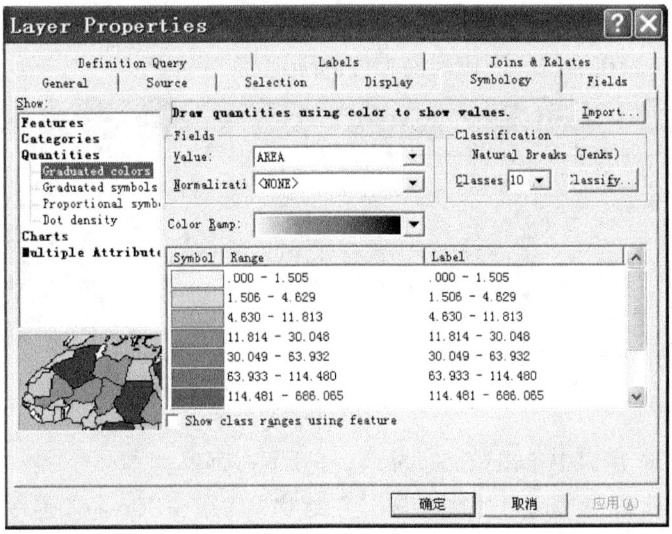

图 4-45 颜色分级设置

⑧将鼠标指针放在“Symbol”字段下任一分级上双击左键。

⑨打开“Symbol Selector”对话框，在调色板中单击每一分类所需要的色彩，返回“Symbol Selector”对话框。

⑩单击“OK”按钮执行符号（色彩）选择，返回“Single Symbol”对话框，单击“确定”按钮（完成根据面积进行的颜色分级设置，注意 ArcMap 窗口中地图的变化）（图 4-46）。

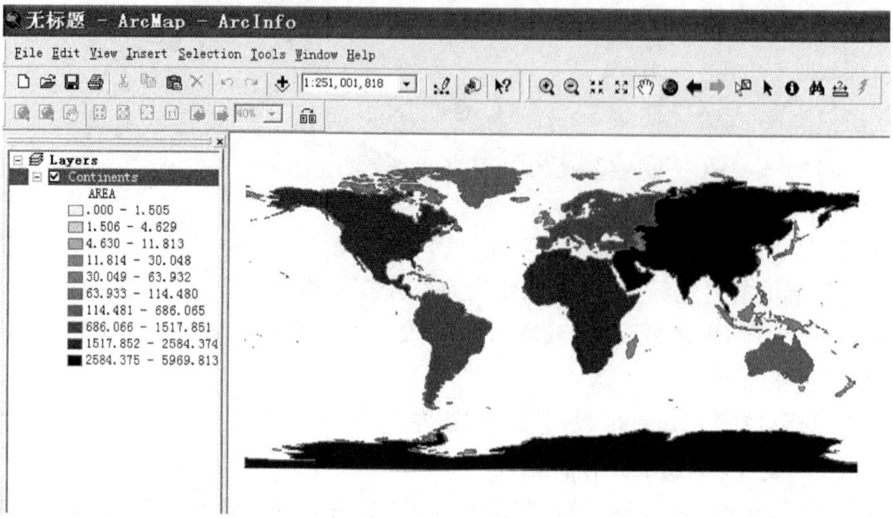

图 4-46 颜色分级设置结果显示

3. 统计图制作

统计图表可以比属性表格更加直观地显示空间要素的统计特征和要素之间的相互关系，ArcMap 系统可以同时提供制作二维和三维统计图的功能，可以完成面状、柱状、线状、饼状、散点等各种类型的统计图。以世界大陆地图为例，具体步骤如下。

①通过属性表按面积降序排列前十位的陆地（图 4-47）。

Attributes of Continents

FID	Shape*	AREA	PERIMETER	JUNK_	JUNK_ID	PLACENAME
334	Polygon	5969.813	1191.402	336	2	Antarctica
16	Polygon	4937.683	981.728	18	3	Asia
38	Polygon	2584.374	933.444	40	7	North America
128	Polygon	2505.473	320.258	130	1	Africa
203	Polygon	1517.851	337.277	205	6	South America
42	Polygon	1399.242	724.129	44	8	Europe
290	Polygon	686.065	184.047	292	4	Australia
0	Polygon	649.657	649.501	2	7	North America
29	Polygon	114.480	265.803	31	7	North America
1	Polygon	95.150	313.829	3	7	North America
243	Polygon	63.932	74.757	245	3	Asia
220	Polygon	59.470	52.048	222	3	Asia

图 4-47 在属性表内选择要素

②在 ArcMap 窗口中单击“Tools”命令，打开下拉菜单。

③鼠标指针指向“Graph”命令，展开二级菜单，单击“Create” 命令，打开“Graph Wizard Step 1 of 3”对话框（图 4-48）。

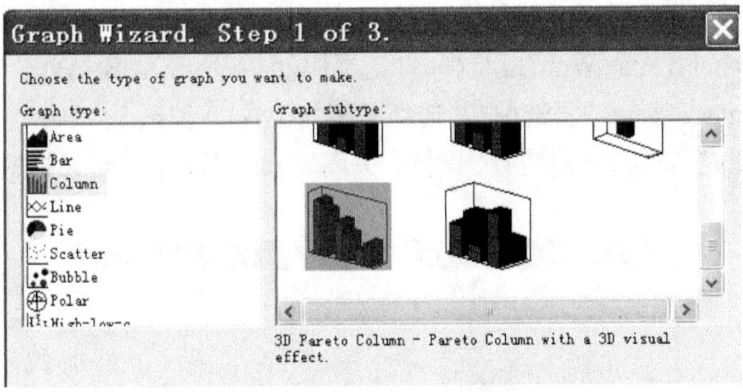

图 4-48 Graph Wizard Step 1 of 3 对话框

④在“Graph Type”列表中单击统计图形类型“Column”。

⑤在 “Graph subtype” 列表中单击统计图形子类（3D Pareto Column — Pareto Column with a 3D visual effect)。

⑥单击“下一步”,打开“Graph Wizard Step 2 of 3”对话框(图 4-49)。

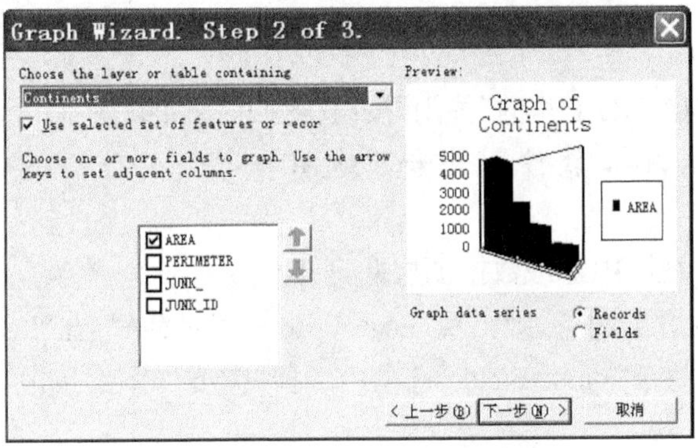

图 4-49 Graph Wizard Step 2 of 3 对话框

⑦在“Chose the layer or table containing ”下拉列表框选择数据层“Continents”。

⑧选中“Use selected set of features”(应用要素选择集)复选框。

⑨在“Choose one or more fields to graph”列表框确定属性字段“AREA”。

⑩单击“下一步”,打开“Graph Wizard Step 3 of 3”对话框(图 4-50)。

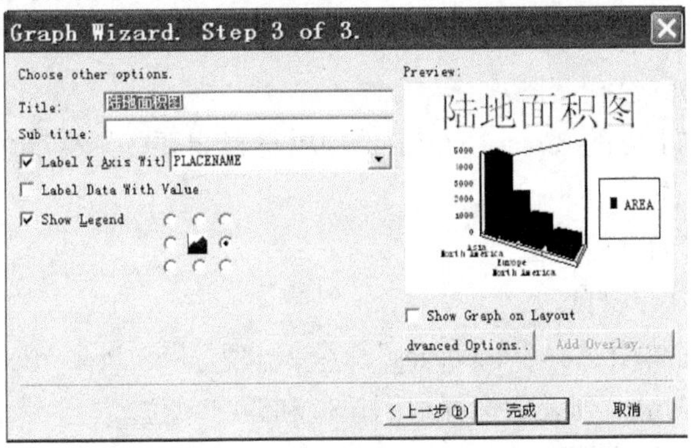

图 4-50 Graph Wizard Step 3 of 3 对话框

⑪在“Title”文本框输入统计图名称“陆地面积图”。

⑫选中“Label X Axis With”复选框,并选择属性字段:PLACENAME。

⑬选中“Show Legend ”复选框,并选择图例的位置(9 种选 1)。

⑭单击“完成”按钮,完成统计图制作,关闭“Graph Wizard” 对话框,打开统计图窗口(图 4-51)。

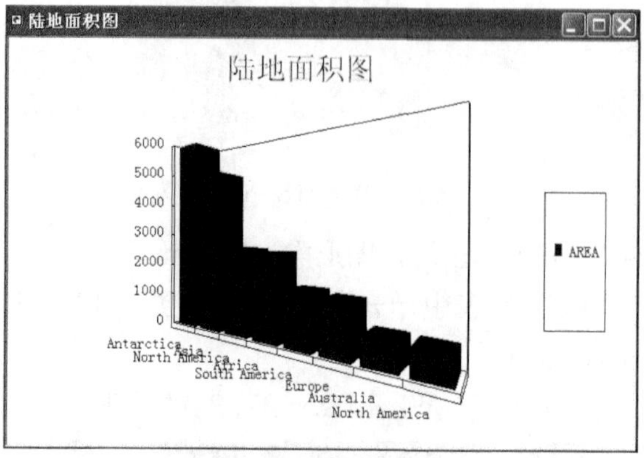

图 4-51　制作的统计图

⑮单击统计图窗口右上角的“关闭”按钮,返回 ArcMap 窗口。

(二)使用 ArcView 软件制作专题地图

1.单值图制作

① 在 ArcView 视图中加载数据图层并打开。

② 双击加载的数据图层,则出现“Legend Editor ”对话框,在“Legend Type” 选项里选择“Unique Value”,在“Value Field ”选项中选择“需要作图的字段”,再点击右下方的“Apply”。

③ 显示制作的单值图。

2. 颜色渐变图制作

① 在 ArcView 视图中加载数据图层并打开。

② 双击加载的数据图层,则出现“Legend Editor”对话框,在“Legend Type”选项里选择“Graduated Color”,在“Value Field”选项中选择“需要作图的字段”,再点击右下方的“Apply”。

③ 显示制作的颜色渐变图。

④ 可以通过左下方的“Color Namps”选项中选择想要的渐变颜色。

3. 点密度图制作

① 创建一个新的空白视图。

② 添加数据图层并打开。

③ 在“View”菜单中选择“Properties”命令,出现“View Properties”对话框,从“Map Units”和“Distances Units”列表中选择地图单位和距离单位。

④ 在 “Analysis” 菜单中选择 “Calculate Density” 命令, 在弹出的 “Output Grid

Specification"对话框中设定输出主题的范围、栅格的大小及行列数，接着出现"Calculate Density" 对话框，在"Population Field"列表中选择计算密度的字段，在"Search Radius"框中填入搜索半径值。Density Type 有两种计算方法:Simple-density 和 Kernel-Density。

⑤单击"OK"，输出该区域的点密度图。

4. 统计图制作

①创建一个新的空白视图。

②添加数据图层并打开。

③双击加载的数据图层，则出现"Legend Editor"对话框，在"Legend Type"选项里选择"Chart"，在接着出现的对话框的"Field"下拉菜单中选择统计的字段。Chart Type 有两种类型:直方图和饼图，选择好作图类型。

④单击"Apply"，输出直方图或饼图。

(三)使用 MapInfo 软件制作专题地图

MapInfo 提供了七种不同类型的专题地图，即范围图、直方图、饼图、等级符号图、点密度图、独立值图以及格网图。每种专题地图都有其特定的用途和属性。

1. 制作专题地图

在 MapInfo 中制作专题地图的一般过程，大致分为以下三个步骤。

(1)选择专题地图及其模板

要创建专题地图，首先应保证创建专题地图的窗口是活动的。

选择"地图"→"创建专题地图"，使"创建专题地图 - 步骤 1 / 3"对话框出现(图 4-52)。对话框包括三大部分:"类型"显示了 MapInfo 七种专题地图类型，用户可根据需要单击选择所要的类型，同时使该类型的模板显示在"模板"栏中；"模板"栏则显示了各种类型的模板，用户可以选择使用不同顺序排列可用的模板，若以字母顺序显示可用模板，选择"按名称排序"，若以模板创建时间顺序显示可用模板，选择"按时间排序"；在"预览"栏中还可显示所选择模板类型的样本图例。

图 4-52 创建专题地图 - 步骤 1 / 3 对话框

当用户第一次创建专题地图时，应选择一个可以修改以便满足需求的模板，不利用现有的专题模板是无法创建专题地图的。

以下是七种专题地图类型的简要说明。

①范围图：它根据设置的范围显示数据，以颜色、图案或者同时使用颜色和图案对地图进行渲染。

②直方图：它将表中的每一个记录的专题变量显示为一个直方图，使用直方图可以分析地图中每条记录的多个变量。

③饼图：以饼图显示表中各个记录的专题变量，使用饼图同样可以分析多个变量。

④等级符号图：用符号显示表中的每一个记录，符号的大小与数据值成比例。

⑤点密度图：在地图上用点来显示数据，每一点都代表一定数量，某区域中点的数目与该区域数值成比例。

⑥独立值图：根据单一数据值来渲染地图。

⑦格网图：由数据点内插而生成连续变化的栅格格网，数据以不同颜色或灰阶显示。

选择好专题地图及其类型后，单击“下一步”按钮，弹出“创建专题地图 - 步骤 2 / 3”对话框（图 4-53），开始选择地图的专题变量。

（2）选择地图的专题变量

在选择地图的专题变量步骤中，首先要明确是为哪个图层创建专题地图，即选择要作为底图的地图图层，然后再选择要从中获取数据值的字段或表达式，即专题变量。

专题变量是专题地图上要显示的数据，它可以是打开表的某个字段，也可以是表达式。专题地图可以显示一个或多个专题变量，其中范围图、等级符号图、点密度图、独立值图和格网图仅能使用一个专题变量，而直方图和饼图可以对多个变量进行分析。因此，两者在第二步中具有不同的对话框。

图 4-53 是专题变量的选择表和字段对话框，它只涉及一个字段或表达式。对话框的“表”下拉列表显示了已打开的各张表，它用于选择作为专题地图底图的图层，“字段”下拉列表中的各字段用于选择，制作专题图层。

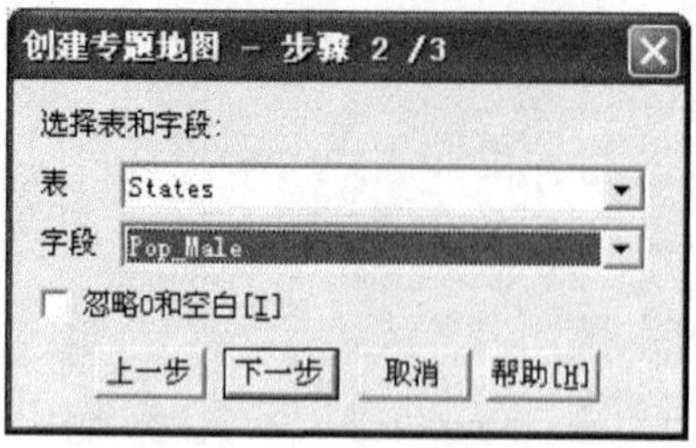

图 4-53　创建专题地图 - 步骤 2 / 3 对话框

专题地图除了可以直接显示表中的字段，还可以使用表达式。此时，在下拉列表中单击“表达式”选项，出现“表达式”对话框（图 4-54），在文本框中键入表达式后单击“确定”按钮即可使用键入表达式作为专题变量。

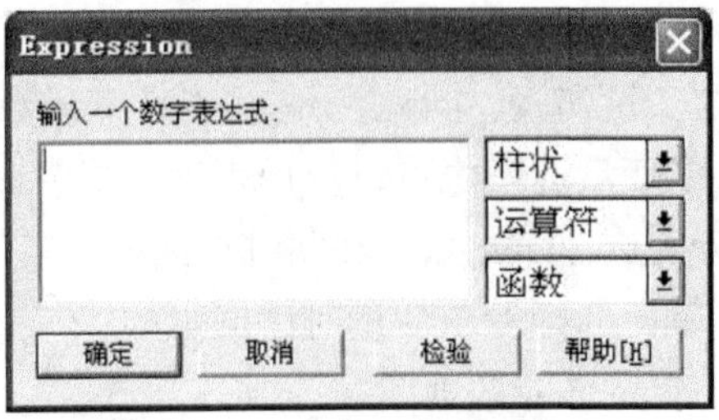

图 4-54　表达式对话框

专题变量可以是作为底图的表中的数据，还可以是来自另一张表中的数据。要使用另一张表的数据，可以在选择表和字段对话框的“字段”下拉列表中选择“联接”，以显示“更新专题图列”对话框(图 4-55)。

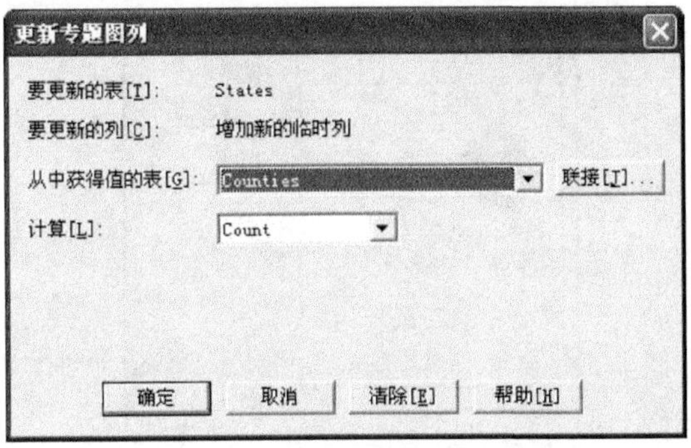

图 4-55　更新专题图列对话框

“更新专题图列”对话框可以为基础表创建一个临时列，该临时列可以包含直接从其他表中取来的数据，也可以对这些数据进行聚合，以便为临时列创建派生信息。欲创建该列，必须连接基础表和信息表，以使 MapInfo 能够访问临时列的数据，创建该连接可以通过一个匹配字段(如州名)，也可以通过地理上的连接(城市包含在州里)。

与单变量专题地图不同，多变量专题地图的对话框如图 4-56 所示。

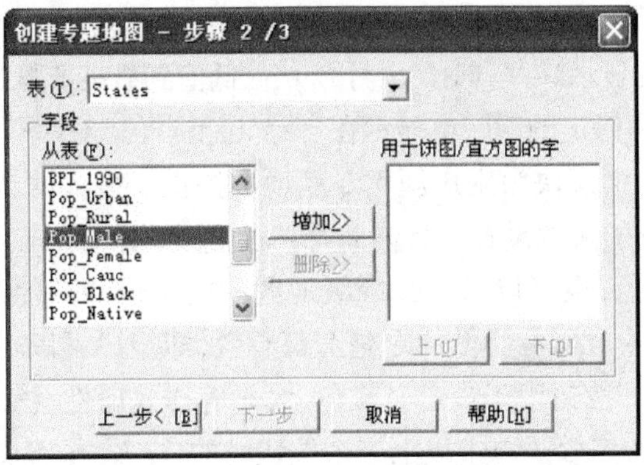

图 4-56　创建多变量专题地图对话框

同单变量专题地图一样，“表下拉列表框”用于选择基础表，即用做底图的表。但用户可以在“字段”选项指定多个字段作为专题变量。要选择作为专题变量的字段，在

“字段自表”下拉列表中单击选择需加入的字段名，使其增亮显示，然后单击“增加”按钮即可使该字段进入专题变量列表。同理，要减少专题变量数可以使用“删除”按钮。

与单变量地图类似，多变量地图也可以使用表达式或者其他表中的数据，此时在“字段自表”下拉列表中分别选择“表达式”和“联接”选项。

选择好专题变量后，单击选择专题变量对话框中的“下一步”按钮，进入创建专题地图的最后一个步骤——自定义专题地图。

(3)自定义专题地图

这是创建专题地图的最后一个步骤，它允许用户自定义专题地图或生成基于缺省设置的专题地图，用户可以在显示地图前预览地图图例和改变图例的顺序。“创建专题地图 - 步骤 3 / 3”对话框如图 4-57 所示。

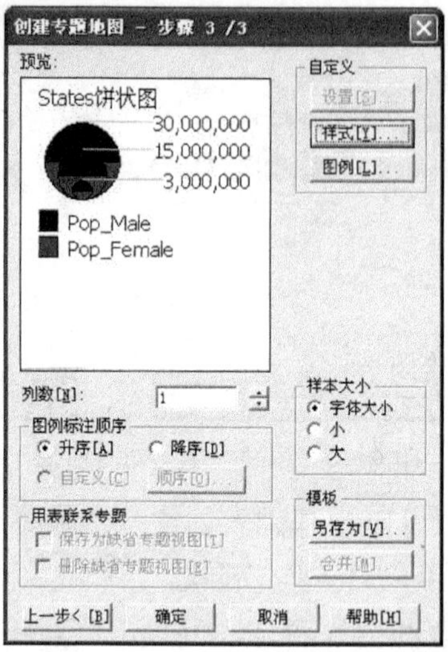

图 4-57　创建专题地图 - 步骤 3 / 3 对话框

对话框中的“预览”栏显示了所创建专题地图的样本图例。“图例标注顺序”用于确定范围标注和数值标注(对范围地图和独立值地图而言)以及字段标注(对其他专题地图而言)。在图例中的显示顺序，选择“升序”，从最低值到最高值显示，反之选择“降序”。在创建范围地图时，所指定的顺序也显示在自定义范围样式对话框中。

对话框中的自定义模块为用户创建专题地图提供了极大的自由度，使用它可以改变专题地图某部分的缺省设置。具体而言：“设置”按钮可以自定义点密度图中点的大小、数值设置和颜色，也可以自定义等级地图中的符号和其他设置；“图例”按钮用于自定义图例，该选项对所有类型的专题图都有效，即用户可以在任何专题图中使用自定义的图例；“样式”按钮用于自定义颜色、大小等样式属性，该选项只对范围图、饼图、直方图和独立值图有效。单击以上三个按钮中的任何一个都将进入一个新的对话框，以便用户改变专题地图某部分的缺省设置。

对话框还提供了对模板操作的功能，若用户要保存自定义的专题地图模板对话框，单击“存为”按钮显示保存专题地图模板对话框，键入模板名称即可保存该自定义模板。模板功能块中的“合并”按钮用于合并现有模板，但它只有在修改专题地图时才有效，而不是在创建专题地图时有效。

当用户完成对专题地图所有选项的设置后，单击“确定”按钮完成对专题地图的创建，若想修改专题地图的设置，单击“上一步”按钮回到以前窗口进行重新设置。

图 4-58 是一幅 1990 年美国各州总人口、男性人口和女性人口数目的直方图。

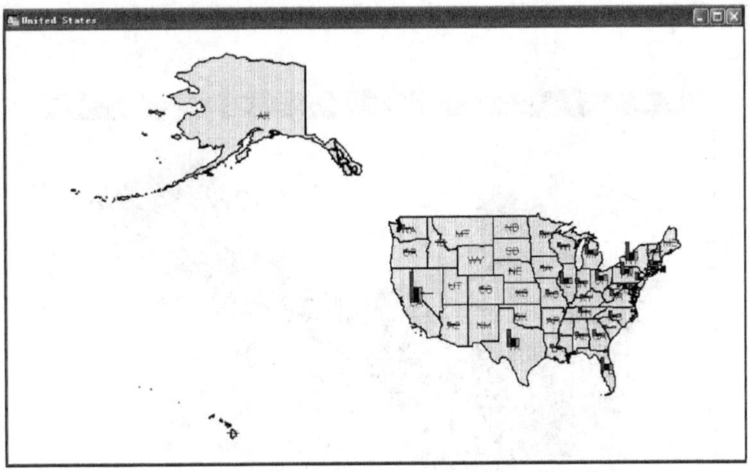

图 4-58　1990 年美国各州总人口、男性人口和女性人口数目直方图

2. 修改专题地图

当用户创建好专题地图后，可以对专题地图进行修改，以获得最满意的效果。要修改专题地图，必须有一个地图窗口是激活的，而且该地图窗口至少有一个专题图层。一般可以采取以下三种方式修改专题地图。

①使用地图菜单：选择“地图”→“修改专题地图”。

②使用图例窗口来修改专题地图：双击要修改的专题图层的图例。

③使用“图层控制”对话框：选择“地图”→“图层控制”或单击主工具条上的图层控制按钮，使“图层控制”对话框出现。在“图层控制”对话框选择要修改的专题图层，然后单击“专题”按钮。

以上任一操作都将使“修改专题地图”对话框出现。修改专题地图即是重新自定义专题地图，所以修改对话框与创建专题地图第三步的自定义对话框是一样的。

3. MapInfo 几种常见的专题地图

(1)独立值图

独立值图通过包含在特定字段中的独立值以影线显示点、线或边界。数字值和独立值均可在独立值图中显示。MapInfo 以其各自的颜色或符号提供各个惟一值。当独立值图使用符号类型时，符号将取自基础表。

例如，软饮料分销商制作了一个表，记录从其处购买软饮料的超市。每个超市均以不同的价格销售分销商的软饮料品牌。如果分销商按照价格使用单独值以影线表示超级市场的点，所有以 49 美分销售软饮料的商店表示为一种颜色，所有不以 49 美分销售软饮料的商店表示为另一种颜色，依此类推。每个独立值均分配其自己的颜色。该分销商可以根据价格查看超级市场的售价分布,确定应该增加销量的地点。

如果使用名义数据来以影线表示点、线、边界,可以只根据独立值来进行影线表示。名义数据既可以是非数字数据(名称、烹饪类型或销售的汽车类型),也可以是数字数据,其中数字表示类似 ID 编号的非数字数据。日期被视为数字数据,并可用于范围值图和独立值图。图 4-59 是一幅独立值图,图中按所属地区名称以不同的颜色进行渲染。

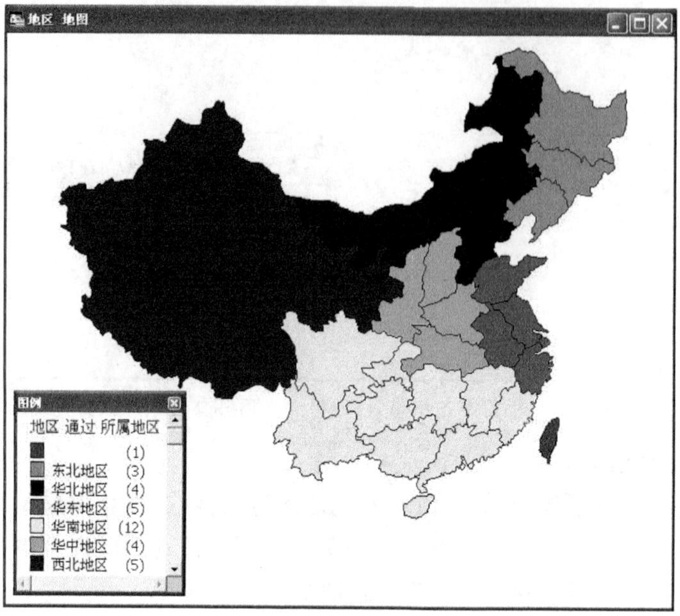

图 4-59　独立值图

(2)范围图

在创建范围图时,MapInfo 将所有记录划分到多个范围组，并为每个记录对象相应的范围指定颜色、符号或线条。例如,假定有一个供电视查看地区的气象台表,现在需要根据其报告的降雪量以影线表示位置。使用范围图图元,MapInfo 将降雪量分为不同范围的组。如在过去的一个月中,所有降雪量为 0～5in 的气象台均划分到一个范围之内,降雪量为 5～10in 的气象台划分到另一个单独范围,降雪量为 10～15in 的气象台划分到第三个范围,而降雪量超过 15in 的气象台则划分到第四个范围。所有记录均将指定到相应范围,并在随后根据该范围来指定颜色。例如,降雪量超过 15in 的范围将表示为红色,其他范围将以比红色浅的影线表示,其中最后一个范围以灰色表示(缺省色)。在显示地图时,不同范围降雪量的多少通过颜色的对比将会一目了然。在范围的大小与数据值的大小不直接相关时,范围也非常有用。在人口密度示例中,面积较小的国家的人口密度可能会比较大，面积较大的国家的人口密度可能会比较小。如果使用这一方式来以影线表示区域,其间的区别将更加便于识别。图 4-60 是一幅用范围法表示的世界人口增长率地图。

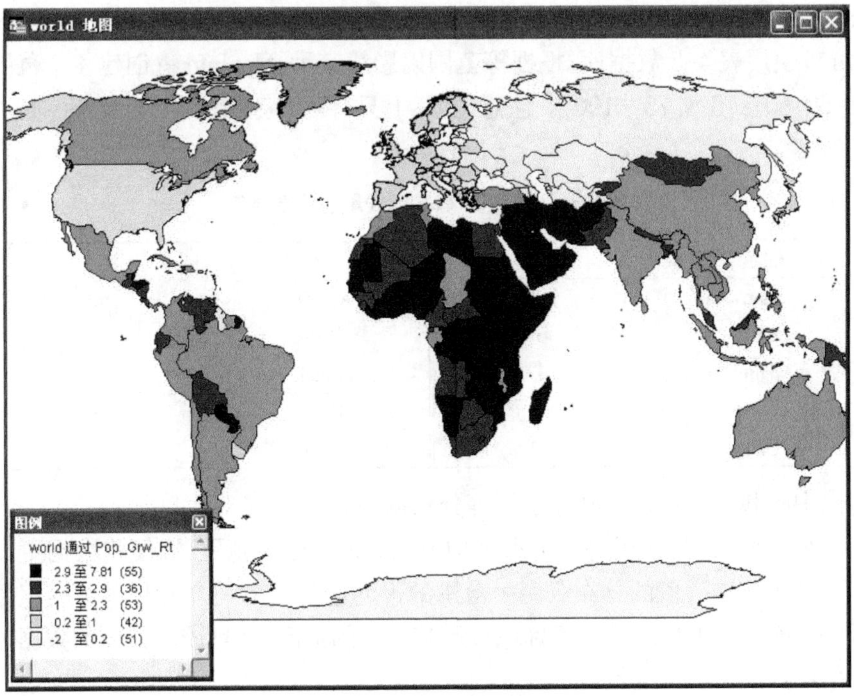

图 4-60　范围图

①范围值的类型。MapInfo 可以使用五种方法自动创建范围。等数量、等范围、自然中断(标准差)、分位数和定制。若用手工设置范围,可使用定制。

A. 等数量:在每个范围中的记录数量相等。如果要 MapInfo 将 100 条记录使用等数量等分为 4 个范围,则 MapInfo 将计算范围,以使每个范围有大约 25 个记录,具体取决于设置的舍入因素。在使用等数量(或任意其他范围方法)时,需要注意可能影响到专题地图的任意特殊数值(这些值在统计学中称为异常值)。例如,如果令 MapInfo 使用表 4-2 数据库,根据等数量方法进行影线表示,Ben 和 Miguel 划分到同一范围(因为他们是两个最小值)。这样做可能不会产生所需的结果,因为 Ben 的值与其他值相差甚远。

表 4-2　MapInfo 进行线影表示的等数量方法数据库

姓名	收入	姓名	收入
John	5000	Andrea	7000
Penny	6000	Kyle	5500
Miguel	4500	Angela	7500
Linda	5000	Elroy	6000
Ben	100	Mark	7000

B. 等范围:将记录划分在大小相同的范围中。例如,表中某一字段的数值为从 1 ~ 100。此时需要使用 4 个等分范围来创建专题地图。MapInfo 将生成 1 ~ 25、25 ~ 50、50 ~ 75 和 75 ~ 100 这 4 个范围(如果范围使用≧和≦,则将会出现重叠现象)。切记

MapInfo 可以在没有数据记录的情况下创建范围,具体取决于数据的分布。例如,如果令 MapInfo 使用表 4-3 数据库,根据等范围以影线表示,MapInfo 将创建 4 个范围(1 ~ 25、25 ~ 50、50 ~ 75 和 75 ~ 100)。注意,实际上只有两个范围(1 ~ 25 和 75 ~ 100)包含记录。

表 4-3 MapInfo 等范围线影表示数据库

姓名	支出	姓名	支出
John	100	Andrea	90
Penny	6	Kyle	1
Miguel	4	Angela	92
Linda	95	Elroy	89
Ben	10	Mark	10

自然中断和分位数是两种显示不等分数据的方式。

C. 自然中断:根据使用每个范围平均值的算法来创建范围,以便将数据更加平均地分配于各个范围。值的分布令每个范围的平均值与该范围内的每个范围值尽可能地接近。这确保了平均值可以很好地表示其所在的范围,并且该范围内的数据值相互之间比较接近。

D. 分位数:可用于构建确定数据段中专题变量分布范围。例如,可以按照城市人口对州的人口分位,说明美国的城市人口分布。图例可以自定义以便显示用于表示分位数的字段。使用标准差创建范围时,在均值的中间范围处中断,而中间范围之上 / 下的范围将是一个位于该均值之上 / 下的标准差。

此外还可使用定制来创建范围。

②自定义范围样式和变化点。在自定义范围样式时,可选择在地图上显示的属性有:颜色、大小或所有属性。使用点和线数据时可以采用"大小"属性。每个符号的大小可以更改,或使用等级符号来表示范围。

在范围之间插入变化点是自定义数据范围显示的另一种有效方式。变化点是为数据提供第二种插补方式的颜色样式。这一选项对于显示两组对比信息而言非常实用,例如包含损益或人口增长的正负值的数据,范围两端的颜色延伸并未达到变化点的颜色,只是接近变化点而已。如果变化点为白色,范围两端的颜色分别为蓝色和红色,颜色从蓝色演变为白色,从白色演变到红色。最靠近变化点的范围应该是非常浅的蓝色或红色,但是实际上两者都没有变成白色。

(3)等级符号图

等级符号图使用符号表示不同的值。无论具体使用的是什么类型的地图对象,均可使用等级符号。例如,使用等级符号表示墨西哥各州 1991 年所拥有的汽车数(图 4-61),MapInfo 将根据 Cars_91 字段中的值来设置每个符号的大小。

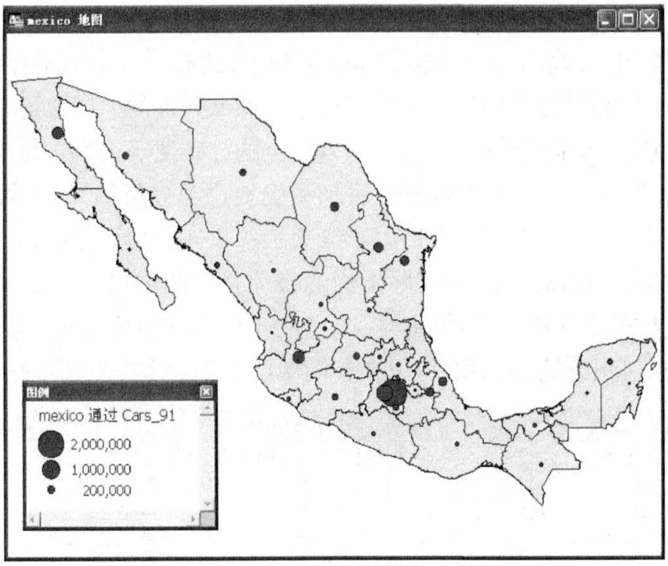

图 4-61　等级符号图

等级符号图最适用于数字数据。如果正在使用的是饭店图层，则基于每个饭店的烹饪类型来创建等级符号没有任何意义。但是，等级符号适用于显示在 20 个不同的快餐店销售的汉堡包数量。此时可在等级符号地图上自定义三个属性：符号的颜色、类型和大小。要更改“创建专题地图 - 步骤 3 / 3”中的符号属性，可选择自定义设置，然后单击“自定义等级符号”对话框中的符号图表，以访问“符号样式”对话框。缺省的符号为红圈。

在“自定义等级符号”对话框中，符号框中的符号大小是在值框中列出的值的大小。所有高值和 0 之间的值均具有插值点的大小。如果要令低端符号变得较大，可以增大点的大小。此外，还可以显示负数值的符号。要作出更改，可在“自定义等级符号”对话框中单击“选项”，此处有一个单独的符号选择器，以便可以令此符号有别于用于正数值的符号。在单击符号时，将显示另一个“符号样式”对话框，用于选择不同的符号类型，更改颜色或大小，或更改这三个属性的任意组合。负数值的缺省符号为蓝圈，介于 0 和低值(负数)之间的所有值均有插值点大小。

(4)点密度图

点密度图使用点来表示和边界或区域关联的数据值(图 4-62)。区域中点的总数表示区域的数据值。如果一个县中有 10000 个老年人，每个点表示 100 个老年人，则县界中将有 100 个点。

点密度尤其适用于显示一个点表示众多对象的原始数据：人口、快餐店数量、销售某品牌苏打水的分销商数量等。例如，如果有一个按照邮编细分的儿童年龄统计数据表，就可以使用点密度选项来显示每个邮编边界中的儿童聚集程度。

点密度图有三种自定义选项可以指定点的值。例如，有一个按县放存的人口统计数据表。纽约 Rensselaer 县有 10000 个学生。如果要使用点密度方法按照学生数量显示，每个点表示 200 个学生，此时县中应有 50 个点。使用“自定义点密度设置”对话框，可指定每个点表示的单位数。增加每个点表示的值，将会减少地图上显示的点数。可以修改点密度图，若改用一个点表示 400 个学生，此时，Rensselaer 县中有 25 个点。第二个选项是根据需要将点的尺寸改大或改小。如果处理的人口数量较大，或者是其他数量较大的对象，可采用较小的点尺寸，以使点的分布便于识别。与此相反，如果使用较少的点数，令点的尺寸较大将便于更加明确地说明分析结果(值得注意的是，点随机分布在区域之内。如果按照人口以影线表示各州，则表示纽约州的点将平铺在整个州之上，无法集中在纽约市，而实际上纽约市才是该州人口主要的集中地点)。第三，在“自定义点密度设置”对话框中，更改点的颜色为红色或黑色，为最终的地图添加更多变化。通过更改这些选项，可以在相同图层上创建多个点密度图。

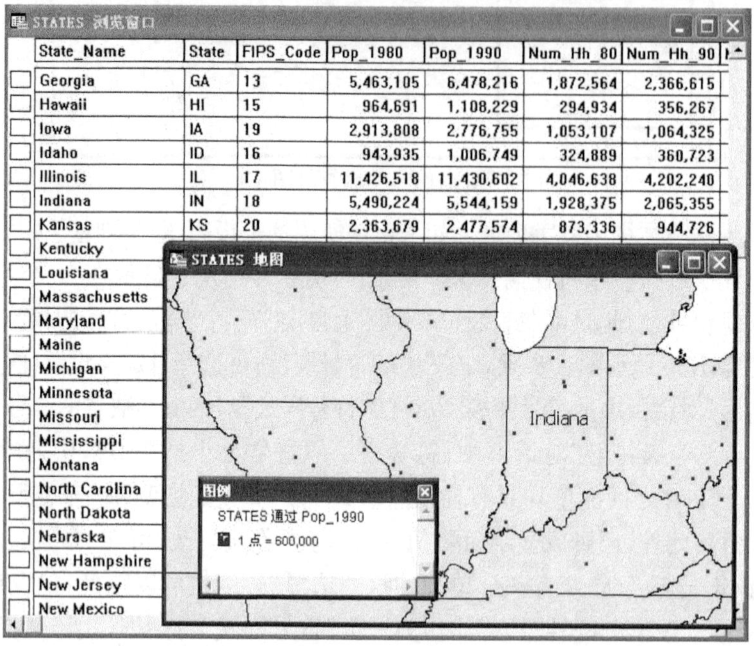

图 4-62　点密度图

(5)直方图

与一个类似范围值或等级符号的单变量专题地图不同的是，在直方图中可一次查看一条记录中的多个变量。用户可以在对象中心为每个地图对象构建直方图，以便可以通过比较条块高度来分析特定直方图中的专题变量。此外，还可以在地图中查看所有图形中的同一变量。例如，可以用直方图表示澳大利亚 15 岁的男性和女性人口，此时可以创建专题地图(图 4-63)，使每个州显示两个条块的直方图，其中一个条块代表男性人口，另一个则表示女性人口。用此图可以比较相对人口，或者查看各州 15 岁男性、女性人口的比例。

为了获取最佳结果，在分析时每个条形图使用的条块宜控制在 4 ~ 6 个之间。条块的颜色可以自定义，围绕每个图形创建框架，并使用某种图案或颜色填充框架中的空白空间，也可以更改条块的方向，用显示水平的条块来取代垂直的条块(缺省)。此外，可以控制在对象中心（缺省）显示该图，或是在任意其他八个位置显示该图。还可以更改直方图的类型，创建多个条块的直方图，其中每个专题变量使用自己的条块。或使用堆叠直方图，使每个专题变量均位于另一个变量的顶部。或使用等级直方图，其中的条块基于某些值将按其大小分级。还可以在多个条块的直方图中独立于其他条块缩放某些条块。要在直方图中显示负值，则条块将按照图表的反向延伸，值得注意的是，堆叠直方图中不显示负数。

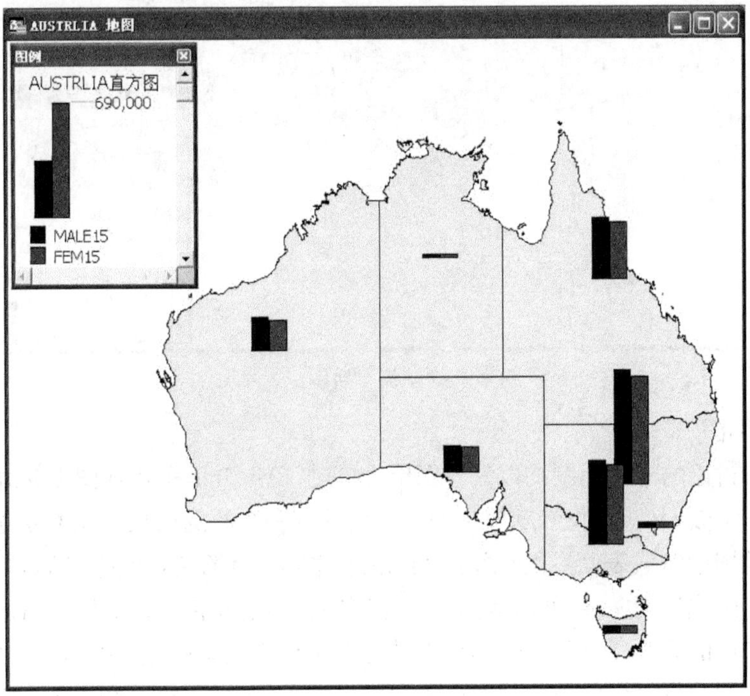

图 4-63　直方图

（6）饼图

使用饼图可以一次查看同一记录上的多个变量。正如比较直方图中条块的高度一样，在饼图中可以比较单个切片的份额，或是检查特定切片在所有饼图上的份额，也可以比较一个整体的不同组成部分。

饼图和直方图对于分析人口统计学数据尤为实用。例如，有一张美国的人口统计信息表显示了若干人口统计群组的人口。使用饼图（图 4-64），可以显示各人口统计群组的人口，然后查看构成各个饼图的组成部分所占的比例大小。这样就可了解到各州或整个美国的人口统计群组的分布，还可以查看一个人口统计群组，观察该群组的人口和其他州不同的原因所在。为了获取最佳结果，每个饼图使用的切片宜控制在 4～6 个之间，每个切片的颜色以及切片和整个饼图的边框均可自定义。此外还可指定第一个切片的放置角度，以及变量是按照顺时针还是逆时针方向。和条形图相同，饼图的方向也可以更改。缺省时饼图置于对象的中心。还可以选择分级饼图或半饼图。分级饼图将根据其所有组成部分的总和来对饼图的大小分级。采用半饼图，数据将分布在半饼而不是全饼上。

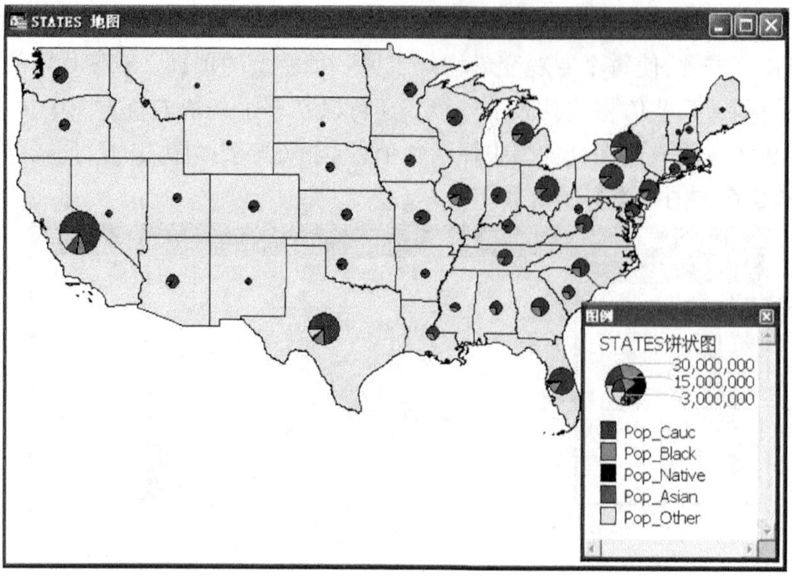

图 4-64　饼图

(7)格网图

以上所讨论的专题地图均以矢量图层为基础。MapInfo 采用地图上连续渐变颜色的方法来显示数据变化,将专题地图的绘制提升到一个新的层次。此类专题地图绘制称为格网地图绘制或表面专题地图绘制,是通过从源表插入点值生成的。MapInfo 从数据插值点生成格网文件,并将其显示成地图窗口中的栅格图像。格网图这一分析工具适用于传统的 GIS 环境和其数据点中具有反映相应位置测量值的行业。例如,使用格网影线说明温度、降雪量或海拔变化。图 4-65 显示了美国地图的颜色从浅到深的渐变过渡,表示从低到高的年均温度。

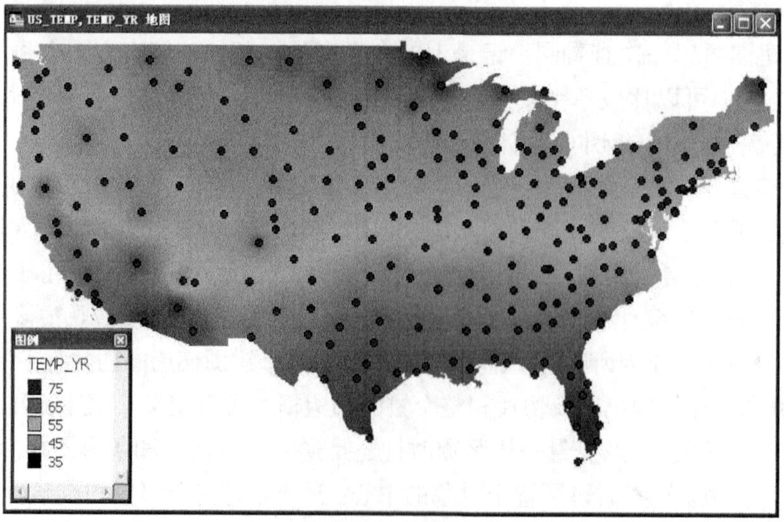

图 4-65　格网图

①格网图像文件。格网地图绘制生成的文件类型称为格网图像。使用 MapInfo 的格网处理程序创建格网图,MapInfo 生成的文件缺省文件名为 tablename_fieldname,扩展名为.MIG(如 USELEV_ELEVFEET.MIG)。在"创建专题地图 - 步骤 2 / 3"对话框中,MapInfo 显示了表名和字段名,如有必要可在其中更改。MapInfo 包含一个读 / 写格网处理程序和一个显示如何创建定制格网引擎的格网引擎工具包。在编写格网引擎之后,将此文件置于 MapInfo 应用程序目录之中,在"地图窗口"对话框中设置参数。尤其可以把设置缺省的格网写入处理程序,转至地图窗口参数设置,指定格网处理程序文件。可用的处理程序格式取决于已经存在的格网处理程序。更改缺省的格网处理程序将更改格网文件名的缺省文件扩展名。

格网文件缺省存储在指定为参数设置的数据目录中。格网文件可从文件菜单中打开,正如单击打开命令来打开其他 MapInfo 支持的文件类型一样。在打开具有与其关联的格网文件名的表时,MapInfo 如果无法及时发现相应文件, 将会进行搜索。例如,如果.tab 文件引用位于 CD-ROM 驱动器上的图像,且不同系统上的 CD-ROM 驱动器使用不同的盘符,则搜索功能可以简化表打开的过程。MapInfo 使用的搜索顺序如下:

A. 搜索.tab 文件中的 FILE 标记指定的文件。

B. 搜索.tab 文件所在的目录。

C. 搜索目录参数设置中指定的表搜索路径。

MapInfo 在指定位置发现相应文件之后打开表, 或者在没有找到相应文件之后报错。

②格网处理程序。MapInfo 除了读 / 写格网处理程序(*.MIG)之外,还提供了只读格网处理程序以支持直接打开以下格网文件格式:

· DEM-USGS ASCII(*.DEM)

· DTED 1、2 和 3 级(*.DT0,*.DT1,*.DT2)

· GTOPO30(*.DEM)

· MapInfo Vertical Mapper(*.GRD,*.GRC)

这些类型的格网文件可以直接从"打开"对话框打开。在对话框中的"文件类型"下拉列表中,可见到在格网图像文件类型旁边列出的文件扩展名。由于处理程序为只读,因此不能在专题地图绘制进程中用于创建格网文件。如果启用了辅助影线表示选项("创建专题地图 - 步骤 3 / 3"→"样式"→"格网外观"),将创建单独文件以存储丘陵影线表示信息。丘陵影线表示文件存储在和格网文件相同的位置中,并且和格网具有相同的基础名称,但是其扩展名为.MIH。如果格网文件为只读且位于 CD 之上,.MIH 文件将在与.tab 文件相同的位置上创建。.tab 文件将包含新的元数据键。例如:

" \Grid\Hillshade File " = " d:\tmp\AntiochSouth.MIH "

③ Vertical Mapper 格网处理程序。MapInfo 还包括 Vertical Mapper 格网处理程序,支持没有购买 Vertical Mapper 插件产品的用户打开、查看和打印 Vertical Mapper 格网

(*.GRD,*.GRC）格式文件。Vertical Mapper 格网文件也可直接在 MapInfo Professional 中打开。在“文件类型”下拉列表中随其他格网图像格式还列出了 *.GRD 或 *.GRC 扩展名。

目前,使用 Vertical Mapper 处理程序的格网不能在“修改专题地图”对话框中修改。这些文件为只读。必须在 Vertical Mapper 源应用程序中创建或修改,该应用程序可从 MapInfo 获取。此外，不能在 MapInfo 中创建.GRD 或.GRC 文件，但是可使用 Gridtools.MBX 将 *.GRD 文件转换为 *.MIG 文件。

4. MapInfo 专题地图的图例操作

专题地图图例是制图图例的一个特例,因此,修改制图图例的各种操作同样适用于专题地图,所不同的是专题地图图例是在创建专题地图时自动生成的,用户不必自己创建,但用户同样可以自定义专题地图图例。

(1)自定义专题地图图例

要自定义专题地图图例,需在“创建专题地图 - 步骤 3 / 3”对话框中单击“图例”按钮,显示“自定义图例”对话框(图 4-66)。

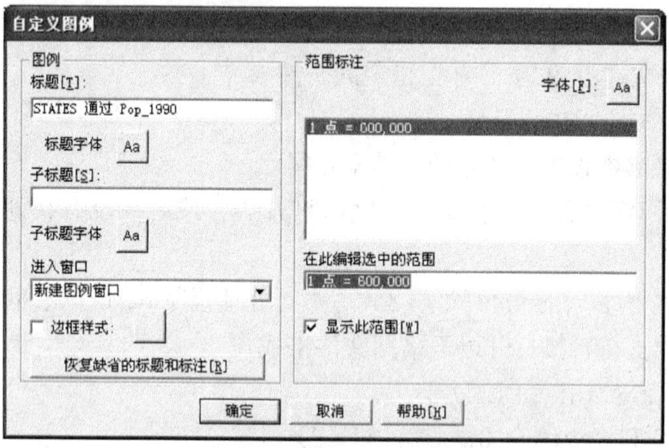

图 4-66　自定义图例对话框

“标题”文本框显示图例窗口的标题,用户可以重新键入新的标题名。若要改变标题的字体,单击文本框下面的“字体”按钮选择所需要的字体。

“子标题”文本框显示子标题名称,用户同样可以自定义子标题名称及其字体。

“进入窗口”选项决定是否显示所选择图层的图例,清除该选项时,专题图层的图例不显示在图例窗口上。

“范围标注”模块决定各个饼扇标注的名称、字体及显示与否。要编辑某一饼扇,先在列表框中选择代表该饼扇的字段,在“在此编辑选中的范围”的文本框改变饼扇的显示名称,缺省时为该饼扇的来源字段的名称。单击字体按钮改变饼扇标签的字体。

“显示此范围”选项决定是否显示该字段所代表饼扇的标注,清除时不显示该饼扇的标注。例如,在美国人口的饼图中选择 POp_1990 并清除“显示此范围”选项,清除前后的图例如图 4-67 所示。

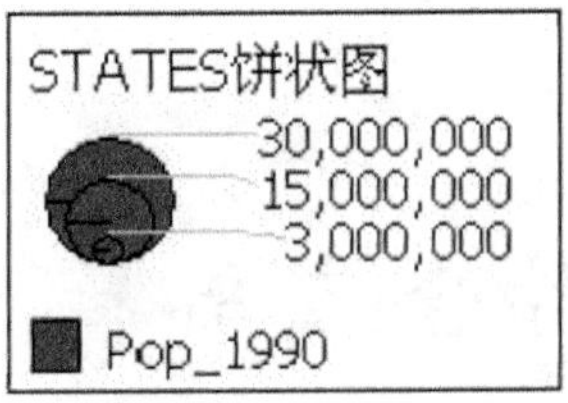

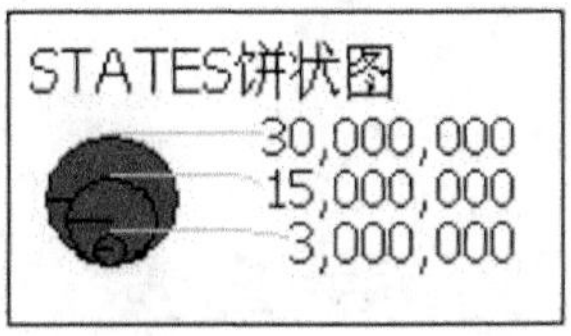

图 4-67 清除前后的图例

(2)显示/隐藏专题地图图例

创建好专题地图后,图例窗口并不与专题地图一起显示,要显示专题地图的图例窗口,可以选择“选项”→“显示专题图例窗口”,专题地图的图例窗口将出现在屏幕上。

如果要隐藏专题地图的图例窗口,可选择“选项”→“隐藏专题图例窗口”,图例窗口将从屏幕上消失。此外,还可以直接单击图例窗口右上角的关闭按钮将图例窗口关闭。

五、实验报告及要求

1. 认真填写实验报告,包括原理、过程和结果。

2. 将所做实验以幻灯片形式作汇报。

第五章　综合应用

实验一　土地质量评价

一、实验目的

1. 掌握土地质量评价的基本原理与方法。
2. 提高利用 GIS 技术解决地理问题的能力。

二、实验准备

(一)实验设备

①打印机、若干台微机。

② ArcView 3.3 软件。

(二)所需资料

数字化土壤图、样点图(带土壤理化分析数据)和 DEM 数据。

三、实验原理及方法

(一)实验原理

1. 基于栅格的图层叠加运算

基于栅格的图层叠加运算提供了对空间多要素操作的有力工具。这种叠加运算包括数学运算符和数学函数两部分。数学运算符又包括基本算子、布尔算子和关系运算子;数学函数又包括算术函数、三角函数、对数函数和指数函数。这些运算符和函数可以直接对栅格图层进行操作。

2. 空间数据的内插

通过已知点或分区的数据,推求任意点或分区数据的方法称为空间数据的内插。其方法是从存在的观测数据中找到一个函数关系式，使该关系式最好地逼近这些已知的空间数据,并能根据函数关系式推求出区域范围内其它任意点或任意分区的值。

内插是地理信息系统数据处理常用的方法之一,广泛应用于等值线自动制图、数字高程模型的建立、不同区域地理现象的相关分析和比较研究等。内插技术包括样条函数、最小二乘趋势面、傅里叶级数、克里金(Kriging)、移动平均法等。也可以分为整体拟合技术和局部拟合技术两大类。

①傅里叶级数。用正弦和余弦的线性组合来模拟观测值的变化,亦即描述一维或二维变化情况。一般情况下,除溪流、沙丘等明显的周期性特征外,地球表面的其它特征都很复杂,且难以用周期函数来严格地表示它们的变化。一维傅里叶级数已广泛用于时间级数分析和气象变化的应用研究。二维傅里叶级数在研究沉积岩的地质构造中用得较多。

②样条函数。样条函数是灵活曲线的数学等式,也是分段函数。以最小曲率面来充分逼近各观测点，就像一个弯曲的橡胶薄板通过各观测点同时使整个表面的曲率为最小。理论上采用高阶多项式进行插值估计可以得到高阶平滑结果,但在实际中常采用二阶多项式估计。

③移动平均法。以落在估计点位中心的搜索圆或矩形窗内的所有观测点的平均值作为该待求点的插值。通过逐点移动和搜索以求得整个研究区的连续分布值。

④趋势面拟合。趋势面拟合是多元回归分析的特殊形式,是描述长距离渐变特征的最简单方法。多元回归的基本思想是用多项式表示的线或面按最小二乘法原理对数据点进行拟合,使每个观测点的值与趋势面值的残差平方和为最小。趋势面拟合方程的次数越高拟合效果越好,但实际不超过 5 次。

⑤反距离加权。一般而言距离越远的观测点对估计点的影响越小,其加权值也随距离变化而不同。因此,估计点的值通常采用若干临近点观测值的线性加权来拟合。

⑥克里金插值。克里金插值是地统计学中常用的插值方法,它首先是探查区域性变量的随机分布状况,然后模拟这些变量的随机状况,通过对区域化变量的半方差图的分析,获取估计内插的权重因子。是一种无偏最优估计方法。

(二)实验方法

土地质量是特定类型土壤在自然或农业生态系统边界内保持动植物生产力、保持或改善大气的质量以及支持人类健康和居住的能力。土地质量评价的方法很多,有分等定级直接比较法、功能模型方法、模糊综合评价模型、人工神经网络模型、多变量指示克立格法、土壤质量的动力学方法等。本实验采用指数和法进行土地质量评价。

指数和法质量评价模型:

$$P=p_1x_1+p_2x_2+\cdots\cdots.+p_nx_n \tag{5-1}$$

式中:p_1, p_2, …, p_n 为各评价因子的权重, x_1, x_2, …, x_n 为评价指标。

评价主要过程:

① 将各个因子按影响强度进行分级,建立因子分级和评价体系。求得各个评价单元内各个评价因素的质量等级分值。

② 将各个单因子分值与其权重相乘,得各评价因子的指标指数。

③ 计算各个评价单元内各指标的指数之和。

④ 确定质量等级的指数范围。

根据研究各评价指标的权重和分级如表 5-1,评价指数等级见表 5-2。

表 5-1　评价指标的权重和分级表

	权重	Ⅰ	Ⅱ	Ⅲ	Ⅳ
坡度	0.45	<6	6–15	15–25	≧25
有机质	0.30	≧3	2–3	1–2	<1
pH	0.25	6.5–7.5	5.5–6.5 7.5–8.0	4.5–5.5	≦4.5
评价分值		4	3	2	1

表 5-2　质量的评价指数等级

评价等级	Ⅰ	Ⅱ	Ⅲ	Ⅳ	Ⅴ
指数值	3.5–4	3.0–3.5	2.5–3.0	2.0–2.5	1.5–2.0

四、实验内容及步骤

(一)插值运算操作

①启动 ArcView,打开土壤样点图 soilsample、边界图 boundary。点击主菜单“File”下的“Extensions”,加载 Spatial Analysis 模块。

②设定分析环境。打开“Surface”菜单下的“Interpolate Grid”,在对话框(图 5-1)中进行设置,Cellsize 为 30,在“Method”中选择“IDW(逆距离加权方法)”。样点数为 12,用二次多项式。

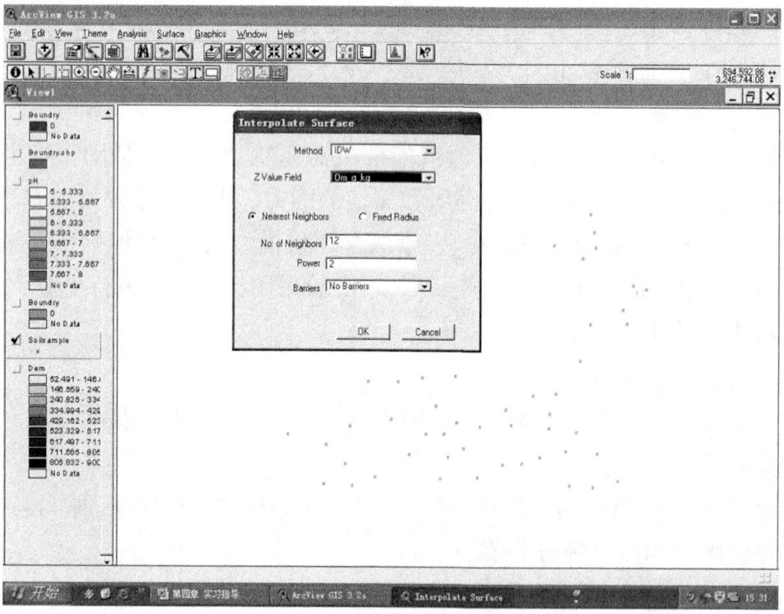

图 5-1　Interpolate Surface 对话框

③要插值的字段“Z value field”为土壤有机质“OM”生成的栅格结果文件(图 5-2)。

④按照上述步骤,对 pH 值 生成 pH 的栅格文件(图 5-3)。

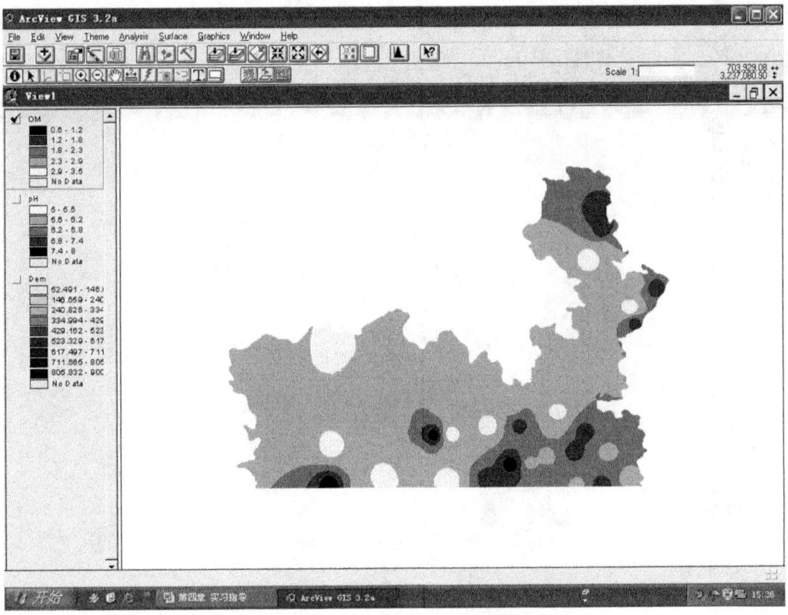

图 5-2 土壤 OM 空间分布图

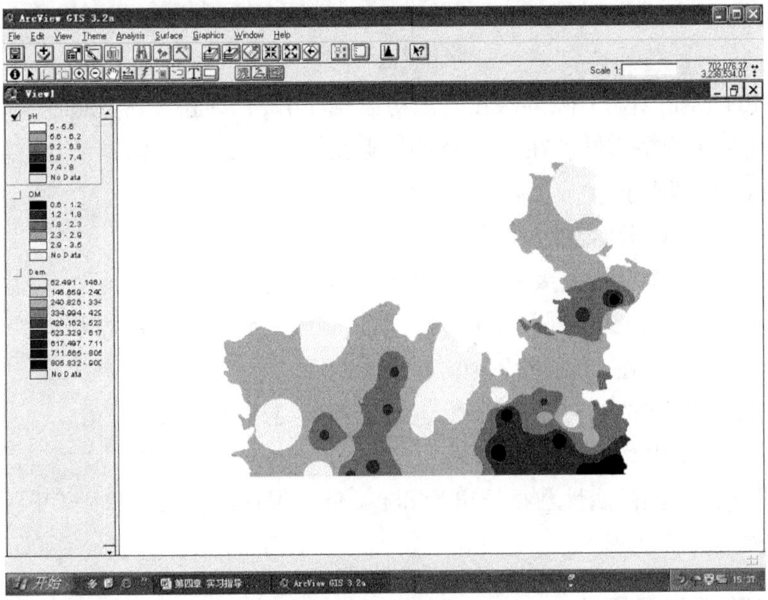

图 5-3 土壤 pH 值空间分布图

⑤添加 DEM 专题并激活它,提取坡度因子(图 5-4)。

(二)栅格图层的运算操作(土地质量评价)

①在 ArcView 中打开 OM、pH 和坡度三个专题图。

②对各个专题图进行分级,打开"Analysis"菜单下的"Reclassify"进行分类,点击"Reclassify"按钮,在"Classify"的对话框,将坡度分为 4 级,按"OK"。

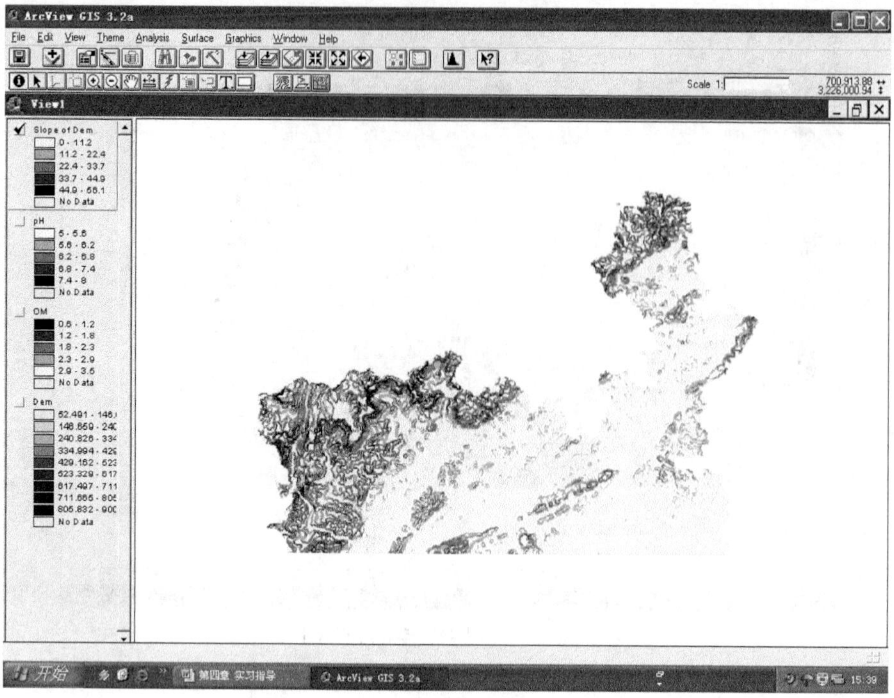

图 5-4　坡度图

③在“Reclassify”窗口中，对坡度等级分别给予分值，即在“New values”项中分别给 4、3、2、1 分，输出栅格文件。在 ArcView 中显示结果。

④对 pH 分别赋分，生成栅格图。

⑤对 OM 分别赋分，生成栅格图。

⑥打开上述三个栅格分级图，点击“Analysis”下的“Map calculate”。

⑦在“Map calculate”的对话框中，按照前面的权重进行指数加和计算，公式为：[slope-value]*0.45+[OM-value]*0.30+[pH-value]*0.25。

⑧选中分析生成的临时栅格文件，进行重新分类，并保存结果。

⑨在 ArcView 中显示评价结果图。

⑩将评价结果图的属性数据导出为 dbf 文件，保存，在 Excel 中打开，添加面积“Area”项，然后计算面积。

五、实验报告及要求

1. 认真填写实验报告，包括原理、过程和结果。
2. 将所做实验以幻灯片形式作汇报。
3. 提交土壤有机质空间分布图。
4. 提交土地质量评价图和各等级面积统计表。

实验二　土壤侵蚀危险性分析

一、实验目的

1. 掌握土壤侵蚀危险性评价的基本原理与方法。
2. 提高利用 GIS 技术解决地理问题的能力。

二、实验准备

（一）实验设备

①打印机、若干台微机。
② ArcGIS 9.x。

（二）所需资料

矢量数据：研究区界线（Study Area）、土地利用图（landuse）、土壤类型图（soil）。
栅格数据：降雨侵蚀力（Rgrid）、坡长坡度因子（LSgrid）、植被覆盖度（Cgrid）。

三、实验原理和方法

土壤侵蚀不仅破坏土地资源，引起土地生产力下降，而且造成沟渠塘库的淤积，加剧洪涝、干旱等灾害的发生，严重威胁着人类的生存和发展，目前已成为各国关注的热点问题之一。因此，定量估算土壤侵蚀量，对确定重点水土保护区域，确认引起水土流失的关键因子，制定相应的防治措施具有重要意义。随着计算机和信息技术的飞速发展，地理信息系统（GIS）以其强大的空间分析功能，为定量评价区域土壤侵蚀状况及其动态监测，提供了技术支撑。通用土壤流失方程（USLE）是为评价长期平均侵蚀量而设计的，其充分综合了不同地理、气候条件下的实测资料，因而具有较好的适用性。

USLE 方程表达式为：

$$A = R \times K \times L \times S \times C \times P \tag{5-2}$$

其中，A 为年土壤流失量，R 为降雨因子，K 为土壤可蚀性因子，L 为坡长因子，S 为坡度因子，C 为植被与经营管理因子，P 为水土保持因子。

R 因子：降雨量的多少以及降水的形式与土壤侵蚀有着密切的关系，降雨因子 R 值是降雨动力和强度的函数。

K 因子：反映土壤对侵蚀的敏感性及降水所产生的径流量与径流速率的大小。影响 K 因子的因素是多方面的。

LS 因子：反映地形地貌特征对土壤侵蚀的影响。根据 DEM，运用宏语言程序，可以得到研究区各像元的 LS 因子值和 LS 图层。

C 因子：是指在相同的土壤、坡度和降雨条件下，某一特定作物或植被情况时的土壤流失量与耕种过后连续休闲地的土壤流失量的比值。

P 因子:是指采用专门措施后的土壤流失量与顺坡耕作时土壤流失量的比值。

四、实验内容及步骤

①在 ArcMap 中新建一个地图文档。

②添加数据。矢量数据:研究区界线(Study Area)、土地利用图(landuse)、土壤类型图(soil);栅格数据:降雨侵蚀力(Rgrid)、坡长坡度因子(LSgrid)、植被覆盖度(Cgrid)(图 5-5)。

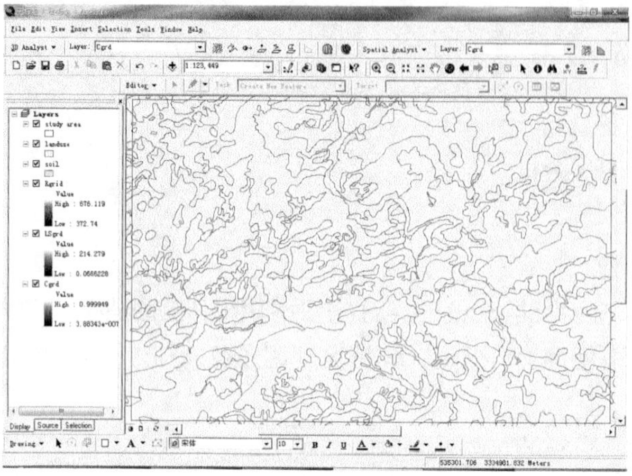

图 5-5　添加矢量数据

③打开 Arctoolbox,激活 Spatial Analyst 空间分析和 3D 分析扩展模块(执行菜单命令“Tools”→“Extensions”,在出现的对话框中选中“Spatial Analyst”和“3D Analyst”)。

④打开 Arctoolbox 工具箱, 执行 “Convertion Tools”→“To Raster”→“Feature To Raster”命令,出现“Feature To Raster”对话框,在“Input features”里选择土地利用图“landuse.shp”的路径,“Field”选择属性“P”,在“Output raster”中设定输出路径及名称“Pgrid”,在“Output cell size”中设定栅格大小为 25m。单击“OK”完成(图 5-6)。处理完成后出现“Feature To Raster completed”对话框,单击“Closed”完成(图 5-7)。

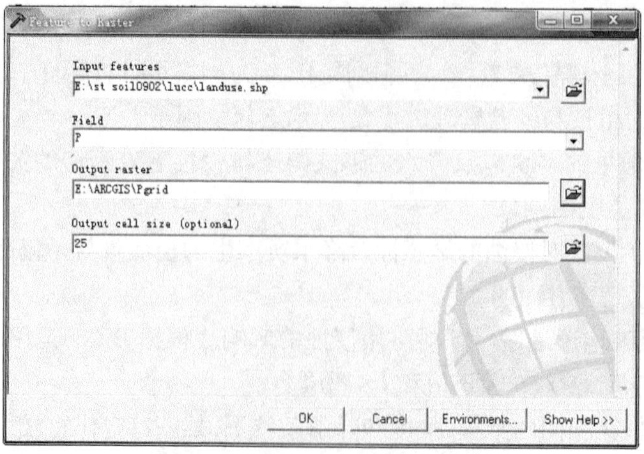

图 5-6　Feature To Raster 对话框

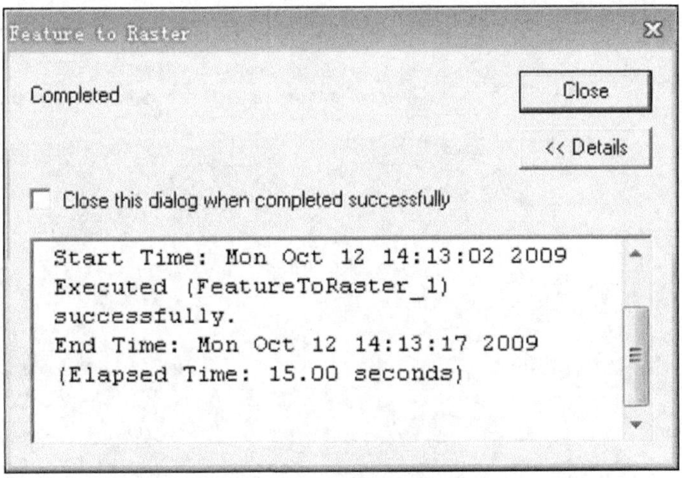

图 5-7 Completed 对话框

⑤同样将土壤类型属性数据 soil 转化为栅格图层 Kgrid。打开 Arctoolbox 工具箱，执行"Convertion Tools"→"To Raster"→"Feature To Raster"命令，出现"Feature To Raster"对话框，在"Input features"里选择土地利用图 soil.shp 的路径，"Field"选择属性"K 值"，在"Output raster"中设定输出路径及名称 Kgrid，在"Output cell size"中设定栅格大小为 25m。

⑥执行"Spatial Analyst"下的"Raster Calculator"命令，在出现的栅格计算对话框中将 Cgrid、Kgrid、Pgrid、LSgrid、Rgrid 五个栅格因子相乘，单击"Evaluate"(图 5-8)，生成 Calculation 图层(图 5-9)。

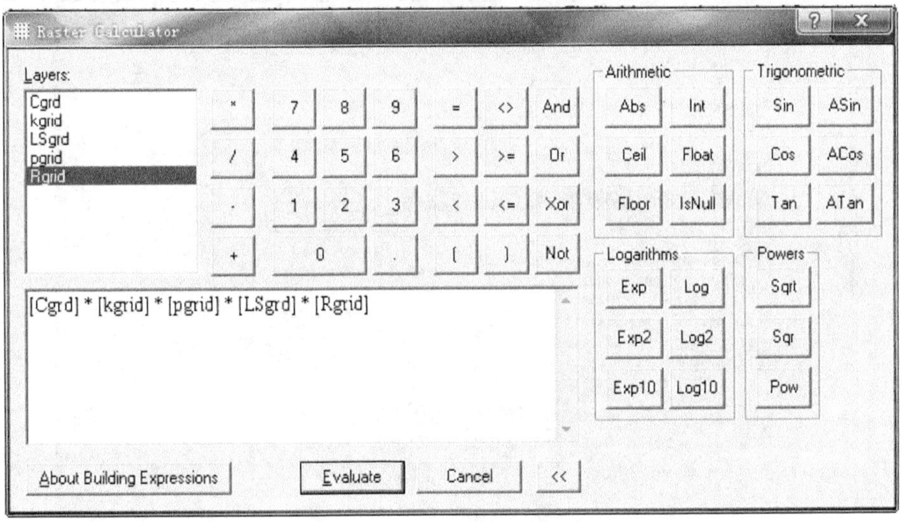

图 5-8 栅格计算对话框

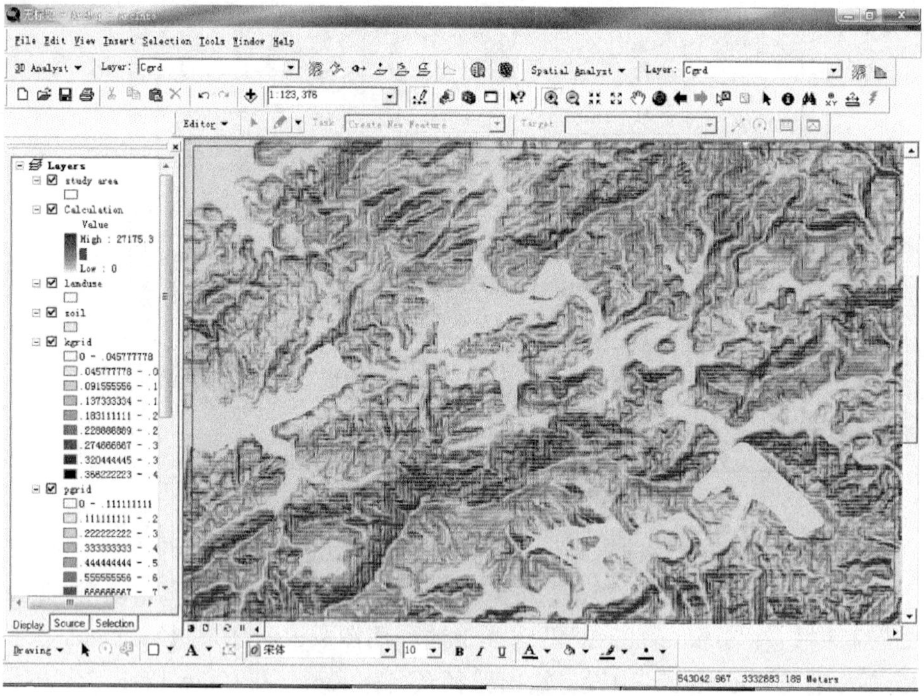

图 5-9　生成计算结果图层

⑦执行 Arctoolbox 工具中“Spatial Analysis Tools”→“Reclass”→“Reclassify”命令，打开“Reclassify”对话框(图 5-10)，在“Input Raster”中选择 Calculation 图层。

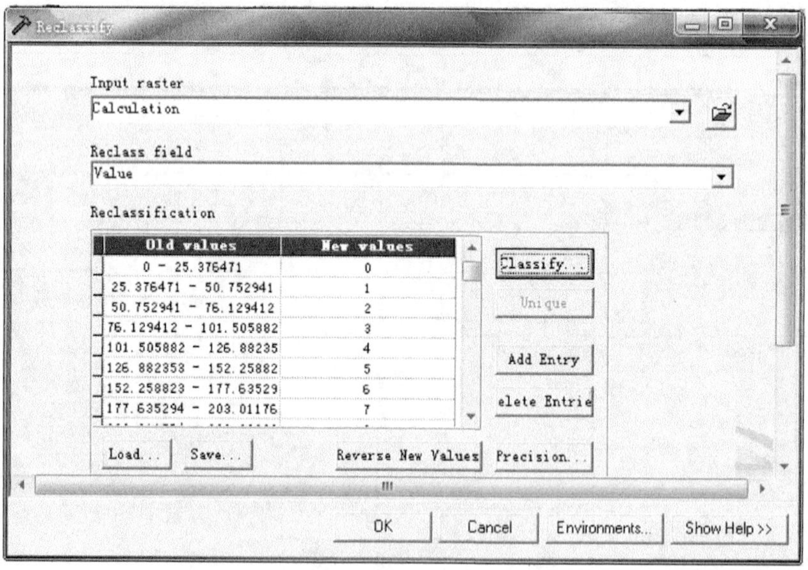

图 5-10　Reclassify 对话框

⑧点击“Classify”，打开“Classification”对话框，分级方法“Method”选择“Natural Breaks”，“Classes”设定 6 级，点击“OK”(图 5-11)。

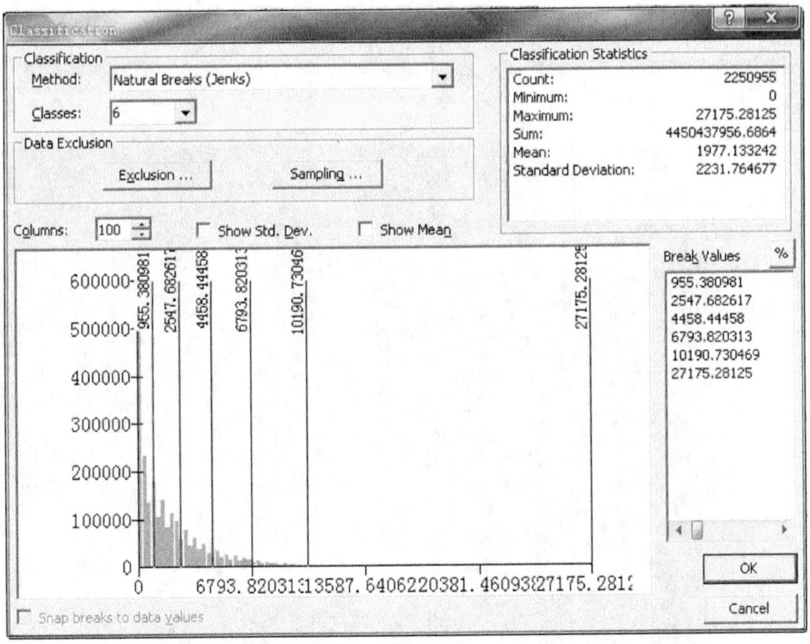

图 5-11 Classification 对话框

⑨返回“Classification”对话框(图 5-12)。在“Old values”内根据国家水利部颁布的《土壤侵蚀分类分级标准》(SL190-2007) 确定土壤侵蚀强度分级指标，完成“Reclassify”对话框,生成土壤侵蚀危险性分布图。

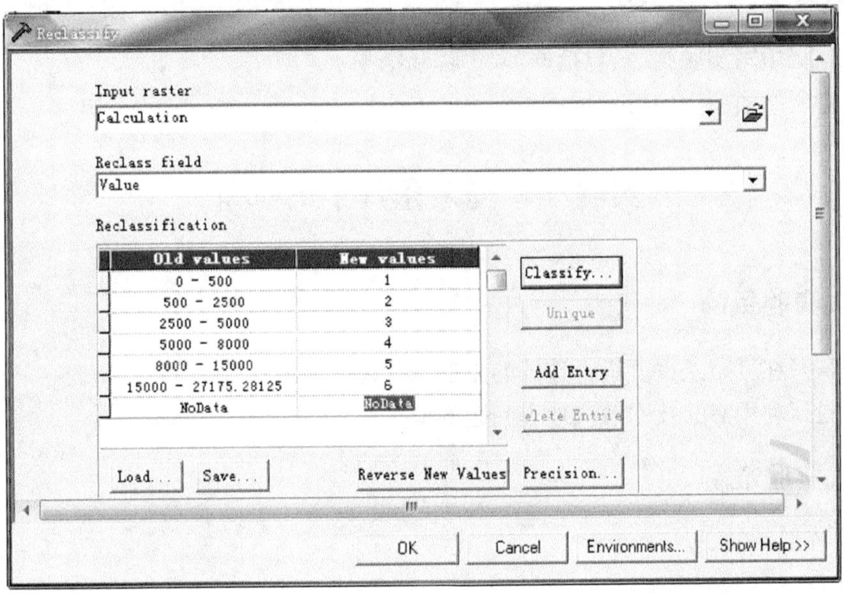

图 5-12 Reclassify 对话框

⑩在 ArcMap 中查看土壤侵蚀危险性分布图,1-6 分别代表微度侵蚀、轻度侵蚀、中度侵蚀、强烈侵蚀、极强烈侵蚀、剧烈侵蚀(图 5-13)。

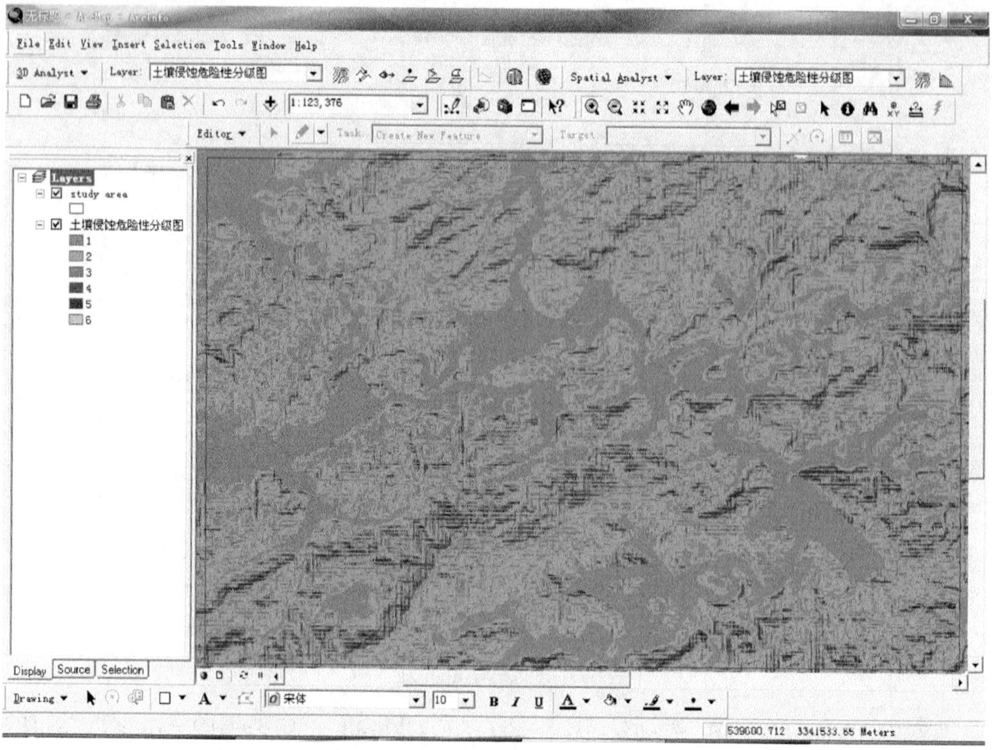

图 5-13　土壤侵蚀危险性分布图

五、实验报告及要求

1. 认真填写实验报告,包括原理、过程和结果。
2. 将所做实验以幻灯片形式作汇报。

实验三　复杂条件下的选址

一、实验目的

1. 掌握在复杂条件下进行选址的方法。
2. 提高利用 GIS 技术解决地理问题的能力。

二、实验准备

(一)实验设备

①打印机、若干台微机。

②MapInfo 软件。

(二)所需资料

数字化的土地利用现状图(XZS_poly)、线状地物数据、地形数据(EL_arc)。

三、实验内容及步骤

背景材料:一家公司决定在某乡镇修建一个度假村,度假村选址要求满足以下条件。

①面积在 20000m² 以上。

②必须位于山脚附近。

③在水库周围 150m 范围以内。

④距离道路 100m 至 200m 的范围内。

⑤林地面积不少于总面积的 50%。

⑥不能在现有的居民用地区。

具体的实验步骤如下。

1. 道路的缓冲区操作

由于度假村必须位于离道路 100m 到 200m 之间,所以要做道路的两次缓冲区分析。

①打开表 XZL_arc,利用 SQL 选择选出其中的道路,如图 5-14 所示。

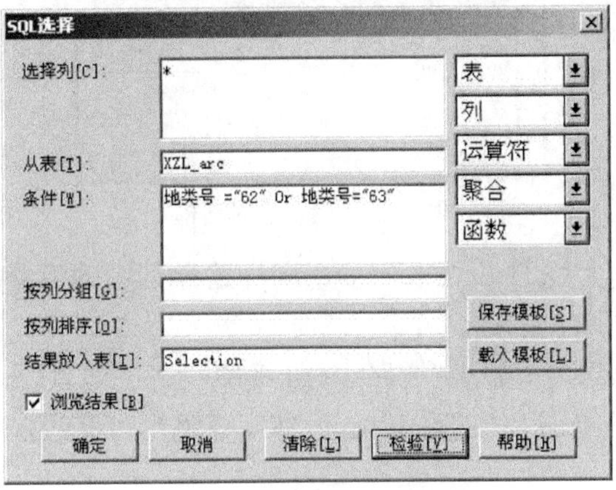

图 5-14　SQL 选择对话框

②使 XZL_arc 在可编辑的状态下,点击"对象"→"缓冲区",出现图 5-15 所示的对话框。

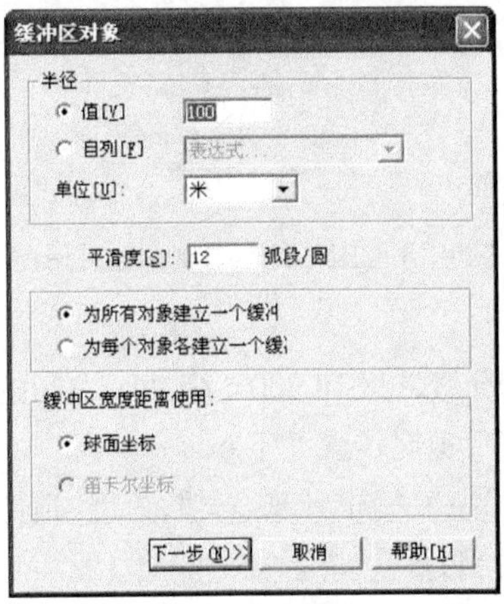

图 5-15　缓冲区对象对话框

③在半径栏值中输入 100,作 100m 的缓冲区分析,点击“下一步”,进入下一个对话框,点击“确定”,结果如图 5-16 所示。

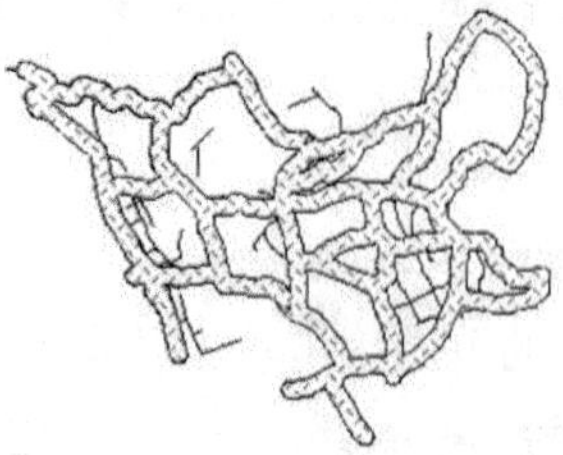

图 5-16　道路 100m 缓冲区分析结果图

④ 把形成的缓冲区保存为一个图层,以便下面做叠置分析,点击“文件”→“另存为”,如图 5-17 所示,选择“Selection”,点击“另存为”,保存为表“道路 100m 缓冲”。

图 5-17　另存表对话框

⑤ 关闭所有表,重新打开表 XZL_arc,同样选择其中的道路,做 200m 缓冲区分析,保存为表“道路 200m 缓冲”。

⑥ 关闭所有的表,再打开表“道路 100m 缓冲”和“道路 200m 缓冲”,为了清楚表现出这两个表之间的差别,“道路 100m 缓冲”叠置在“道路 200m 缓冲”上面(图 5-18)。

图 5-18　道路 100m、200m 缓冲区图

2. 叠置分析

现在的目的是选出 100m 缓冲区和 200m 缓冲区中间的环状地带,即满足在道路 100m 到 200m 中间这个条件,实现步骤如下。

① 使“道路 200m 缓冲”为可编辑状态,选择图层“道路 200m 缓冲”,并设置为目标对象,点击“对象”→“设置目标”。

② 再选出所有图层“道路 100m 缓冲”,可以直接点击“查询”→“全部选中”道路

100m 缓冲。

③ 点击“对象”→“分割”。

④ 选择图层中的环状地带,结果如图 5-19 所示。

图 5-19　环状地带图(1)

⑤ 保存为一个表,点击“文件”→“另存为”,选择“Selection”,保存为表“道路缓冲”。

3. 水库的缓冲区操作

① 打开表 XZS_poly,利用“SQL 选择”选出湖泊要素,如图 5-20 所示。

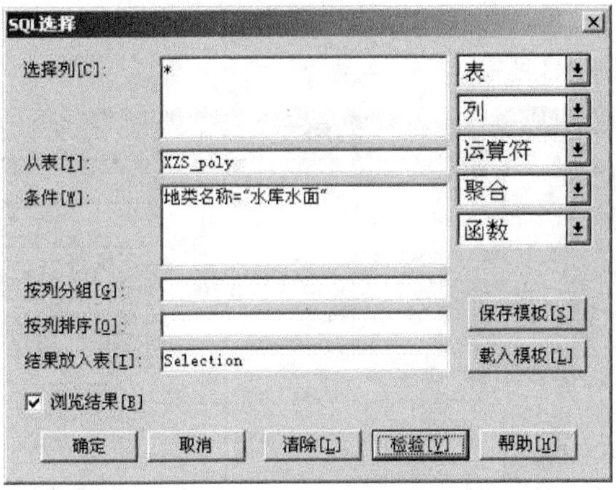

图 5-20　SQL 选择对话框

② 点击“文件”→“另存为”,选择“Selection”,保存为“水库水面”。关闭所有表。

③ 打开表“水库水面”,设为可编辑状态。点击全部选中“水库水面”。

④ 做湖泊水面的 150m 缓冲区分析,结果如图 5-21 所示。

图 5-21　湖泊 150m 缓冲区

⑤ 点击“文件”→“另存为”,保存为“水库缓冲”。关闭所有表。

4. 水库的叠置操作

① 打开表“水库水面”和“水库缓冲”。

② 设“水库缓冲”为可编辑状态,并选择为目标。

③ 利用“SQL 选择”在表“水库水面”选择所有的水库,点击“对象”→“切割”。

④ 选择切割之后形成的环状地带,如图 5-22 所示。

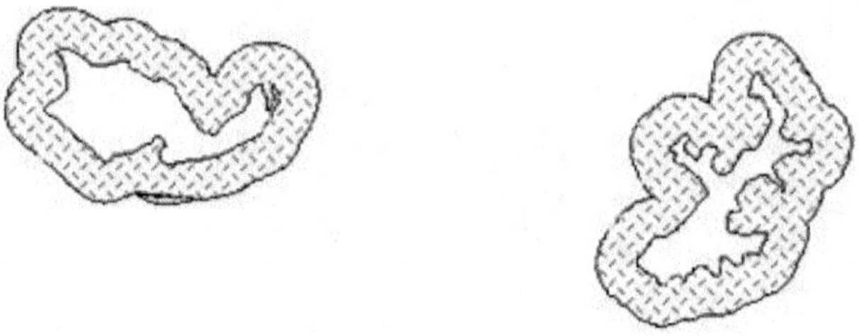

图 5-22 环状地带图(2)

⑤ 点击“文件”→“另存为”,保存为“水库缓冲区”,关闭所有的表。如图 5-22 所示的环状区域就满足条件在水库附近的 150m 范围内。

5. 山脚线的缓冲区分析

① 打开表 EL_arc,设为可编辑状态,根据本区地形特点选择高程等于 20m 的等高线为山脚线,如图 5-23 所示。

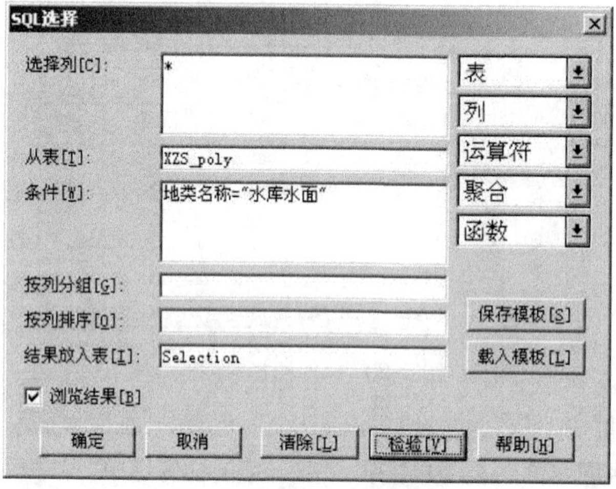

图 5-23 SQL 选择对话框

② 做 100m 等高线的缓冲,点击“对象”→“缓冲区”,结果如图 5-24 所示。

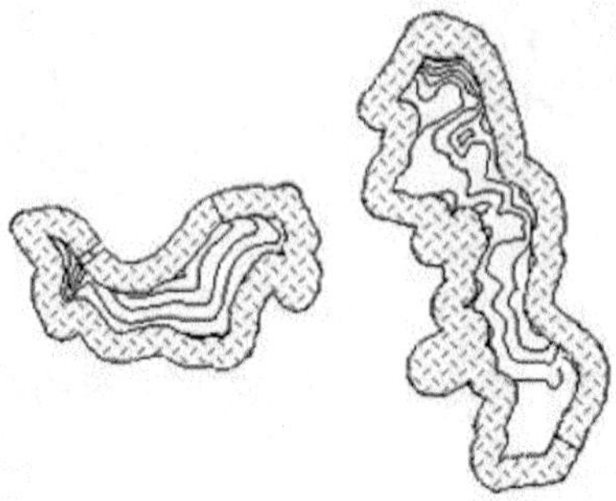

图 5-24 100m 等高线缓冲区图

③ 另存为表“高程缓冲”,关闭所有的表。这就满足了条件“在山脚附近”。

6. 道路缓冲区和水库缓冲区的叠置分析

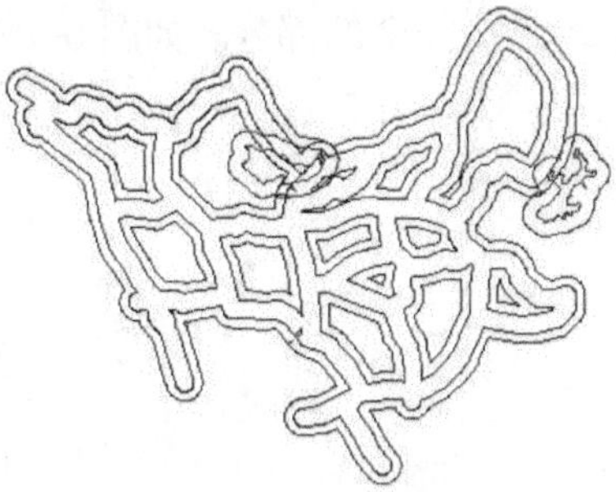

图 5-25　叠置分析图

① 打开表道路缓冲和水库缓冲区,在图层控制的对话框中,设置两个图层的显示颜色和类型(图 5-25)。

② 设表道路缓冲为可编辑状态,全部选中并设为目标对象。

③ 再全部选中水库缓冲区,点击“对象”→“切割”。

④ 图层控制的对话框把道路缓冲层放在水库缓冲区上面，选中两个图层相交的部分,如图 5-26 所示。

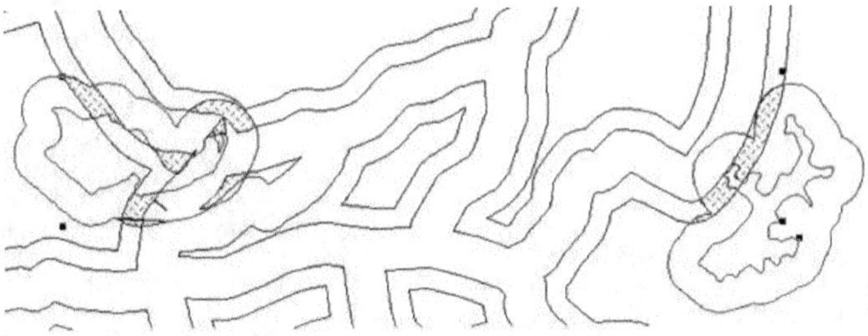

图 5-26　选中相交部分

⑤ 另保存为“道路水库缓冲”,关闭所有表。如图 5-26 中带有纹理的区域既在水库附近 150m,又离道路 100m 至 200m。

7. 道路水库缓冲和高程缓冲区的叠置分析

①打开表道路水库缓冲和高程缓冲区，设置两个图层的显示颜色和类型，如图 5-27 所示。

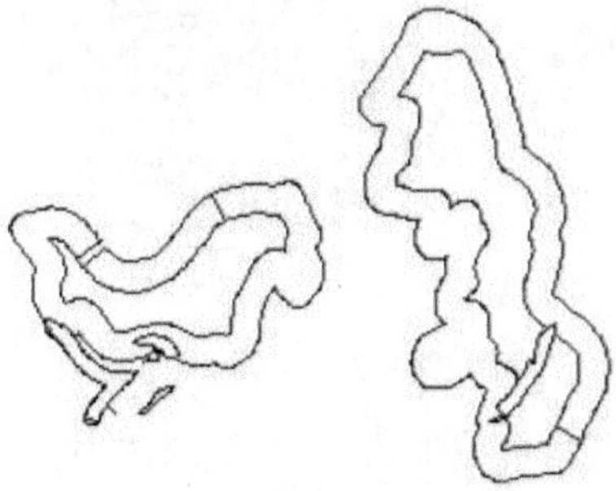

图 5-27　设置显示暗色和类型

② 设道路水库缓冲层为可编辑状态,并选择设为目标对象。

③ 再全部选中高程缓冲区,点击“对象”→“切割”。

④ 点击两个图层相交部分,选中相交的部分。如图 5-28 所示。

图 5-28　选中相交部分

⑤ 另存为“道路水库高程缓冲区”,关闭所有表。如图 5-28 所示,带有纹理的区域既在水库附近 150m,离道路 100m 至 200m,又在山角附近。

8.道路水库高程缓冲区和 XZS_poly 的叠置分析

① 打开表“道路水库高程缓冲区”和“XZS_poly”,并设置道路水库高程缓冲区的显示状态,如图 5-29 所示。

图 5-29　水库高程缓冲区

② 设置水库高程缓冲区为可编辑状态,并全部选中,设为目标。

③ 使用“SQL 选择”,选中 XZS_poly 层中所有的农村居民点,如图 5-30 所示。

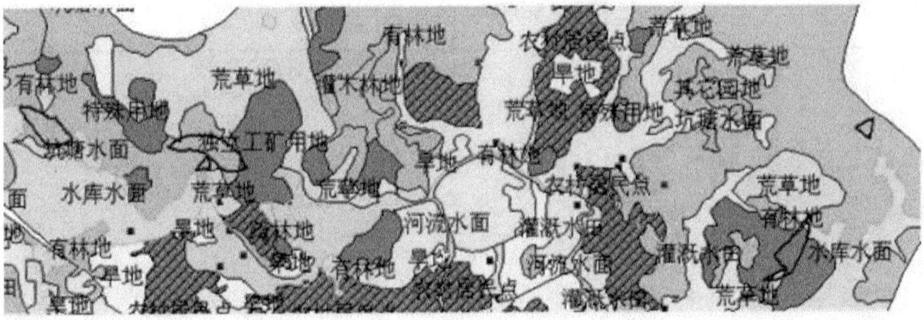

图 5-30　选中农村居民点

④ 使用“对象”→“分割”。在本例中，由于道路水库高程缓冲区没有与居民点相交，所以这一步并没什么作用，如果有相交的区域，通过切割之后，选中相交的区域，并且删除，把没有相交的区域保存为一个层，就满足条件“度假村不能建在居民点上”。

⑤ 设 XZS_poly 层为可编辑状态，并全部选中，设为目标对象。

⑥ 选中道路水库高程缓冲区，点击“分割”，找出道路水库高程缓冲区所在的区域在 XZS_poly 层中的地物属性。

⑦ 使用“SQL 选择”选出在 XZS_poly 中被道路水库高程缓冲区所覆盖的区域，如图 5-31 所示。

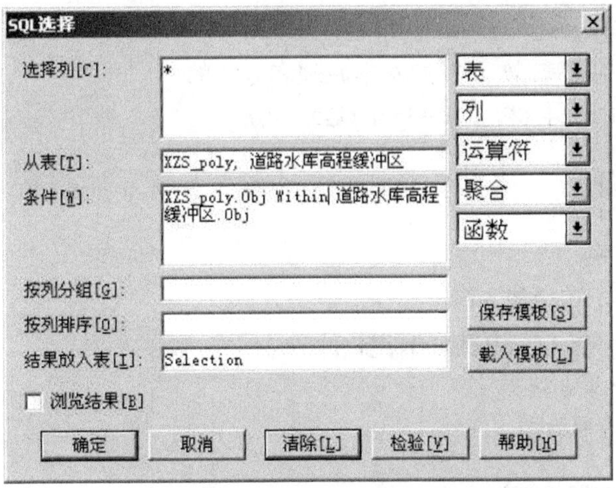

图 5-31　SQL 选择对话框

⑧ 另存为“缓冲地物层”。关闭所有表。

⑨ 设缓冲地物层为可编辑状态，并设选中的物体为目标对象。这些目标对象就是候选地址。如图 5-32 所示(字母是添加上去的)。各个图斑的面积如表 5-3 所示。

图 5-32　获得候选地址图斑

表 5-3 面积统计表(m^2)

代号	总面积	林地面积	荒草地	独立工矿面积	坑塘水面	特殊用地
A	16225	15912	0	0	313	0
B	24299	23104	343	852	0	0
C	2844	2844	0	0	0	0
D	14707	337	1095	0	0	13275
E	428	0	428	0	0	0

如表 5-3 所示,图斑 B 满足面积的要求,所以 B 是最终的候选地点。

四、实验报告及要求

1. 认真填写实验报告,包括原理、过程和结果。
2. 将所做实验以幻灯片形式作汇报。

实验四 结合 VB 的二次开发

一、实验目的

1.加深学生对 GIS 二次开发的基本原理和方法的认识。
2.掌握 MapObject + VB 二次开发的基本方法。

二、实验准备

(一)实验设备

①打印机、若干台微机。
②ArcGIS 9.x、MapObject、VB 编程软件。

(二)所需资料

数字化的土地利用图、土壤图。

三、实验内容及步骤

(一)MO/VB 入门

①添加地图控件,通过设置地图控件的属性添加数据。
②在窗体上增加一个按钮,双击这个按钮,在代码窗口中输入以下代码:

```
Private Sub Command1_Click( )
    Set Map1.Extent = Map1.FullExtent
End Sub
```

③双击地图控件 MouseDown 增加以下代码:

```
Private Sub Map1_MouseDown(Button As Integer, Shift As Integer, X As Single, Y As
```

```
Single)
        If Button = vbLeftButton Then
        Set Map1.Extent = Map1.TrackRectangle
      End If
    End Sub
```

④进一步操作 PopUp Menu（右键菜单）。使用菜单编辑器生成一个右键菜单 Popup1，为 Popup1 建立以下几个子菜单项"显示全图"、"放大"、"缩小"，编写代码以实现"显示全图"的功能。

```
Private Sub pop1Full_Click( )
    Map1.Extent = Map1.FullExtent
End Sub
```

A.修改 Mouse 事件中的代码，显示右键菜单。

```
Private Sub Map1_MouseDown(Button As Integer, Shift As Integer, X As Single, Y As Single)
If Button = vbLeftButton Then
    Set Map1.Extent = Map1.TrackRectangle
Else: Button = vbRightButton
    PopupMenu pop1
  End If
End Sub
```

B.进一步操作：工具栏 ToolBar 在窗体上放置 ImageList 控件，设置 ImageList1 的属性，增加图片 ZoomIn.bmp；ZoomOut.bmp；Pan.bmp；Globe.bmp。在窗体上放置 ToolBar 控件，设置 ToolBar1 的属性，将 ToolBar1 的图像列表设置为 ImageList1；增加按钮 ZoomIn、ZoomOut、Pan，设置样式为 2-tbrButtonGroup，并设置相应的显示图片；增加第 4 个按钮设置样式为 4-tbrPlaceholder；增加第 5 个按钮 btnFullExtent 设置图片为 Globe.bmp。值得注意的是，VB 控件库 Microsoft Windows Common Controls 6.0 中包含 ToolBar 和 ImageList 控件。

（二）图层与数据

导入 CommandDialog 组件，这一组件在对象库 Microsoft Common Dialog Control 6.0 中。添加 Map 控件、Conmon Dialog 控件，并将其名称改为 cDlg1，添加一个按钮，其程序代码：

```
Private Sub Command1_Click( )
    Dim shpLayer As New MapObjects2.MapLayer
    Dim DC As New MapObjects2.DataConnection
    Dim gds As MapObjects2.GeoDataset
    Dim FName As String
```

```
        cDlg1.Filter = "ESRI Shape 文件(*.shp)|*.shp"
        cDlg1.CancelError = True
        On Error GoTo eTrap
        cDlg1.ShowOpen
        If Len(cDlg1.FileName) = 0 Then Exit Sub
        DC.Database = CurDir
        If Not DC.Connect Then Exit Sub
        FName = Left(cDlg1.FileTitle, Len(cDlg1.FileTitle) - 4)
        Set gds = DC.FindGeoDataset(FName)
        If gds Is Nothing Then Exit Sub
        Set shpLayer.GeoDataset = gds
        Map1.Layers.Add shpLayer
        Exit Sub
eTrap:
        If Err.Number <> cdlCancel Then
            MsgBox Err.Description, vbCritical
        End If
End Sub
```

运行程序,并点击按钮,从硬盘上添加图层数据(比如 Shape 文件)到当前地图中。

(三)地图显示

在第 2 步的基础上,在窗体上添加几个按钮和一个 ListBox 控件,作必要的设置。

1. 增加图层

```
Private Sub Command1_Click( )
    Dim shpLayer As New MapObjects2.MapLayer
    Dim lyr As MapObjects2.MapLayer
        Dim DC As New MapObjects2.DataConnection
        Dim gds As MapObjects2.GeoDataset
        Dim FName As String
        cDlg1.Filter = "ESRI Shape 文件(*.shp)|*.shp"
        cDlg1.CancelError = True
        On Error GoTo eTrap
        cDlg1.ShowOpen
        If Len(cDlg1.FileName) = 0 Then Exit Sub
        DC.Database = CurDir
        If Not DC.Connect Then Exit Sub
        FName = Left(cDlg1.FileTitle, Len(cDlg1.FileTitle) - 4)
```

```
        Set gds = DC.FindGeoDataset(FName)
          Set shpLayer.GeoDataset = gds
        Map1.Layers.Add shpLayer
        If gds Is Nothing Then Exit Sub
        If DC.Connect Then
        lstLayers.Clear
        For Each lyr In Map1.Layers
          lstLayers.AddItem lyr.Name
        Next lyr
        End If
        If lstLayers.ListCount > 0 Then
          Command2.Enabled = True
          lstLayers.Selected(0) = True
        End If
        Exit Sub
eTrap:
        If Err.Number <> cdlCancel Then
              MsgBox Err.Description, vbCritical
        End If
End Sub
```

2. 置顶当前图层

```
Private Sub lstLayers_DblClick()
  Dim lyr As MapObjects2.MapLayer
    If lstLayers.ListIndex <> -1 Then
      Map1.Layers.MoveToTop lstLayers.ListIndex
      Map1.Refresh
      lstLayers.Clear
      For Each lyr In Map1.Layers
        lstLayers.AddItem lyr.Name
      Next lyr
    End If
End Sub
```

3. 上移图层

```
Private Sub Command2_Click()
      Dim i As Integer
      Dim lyr As MapObjects2.MapLayer
```

```
        If lstLayers.ListIndex <> -1 And lstLayers.ListIndex > 0 Then
          i = lstLayers.ListIndex - 1
          Map1.Layers.MoveTo lstLayers.ListIndex, i
          Map1.Refresh
          lstLayers.Clear
          For Each lyr In Map1.Layers
            lstLayers.AddItem lyr.Name
          Next lyr
          lstLayers.Selected(i) = True
      End If
End Sub
```

4. 下移图层

```
Private Sub Command4_Click()
      Dim i As Integer
      Dim lyr As MapObjects2.MapLayer
        If lstLayers.ListIndex <> -1 And lstLayers.ListIndex < lstLayers.ListCount - 1
Then
          i = lstLayers.ListIndex + 1
            Map1.Layers.MoveTo lstLayers.ListIndex, i
            Map1.Refresh
            lstLayers.Clear
            For Each lyr In Map1.Layers
              lstLayers.AddItem lyr.Name
            Next lyr
          lstLayers.Selected(i) = True
      End If
End Sub
```

（四）数据链接对象的使用（DirListBox、DriveListBox、FileListBox 控件的使用）

1. 要　求

①在窗体上放置 Map 控件、DirListBox 控件、DriveListBox 控件、FileListBox 控件、两个 Label 控件、一个 Button 控件，并适当调整其大小和位置。

②所需要的部分代码已附在后面，可以将其粘贴到合适的位置，需要的话可做适当的修改。

③运行程序，并浏览到包含有 Shape 文件的某个文件夹，加载图层数据。

④理解 Dataconnection 对象的使用，熟悉 VB 控件 DirListBox、DriveListBox、

FileListBox 的用法。

⑤设计用户界面。

2. 代 码

```
        Option Explicit
    Private Sub Command1_Click( )
        Dim dc As New MapObjects2.DataConnection
        Dim gdss As Object
        Dim mlyr As MapObjects2.MapLayer
        Dim i As Integer
        On Error GoTo DataLoadError
        'Empty the map
        Map1.Layers.Clear
        'Go to the chosen directory, and load all of its shapefiles into the map
        dc.Database = File1.Path
        dc.Connect
        Set gdss = dc.GeoDatasets
        For i = 0 To gdss.Count - 1
          Set mlyr = New MapObjects2.MapLayer
          Set mlyr.GeoDataset = gdss(i)
          Map1.Layers.Add mlyr
        Next i
        Call SortLayers(Map1.Layers)
        Exit Sub
        DataLoadError:
          MsgBox "Error loading data from chosen directory."
    End Sub
    Private Sub Dir1_Change( )
        Dim dc As New MapObjects2.DataConnection
        Dim gdss As Object
        On Error GoTo DataReadError
        File1.Path = Dir1.Path
        'Count how many '*.shp' files there are in the chosen directory.
        Label1.Caption = "在当前目录中有 " & File1.ListCount & _
                                " '*.shp' 个 Shape 文件。"
        'Count how many valid Shapefiles are in the chosen directory.
        dc.Database = File1.Path
```

```
        dc.Connect
        Set gdss = dc.GeoDatasets
        Label2.Caption = "在当前目录中有 " & gdss.Count & _
                        " 个可使用的 Shape 文件。"
        Exit Sub
        DataReadError:
          MsgBox "Error reading chosen directory."
    End Sub
    Private Sub Drive1_Change( )
        'Change the directory browser to match the chosen drive.
        Dir1.Path = Drive1.Drive
    End Sub
    Private Sub Form_Load( )
        'Setup the file browsing controls.
        File1.Pattern = "*.shp"
        Drive1.Drive = "d:\"
        Dir1.Path = "d:\"
        File1.Path = Dir1.Path
    End Sub
    Private Sub SortLayers(lyrs As MapObjects2.Layers)
            'This Sub sorts all of the layers in a collection so'that all of the point layers are on
top, the line
            'layers are underneath the points, the polygon layers'are the bottom MapLayers,
and the ImageLayers are at'the bottom of the map altogether.
        Dim i As Integer
        Dim iLastPointLayer As Integer
        Dim iFirstImageLayer As Integer
        iLastPointLayer = -1
        iFirstImageLayer = lyrs.Count
        For i = 0 To lyrs.Count - 1
          If lyrs(i).LayerType = moMapLayer Then
            Select Case lyrs(i).shapeType
              Case moShapeTypePoint, moShapeTypeMultipoint
                lyrs.MoveToTop i
                iLastPointLayer = iLastPointLayer + 1
              Case moShapeTypeLine
```

```
                lyrs.MoveTo i, iLastPointLayer + 1
            Case moShapeTypePolygon
                lyrs.MoveTo i, iFirstImageLayer - 1
        End Select
    Else
        lyrs.MoveToBottom i
        iFirstImageLayer = iFirstImageLayer - 1
    End If
  Next i
End Sub
```

(五)素属性查询功能实现

将下面的代码粘贴到一个包含 Map1 控件的窗体中，通过设置 Map1 的属性增加一个多边形图层。按 F5 运行例子,看看有什么样的效果。

```
Option Explicit
Dim MyCircle As New MapObjects2.Ellipse
Private Sub Map1_MouseDown(Button As Integer, Shift As Integer, X As Single, Y As Single)
    If Button = vbLeftButton Then
      Set MyCircle = Map1.TrackCircle
      Map1.Refresh
    Else
      Map1.Extent = Map1.TrackRectangle
    End If
End Sub
Private Sub Map1_AfterLayerDraw (ByVal index As Integer, ByVal canceled As Boolean, ByVal hDC As stdole.OLE_HANDLE)
    Dim radius As Double
    If Not MyCircle Is Nothing Then
      Dim recset As MapObjects2.Recordset
      radius = MyCircle.Width * 0.5
      Set recset = Map1.Layers(0).SearchByDistance(MyCircle.Center, radius, "")
      Dim sym As New MapObjects2.Symbol
      sym.SymbolType = moFillSymbol
      sym.Style = moSolidFill
      sym.color = moLightYellow
      If Not recset.EOF Then
```

```
            Map1.DrawShape recset, sym
        End If
        sym.color = moRed
        sym.Style = moLightGrayFill
        Map1.DrawShape MyCircle, sym
    End If
End Sub
```

四、实验报告及要求

1. 认真填写实验报告,包括原理、过程和结果。
2. 将所做实验以幻灯片形式作汇报。

主要参考文献

1. 吴秀芹，张洪岩，李瑞改，等.ArcGIS 9 地理信息系统应用与实践[M]. 北京：清华大学出版社，2007.

2. 刘明德，林杰斌.地理信息系统 GIS 理论与实务[M]. 北京：清华大学出版社，2006.

3. 汤国安，陈正江，赵牡丹，等.ArcView 地理信息系统空间分析方法[M]. 北京：科学出版社，2002.

4. 汤国安，杨昕. ArcGIS 地理信息系统空间分析实验教程[M]. 北京：科学出版社，2006.

5. Kang-tsung Chang 著 / 陈健飞译. 地理信息系统导论[M]. 北京：科学出版社，2003.

6. 黄杏元，马劲松. 地理信息系统概论[M]. 北京：高等教育出版社，2008.

7. 张超.地理信息系统实习教程[M]. 北京：高等教育出版社，2000.

8. 史舟，姜小三.农业资源信息系统实验指导[M]. 北京：中国农业出版社，2003.

9. 黎夏，刘凯.GIS 与空间分析—原理与方法[M]. 北京：科学出版社，2006.

10. 秦其明，曹五丰，陈杉.ArcView 地理信息系统实用教程[M]. 北京：北京大学出版社，2001.

11. 蔡孟裔，毛赞猷，田德森，等.新编地图学教程[M]. 北京：高等教育出版社，2000.

12. 吴信才.MapGIS 地理信息系统[M]. 北京：电子工业出版社，2004.

13. 费立凡.MapInfo 基础教程[M].北京：测绘出版社，2005.

14. 罗云启，曾琨，罗毅.GIS 数字化地理信息系统建设与 MapInfo 高级应用[M].北京：清华大学出版社，2003.

15. 林孝松.地理信息系统应用与开发实验指导[EB/OL].[2009-8-15].http://www2.cquc.edu.cn/slsy/show Info.aspx? id=33.

16. 杨克诚. GIS 软件应用实验指导书 [EB/OL].[2009-11-18].http://www.51xuewen.com/Yes/Download.aspx? rid=67724&n=1.

17. 李玉龙.ArcView GIS 基础与制图设计[M]. 北京：电子工业出版社，2002.